Amando a Pablo, odiando a Escobar

Amando a Pablo,
odiando a Escobar

VIRGINIA VALLEJO

Grijalbo

Amando a Pablo, odiando a Escobar

Primera edición: octubre, 2007
Random House (rústica), 8 000 ejemplares
Random House (dura), 1 500 ejemplares
Random House (Inc.), 6 000 ejemplares

Primera reimpresión: octubre, 2007
Random House (Inc.), 2 000 ejemplares
Random House (rústica), 1 500 ejemplares

D. R. © 2007, Random House Mondadori, S. A. de C. V.
        Av. Homero No. 544, Col. Chapultepec Morales,
        Del. Miguel Hidalgo, C. P. 11570, México, D. F.

www.randomhousemondadori.com.mx

Comentarios sobre la edición y contenido de este libro a:
literaria@randomhousemondadori.com.mx

Random House Mondadori México
ISBN: 978-970-780-389-3 (tapa rústica)
ISBN: 978-970-810-032-8 (tapa dura)

Random House Inc.
ISBN: 978-030-739-174-2

Impreso en México / *Printed in Mexico*

Índice

Primera Parte
LOS DÍAS DE LA INOCENCIA Y DEL ENSUEÑO

Segunda Parte
LOS DÍAS DEL ESPLENDOR Y DEL ESPANTO

Tercera Parte
LOS DÍAS DE LA AUSENCIA Y DEL SILENCIO

A mis muertos,
a los héroes y a los villanos.

Todos somos uno,
una sola nación.

Sólo un átomo
reciclándose al infinito
desde siempre y para siempre.

Introducción

Son las seis de la mañana del martes 18 de julio de 2006. Tres autos blindados de la embajada americana me recogen en el apartamento de mi madre en Bogotá para conducirme al aeropuerto, donde un avión con destino hacia algún lugar de Estados Unidos me espera con los motores encendidos. Un vehículo con personal de seguridad armado de ametralladoras nos precede a gran velocidad y otro nos sigue. La noche anterior, el jefe de seguridad de la embajada me ha advertido que personas sospechosas se encuentran apostadas al otro lado del parque sobre el cual mira el edificio y me ha informado que su misión es protegerme; por ningún motivo debo acercarme a las ventanas ni abrir la puerta a nadie. Otro auto con mis posesiones más preciadas ha partido una hora antes; pertenece a Antonio Galán Sarmiento, presidente del Concejo de Bogotá y hermano de Luis Carlos Galán, el candidato presidencial asesinado en agosto de 1989 por orden de Pablo Escobar Gaviria, jefe del cartel de Medellín.

Escobar, mi ex amante, fue muerto a tiros el 2 de diciembre de 1993. Para darlo de baja tras casi un año y medio de cacería fueron necesarios una recompensa de veinticinco millones de dólares, un comando de la policía colombiana especialmente entrenado con tal fin y unos 8 000 hombres adscritos a los organismos de seguridad del Estado, los carteles de la droga rivales y los grupos paramilitares, docenas de efectivos de la DEA, el FBI y la CIA, los Navy Seals de la Marina y el Grupo Delta del Ejército norteamericanos, aviones de su gobierno con radares especiales y el dinero de algunos de los hombres más ricos de Colombia.

Dos días antes he acusado en *El Nuevo Herald* de Miami al ex senador, ex ministro de Justicia y antiguo candidato presidencial Alberto Santofimio Botero de ser el instigador del crimen de Luis Carlos Galán y de haber tendido los puentes dorados entre los grandes capos del narcotráfico y los presidentes de Colombia. El diario de Florida ha dedicado a mi historia un cuarto de la primera plana dominical y una completa de las interiores.

Álvaro Uribe Vélez, quien acaba de ser reelegido presidente de Colombia con más de setenta por ciento de los votos, se prepara para posesionarse el 7 de agosto. Tras mi oferta al fiscal general de la nación de testificar en el proceso en curso contra Santofimio, que debería prolongarse durante otros dos meses, el juez del caso lo ha cerrado abruptamente y, en protesta, el ex presidente embajador de Colombia en Washington ha renunciado, Uribe ha tenido que cancelar el nombramiento de otro ex presidente como nuevo embajador en Francia y una nueva ministra de Relaciones Exteriores ha sido nombrada en reemplazo de la anterior, quien ha pasado a ocupar la embajada en Washington.

El gobierno de Estados Unidos sabe perfectamente que, de negarme su protección, en los días siguientes posiblemente estaré muerta —como otro de los dos únicos testigos en el caso contra Santofimio— y que conmigo lo estarán también las claves de algunos de los crímenes más horrendos en la historia reciente de Colombia, junto con valiosa información sobre la penetración del narcotráfico a todos los niveles más poderosos e intocables del poder presidencial, político, judicial, militar y mediático.

Funcionarios de la embajada americana se encuentran apostados ante la escalerilla del avión; están allí para subir las maletas y cajas que pude empacar en pocas horas con ayuda de una pareja de amigos, y me miran con curiosidad, como preguntándose por qué una mujer de mediana edad y aspecto agotado despierta tanto interés de los medios de comunicación y ahora también de su gobierno. Un *special agent* de la DEA de dos metros de estatura, quien se identifica como David C. y luce una camisa hawaiana, me informa que ha sido encargado de escoltarme a territorio americano y que el avión bimotor tardará seis horas en llegar a Guantánamo —la base del ejército norteamericano en Cuba— y, tras una hora de escala para cargar combustible, dos más en llegar a Miami.

No quedo tranquila hasta ver en la parte trasera de la nave dos cajas que contienen la evidencia de los delitos cometidos en Colombia por los convictos Thomas y Dee Mower, propietarios de Neways International de Springville, Utah, compañía multinacional que enfrento en una demanda de agencia comercial valorada en treinta millones de dólares de 1998. Aunque en sólo ocho días un juez norteamericano ha encontrado a los Mower culpables de una fracción de los delitos que yo llevo ocho años tratando de probar ante la justicia colombiana, todas mis ofertas de cooperación a la oficina de Eileen O'Connor en el Departamento de Justicia (DOJ, por sus siglas en inglés) en Washington y a cinco agregados del Internal Revenue Service (IRS, Servicio de Impuestos) en la embajada americana en Bogotá se han estrellado contra la furiosa reacción de su oficina de prensa que, al enterarse de mis llamadas al DOJ, el IRS y el FBI, me ha jurado bloquear cualquier intento de comunicación con las agencias del gobierno de Estados Unidos.

Lo que ha estado ocurriendo no tiene nada que ver con los Mower, sino con Pablo Escobar: en la Oficina de Derechos Humanos de la embajada trabaja un ex colaborador muy cercano de Francisco Santos, el vicepresidente de la República cuya familia es propietaria de la casa editorial El Tiempo. El conglomerado de medios impresos ocupa el veinticinco por ciento del gabinete ministerial de Álvaro Uribe, lo que le permite acceder a una gigantesca tajada de las pautas publicitarias del Estado —el mayor anunciante colombiano— en vísperas de su venta a uno de los principales grupos editoriales de habla hispana. Otro miembro de la familia, Juan Manuel Santos, acaba de ser nombrado ministro de Defensa con el encargo de renovar la flota de la Fuerza Aérea Colombiana. Tanta generosidad estatal para con una sola familia mediática cumple un propósito que va mucho más allá de asegurar el apoyo incondicional del principal diario del país al gobierno de Álvaro Uribe: garantiza su absoluto silencio sobre el pasado imperfecto del señor presidente de la República. Es un pasado que el gobierno de Estados Unidos ya conoce. Yo también lo conozco, y muy bien.

ℭℜ

Casi nueve horas después de mi partida llegamos a Miami. Empieza a preocuparme el dolor abdominal que me acompaña desde hace un mes y que parece agudizarse con cada hora que pasa. No he visto a un médico en seis años, porque Thomas Mower me ha despojado de la totalidad de mi modesto patrimonio y de los ingresos vitalicios y hereditarios generados por su operación sudamericana, encabezada por mí.

El hotel de cadena es impersonal y grande, como mi habitación. Minutos después hacen su arribo media docena de funcionarios de la DEA. Me miran con ojos inquisitivos mientras van examinando el contenido de mis siete maletas de Gucci y Vuitton cargadas de viejos trajes de Valentino, Chanel, Armani y Saint Laurent y la pequeña colección de grabados de mi propiedad desde hace casi treinta años. Me informan que en los días siguientes me reuniré con varios de sus superiores y con Richard Gregorie, fiscal del proceso contra el General Manuel Antonio Noriega, para que les hable de Gilberto y Miguel Rodríguez Orejuela, jefes máximos del cartel de Cali. El juicio contra los archienemigos de Pablo Escobar, encabezado por el mismo fiscal que logró la condena del dictador panameño, se iniciará en cuestión de semanas en una corte del estado de Florida; de ser hallados culpables, el gobierno americano podrá no sólo solicitar al tribunal una sentencia de cadena perpetua o su equivalente, sino también reclamar la fortuna de los dos jefes del narcotráfico: dos mil cien millones de dólares, que ya se encuentran congelados. En mi tono más cortés solicito a los oficiales una aspirina y un cepillo de dientes, pero responden que debo comprarlos. Cuando les explico que todo mi capital en el mundo consiste en dos monedas de veinticinco centavos de dólar, me consiguen un cepillo de dientes pequeñísimo, como los que regalan en los aviones.

—Parece que lleva usted mucho tiempo sin hospedarse en un hotel americano...

—Así es. En mis *suites* de The Pierre en New York y en los *bungalows* del Bel Air en Beverly Hills siempre hubo aspirinas y cepillos de dientes. ¡Y docenas de rosas y champaña *rosé!* —les digo suspirando con nostalgia. —Ahora, gracias a unos convictos de Utah, soy tan pobre que una simple aspirina es un artículo de lujo.

—Pues en este país los hoteles ya no tienen aspirina: como es droga, debe ser recetada por un médico; y usted seguramente sabe que aquí cuestan un dineral. Si le duele la cabeza, trate de soportar el dolor y duerma; verá que mañana habrá desaparecido. No olvide que acabamos de salvarle la vida. Por razones de seguridad, no puede usted salir de la habitación ni comunicarse con nadie, especialmente la prensa; y eso incluye a los periodistas del *Miami Herald*. El gobierno de Estados Unidos todavía no puede prometerle nada y, a partir de ahora, todo va a depender de usted.

Les expreso mi gratitud, les digo que no tienen de qué preocuparse, porque no tendría a donde ir, y les recuerdo que fui yo quien ofreció testificar en varios procesos judiciales de excepcional trascendencia, tanto en Colombia como en Estados Unidos.

David —el agente de la DEA— y los demás se retiran para deliberar sobre la agenda del día siguiente.

—Acaba usted de llegar, ¿y ya le está pidiendo cosas al gobierno americano? —me reprocha Nguyen, el *Police Chief* que se ha quedado conmigo en la habitación.

—Sí, porque estoy sufriendo de un terrible dolor abdominal. Y porque sé que yo puedo serle de doble utilidad a su gobierno: aquellas dos cajas contienen evidencia de la parte colombo-mexicana de un fraude contra el Internal Revenue Service que estimo en cientos de millones de dólares. Tras la muerte de todos los testigos y el pago de veintitrés millones de dólares, la demanda colectiva de las víctimas rusas de Neways International fue retirada. ¡Imagine usted las dimensiones de la estafa en tres docenas de países, contra sus distribuidores y contra el fisco!

—La evasión en ultramar no es asunto nuestro. Nosotros somos oficiales antinarcóticos.

—De tener información sobre la ubicación de diez kilos de coca, ustedes me conseguirían la aspirina ya, ¿verdad?

—Usted no parece entender que nosotros no somos el IRS o el FBI del estado de Utah, sino la DEA del estado de Florida. ¡Y no confunda a la Drug Enforcement Administration con un *drugstore,* Virginia!

—Lo que ya entendí, Nguyen, es que USA *vs.* Rodríguez Orejuela es como ¡doscientas veces más grande que el actual USA *vs.* Mower!

Los oficiales de la DEA regresan y me informan que todos los canales de televisión están hablando sobre mi salida de Colombia. Respondo que en los pasados cuatro días he declinado casi dos centenares de entrevistas de medios de todo el mundo y que, realmente, no me interesa lo que puedan estar diciendo. Les ruego que apaguen el televisor porque llevo once días sin dormir y dos sin comer, estoy agotada y sólo quiero intentar descansar unas horas para poder ofrecerles al día siguiente toda la cooperación posible.

Cuando por fin me quedo sola con todo ese equipaje y aquel dolor agudo como única compañía, me preparo mentalmente para algo muchísimo más grave que una eventual apendicitis. Una y otra vez me pregunto si el gobierno de Estados Unidos realmente ha salvado mi vida o si estos oficiales de la DEA se proponen, más bien, exprimirme como una naranja antes de regresarme a Colombia con argumentos de que la información que yo tenía sobre los Rodríguez Orejuela resultó ser anterior a 1997 y que el estado de Utah es otro país. Sé perfectamente que, de vuelta en territorio colombiano, todos aquellos que tienen rabo de paja me usarán como escarmiento para cualquier informante o testigo que esté tentado de seguir mi ejemplo: miembros de los organismos de seguridad me estarán esperando en el aeropuerto con alguna «orden de captura» emitida por el Ministerio de Defensa o los organismos de seguridad del Estado. Me subirán a una SUV con vidrios negros y, cuando todos ellos hayan terminado conmigo, los medios de comunicación de las familias presidenciales colombianas involucradas con los carteles de la droga o al servicio del presidente reelecto le echarán la culpa de mi tortura y muerte, o de mi desaparición, a los Rodríguez Orejuela, a «los Pepes» —perseguidos por Pablo Escobar— o a la propia esposa del capo.

Nunca me había sentido más sola, más enferma o más pobre. Estoy perfectamente consciente de que, de ser devuelta a Colombia, no seré ni el primero ni el último de quienes han muerto tras ofrecer su cooperación a la embajada americana en Bogotá. Pero mi salida del país en el avión de la DEA parece ser noticia en casi todo el mundo, lo cual quiere decir que soy mucho más visible que un César Villegas, alias «el Bandi», o que un Pedro Juan Moreno, los dos personajes que mejor conocieron el pasado del Presidente. Por ello, tomo la decisión de no permitir que ningún gobierno ni ningún criminal me conviertan en otro Carlos Aguilar alias «el Mugre», muerto tras testificar contra Santofimio, ni en la señora de Pallomari, el contador de los Rodríguez Orejuela, asesinada tras la salida de su marido hacia Estados Unidos en otro avión de la DEA, a pesar de encontrarse bajo protección máxima de la fiscalía colombiana.

Sé perfectamente que, al contrario de algunas de estas personas, que en paz descansen todas, yo jamás he cometido un crimen. Y es por miles de muertos como ellos que tengo la obligación de sobrevivir. Y me digo a mí misma: «No sé cómo voy a hacer; pero yo ni me voy a dejar matar, ni me voy a dejar morir.»

PRIMERA PARTE

LOS DÍAS DE LA INOCENCIA Y DEL ENSUEÑO

All love is tragedy. True love suffers and is silent.

OSCAR WILDE

El reino del oro blanco

A mediados de 1982 existían en Colombia varios grupos guerrilleros. Todos eran marxistas o maoístas y admiradores furibundos del modelo cubano. Vivían de las subvenciones de la Unión Soviética, del secuestro de quienes ellos consideraban ricos y del robo de ganado a los hacendados. El más importante eran las FARC (Fuerzas Armadas Revolucionarias de Colombia), nacidas en la violencia de los años cincuenta, época de crueldad sin límites y tan salvaje, que es imposible describirla sin sentirse avergonzado de pertenecer a la especie de los hombres. Menores en número de integrantes eran el ELN (Ejército de Liberación Nacional) y el EPL (Ejército Popular de Liberación), que posteriormente se desmovilizaría para convertirse en partido político. En 1984 nacería el «Quintín Lame», inspirado en el valiente luchador por la causa de los resguardos indígenas del mismo nombre.

Y estaba el M-19: el movimiento de los golpes espectaculares, cinematográficos, conformado por una ecléctica combinación de universitarios y profesionales, intelectuales y artistas, hijos de burgueses y de militares, y aquellos combatientes de línea dura que en el argot de los grupos armados se conocen como «troperos». Al contrario de los demás alzados en armas —que operaban en el campo y en las selvas que cubren casi la mitad del territorio colombiano— «El Eme» era eminentemente urbano y contaba en sus cuadros directivos con mujeres notables y tan amantes de la publicidad como sus compañeros.

En los años que siguieron a la Operación Cóndor en el Sur del continente las reglas del combate en Colombia eran en blanco y negro: cuando cualquier integrante de alguna de estas agrupaciones caía en manos de los militares o de los servicios de seguridad del Estado era encarcelado y, con frecuencia, torturado hasta la muerte sin juicios ni contemplaciones. De igual manera, cuando una persona adinerada caía en manos de la guerrilla no era liberada sino hasta que la familia entregaba el rescate, muchas veces tras años de negociaciones; el que no pagaba moría y sus restos rara vez eran encontrados, situación que con contadas excepciones sigue tan vigente hoy como entonces. Todo colombiano de profesión cuenta entre sus amigos, familiares y empleados con más de una docena de conocidos secuestrados, divididos entre los que regresaron sanos y salvos y los que jamás volvieron. Estos últimos, a su vez, se subdividen entre aquellos cuyas familias no tuvieron cómo satisfacer las pretensiones de los secuestradores, aquellos por quienes se pagó la jugosa recompensa pero jamás fueron devueltos y aquellos por cuya existencia nadie quiso entregar el patrimonio acumulado a lo largo de varias generaciones, o el de solo una vida de trabajo honrado.

ဆ

Me he quedado dormida con la cabeza recostada en el hombro de Aníbal y despierto por ese doble saltito que dan las aeronaves livianas al tocar tierra. Él acaricia mi mejilla y, cuando trato de ponerme de pie, hala suavemente de mi brazo como indicándome que debo permanecer sentada. Señala la ventanilla y no puedo dar crédito a lo que estoy viendo: a lado y lado de la pista de aterrizaje, dos docenas de hombres jóvenes, unos con anteojos oscuros y otros con el ceño fruncido por el sol de la tarde, rodean el pequeño avión y nos apuntan con ametralladoras, con la expresión de quienes están acostumbrados a hacer los disparos primero y las preguntas después. Otros parecen estar semiocultos entre matorrales y dos de ellos incluso juegan con su mini Uzi como haría cualquiera de nosotros con las llaves del auto; yo sólo atino a pensar en lo que ocurriría si alguna de ellas cayera al piso disparando seiscientos tiros por minuto. Los muchachos, todos muy jóvenes, visten ropas cómodas y modernas, camisetas polo de colores, *jeans* y *sneakers* importados. Ninguno de ellos lleva uniforme ni traje camuflado.

Mientras el pequeño avión carretea por la pista, alcanzo a calcular el valor que podríamos tener para un grupo guerrillero. Mi novio es sobrino del anterior presidente, Julio César Turbay, cuyo gobierno (1978-1982) se caracterizó por una violenta represión militar a los grupos insurgentes, sobre todo el M-19, gran parte de cuya plana mayor ha ido a parar a la cárcel; pero Belisario Betancur, el Presidente que acaba de posesionarse, ha prometido liberar y amnistiar a todos los alzados que se acojan a su Proceso de Paz. Miro a los niños de Aníbal y el corazón se me encoge: Juan Pablo de once años y Adriana de nueve son ahora los hijastros del segundo hombre más rico de Colombia, Carlos Ardila Lülle, dueño de todas las embotelladoras de bebidas gaseosas del país. En cuanto a los amigos que nos acompañan, Olguita Suárez, quien en unas semanas contraerá nupcias con el simpático cantautor español Rafael Urraza, organizador del paseo, es hija de un millonario ganadero de la Costa Atlántica y su hermana está comprometida con Felipe Echavarría Rocha, miembro de una de las dinastías industriales más importantes de Colombia; Nano y Ethel son decoradores y *marchands d'art*, Ángela es una *top model* y yo soy una de las presentadoras de televisión más famosas del país. Sé perfectamente que, de caer en manos de la guerrilla, todos los integrantes del avión entraríamos en su particular definición de oligarcas y en consecuencia de «secuestrables», adjetivo tan colombiano como el prefijo y sustantivo «narco» del que hablaremos más adelante.

Aníbal ha enmudecido y se ve inusualmente pálido. Sin tomarme el trabajo de esperar sus respuestas, le disparo dos docenas de preguntas seguidas:

—¿Cómo supiste que éste sí era el avión que habían mandado por nosotros? ¿No te das cuenta de que posiblemente nos estén secuestrando?… ¿Cuántos meses nos irán a retener cuando sepan quién es la madre de tus niños?… Y éstos no son guerrilleros pobres: ¡mira las armas y los tenis! Pero ¿por qué no me dijiste que trajera mis zapatos tenis? ¡Estos secuestradores me van a hacer caminar por toda la selva en sandalias italianas y sin mi sombrero de paja! ¿Por qué no me dejaste empacar mi *jungle-wear* con calma?... ¿Y por qué aceptas invitaciones de gente que no conoces? ¡Los guardaespaldas de la gente que yo conozco no le apuntan a los invitados con ametralladoras! ¡Caímos en una trampa, porque por vivir metiendo cocaína ya no sabes dónde está la realidad! Si salimos de ésta vivos no me caso contigo, ¡porque te va a dar un infarto y no me pienso quedar viuda!

Aníbal Turbay es grande, guapo y libre, amoroso hasta el cansancio y generoso con sus palabras, su tiempo y su dinero, a pesar de que no es multimillonario, como todos mis ex novios. Es igualmente adorado por su ecléctica colección de amigos —como Manolito de Arnaude, buscador de tesoros— y por centenares de mujeres cuyas vidas se dividen en «antes de Aníbal» y «después de Aníbal». Su único defecto es una irremediable adicción al polvillo nasal; yo lo abomino, pero él lo adora por encima de sus niños, de mí, del dinero, de todo. Antes de que el pobre pueda responder a mi andanada, la portezuela del avión se abre y entra aquel vaho del trópico que invita a disfrutar de lo que en mi país sin estaciones llamamos Tierra Caliente. Dos de los hombres armados suben y, tras observar nuestros rostros estupefactos, exclaman:

—¡Ay, Dios! ¡Ustedes no nos van a creer: esperábamos unas jaulas con una pantera y varias tigresas, y parece que las mandaron en otro avión! ¡Mil perdones, señores! ¡Qué vergüenza con las damas y los niños! ¡Cuando el patrón se entere, va a matarnos!

Nos explican que la propiedad tiene un zoológico muy grande y, evidentemente, hubo un problema de coordinación entre el vuelo de los invitados y el que traía a las fieras. Y mientras los hombres armados se deshacen en excusas, los pilotos descienden del avión con la expresión indiferente de quien no tiene que dar explicaciones a extraños porque su responsabilidad es la de respetar un plan de vuelo y no la de revisar cargamentos.

Tres *jeeps* nos esperan para conducirnos hasta la casa de la hacienda. Me coloco las gafas de sol y el sombrero de safari, desciendo del avión y, sin saberlo ni darme cuenta, pongo pie firme en el lugar que cambiará mi vida para siempre. Subimos a los vehículos, y cuando Aníbal me rodea los hombros con su brazo quedo tranquila y me dispongo a disfrutar de cada minuto restante del paseo.

—¡Qué lugar más bello! Y parece enorme. Creo que este viaje va a valer la pena… —le comento en voz baja, señalándole a dos garzas que levantan vuelo desde una orilla lejana.

Absortos y en completo silencio contemplamos aquel escenario magnífico de tierra, agua y cielo que parece extenderse más allá del horizonte. Siento una ráfaga de felicidad de esas que no se anuncian, te invaden de pronto y te envuelven toda y, luego, se van sin despedirse. Desde una cabaña en la distancia llegan las notas de «Caballo Viejo» de Simón Díaz en la voz inconfundible de Roberto Torres, ese himno de la llanura venezolana que los hombres mayores han adoptado como propio en todo el continente y cantan al oído de potras alazanas cuando quieren soltarse la rienda con la esperanza de que ellas también suelten la suya. «Cuando el amor llega así, de esta manera, uno no se da ni cuenta…», advierte el cantor mientras va narrando las proezas del viejo semental. «Cuando el amor llega así, de esta manera, uno no tiene la culpa…», se justifica el llanero para terminar conminando a la especie humana a seguir su ejemplo «porque después de esta vida no hay otra oportunidad», en tono tan pleno de sabiduría popular como de cadencias rítmicas, cómplices de algún aire tibio cargado de promesas.

Estoy demasiado feliz y embebida en aquel espectáculo como para ponerme a preguntar por el nombre, o la vida y milagros, de nuestro anfitrión.

—Así debe ser el dueño de todo esto: uno de esos políticos zorros y viejos, llenos de plata y de potras, que se creen El Rey del Pueblo —me digo reclinando otra vez la cabeza en el hombro de Aníbal, aquel grandulón hedonista cuyo amor por la aventura murió con él sólo unas semanas antes de que yo pudiera reunir las fuerzas para comenzar a narrar esta historia, tejida de los instantes congelados en vericuetos de mi memoria y poblada de mitos y de monstruos que jamás deberían ser resucitados.

❧

Si bien esta casona es enorme, carece de todos los refinamientos de las grandes haciendas tradicionales de Colombia: por alguna parte se ven la capilla, el picadero o la cancha de tenis; los caballos, las botas de montar inglesas o los perros de raza; la platería antigua o las obras de arte de los siglos XVIII, XIX y XX; los óleos de vírgenes y santos o los frisos de madera dorada sobre las puertas; las columnas coloniales o las figuras esmaltadas de los pesebres de los antepasados; los arcones tachonados o las alfombras persas de todos los tamaños; la porcelana francesa pintada a mano o los manteles bordados por monjitas, ni las rosas u orquídeas de la orgullosa señora de casa.

Tampoco se ven por parte alguna los humildes servidores de las fincas de los ricos de mi país, casi siempre heredados con la propiedad, gentes sufridas, resignadas y de enorme dulzura que a lo largo de generaciones han elegido la seguridad por encima de la liberación. Aquellos campesinos de ruana —un poncho corto de lana marrón—, desdentados pero siempre sonrientes, que a cualquier petición respondían sin vacilar, quitándose el sombrerito viejo con una profunda inclinación de cabeza: «¡Voy volando, su merced!», «¡Eleuterio González a la orden, para servirle a su merced en todo lo que se le ofrezca!» —y que jamás se habían enterado de que en el resto del mundo existían las propinas— están hoy casi extintos, porque los guerrilleros les enseñaron que cuando triunfara la Revolución en un día no muy lejano ellos también podrían tener tierra y ganado, armas y trago y mujeres como las de los patrones, bonitas y sin várices.

Las habitaciones de la casa de la hacienda dan sobre un corredor larguísimo y están decoradas de manera espartana: dos camas, una mesa de noche con un cenicero de cerámica local, una lamparita cualquiera y fotos de la propiedad. A Dios gracias, el baño privado de la nuestra tiene agua fría y caliente y no sólo fría, como casi todas las fincas de Tierra Caliente. La terraza, interminable, está sembrada de docenas de mesas con parasol y centenares de sillas blancas y resistentes. Las dimensiones de la zona social —las mismas de cualquier Club Campestre— no dejan la menor duda de que la casa ha sido planeada para atender en gran escala y recibir a cientos de personas y, por el número de habitaciones de huéspedes, deducimos que en los fines de semana los invitados deben contarse por docenas.

—¡Cómo serán las fiestas! —comentamos entre todos—. ¡Seguro que se traen al Rey Vallenato con dos docenas de acordeoneros desde Valledupar!

—Nooo, ¡a la Sonora Matancera y a Los Melódicos juntos! —corrige alguien con ese tono de sorna que deja translucir un tantito de envidia.

El administrador de la propiedad nos informa que el dueño de la hacienda está demorado por un problema de última hora y que no llegará sino hasta el otro día. Es evidente que los trabajadores han recibido instrucciones de complacer nuestras menores necesidades para que la estadía sea cómoda y placentera, pero desde un primer momento nos dejan saber que el *tour* por la propiedad excluye el segundo piso, donde se encuentran las habitaciones privadas de la familia. Todos son hombres y parecen sentir gran admiración por el patrón. Su nivel de vida, superior al de los servidores de otras familias ricas, se evidencia en su actitud segura y una total carencia de humildad; estos campesinos parecen ser hombres de familia y visten ropa de trabajo nueva, de buena calidad y más discreta que la de los jóvenes de la pista de aterrizaje. A diferencia del primer grupo, no portan armas de ningún tipo. Pasamos al comedor para la cena. La mesa principal, de madera, es enorme.

—¡Como para un batallón! —observamos.

Las servilletas son de papel blanco y la comida es servida en vajillas de la región por dos mujeres eficientes y silenciosas, las únicas que hemos podido ver desde nuestra llegada. Tal y como habíamos anticipado, el menú consiste de una deliciosa bandeja paisa, plato típico de Antioquia y el más elemental de la cocina colombiana: fríjoles, arroz, carne molida y huevo frito, acompañados de una tajada de aguacate, o palta. No parece haber en esta propiedad un solo elemento que denote preocupación por lograr un ambiente particularmente acogedor, refinado o lujoso: todo en esta hacienda de casi tres mil hectáreas ubicada entre Doradal y Puerto Triunfo, en el ardiente

Magdalena Medio colombiano, parece haber sido planeado con el sentido práctico e impersonal de un enorme hotel de Tierra Caliente, y no con el estilo de una gran casa de campo.

Nada, entonces, en aquella noche tropical cálida y tranquila, mi primera en la Hacienda Nápoles, podría haberme preparado para el mundo de proporciones colosales cuyo descubrimiento iniciaría yo al día siguiente, ni para las dimensiones de aquel reino distinto de todos los que yo había tenido oportunidad de conocer hasta entonces. Y nadie podría haberme advertido sobre las ambiciones descomunales del hombre que lo había construido con polvo de estrellas y con aquel espíritu del que están hechos los mitos que cambian para siempre la historia de las naciones y los destinos de sus gentes.

℘

A la hora del desayuno nos avisan que nuestro anfitrión llegará hacia el mediodía, para tener el gusto de enseñarnos su zoológico personalmente. Mientras tanto nos vamos a recorrer la hacienda en *booggies*, esos vehículos diseñados para que la gente joven y sin responsabilidades pueda andar por la arena a gran velocidad. Consisten en una carrocería muy baja, casi al nivel del suelo y resistente a todo, dos asientos, un timón, una palanca, un depósito de combustible y un motor que produce un ruido infernal. Por donde estos vehículos pasan van dejando una nubecilla de humo y polvo y una estela de envidia, porque todo el que conduce un *booggie* se ve radiante y bronceado, luce *shorts* y gafas de sol y lleva a su lado a una chica linda y un poco asustada con el cabello flotando al viento o a un amigo medio borracho que no se cambia por nadie. El *booggie* es el único vehículo que se puede conducir por una playa en alto grado de embriaguez sin que le ocurra nada grave a sus ocupantes, sin que se vuelque y, sobre todo, sin que la policía encarcele al loco que va al volante, porque tiene una ventaja adicional: frena en seco.

La primera mañana de aquel fin de semana ha transcurrido dentro de la más completa normalidad; pero luego comenzarían a ocurrir cosas extrañas, como si un ángel guardián intentara advertirme que los placeres presentes y las aventuras inocentes son casi siempre las máscaras con que se cubren el rostro las futuras penas.

Aníbal está catalogado como uno de los seres más locos que haya pisado el planeta, etiqueta que a mi espíritu de aventura le divierte enormemente, y todas mis amigas pronostican que aquel noviazgo no terminará en el altar sino en el fondo de un precipicio. Aunque acostumbra conducir su Mercedes por esas estrechas y serpenteantes carreteras de montaña que sólo tienen dos carriles, el de ida y el de vuelta, a casi doscientos kilómetros por hora con un vaso de *whisky* en una mano y una merienda a medio comer en la otra, la verdad es que jamás ha sufrido un accidente. Y yo voy feliz en el *booggie* con su hijita en mi regazo, la brisa en el rostro y el cabello al viento, disfrutando del deleite puro, el júbilo indescriptible que se siente al recorrer kilómetros y kilómetros de tierra plana y virgen a toda velocidad sin nada que nos detenga ni nos ponga límites, porque en cualquier otra hacienda colombiana aquellas extensiones inconmensurables estarían dedicadas a la ganadería cebú y llenas de puertas con trancas y cerrojos para guardar a miles de vacas de mirada boba y a docenas de toros en eterno estado de alerta.

Durante casi tres horas recorremos kilómetros y kilómetros de llanuras en todos los tonos del verde, interrumpidos sólo por una que otra laguna o por un río de poco caudal, con una colina suave como terciopelo de color mostaza aquí o una leve ondulación allá, parecidas a esas praderas en las que años después vi a Meryl Streep y a Robert Redford en *Out of Africa*, pero sin los baobabs. Todo el lugar está poblado solamente por los árboles y plantas, aves y pequeños animales nativos del trópico americano, imposibles de describir en detalle porque cada nueva escena se inicia mientras la anterior no ha terminado de desfilar ante nuestros ojos, en paisajes que primero se han ido sucediendo por docenas y ahora parecen hacerlo por centenares.

A la velocidad del vértigo nos dirigimos hacia una hondonada de vegetación tupida y medio selvática, como de medio kilómetro de anchura, para refrescarnos por unos minutos del sol ardiente del mediodía bajo los abanicos de plumas gigantes de un bosquecillo de guaduas. Segundos después, bandadas de pájaros de todos los colores alzan vuelo en medio de una cacofonía estridente, el *booggie* da un salto sobre una depresión del suelo oculta entre la hojarasca, un palo de dos metros y casi dos pulgadas de grosor entra como una bala por la parte delantera del vehículo, cruza rozando a cien kilómetros por hora el estrecho espacio que separa la rodilla de Adriana de la mía y se detiene exactamente a un milímetro de mi mejilla y a una pulgada de mi ojo. No pasa nada, porque los *booggies* frenan en seco y porque, al parecer, Dios me tiene reservado un destino muy singular.

A pesar de las distancias recorridas, y gracias a ese invento llamado *walkie talkie,* que yo siempre había calificado de *snob,* superfluo y completamente inútil, en cuestión de veinte minutos varios *jeeps* llegan para rescatarnos y recobrar el cadáver del primer *booggie* roto e inutilizado en toda la Historia de la Humanidad. Media hora después nos encontramos en el pequeño hospital de la hacienda, recibiendo inyecciones antitetánicas y aplicaciones de mercurocromo en las raspaduras de las rodillas y la mejilla, mientras todo el mundo suspira aliviado porque Adriana y yo estamos vivas y con los cuatro ojos completos. Aníbal, con cara de niño regañado, refunfuña sobre el costo de mandar a arreglar el bendito aparato y la eventualidad de tener que reemplazarlo por uno nuevo, para lo cual se necesita, antes que nada, averiguar cuánto cuesta traerlo por barco desde Estados Unidos.

Nos informan que el helicóptero del dueño de la hacienda ha llegado hace un rato, aunque ninguno de nosotros recuerda haberlo escuchado. Algo inquietos, mi novio y yo nos preparamos para presentar excusas por el daño causado y preguntar sobre las posibilidades de su reparación. Minutos después nuestro anfitrión hace su entrada al saloncito donde nos hemos reunido con el resto de los invitados. Su rostro se ilumina al ver nuestro asombro por su juventud. Creo que adivina el alivio que mi «buguicida» novio y yo sentimos al comprobar que tiene la edad promedio de los integrantes del grupo, porque una especie de gran travesura recorre todo su semblante y su expresión parece luchar con una de esas carcajadas reprimidas que son precursoras de las cadenas de risas.

Unos años atrás en Hong Kong el venerable y elegante capitán Chang me había dicho, sobre su Rolls Royce Silver Ghost con chofer de gorra, uniforme gris y botas negras, estacionado a la puerta de mi hotel las veinticuatro horas del día: «¡No se preocupe, querida señora, que tenemos otros siete sólo para nuestros invitados, y ése es el suyo!».

En el mismo tono, nuestro joven y sonriente anfitrión exclama con un movimiento desdeñoso de su mano:

—¡No se angustien más por ese *booggie*, que tenemos docenas! —eliminando de un tajo todas nuestras preocupaciones y, con ellas, cualquier sombra de duda sobre sus recursos, su hospitalidad o su total disposición de compartir con nosotros a partir de ese instante y durante cada minuto restante del fin de semana las toneladas de diversión que aquel paraíso de su propiedad promete. Luego, con un tono que primero nos tranquiliza, luego nos desarma y finalmente deja seducidos a mujeres, niños y hombres por igual —acompañado de una sonrisa que hace sentir a cada uno como si hubiese sido el cómplice escogido para alguna broma cuidadosamente planeada que sólo él conoce— el orgulloso propietario de la Hacienda Nápoles nos va saludando:

—Encantado de conocerla en persona, ¡finalmente! ¿Cómo van esas heridas? ¡Prometemos compensar a estos niños con creces por el tiempo perdido: no van a aburrirse ni un minuto! Créanme que lamento no haber podido llegar antes. Mucho gusto, Pablo Escobar.

Si bien es un hombre de baja estatura —menos de 1.70 m— tengo la absoluta certeza de que jamás le importó. Su cuerpo es fornido y del tipo que en unos años tendrá tendencia a engordar. Su papada, precoz y notable, sobre un cuello grueso y anormalmente corto, resta juventud a su expresión pero imprime una cierta autoridad, un cierto aire de respetable señor mayor, a las palabras cuidadosamente medidas que salen de su boca recta y firme, porque habla en una voz serena, ni alta ni profunda, educada y realmente agradable, con la absoluta certeza de que sus deseos son órdenes y su dominio de los temas que le conciernen total. Luce bigote bajo una nariz que de perfil es casi griega y, junto con la voz, el único rasgo especial en la presencia física de un hombre joven que en otro marco sería descrito como perfectamente ordinario, más feo que bello, y se confundiría con millones en las calles de cualquier país latinoamericano. El cabello es oscuro y bastante rizado, con una triple onda indómita que atraviesa su frente y él retira de tanto en tanto con gesto rápido; su piel es bastante clara y no está bronceado como nosotros, dorados todo el año a pesar de vivir en Tierra Fría. Los ojos están muy juntos y son particularmente esquivos; cuando no se siente observado, parecen retroceder hacia cuevas insondables bajo cejas no muy tupidas para escrutar desde allí los gestos que pudieran delatar los pensamientos de quienes están afuera. Observo que casi todo el tiempo se dirigen hacia Ángela, quien lo observa con cortés desdén desde su 1.75 m de estatura, sus veintitrés años y su belleza soberbia.

Tomamos los *jeeps* para dirigirnos hacia la parte de la Hacienda Nápoles dedicada al zoológico. Escobar conduce uno de los vehículos y está acompañado de dos chicas brasileras en *tanga*, cariocas lindas de pequeña estatura y caderas perfectas que jamás hablan y se acarician entre sí, aunque cada vez con mayor discreción por la presencia de los niños y de las bellezas elegantes que ahora captan toda la atención del anfitrión. Aníbal observa la total indiferencia de ambas por lo que ocurre a su alrededor, lo que para una autoridad en su campo es síntoma indiscutible de aspiración reiterada y profunda de alguna *Samarian Platinum*, porque en esta suntuaria propiedad la *Samarian Gold* debe ser sólo la versión popular de la *cannabis*. Observamos que ambas niñas, realmente tiernas, como angelitos a punto de quedarse dormidos, ostentan en el dedo índice de la mano derecha un diamante de un quilate.

En la distancia aparecen tres elefantes, quizás la primera atracción de todo circo o zoológico que se respete. Aunque yo nunca he podido distinguir entre los asiáticos y los africanos, Escobar los describe como asiáticos. Nos informa que todos los machos de las especies mayores y en vía de extinción de su zoológico tienen dos o más hembras y que, en el caso de las cebras, los camellos, los canguros, los caballos *appaloosas* u otros menos costosos, muchísimas más. Y añade con una sonrisa maliciosa:

—Por eso se mantienen tan contentos, y no atacan ni son violentos.

—No, Pablo, no es por el superávit de hembras. Es por estos espacios sublimes que parecen las llanuras de África. ¡Mira cómo corren esos hipopótamos y aquellos rinocerontes hacia el río: felices, como si estuvieran en casa! —le digo señalándolos, porque adoro llevarle la contraria a los hombres que sobrevaloran el sexo y porque, a decir verdad, lo mejor de su zoológico es la total libertad con que aquellos enormes animales trotan en los espacios abiertos o se ocultan entre pastizales altísimos de donde, en el momento menos pensado podrían saltar también la pantera y las tigresas del día anterior.

En alguna parte del recorrido nos damos cuenta de que las brasileras se han esfumado por obra y gracia de los oficiosos «escoltas», nombre que se da en Colombia a los guardaespaldas armados. Observamos que Ángela ocupa ahora el puesto de honor junto a nuestro anfitrión, quien luce más radiante que todos nosotros juntos. Aníbal también está feliz, porque se propone ofrecerle los helicópteros que manufactura su amigo el conde Agusta y porque Escobar acaba de comentarle que nuestra amiga es la criatura más hermosa que haya visto en mucho tiempo.

Llegamos a donde se encuentra el trío de jirafas, y no resisto la tentación de preguntarle a su dueño cómo hace uno para importar animales de semejante tamaño, y con esos cuellos kilométricos, desde las planicies de Kenya: a quién se le encargan, cuánto cuestan, cómo se meten al barco, si les da mareo, cómo se sacan de la bodega, en qué tipo de camión viajan hasta la hacienda sin despertar curiosidad y cuánto tardan en adaptarse al cambio de continente.

—¿Cómo las traerías tú? —me pregunta en tonillo desafiante.

—Pues por el tamaño del cuello —y dado que están en vía de extinción—, traerlas por Europa sería… como arriesgado. Tendrían que viajar por tierra a través del África subsahariana hasta un lugar como Liberia. De las costas del marfil a las costas del Brasil, o quizás las Guayanas, creo que llegarían sin problema a Colombia cruzando la Amazonia, siempre y cuando hayas ido dejando… unos cuantos fajos de billetes en cada retén y a cientos de patrulleros felices a todo lo largo de la ruta de Manaus hasta Puerto Triunfo. ¡Tampoco es que sea taaan complicado!

—¡Estoy absolutamente escandalizado con tu capacidad para el delito multinacional, Virginia! ¿Cuándo me das unas clases? Mis jirafas son legalmente importadas, ¿qué estás sugiriendo? ¡Vienen desde Kenya, vía El Cairo-París-Miami-Medellín, hasta la pista de la Hacienda Nápoles, con sus certificados de origen y todas sus vacunas en orden! Sería imposible, inconcebible, traerlas de contrabando, porque sus cuellos no son exactamente de resortes, ¿sabías? ¿O crees que se pueden acostar a dormir juiciosas como niños de cinco años? ¿Tengo yo, acaso, cara de contrabandista de jirafas? —Y antes de que yo pueda decir que sí, exclama feliz:

—¡Y ahora, a bañarnos al río, para que todos ustedes puedan ver un rincón del paraíso terrenal antes del almuerzo!

Si hay algo que produce ganas de salir corriendo a una persona civilizada de Tierra Fría es la perspectiva de un paseo con sancocho a un río de Tierra Caliente. (Sancocho es una sustanciosa sopa de gallina o pescado acompañada de yuca, arroz y papa, y cada región de Colombia tiene su propia receta.) Como desde mi más tierna infancia no recuerdo haberme sumergido sino en aguas de color turquesa, siento un enorme alivio al comprobar que las verdes de este Río Claro, alimentado por docenas de manantiales nacidos en la propiedad, son cristalinas. Fluyen suavemente entre enormes piedras redondeadas, su profundidad parece ideal para el baño y por parte alguna se ve esa nube de mosquitos que acostumbran confundir mi sangre con la miel.

A la orilla nos esperan algunos familiares o amigos de nuestro anfitrión y dos docenas de guardaespaldas con varios *speed boats*. Diseñadas para las carreras que, ahora sé, son la pasión de Escobar y de su primo Gustavo Gaviria, estas embarcaciones de acero logran velocidades impresionantes y llevan a más de una docena de personas protegidas con cascos, chalecos y audífonos para el ruido atronador del motor, encerrado en jaulas metálicas en la parte posterior de la carrocería.

Arrancamos cual exhalación con Escobar al volante de nuestro bote. Hipnotizado de placer, vuela sobre aquel río esquivando los obstáculos como si conociera cada recodo y cada piedra, cada remolino grande o pequeño, cada árbol caído o tronco flotante, y quisiera impresionarnos con su habilidad para salvarnos de peligros que sólo avizoramos al pasar por su lado cual flechas y que desaparecen en instantes como productos de nuestra imaginación. La vorágine dura casi una hora y, al llegar a nuestro destino, nos sentimos como si viniéramos de bajar en picada las cataratas del Niágara. Fascinada, me doy cuenta de que en cada segundo de la pasada hora nuestras vidas pendieron del sentido milimétrico del cálculo de este hombre que parece nacido para desafiar los límites de su supervivencia o para rescatar a los demás y, en el proceso, recibir su admiración, su gratitud o sus aplausos. Y como la intensidad compartida es uno de los más espléndidos regalos que se pueden ofrecer a quienes también viven su vida con sentido de aventura, me pregunto si nuestro anfitrión ha puesto toda aquella capacidad teatral suya al servicio de un espectáculo emocionante e irrepetible obedeciendo sólo a su pasión por conquistar el peligro, a la necesidad de exhibir en todo momento las múltiples formas de las que se reviste su generosidad o a lo que podría ser, quizás, un amor propio desbordado.

Llegamos al lugar del almuerzo y estoy feliz de descansar en el agua mientras el sancocho y la parrillada están listos. Nado de espaldas y, abstraída en mis pensamientos y en la belleza del cielo, no me doy cuenta de que los círculos concéntricos de un remolino se han ido cerrando en torno a mí. Cuando siento la fuerza de un tornillo metálico que paraliza mis piernas para arrastrarme hacia el fondo, agito los brazos llamando a mi novio y a los amigos que se encuentran en la orilla, a unos ochenta metros; pero, creyendo que los estoy invitando para que se unan al baño, todos ríen, porque sólo quieren celebrar con un buen trago la odisea vivida y recuperar el calor corporal con una deliciosa comida caliente. Estoy a punto de morir en presencia de cuatro docenas de amigos y vigilantes que no quieren ver más allá de su comodidad, sus ametralladoras o sus vasos cuando, ya casi exangüe, hago contacto visual con Pablo Escobar. Sólo quien está más ocupado dirigiendo el espectáculo y dando las órdenes, el director de la orquesta, «el dueño del paseo» —como se diría en buen colombiano— advierte que estoy en una licuadora de la que no volveré a salir viva. Sin pensarlo dos veces se arroja al agua y en segundos llega hasta donde me encuentro. Usando primero palabras que me tranquilizan, luego movimientos tan precisos que parecen coreografiados y, finalmente, una fuerza de tenaza que parece duplicar a la del remolino, aquel hombre seguro y valiente comienza a arrancarme del abrazo de la muerte como si yo fuese una pluma, como si esta acción fuera sólo una más entre sus responsabilidades de anfitrión galante y como si él fuera inmune a un peligro que va haciendo de lado, conmigo aferrada primero a su mano, luego a su antebrazo y después a su torso, mientras Aníbal nos mira desde la distancia, como preguntándose por qué diablos no me despego yo de alguien que conocimos hace apenas unas horas y que cinco minutos antes conversaba con él.

Cuando Escobar y yo pisamos fondo, nos dirigimos con paso tambaleante hacia la orilla. Me sujeta firmemente del brazo y le pregunto por qué, entre tantas personas, fue el único que cayó en cuenta de que yo iba a morir.

—Porque vi la desesperación en tus ojos. Tus amigos y mis hombres sólo veían tus manos agitándose.

Lo miro, y le digo que no fue el único que vio mi angustia sino también el único a quien le importó mi vida. Parece sorprenderse, y más cuando añado con la primera sonrisa que soy capaz de esbozar tras el susto:

—Pues ahora vas a ser responsable de mi vida mientras vivas, Pablo…

Coloca un brazo protector alrededor de mis hombros que no paran de temblar. Luego, con expresión risueña exclama:

—¿Mientras viva yo? ¿Y qué te hace pensar que me voy a morir primero?

—Bueno, sabes que es sólo un decir popular… pero dejémoslo entonces en mientras yo viva, para que ambos quedemos tranquilos ¡y tú pagues los gastos de mi entierro!

Ríe, y dice que eso ocurrirá dentro de un siglo porque los sucesos de las últimas horas parecen indicar que tengo más vidas que un gato. Al llegar a la orilla me dejo envolver en la toalla que los brazos amorosos de Aníbal me extienden; está tibia y, como es enorme, me impide ver lo que él no quiere que yo descubra en sus ojos.

La parrillada no tiene nada que envidiar a la de una estancia argentina y el lugar del almuerzo es, efectivamente, de ensueño. Un poco retirada del resto del grupo, contemplo en silencio aquella umbría frondosa con los ojos de una Eva perdonada ante su segunda visión del Paraíso. En los años siguientes la reviviré en mi memoria una y otra vez, con la hermosa construcción de teca mirando hacia la parte más tranquila de aquel Río Claro convertido para mí en lago de esmeraldas y hacia el follaje del lado opuesto con el sol brillando en cada hoja y en las alas de las mariposas. Muchos meses después pediré a Pablo que volvamos allí, pero me dirá que ya no es posible porque el lugar se ha llenado de guerrillas. Luego, tras un día cualquiera precedido de dos decenios, comprenderé o aceptaré, por fin, que jamás se debe retornar a los sitios de belleza esplendorosa donde alguna vez fuimos intensamente felices por unas horas, porque ya no son los mismos y sólo queda la nostalgia de los colores y, sobre todo, de las risas.

CR

Todo en la Hacienda Nápoles parece ser de un tamaño colosal. Nos encontramos ahora sobre el Rolligon, un tractor gigante con ruedas de casi dos metros de diámetro, una canasta en las alturas donde caben unas quince personas y una fuerza comparable a la de tres elefantes.

—¡A que no puedes con aquél, Pablo! —gritamos, señalando hacia un árbol de mediana contextura.

—¡A que ése también lo tumbamos! —grita encantado Escobar, arrollando sin compasión al pobre arbolito con el argumento de que todo aquel que no resista el embate suyo no merece vivir y debe regresar a la tierra para convertirse en nutriente.

En el camino de regreso a la casa pasamos junto a un auto baleado que parece ser un Ford de finales de los años veinte.

—¡Es el de Bonnie y Clyde! —nos informa orgulloso.

Le pregunto si es el de la pareja o el de la película y contesta que es el original, porque él no compra falsificaciones. Cuando todos comentamos que parece ametrallado, Escobar nos explica que los seis policías que agarraron a los amantes para cobrar la recompensa les dieron con rifles automáticos durante más de una hora, dejando en rededor del auto más de cien cartuchos de bala.

Clyde Barrow, «el Robin Hood americano», era en 1934 el enemigo público número uno del gobierno americano. Robaba bancos, y cuatro meses antes de su muerte orquestó exitosamente la fuga de varios miembros de su banda. Bonnie Parker lo acompañaba en los asaltos pero jamás participó en los asesinatos de policías, que fueron incrementándose en la medida que la persecución contra ellos se extendía por nuevos Estados y el monto de la recompensa aumentaba. Al morir ella tenía veinticuatro años y él veintitrés. Los cuerpos desnudos de la pareja fueron exhibidos ante cientos de fotógrafos en el piso de la morgue, en un espectáculo que levantó airadas protestas no sólo por su morbosidad sino por las docenas de balazos que presentaba el cuerpo de la joven cuyo crimen y destino habían sido amar al eterno prófugo de la justicia. Bonnie y Clyde fueron la primera pareja del bajo mundo inmortalizada en la literatura y el cine, y su leyenda pasó a convertirlos en una auténtica versión moderna de Romeo y Julieta. Veinte mil personas acompañaron el cortejo fúnebre de Bonnie quien, por decisión de su madre, no pudo ser enterrada al lado de Clyde, como era su deseo.

Al aproximarnos a la entrada de la Hacienda Nápoles vemos estacionada sobre el enorme portón, como gigantesca mariposa equilibrista, una avioneta monomotor pintada de blanco. Escobar aminora la marcha y luego se detiene. Alcanzo a sentir que una compuerta se abre sobre nosotros y, por el rabillo del ojo, observo que mis compañeros se repliegan hacia los lados y la parte trasera del Rolligon. En fracción de segundos el contenido de canecas y canecas de agua helada desciende a raudales sobre mí, dejándome aturdida, sin respiración y medio ahogada. Cuando logro recuperar el habla, sólo atino a preguntarle, tiritando:

—¿Y ese cascarón de principios de siglo era el aeroplano de Lindbergh o el de Amelia Earhart, Pablo?

—¡Éste sí era mío y me trajo mucha suerte, como la que tuviste hoy cuando te salvé la vida! ¡Ja, ja, ja, ja, ja, ja! ¡Yo siempre me cobro los favores que hago, y ya quedaste «bautizada»! ¡Ahora sí estamos a mano, mi querida Virginia! —exclama desternillado de la risa, mientras su docena de cómplices no paran de celebrar lo ocurrido.

Esa noche, cuando estoy terminando de arreglarme para la cena, alguien toca muy suavemente a la puerta de mi habitación. Creyendo que es la pequeña de Aníbal, le digo que siga; pero quien asoma tímidamente la cabeza sin soltar el picaporte es el dueño de casa. Con un tono de preocupación que pretende ser sincero, me pide disculpas y pregunta cómo me encuentro. Respondo que más limpia que nunca, porque en las últimas doce horas me he visto obligada a tomar cinco baños a temperaturas varias. Él ríe aliviado y yo le pregunto por las fieras, que no hemos podido ver en ninguna parte del recorrido.

—Ahhh,… esas fieras. Bueno… te confieso que en mi zoológico no hay animales de presa: se comerían a los otros, que son dificilísimos de importar… legalmente. Pero ahora que recuerdo, sí me pareció ver por ahí a una pantera furiosa tiritando empapada bajo una avioneta y a tres tigresas en el salón, hace como diez minutos. ¡Ja, ja, ja!

Y desaparece. Al darme cuenta de que todo lo de la pista de aterrizaje fue un montaje, no puedo dejar de pensar con risueña incredulidad que la capacidad de este hombre para tramar picardías sólo puede compararse con su valor. Cuando entro al comedor luciendo dorada y radiante en mi túnica de seda turquesa, Aníbal elogia mi aspecto y exclama delante de todos:

—Esta nena es la única mujer en el mundo que se despierta luciendo siempre como una rosa… es como ver un milagro de la Creación cada mañana…

—¡Míralos! —dice el Cantautor a Escobar—, los dos símbolos sexuales juntos…

Pablo nos observa con una sonrisa. Luego me mira fijamente. Yo bajo la vista.

CR

Ya de regreso en nuestra habitación, Aníbal comenta en voz baja:

—Realmente, ¡un tipo que es capaz de traerse tres jirafas de contrabando desde Kenya hasta acá es capaz de meter toneladas de cualquier cosa en Estados Unidos!

—¿Como toneladas de qué, amor?

—De coca. Pablo es el Rey de la Cocaína, y es tal la demanda que ¡va camino de convertirse en el hombre más rico del mundo! —exclama, levantando las cejas con admiración.

Comento que yo hubiera jurado que financiaba todo ese estilo de vida a punta de política.

—No, no, mi amorcito, es al revés: ¡financia toda esa política a punta de ésta!

Y entrecerrando los ojos, arrobado de placer tras su cuadragésimo «pase» del día, me enseña una «roca» de cocaína de cincuenta gramos que Pablo le ha regalado.

Estoy agotada y me quedo profundamente dormida. Cuando despierto al día siguiente, él sigue ahí pero la «roca» ya no está. Tiene los ojos inyectados y me contempla con enorme ternura. Yo sólo sé que lo amo.

Aspiraciones presidenciales

Unas semanas después Aníbal recibe una llamada de Escobar. El parlamentario quiere invitarnos a conocer la hacienda y el zoológico de su gran amigo y socio en el proyecto social Medellín sin Tugurios, Jorge Luis Ochoa, situada cerca de la costa caribeña de Colombia. Pablo envía un avión a recogernos, y al aterrizar vemos que él ya nos está esperando y que lo acompaña únicamente la tripulación del suyo. Es evidente que, al no ser esta vez el dueño de casa, está allí para unirse a nosotros como un invitado más del grupo que nuevamente incluye a nuestra amiga Ángela. No hemos podido llevar a los niños de Aníbal porque la madre ha reaccionado con auténtico horror a la narración de las aventuras vividas en Nápoles y le ha prohibido terminantemente volver a llevar a los niños con nosotros a «fines de semana con esas personas extravagantes y enriquecidas de la noche a la mañana».

La carretera que conduce del aeropuerto al municipio donde se encuentra ubicada la hacienda tiene poquísimo tráfico. Después de unos minutos de recorrido bajo un sol inclemente, con Escobar al volante del vehículo descubierto, llegamos al retén donde se paga un peaje equivalente a unos tres dólares americanos. Nuestro conductor reduce la marcha, saluda al recolector con su más amplia sonrisa y sigue derecho, muy campante y a velocidad mínima, dejando atrás al estupefacto muchacho quien, primero, se queda boquiabierto con el tiquete en la mano y, luego, emprende carrera tras de nosotros agitando infructuosamente los brazos para que nos detengamos. Sorprendidos, le preguntamos a Pablo por qué «se voló el peaje», como se dice en buen colombiano.

—Porque si no hay policía en la caseta, no pago. ¡Yo sólo respeto a la autoridad cuando está armada! —exclama triunfante y en el mismo tono de un maestro de escuela que estuviera dando una lección a sus pequeños discípulos.

Los Ochoa son reconocidos criadores y exportadores de caballos campeones; miles de ellos se encuentran en la hacienda La Loma, cercana a Medellín y dirigida por su padre, Fabio. Esta hacienda, La Veracruz, está dedicada a la crianza de toros de lidia y, aunque sus dimensiones o las de su zoológico no pueden compararse con las de Nápoles, la casa está bellamente decorada y por todas partes se ven esos pequeños Ferraris y Mercedes eléctricos, rojos y amarillos, que son el sueño de muchísimos niños. El mayor de los tres hermanos Ochoa es Jorge Luis, un hombre afable, de la misma edad de Pablo, a quien sus amigos llaman «el Gordo», casado con una mujer alta y guapa, María Lía Posada, prima de la ministra de Comunicaciones, Noemí Sanín Posada. Si bien Jorge no hace gala de esa cualidad eléctrica de Escobar cuando se encuentra en plan de divertirse, salta a la vista que a los dos hombres los une un gran afecto y un profundo respeto nacido del tipo de lealtad que ha sido puesto a prueba una y otra vez a lo largo de los años.

Al despedirnos, le hablo a Jorge de mi deseo de conocer sus famosos caballos campeones. Con su amplia sonrisa, me promete que muy pronto programará algo especial y que no quedaré desilusionada.

Regresamos a Medellín en otro de los aviones de Escobar y, aunque sus esfuerzos por conquistar a Angelita han resultado nuevamente infructuosos, los dos parecen haberse hecho buenos amigos. Medellín es la Ciudad de la Eterna Primavera, y para los *paisas,* sus orgullosos habitantes, es la capital del Departamento, la capital industrial del país y la capital del mundo. Nos hospedamos en el Intercontinental, ubicado en el hermoso sector de El Poblado y próximo a la mansión-oficina de Pablo y Gustavo, propiedad del gerente del Metro de Medellín y gran amigo de ellos. Esta parte de la ciudad se caracteriza por una infinidad de caminos curvos entre colinas cubiertas de exuberante vegetación semitropical. Para los visitantes como nosotros, acostumbrados a las calles planas de Bogotá, que son numeradas, como las de Nueva York,— resultan un auténtico laberinto, pero los *paisas* los recorren a toda velocidad mientras suben y bajan entre los barrios residenciales rodeados de árboles y jardines y el ruidoso centro de la ciudad.

—Como hoy es domingo y todo el mundo se acuesta temprano, a la medianoche voy a invitarlos a un recorrido de vértigo en el auto de James Bond —anuncia Pablo.

Cuando nos presenta la joya de su colección quedamos terriblemente desilusionados. Pero, aunque no es ningún Aston Martin y sólo ostenta dosis supremas de anonimato automovilístico, el tablero de control está recubierto de botones. Al ver nuestros rostros iluminados por la curiosidad, su orgulloso propietario comienza a recitar las bondades de algo que sólo pudo haber sido diseñado con la policía en mente:

—Con éste se arroja una cortina de humo que obliga a los perseguidores a detenerse; con este otro, el gas lacrimógeno que los deja tosiendo y buscando agua con desesperación; con aquel, aceite para que patinen en zigzag y se vayan al fondo del precipicio; con este otro, centenares de puntillas y tachuelas para pincharles las llantas; éste es un lanzallamas que se activa a continuación del que arroja gasolina; aquél enciende los explosivos y a lado y lado se ubican las ametralladoras, pero hoy las hemos desmontado en previsión de que el auto pudiera caer en manos de alguna pantera vengativa. ¡Ah! Y en la eventualidad de que todo lo anterior llegare a fallar, este último botón emite una frecuencia de sonido que destroza el tímpano. Vamos a hacer una demostración de la utilidad práctica de mi tesoro; pero lamentablemente sólo las damas y Ángela, que va a ser mi copiloto, caben en el auto de Bond. Los hombres y... Virginia irán en los de atrás.

Y arranca muy despacio, mientras nosotros lo hacemos a toda velocidad. Al cabo de varios minutos lo vemos venir como alma que lleva el diablo; no sabemos si nos pasa volando por encima, pero segundos después está delante de nosotros. Una y otra vez intentamos sobrepasarlo pero, cuando estamos a punto de conseguirlo, emprende la huida y se esfuma entre las curvas de las calles desiertas de El

Poblado para reaparecer en el momento menos pensado. Ruego a Dios que ningún vehículo vaya a cruzarse en su camino, porque caerá por el borde de la carretera dando tumbos o quedará arrollado contra el asfalto como una estampilla. El juego se prolonga durante casi una hora y, en una pausa que hacemos para recuperar el aire, Escobar sale rugiendo de entre las sombras y nos deja flotando en un mar de humo que nos obliga a detenernos. Tardamos varios minutos en encontrar el camino y, cuando por fin lo logramos, nos pasa como una exhalación y quedamos envueltos en nubarrones de gas que parecen multiplicarse e inflamarse con cada segundo que pasa. Sentimos como si el ácido sulfúrico nos quemara la garganta y subiera por la nariz para nublarnos la vista e invadir cada pliegue de nuestro cerebro. Tosemos, y con cada bocanada del aire envenenado que aspiramos el ardor se multiplica por diez. A espaldas nuestras oímos a los guardaespaldas gimiendo, y a lo lejos alcanzamos a escuchar las risas de los ocupantes del auto de James Bond que ha huido del lugar a 200 kilómetros por hora.

A un lado del camino, no sé cómo, encontramos una pluma de agua. Los muchachos de Escobar bajan corriendo de los autos, maldiciendo y atropellándose unos a otros mientras se pelean por un sorbo del líquido. Al verlos llorando me hago a un lado y, para darles ejemplo, me coloco en el último lugar de la fila. Luego, con los puños en la cintura y la poca voz que me queda, les grito con todo el desprecio del que soy capaz:

—¡Tengan más hombría, carajo! ¡Por lo visto aquí el único con valor soy yo, una mujer! ¿No les da vergüenza? ¡Conserven la dignidad, que parecen niñas!

Pablo y sus cómplices llegan al lugar y, al encontrarse con esta escena, estallan en carcajadas. Una y otra vez nos jura que la culpa fue de su copiloto, porque él sólo la autorizó para arrojarnos cortina de humo, mientras la malvada bruja, sin parar de reír, confiesa que «oprimió por error el botoncito del gas lacrimógeno». Luego, en tono castrense, él ordena a sus hombres:

—¡Conserven la dignidad que, realmente, parecen nenas! ¡Y dejen pasar a la dama!

Tosiendo y tragándome las lágrimas, digo que le cedo el paso a «las señoritas» y tomaré agua al llegar al hotel, que está a dos minutos. Añado que su pobre *carroviejo* es sólo una mofeta fétida, y me despido.

೧೩

En otro de nuestros viajes a Medellín en el segundo semestre de 1982, Aníbal me presenta a un capo muy distinto de Pablo y de sus socios, llamado Joaquín Builes. «Joaco» es exacto a Pancho Villa, y su familia desciende de monseñor Builes. Es riquísimo, simpatiquísimo y se jacta de ser también malísimo, «pero remalo de verdad, no como Pablito», y de haber mandado a asesinar con su primo Miguel Ángel a cientos y cientos y cientos de personas, tantas que parecieran sumar toda la población de algún municipio antioqueño. Ni Aníbal ni yo le creemos una palabra, pero Builes se carcajea y jura que es cierto.

—La verdad es que Joaco es una caja de música —le oiré decir más adelante a Pablo— pero es tan, tan tacaño, que prefiere perder una tarde completa tratando de venderle a uno una alfombra persa para ganarse mil dólares que invertir ese mismo tiempo y esfuerzo en despachar quinientos kilos de coca ¡que dan para poner diez almacenes de alfombras!

En aquella entretenida tertulia con Joaco, Aníbal y el Cantautor me entero de que Pablo, siendo apenas un jovencito, inició su exitosa carrera política como ladrón de lápidas del cementerio. Tras lijar los nombres de los difuntos, él y sus socios las vendían como nuevas. Y no una vez, sino varias. A mí la historia me parece hilarante, porque me imagino a todos esos viejos *paisas* avaros dando saltos en su tumba al descubrir que sus herederos pagaron un dineral por una lápida que no es siquiera de segunda mano sino de tercera o cuarta. También les escucho hablar con admiración sobre el indiscutible y muy loable talento de Escobar para «deshuesar» en pocas horas automóviles robados de cualquier marca y venderlos luego por pedacitos, como «repuestos con descuento». Para mis adentros, concluyo que los enciclopédicos conocimientos del parlamentario suplente en materia de mecánica automotriz son los que le permitieron encargar ese producto «exclusivo, único y totalmente hecho a mano» que es el auto de James Bond.

Alguien comenta que nuestro nuevo amigo también fue algo así como *gatillero* durante las Guerras del Marlboro pero, cuando pregunto qué quiere decir eso, nadie me sabe dar razón y todo el mundo cambia de tema. Me imagino que debe ser algo así como asaltante de cigarrerías —porque mil paquetes de Marlboro de contrabando definitivamente pesan menos que una lápida— y concluyo que la vida de Pablito, definitivamente, se parece bastante al *slogan* de los cigarrillos Virginia Slims: «*You've come a long way, baby!*»

∞

Unos días después recibimos una invitación de los Ochoa para viajar a Cartagena. Allí nos espera una de las noches más inolvidables que yo recuerde haber vivido. Nos hospedamos en la suite presidencial del Cartagena Hilton y, tras cenar en el mejor restaurante de la ciudad, nos preparamos para lo que Jorge y su familia quieren regalarnos en cumplimiento de la promesa hecha días atrás: un paseo por las calles de la ciudad —la parte antigua y la nueva— en coches tirados por caballos que han hecho traer desde La Loma.

La escena parece sacada de *Las mil y una noches*, planeada por un jeque árabe para la boda de su única hija, producida por un director artístico de Hollywood para enmarcar la fastuosidad de alguna celebración en una imponente hacienda mexicana del siglo XIX.

Los coches de caballos no son como los de Cartagena ni los de Nueva York; ni siquiera como los de un Grande de España en la Feria de Sevilla. Éstos tienen también dos faroles que enmarcan a un cochero impecablemente uniformado, pero cada uno de los cuatro carruajes va tirado por seis percherones campeones, blancos como la nieve, enjaezados y con el pecho henchido como los de la carroza de la Cenicienta, orgullosos a más no poder de su tamaño y de su espléndida belleza. Taconeando con el mismo rigor hondo y sensual de veinticuatro *bailaores* de flamenco, marchan como sincronizados por aquellas calles históricas. Pablo nos informa que cada tiro tiene un valor de un millón de dólares pero, para mí, el disfrute de aquella emoción sublime vale todo el oro del mundo. La visión va dejando una estela de asombro entre los humanos que la contemplan: gentes que se asoman a los balcones blancos de la ciudad antigua, turistas encantados, pobres cocheros cartageneros que ven desfilar con la boca abierta el despliegue de tan magnífica ostentación.

No sé si el espectáculo ha sido planeado obedeciendo sólo a la generosidad de Jorge para con su socio y para con nosotros, o por sutil sugerencia de Pablo en la esperanza de seducir a Angelita con algo tan romántico y único, o para expresar el agradecimiento de la familia Ochoa al valor, la estrategia y los resultados mostrados por Escobar con ocasión del secuestro y rescate de la hermana de Jorge un año atrás. Yo sólo sé que ninguno de los grandes magnates colombianos que conozco podrá exhibir jamás para la boda de su hija un espectáculo tan soberbio como el que el innegable estilo de esta familia ha sabido regalarnos en esa noche.

En otro fin de semana largo viajamos a Santa Marta, ubicada sobre el Mar Caribe y cuna de la legendaria *Samarian Gold*. Allí conocemos a los Dávila, los reyes de la marihuana. Al contrario de los de la coca, que, con raras excepciones, como los Ochoa, son de extracción pobre o de clase media baja, los Dávila pertenecen a la antigua aristocracia terrateniente de la Costa Atlántica. Y en contraste con los *coqueros*, que en su mayoría son poco atractivos —o, como diría Aníbal, «de pinta espesa»—, casi todos estos hombres son altos y guapos, aunque elementales; algunas de las mujeres Dávila han contraído matrimonio con personas como el presidente López Pumarejo, el hijo del presidente Turbay y Julio Mario Santo Domingo, el hombre más rico de Colombia.

Aníbal me cuenta que el aeropuerto de Santa Marta se cierra a las seis de la tarde, pero los Dávila son allí tan poderosos que en la noche se reabre sólo para ellos. Así es como pueden despachar tranquilamente los aviones cargados con la que tiene fama de ser la mejor marihuana del mundo. Le pregunto cómo lo consiguen y contesta que «untándole» la mano a todo el mundo: la torre de control, la policía y uno que otro oficial de la marina. Como a estas alturas ya conozco a muchos de sus amigos más *nuevorricos*, comento:

—Yo pensaba que todos estos *narcos* tenían pista propia en sus haciendas...

—Nooo, mi amorcito. ¡Eso sólo los grandes! La *marimba* no da para tanto y ya tiene mucha competencia con la de Hawai. Ni te sueñes que eso está al alcance de todos, porque para pista propia se necesitan un millón de permisos. ¿Conoces el *papeleo* para ponerle la placa a un automóvil en este país, no? Pues multiplica los trámites por cien y puedes ponerle el HK a un avión; y ahora multiplícalos por otros cien y consigues la licencia para una pista privada.

Le pregunto cómo hace, entonces, Pablo para tener pista propia y flota de aviones, sacar toneladas de coca, traerse jirafas y elefantes desde África y meter Rolligons y botes de seis metros de altura de contrabando.

—Es que el negocio de él no tiene competencia. Y es el más rico de todos porque Pablito, mi vida, es un *Jumbo*: tiene al tipo clave en la Dirección de la Aeronáutica Civil, un muchacho joven hijo de uno de los primeros *narcos*... un tipo Uribe primo de los Ochoa... Álvaro Uribe, me parece. ¿Por qué crees tú que toda esta gente acaba de financiar las campañas de los dos candidatos presidenciales? ¿Estás creyendo que fue sólo para codearse con el nuevo presidente? ¡No seas tan inocente!

—Pues ¡vaya puesto el que se consiguió el muchacho! Todos estos tipos deben estar haciéndole cola.

—Así es la vida, mi amor: ¡la mala fama pasa, la plata queda en casa!

CR

Aquellos son los días de vino y rosas, miel y risas, y amistades adorables. Pero como nada es para siempre, un buen día las notas de aquella canción dejan de sonar tan repentinamente como habían comenzado.

Con la adicción de Aníbal, que pareciera ir *in crescendo* con cada «roca» que Pablo le regala, las más absurdas y embarazosas escenas de celos han ido reemplazando a las públicas declaraciones de amor y a las expresiones de ternura. Antes reservadas a los desconocidos, incluyen ahora a los amigos comunes y se extienden incluso a mis *fans*. Tras cada disgusto, seguido de una separación de cuarenta y ocho horas, Aníbal busca consuelo en una ex novia, dos luchadoras de barro o tres *bailaoras* de flamenco. Al tercer día llama implorándome que vuelva con él; horas de súplicas, docenas de rosas y alguna furtiva lágrima logran vencer mi resistencia…y todo vuelve a recomenzar.

Una noche, mientras departimos con el grupo en un elegante bar, mi novio saca un revólver y encañona a dos admiradores que sólo querían mi autógrafo. Cuando, casi una hora después, nuestros amigos logran desarmarlo, les ruego que me acompañen a casa. Y esta vez, cuando Aníbal llama pretendiendo justificar lo ocurrido, le digo:

—Si dejas la coca hoy mismo, voy a cuidarte y hacerte feliz por el resto de tu vida. Si no, te dejo a partir de este instante.

—Pero, mi amor… ¡Debes entender que yo no puedo vivir sin «Blancanieves» y que jamás voy a dejarla!

—Pues entonces he dejado de amarte. Y hasta aquí llegamos.

Y así, en un abrir y cerrar de ojos, en la primera semana de enero nos decimos adiós para siempre.

∞

En 1983 no existen todavía en Colombia los canales privados de televisión. Cada nuevo gobierno adjudica los espacios por licitación a productoras privadas conocidas como *programadoras,* y TV Impacto —mi sociedad con la conocida periodista de línea dura Margot Ricci— ha recibido varios espacios en tiempos AA y B. Pero Colombia atraviesa por una recesión económica y las grandes empresas sólo están anunciando en los horarios AAA, es decir, de 7:00 a 9:30 p.m. Al año de haber iniciado operaciones, por no tener ingresos suficientes para cubrir los costos del Instituto Nacional de Radio y Televisión, prácticamente todas las productoras pequeñas estamos en quiebra. Margot me pide que nos reunamos para decidir qué vamos a hacer, pero al llegar el lunes a la oficina lo primero que me dice es:

—¿Verdad que Aníbal la cogió a usted a tiros el viernes?

Respondo que si así fuera estaría en el cementerio o en el hospital, y no en la oficina.

—¡Pues es lo que dice todo Bogotá! —exclama en tono de que las palabras de otros tienen prelación sobre lo que sus ojos están viendo.

Contesto que yo no puedo cambiar la realidad para complacer a todo Bogotá. Pero que, si bien es falso que Aníbal hubiera hecho disparos, lo dejé para siempre y no he parado de llorar en tres días.

—¿Por fin? ¡Pero qué alivio, qué descanso! Y ahora prepárese para llorar de verdad, porque tenemos deudas por el equivalente de cien mil dólares. Al paso que vamos, en unas semanas voy a tener que salir a vender el departamento, el carro, ¡el niño!… Claro que antes de vender a mi hijo, la vendo a usted al beduino de los cinco camellos, ¡porque no sé cómo vamos a salir de ésta!

Ocho meses antes, atendiendo una invitación del gobierno de Israel, Margot y yo habíamos viajado a dicho país y visitado luego Egipto para ver las pirámides. Mientras nos encontrábamos en el bazar de El Cairo regateando un collar de turquesas, un beduino desdentado y escuálido de unos setenta años, con cayado de pastor y olor a chivo, me observaba con mirada lasciva, dando vueltas nerviosamente y tratando de captar la atención del dueño del puesto. Tras cruzar unas palabras con el viejo, el vendedor se había dirigido a Margot en inglés con su más refulgente sonrisa:

—El rico señor desea regalar el collar a la joven. Y no sólo eso: desea casarse con ella y negociar la dote ya. Está dispuesto a ofrecer por ella ¡cinco camellos!

Ofendida por la cifra, pero divertidísima ante la insólita propuesta, yo le había dicho a Margot que pidiera por mí siquiera treinta camellos y, de paso, le advirtiera a esa momia de la Cuarta Dinastía que la joven no era virgen: había estado casada, y no una, sino dos veces.

Exclamando que sólo un jeque tenía 30 camellos, el viejo, alarmado, había preguntado a Margot si era que yo ya había enterrado a dos maridos.

Tras sonreír compasivamente al aspirante a mi mano, y advertirme que me preparara para correr, mi socia se había dirigido al vendedor con expresión triunfal:

—Dígale al rico señor que no los enterró: ¡que esta jovencita de treinta y dos años ya botó a dos maridos veinte años menos viejos que él, veinte veces menos horrorosos y veinte veces menos pobres!

Y habíamos salido a perdernos, mientras el anciano nos perseguía aullando en árabe y dando furiosos bastonazos al aire. No habíamos parado de reír hasta llegar al hotel y contemplar felices desde nuestra habitación, brillando bajo las estrellas, aquel legendario Río Nilo del color del jade.

଼

La mención del beduino me trae a la memoria a un coleccionista de dromedarios que no es septuagenario, ni iracundo, ni fétido, ni desdentado. Y le digo a Margot:

—¿Sabes que conozco a alguien con más de cinco camellos que ya una vez me salvó la vida y, de pronto, podría salvar también a esta empresa?

—¿Jeque o dueño de circo? —pregunta ella con ironía.

—Jeque con treinta camellos. Pero primero debo hacer una consulta.

Llamo al Cantautor, le explico que a Margot y a mí nos van a embargar y le digo que necesito el teléfono de Pablo para pedirle publicidad de alguna compañía suya o venderle nuestra programadora de televisión.

—Pues... ¡la única empresa anunciante que yo le conozco a Pablo es la *Coca-Cola*! Pero ése es, precisamente, el tipo de problemas que a él le encanta resolver de un plumazo... ¡Quédate quieta ahí donde estás, que ya te llama!

Minutos después suena mi teléfono. Tras un breve diálogo, voy hasta la oficina de mi socia y, con mi más radiante sonrisa, le digo:

—Margarita: el representante a la Cámara Escobar Gaviria está en la línea y quiere saber si nos parece bien que envíe su jet por nosotras mañana a las tres de la tarde.

CR

Al regresar de Medellín me encuentro con una invitación a cenar de Olguita y el Cantautor. Ella es dulce y fina, y él es el andaluz más simpático y *desabrochado* del mundo. Al llegar a su casa —y casi sin darme tiempo de sentarme— Urraza me pregunta cómo nos fue. Respondo que gracias a la pauta publicitaria de Bicicletas Osito que Pablo nos ofreció vamos a poder pagar todas las deudas de la programadora, y que en la semana siguiente regresaré para grabar con él un programa en el basurero municipal.

—Bueno… ¡pues por esa plata yo hasta me como la basura! ¿Y vas a sacarlo en televisión? ¡Hostia!

Le hago ver que todo periodista entrevista semanalmente a media docena de congresistas sin gracia y que Pablo es un representante a la Cámara; suplente, sí, pero parlamentario al fin y al cabo. Y añado:

—Se encuentra en proceso de regalar 2 500 casas a los «residentes» del basurero y otras tantas a los habitantes de los tugurios. ¡Si eso en Colombia no es noticia, yo me corto una mano!

Él quiere saber si Pablo puso la entrevista como requisito y le digo que no: fui yo quien la exigió como condición para aceptar la pauta, porque él sólo quería una nota de cinco minutos. Le explico que siento tal gratitud por su generosidad, y tal admiración por lo que Medellín sin Tugurios está haciendo, que voy a dedicarle la hora completa de mi programa del lunes, de 6:00 a 7:00 p.m., que saldrá al aire en tres semanas.

—¡Pues tienes cojones!… Y me está pareciendo que Pablo tiene interés en ti…

Respondo que a mí sólo me interesa salvar mi empresa y seguir adelante con mi carrera, que es lo único que tengo.

—Pues, si Pablo llega a enamorarse de ti y tú te enamoras de él —como creo que puede pasar—, ¡no vas a tener que volver a preocuparte por tu carrera, ni tu futuro, ni esa puta programadora! Y me lo vas agradecer por el resto de tu vida, créeme…

Riendo, le digo que eso no va a ocurrir: yo todavía tengo el corazón muy magullado, y Pablo siempre ha estado fascinado por Ángela.

—¿Pero acaso no te has dado cuenta de que todo aquello eran sólo juegos de niños? ¿Que ella es el tipo de chica que siempre estará enamorada de algún jugador de polo? Pablo sabe que Angelita no es para él, porque no es un imbécil… Él tiene aspiraciones políticas muy grandes y necesita a su lado a una mujer de verdad, elegante, que sepa hablar en público; no una modelo ni una chica de su misma clase, como la última novia… ¿Sabías que le dejó dos millones de dólares?… ¡Qué no le daría a una princesa como tú alguien que quiere ser presidente y que a los treinta y tres años va camino de convertirse en uno de los hombres más ricos del mundo!

Le comento que a esos hombres tan ricos siempre les han gustado las chicas muy jóvenes, y que yo ya tengo treinta y tres años.

—¡Pero no sigas diciendo *maricadas* que tú pareces de veinticinco, hostia! ¡Y a los multimillonarios siempre les han gustado las mujeres sensacionales, representativas, no las niñas que no hablan de nada ni saben hacer el amor! Tú eres un símbolo sexual y tienes veinte años de belleza por delante. ¿Para qué quieres más? ¿Conoces algún hombre a quien le importe la edad de Sophia Loren, pelotuda? ¡Tú eres la *professional beauty* de este país, un purasangre, algo que Pablo jamás ha tenido! Hostia, y yo que creía que eras una mujer inteligente…

Y para cerrar la perorata con broche de oro, exclama horrorizado:

—¡Y si piensas meterte al basurero ese en Gucci y Valentino, te advierto que no vas a poder quitarte el olor en una semana! Tú todavía no te has soñado lo que es eso…

¡Pídeme lo que tú quieras!

Es el hedor de diez mil cadáveres en un campo de batalla a los tres días de una derrota histórica. Kilómetros antes de llegar ya empieza a sentirse. El basurero de Medellín no es una montaña cubierta de basura: es una montaña hecha de millones y millones de toneladas métricas de basura descomponiéndose todas a un tiempo. Es el hedor de la materia orgánica acumulada durante lustros en todos los estados de putrefacción que preceden a la licuefacción final. Es el olor de los chorros de gas que siguen a ésta y que brotan por doquier. Es el hedor de todo lo que queda del mundo animal y vegetal cuando se mezcla con el de los desechos químicos. Es el olor de la más absoluta miseria y de las formas más extremas de la pobreza absoluta. Es el hedor de la injusticia, la corrupción, la arrogancia, la indiferencia total. Impregna cada molécula de oxígeno y puede casi verse cuando se pega a la piel para entrar por los poros hasta las entrañas y sacudirnos las vísceras. Es el aroma dulzón de la muerte que a todos aguarda, un perfecto perfume para el día del Juicio Final.

Iniciamos el ascenso por el mismo camino gris cenizo utilizado por los camiones que depositan su carga en la parte superior. Pablo conduce, como siempre. A cada minuto siento que me observa, escrutando mis reacciones: las del cuerpo, las del corazón, las de la mente. Yo sé lo que él piensa y él sabe lo que estoy sintiendo: una fugaz mirada nos sorprende, una cierta sonrisa lo confirma. Sé que con él a mi lado voy a poder soportar sin problema todo lo que nos espera; pero a medida que nos acercamos a nuestro destino empiezo a preguntarme si Martita, mi asistente, y el camarógrafo podrán trabajar durante cuatro o cinco horas en aquel ambiente de náusea, ese escenario sin ventilación, ese calor encerrado entre las paredes metálicas de un día nublado, opresivo y agobiante como ninguno que recuerde.

El olor ha sido sólo el preámbulo de un espectáculo que haría retroceder de vergüenza al más duro de los hombres. El infierno de Dante que se abre ante nosotros parece medir varios kilómetros cuadrados, y la cumbre es el espanto en toda su magnificencia: arriba de nosotros, contra un fondo gris sucio que nadie en su sano juicio osaría llamar cielo, revolotean miles de gallinazos y de buitres con picos como navajas bajo ojillos crueles y plumas tan asquerosas que hace rato dejaron de ser negras. En actitud superior, como si aquí fuesen águilas, los miembros de la dinastía reinante en este submundo evalúan en segundos nuestro estado de salud para continuar con sus festines de caballos cuyas vísceras húmedas brillan al sol. Abajo, centenares de canes recién llegados nos reciben enseñando dientes afilados por el hambre crónica junto a otros veteranos que, menos flacos y más despreocupados, menean su cola o se rascan el escaso pelaje invadido de pulgas y de garrapatas. Toda la montaña parece estremecerse con una agitación undulante y frenética: son millares de ratas, tan grandes como gatos, y millones de ratones de todos los tamaños. Nubes de moscas se posan sobre nosotros y nubarrones de zancudos, mosquitos y *anopheles* celebran la llegada de sangre fresca. Para todas las especies del bajo mundo animal parece haber aquí un paraíso de nutrientes.

En la distancia comienzan a aparecer unos seres cenicientos, distintos de todos los demás. Primero se asoman los pequeños curiosos de barrigas infladas, llenas de lombrices; luego unos machos de mirada hosca y, finalmente, unas hembras tan macilentas que sólo las preñadas parecen estar vivas; por suerte para alguien, casi todas las más jóvenes lo están. Las pardas criaturas parecen brotar de todas partes, primero por docenas y luego por centenares; nos van envolviendo para cerrarnos el paso o impedirnos huir y en cuestión de minutos nos tienen rodeados. Súbitamente, aquella marea oscilante, apretujada, estalla en un clamor de júbilo y mil destellos blancos iluminan sus rostros:

—¡Es él, don Pablo! ¡Llegó don Pablo! ¡Y viene con la señorita de la televisión! ¿Van a sacarnos en televisión, don Pablo?

Ahora lucen radiantes de felicidad y de entusiasmo. Todos vienen a saludarlo, a abrazarlo, a tocarlo como queriéndose llevar un pedazo de él. A primera vista, sólo esa sonrisa milagrosa separa a estas personas sucias y famélicas del reino animal que parece haberlos relegado a una especie más dentro de aquel hábitat de bestias; pero en las horas siguientes aprenderé de aquellos seres una de las más espléndidas lecciones que la vida haya querido regalarme.

∞

—¿Quiere ver mi árbol de Navidad, señorita? —pregunta una pequeña halando la manga de mi blusa de seda.

Pienso que va a enseñarme la rama de algún árbol caído, pero resulta ser un arbolito navideño escarchado, casi nuevo y *Made in USA*.

Pablo me explica que allí la Navidad llega con dos semanas de retraso, que todas las posesiones de aquellas personas provienen de la basura, y que los sobrados y cajas de los ricos son los tesoros y materiales de construcción de los más pobres.

—¡Yo también quiero mostrarte mi pesebre! —dice otra niñita—. ¡Por fin quedó completo!

El Niño Dios es un gigante cojo y tuerto, la Virgen es tamaño *medium* y San José es de talla *small*. El burro y el buey de plástico, obviamente, pertenecen a referencias comerciales de dos tiendas distintas. Trato de contener la risa al ver esta simpática versión de una familia contemporánea y continúo mi recorrido.

—¿Puedo invitarla a conocer mi casa, doña Virginia? —me dice una afable señora con la misma seguridad de cualquier mujer de la clase media colombiana.

Imagino una choza de cartón y latas como las de los tugurios de Bogotá, pero estoy equivocada: la casita está hecha de ladrillos pegados con cemento y el techo es de tejas plásticas. Adentro tiene cocina y dos habitaciones, con muebles gastados pero limpios. En una de ellas el hijo de doce años hace su tarea escolar.

—¡Por suerte botaron a la basura el juego de sala completo! —me cuenta—. Y mire mi vajilla: es de modelos diferentes pero en ella comemos seis personas. Los cubiertos y los vasos no hacen juego, como los de su merced, ¡pero es que a mí me salieron gratis!

Sonrío, y pregunto si también sacan la comida de la basura. Ella responde:

—¡Uy, no, no! ¡Nos moriríamos! Y, en todo caso, ésa la encuentran primero los perros. Nosotros bajamos a la plaza de mercado y la compramos con el producto de nuestro trabajo como recicladores.

Un joven con aspecto de líder de banda juvenil, que luce *jeans* americanos y tenis modernos en perfecto estado, me enseña orgullosamente su cadena de oro de dieciocho quilates; sé que en cualquier joyería costaría unos setecientos dólares, y pregunto cómo hizo para dar con algo tan valioso, y tan pequeño, entre millones de toneladas métricas de basura.

—Pues me la encontré con esta ropa entre una bolsa plástica. ¡No me la robé, doña, se lo juro por Dios! Alguna mujer furiosa que echó al tipo con todo y *bocelería* a la calle… ¡Es que estas *paisas* son muy bravas, Ave María!

—¿Qué es lo más extraño que han hallado? —pregunto al grupo de niños que nos sigue.

Se miran entre ellos y luego contestan casi al unísono:

—¡Un bebé muerto! ¡Se lo estaban comiendo las ratas cuando llegamos! También encontraron el cadáver de una niñita violada, pero mucho más lejos, cerca del nacimiento de agua, por allá arriba —y me señalan el lugar—. Pero esas son cosas que hace gente mala de afuera. La de aquí es muy buena, ¿verdad, don Pablo?

—Así es: ¡la mejor del mundo! —dice él, con absoluta convicción y sin el menor ápice de paternalismo.

Veinticuatro años después he olvidado casi todo lo que Pablo Escobar me decía en aquella entrevista, su primera para un medio nacional, sobre las 2500 familias que habitaban en aquel infierno. En alguna parte debió quedar la videocinta con sus palabras entusiastas y mi rostro lavado en sudor. De esas horas que cambiaron para siempre mi escala de los valores materiales que los seres humanos necesitan para experimentar un poco de felicidad sólo me quedan los recuerdos del corazón y las memorias de mis sentidos. Junto a esa fetidez omnipresente, la mano guía de él en mi antebrazo transmitiéndome su fuerza; historias de aquellos sobrevivientes —unos pocos medio limpios, casi todos medio sucios, orgullosos de su ingenio y agradecidos de su suerte— sobre el origen de sus humildes posesiones o el hallazgo de pequeños tesoros; rostros de mujeres iluminados con la descripción de las casas que ya pronto podrían llamar suyas; hombres entusiasmados con la idea de recuperar el respeto de una sociedad que los había tratado como escoria; niños ilusionados con la perspectiva de poder abandonar aquel lugar para convertirse en hombres de bien. Sueños colectivos de fe en un líder que los inspirara y un político que no los traicionara.

El lugar se ha contagiado de alegría y algo así como un aire festivo parece ahora flotar sobre todo aquel ambiente. Mi impresión inicial del horror ha ido cediendo el paso a otras emociones y a nuevos raciocinios. El sentido de la dignidad de estos seres humanos, su coraje, su nobleza, su capacidad de soñar intacta en un entorno que arrastraría a cualquiera de nosotros a las más profundas cimas de la desesperanza y la derrota han acabado por transformar mi compasión en admiración. En alguna parte de aquel sendero polvoriento que quizás reencontraré en otro tiempo o espacio una infinita ternura por todos ellos golpea de pronto a las puertas de mi conciencia e inunda cada fibra de mi espíritu. Y ya no me importan ni el hedor ni el espanto de aquel basurero, ni cómo consigue Pablo sus toneladas de dinero, sino las mil y una formas de magia que logra con ellas. Y su presencia junto a mí borra como por encanto el recuerdo de cada hombre que amé hasta entonces, y ya no existe sino él, y él es mi presente y mi pasado y mi futuro y mi único todo.

—¿Cómo te pareció? —me pregunta mientras descendemos hacia el lugar donde hemos estacionado los autos.

—Estoy profundamente conmovida. Fue una experiencia enriquecedora como ninguna. Desde la distancia parecían vivir como animales… De cerca se parecen a los ángeles… Y tú sólo vas a devolverlos a la condición humana, ¿verdad? Gracias por invitarme a conocerlos. Y gracias por lo que estás haciendo por ellos.

Sigue un largo silencio. Luego me pasa su brazo sobre los hombros y me dice:

—Nadie me dice cosas como esas… ¡Tú eres tan distinta! ¿Qué opinas de cenar conmigo esta noche?… Y como creo que sé lo que vas a decir… me tomé el trabajo de verificar que el salón de belleza esté abierto hasta la hora que tú quieras, para que puedas quitarte del pelo ese olor a mofeta fétida…

Le digo que él también apesta como un zorrillo y, riendo feliz, exclama que él jamás podría ser algo terminado en «illo», porque es nada más y nada menos que… ¡el Zorro!

❧

Nuestra entrada al restaurante va dejando una sucesión de miradas atónitas y un *crescendo* de susurros. Nos ubican en la mesa más alejada de la puerta, desde donde puede verse quién entra. Le comento que jamás había salido a cenar con un entrevistado, y menos con un político, y él comenta que siempre hay una primera vez para todo. Luego, mirándome fijamente y con una sonrisa, añade:

—¿Sabes? Últimamente, cada vez que estoy triste o preocupado… me pongo a pensar en ti. Te recuerdo gritándole a todos aquellos hombres tan duros en medio de esa nube de gas lacrimógeno: «¡Conserven la dignidad! ¿No les da vergüenza? ¡Parecen nenas!», como si fueras Napoleón en Waterloo… ¡Es la cosa más cómica que he visto en toda mi vida! Me río sólo durante un buen rato, y luego…

Hace una pausa para picar mi curiosidad y yo preparo mentalmente una respuesta.

—Me quedo pensando en ti, lavada en agua helada y hecha una pantera, con esa túnica pegada al cuerpo… y me río otro buen rato… y me digo que eres, realmente, una mujer muy… muy… valiente.

Antes de que yo pueda responder que nadie me ha reconocido jamás esa virtud, continúa:

—Y tienes una capacidad de gratitud nada común, porque las mujeres bellas no tienen por costumbre agradecer nada.

Le digo que, efectivamente, tengo una capacidad de gratitud desbordada porque, como no soy bella, nadie me ha dado jamás nada ni me ha reconocido ningún talento. Él pregunta qué soy, entonces, y yo contesto que una colección de defectos poco comunes que por el momento no son notables pero que el paso del tiempo se irá encargando de destacar. Me pide que le cuente por qué me metí en esa programadora con Margot.

Le explico que en 1981 parecía ser mi única opción de independencia profesional. Había renunciado a ser presentadora del noticiero *24 Horas*, el de las 7:00 p.m., porque, para referirme al M-19, su director Mauricio Gómez pretendía obligarme a decir «banda de fascinerosos» y yo cambiaba los términos por «grupo guerrillero, insurgente, rebelde o subversivo». Mauricio me regañaba casi a diario, amenazaba con despedirme y me recordaba que yo ganaba el equivalente de US $5 000 mensuales. Le respondía que él podía ser nieto del presidente más archi-conservador de Colombia e hijo de Álvaro Gómez, posiblemente el próximo, pero que ahora era periodista. Un buen día, yo había estallado y abandonado el puesto mejor pagado de la televisión y, aunque sé que cometí un error garrafal, moriría antes de reconocerlo ante otra persona.

Él dice que agradece mi confianza y pregunta si los «insurgentes, rebeldes o subversivos» lo saben. Le digo que no tienen idea, porque ni siquiera los conozco; y que, en todo caso, no renuncié por simpatías políticas sino por principio, y por rigor periodístico e idiomático.

—Pues ellos no tienen tus principios: secuestraron a la hermana de Jorge Ochoa, entre otros. Yo sí los conozco muy bien… y ahora ellos también me conocen a mí.

Comento que algo leí de la liberación y le pido que me cuente cómo lo lograron.

—Me conseguí a ochocientos hombres, para ubicarlos junto a cada uno de los ochocientos teléfonos públicos de Medellín. Luego seguimos a todo el que hizo una llamada a las 6:00 p.m., hora fijada por los secuestradores para discutir telefónicamente la forma de pago de un rescate de doce millones de dólares. A punta de seguimiento, seguimiento, fuimos eliminando uno a uno a los inocentes hasta dar con los guerrilleros. Ubicamos al jefe de la banda y le secuestramos a toda su familia. Rescatamos a Martha Nieves y los «rebeldes, insurgentes o subversivos» aprendieron que con nosotros no se meten.

Asombrada, le pregunto cómo hace uno para conseguirse ochocientas personas de confianza.

—Es simple cuestión de logística y, aunque no fue fácil, era la única forma. En los próximos días, si me dejas invitarte a conocer los demás proyectos cívicos y sociales, vas entender de dónde salió toda la gente. Pero esta noche sólo quiero que hablemos de ti: ¿qué pasó con Aníbal, si ustedes dos se veían tan felices?

Le digo que, gracias a esas «rocas» de coca que él le obsequiaba, decidí que alguien como yo no podía vivir con un adicto. Y añado que, por principio, no hablo de un hombre que haya amado con otro. Comenta que ésa sí es una cualidad poco común y me pregunta si es cierto que estuve casada con un director argentino veinte años mayor. Yo le confieso que, desgraciadamente, sigo casada con él:

—Aunque ya hicimos separación de bienes, se niega terminantemente a firmar el divorcio, para que yo no pueda volver a casarme. Y para no tener que casarse él con la mujer que ahora sabe con qué poco me conformaba yo.

Me mira en silencio, como memorizando la última frase. Luego se transforma y, en un tono que no deja lugar a la menor discusión, me indica lo que debo hacer:

—Mañana tu abogado va a llamar a David Stivel para decirle que tiene plazo hasta el miércoles para firmar el divorcio, o que se atenga a las consecuencias. Tú y yo hablamos después de la hora del cierre de notarías, y me cuentas qué pasó.

Con los ojos brillando por la luz ambarina de las velas, pregunto si el Zorro sería capaz de matar al ogro que tiene encerrada a la princesa en la torre. Tomando mi mano entre las suyas, él responde muy serio:

—Sólo si es un valiente. Porque yo no gasto plomo en cobardes. Pero por ti vale la pena morir… ¿O no, mi amor?

Con esas dos frases finales, y aquella pregunta en su mirada y una parte de su piel, supe finalmente que él y yo estábamos dejando de ser amigos porque estábamos destinados a ser amantes.

CR

Cuando llama en la noche del miércoles, no le tengo buenas noticias.

—Conque no firma… ¿Pero es bien terco el *che*, no?… Como que quiere complicarnos la vida… ¡Qué problema más serio! Pero eso sí, antes de ver cómo hacemos para resolverlo, debo preguntarte algo: ¿cuando seas por fin una mujer libre, cenarás conmigo nuevamente en el restaurante de mi amigo «Pelusa» Ocampo?

Respondo que es bastante improbable que para el año 2000 yo todavía esté libre, y él exclama:

—¡No, no, no! Yo estoy hablando del viernes, de pasado mañana, antes de que algún otro ogro se me atraviese.

Con un suspiro de resignación comento que ese tipo de problemas no se resuelven en cuarenta y ocho horas.

—Pasado mañana serás una mujer libre, y estarás aquí conmigo. Buenas noches, amor.

CR

El viernes, cuando regreso a casa para almorzar tras pasar horas en el estudio editando el programa del basurero, mi ama de llaves me informa que el doctor Hernán Jaramillo ha llamado tres veces porque necesita hablar urgentemente conmigo. Cuando lo llamo, mi abogado exclama:

—¡Esta mañana llamó Stivel desesperado para decirme que tenía que firmar ese bendito divorcio antes del mediodía o estaba muerto! El pobre hombre llegó a la notaría lívido como la cera y temblando como una hoja; parecía al borde de un infarto, al punto que casi no podía firmar. Luego, sin decir palabra, salió corriendo como alma que lleva el diablo. ¡No puedo creer que hayas estado casada tres años con semejante gallina! Pero, bueno… ¡eres una mujer libre! Te felicito, y a la orden para el próximo, ¡pero que esta vez sí sea rico y buen mozo!

A las dos y media de la tarde mi ama de llaves me anuncia que seis hombres antioqueños traen unas flores; el arreglo no cabe en el ascensor y piden permiso para subirlo por las escaleras, lo que a ella le parece muy sospechoso. Le digo que, efectivamente, es posible que provengan no de un sospechoso, sino de algún criminal, y le pido que, para nuestra tranquilidad, baje como un rayo veloz a la portería y averigüe quién las manda. Sube y me entrega la tarjeta:

Para mi Pantera Reina liberada,
de El Zorro. P.

Cuando los hombres se van, frente a mil *cattleyas trianae*, la flor nacional de Colombia, y orquídeas en todos los tonos del morado, del lavanda, del lila, del rosa, con *phalaenopsis* blancas aquí y allá como espumas en aquel intenso mar violeta, mi ama de llaves sólo atina a comentar, con los brazos cruzados y el ceño fruncido:

—A mí esos sujetos no me gustaron ni cinco… ¡y sus amigas opinarían que ésta es la cosa más ostentosa que han visto en toda su vida!

Sé que de mostrarles algo tan espléndido, efectivamente, morirían de envidia y le explico que aquello sólo pudo haber sido hecho por los famosos *silleteros* de Medellín, los de la Feria de las Flores.

A las tres de la tarde timbra el teléfono; sin tomarme el trabajo de averiguar quién llama, pregunto dónde le puso el revólver. Al otro lado de la línea alcanzo a sentir primero su sorpresa y luego su felicidad. Estalla en una carcajada y responde que no sabe de qué estoy hablando. Luego pregunta a qué hora quiero que me recoja en el hotel para salir a cenar. Mirando el reloj, le recuerdo que el aeropuerto de Medellín cierra a las 6:00 p.m. y que el último vuelo de ese viernes debe tener ya como a veinte personas en lista de espera.

—Ah, caramba… no había caído en cuenta… ¡Y yo que tenía la ilusión de celebrar tu libertad! ¡Qué tristeza!… Bueno, cenaremos entonces otro día, en el año 2000.

Y cuelga. Cinco minutos después el teléfono vuelve a sonar. Esta vez ruego a Dios que no vaya a ser alguna de mis amigas cuando, sin esperar a que se identifique, digo que sus mil orquídeas se están saliendo por las ventanas del salón y son la cosa más bella que he visto en mi vida. Le pregunto cuánto tiempo necesitaron para recogerlas.

—Son exactamente iguales a ti, mi amor. Y las están recogiendo desde… el día en que te vi con curitas en la cara y en las rodillas, ¿recuerdas? Bueno, sólo quería decirte que Pegaso te está esperando desde anoche. Puedes viajar en él hoy, mañana, pasado, en una semana, en un mes, en un año, porque no se va mover de ahí hasta que tú no te subas. Yo sólo voy a esperar… y a esperarte.

Éste sí que es un carruaje para una Cenicienta moderna: un Lear jet nuevecito, blanco, reluciente y con tres pilotos guapos y sonrientes en vez de seis percherones blancos. Son las 5:15 p.m. y tenemos el tiempo justo para llegar a Medellín antes del cierre del aeropuerto. Podría haberlo hecho esperar una semana o un mes, pero también lo amo y no soy capaz de esperar un día más. Mientras me deslizo por las nubes me pregunto si él me hará sufrir como un par de hombres crueles, quizás más ricos que él, que amé siglos atrás. Entonces recuerdo las palabras de Françoise Sagan: «Es mejor llorar en Mercedes que llorar en bus», y me digo feliz:

—Pues, ¡es mejor llorar en Lear jet que llorar en Mercedes!

No hay carruajes halados por unicornios, ni cenas a la luz de la luna bajo la torre Eiffel, ni aderezos de esmeraldas o rubíes, ni juegos pirotécnicos. Sólo él pegado a mí, confesando que la primera vez que me sintió aferrada a todo su cuerpo en aquel Río Claro supo que no había salvado mi vida para que fuera de otro sino para que fuera de él, suplicando, rogando, implorando, repitiendo una y otra vez:

—¡Pídeme lo que quieras, todo lo que tú quieras! ¡Sólo dime qué más quieres! —como si fuese Dios, y yo diciéndole que es sólo un hombre y ni siquiera él podría detener jamás el tiempo para congelar en el espacio o prolongar por un segundo aquella lluvia de instantes dorados que la generosidad espléndida de los dioses ha querido derramar sobre nosotros.

Es esa noche secreta en la Hacienda Nápoles la última de mi inocencia y la primera del ensueño. Cuando él se queda dormido me asomo al balcón y contemplo los luceros que titilan sobre toda aquella insondable extensión de azul cobalto. Inundada de felicidad, sonrío recordando el diálogo de Pilar y María en *Por quién doblan las campanas* y pienso en los temblores de la tierra bajo los cuerpos de los amantes terrenales. Luego, me doy media vuelta para regresar a los brazos que me están esperando, mi universo de carne y hueso, el único que tengo y el único que existe.

¡Muerte a secuestradores!

Regreso a Bogotá para grabar mis programas de televisión y en el fin de semana siguiente estoy de vuelta en Medellín. Este patrón se repetirá durante quince meses, los más felices de mi vida y, según Pablo, los más plenos de la suya. Lo que ambos ignoramos es que aquel tiempo tan breve contendrá los últimos días perfectos y leves de cada una de nuestras existencias.

—Tienes mis once aviones y mis dos helicópteros a tu disposición. Y puedes pedirme todo lo que quieras. Todo, mi amor. ¿Qué necesitas para empezar?

Le respondo que sólo voy a necesitar uno de sus aviones para traer a mi asistente y al camarógrafo de vuelta. Quiero hacer algunas tomas que quedaron faltando y me gustaría hacerle algunas preguntas adicionales en otro escenario: un mitin político, quizás.

Una y otra vez insiste en que quiere darme un regalo fabuloso, diciendo que soy la única mujer que en la primera semana no le ha pedido nada. Me dice que escoja el penthouse más bello de Bogotá y el Mercedes que quiera.

—¿Y cómo los justificaría ante la Administración de Hacienda? ¿Y ante mis amigos, y mis colegas, y mi familia? Quedaría como una mantenida, mi amor. Además no manejo, porque si lo hiciera me darían prisión perpetua en la cárcel de choferes. Gracias, Pablo, pero tengo un pequeño Mitsubishi con conductor y no necesito más. Los autos nunca me han interesado ni impresionado; definitivamente, no tengo corazón de garaje y en este país un vehículo de lujo es sólo una invitación al secuestro.

Insiste tanto, que decido darle dos opciones: o un Pegaso igual al suyo —para el corazón de hangar que me estoy estrenando— o un millón de besos. Estalla en una carcajada y escoge la segunda, pero no empieza a contarlos de uno en uno sino de cien en cien, luego de mil en mil y, finalmente, de cien mil en cien mil. Cuando los completa en un par de minutos, lo acuso de ser un convicto ladrón de besos y le pregunto qué puedo regalarle yo a cambio. Tras pensarlo unos segundos, dice que podría enseñarle a dar buenas entrevistas, porque a lo largo de su vida va a tener que conceder más de una; elogia las mías, y pregunta cuál es el secreto. Le respondo que son tres: el primero es tener algo importante, interesante u original que decir; también algo ingenioso, porque a todo el mundo le gusta reír. En cuanto al segundo y al tercero, por ser yo una mujer lenta, me niego terminantemente a compartirlos en la primera semana.

Recoge el guante con una sonrisa entre pícara y culpable y me jura que, si le enseño mis secretos profesionales, él también me confiará algunos de los suyos.

A la velocidad del rayo respondo que el segundo consiste no en contestar a todo lo que el periodista pregunte, sino en decir lo que uno quiere; pero le insisto en que para jugar bien al tenis se necesitan años de práctica, es decir... años de fama. Por eso, alguien como él no debería conceder reportajes sino a los editores o directores de medios —que saben dónde termina la curiosidad y dónde comienza el insulto— o a periodistas amigos.

—Los toros de casta son para los buenos toreros y no para banderilleros. Finalmente, y como todavía eres lo que un interno de Hollywood llamaría un «*civilian*» te recomiendo, por el momento, no dar entrevistas sino a un maestro, que conozca algunos de tus secretos profesionales y a pesar de ello te ame con todo el corazón. Y ahora sí vas a decirme cuándo fue que dejaste de robar lápidas y *deshuesar* autos robados para empezar a exportar «rapé». Porque eso es lo que realmente marca un hito en tu actividad filantrópica... ¿O no, mi amor?

Me mira ofendido y baja la vista. Sé que lo he tomado por sorpresa y que he traspasado un límite, y me pregunto si habré tocado su talón de Aquiles demasiado pronto. Pero sé también que Pablo nunca ha estado enamorado de una mujer de su edad o de mi clase y que, si vamos a amarnos en términos de completa igualdad, deberé enseñarle desde el primer día dónde termina la diversión de dos niños grandes y dónde comienza la relación entre un hombre y una mujer adultos. Lo primero que le hago ver es que para convertirse en senador tendrá que someterse al escrutinio de la Prensa y, en el caso suyo, a uno implacable.

—Bueno, ¿qué es lo que quieres saber? Juguemos tenis, a ver… —dice levantando la cabeza en actitud desafiante.

Le explico que cuando salga al aire el programa del basurero todo el país va a preguntarse no sólo cómo hizo su fortuna sino cuál es el verdadero propósito de tanta generosidad. Y con una simple llamada a Medellín cualquier periodista va a poder averiguar en minutos un par de secretos a voces. Le advierto que los dueños de los medios van a tirar a matar cuando él empiece a zarandear con sus millones y sus obras a quienes les han dado de comer durante un siglo, y que su generosidad va a ser una bofetada para la mezquindad de casi todos los poderes establecidos de Colombia.

—Por suerte tienes una velocidad mental formidable, Pablo. Y puedes partir de la base de que ninguno de los grandes magnates colombianos podría confesar toda la verdad sobre el origen de su fortuna; por eso los superricos no dan entrevistas, ni aquí ni en ninguna parte del mundo. Lo que te diferencia de ellos son las dimensiones de tus obras sociales, y es a lo que vas a tener que recurrir cuando se te venga el mundo encima.

Entusiasmado, comienza a relatarme su historia: siendo todavía un niño, dirigió una masiva recolección de fondos para construir el colegio del barrio La Paz en Envigado, porque no tenía dónde estudiar, y el resultado fue un plantel para ochocientos alumnos. Ya de pequeño arrendaba bicicletas, de muchacho revendía autos usados y desde muy joven comenzó a especular con tierras en el Magdalena Medio. En un momento se detiene y pregunta si yo creo que todo eso es mentira; respondo que, aunque sé que es cierto, nada de eso puede ser el origen de una fortuna colosal y le pido que me cuente qué hacían su papá y su mamá. Responde que el primero era un trabajador en la hacienda del padre de Joaquín Vallejo, conocido dirigente industrial, y la segunda una maestra rural.

Le recomiendo que, entonces, comience respondiendo algo así como: «De mi padre, un honrado campesino antioqueño, aprendí desde muy niño la ética del trabajo duro y de mi madre, dedicada al magisterio, la importancia de la solidaridad con los más débiles». Pero le recuerdo que, como a nadie le gusta que insulten su inteligencia, debe irse preparando para el día en que, frente a una cámara y ante todo el país, alguna periodista *canchera* le pregunte:

—¿Cuántas lápidas de mármol se necesitan para una bicicleta nueva? O es al revés: ¿cuántas bicicletas de segunda se compran con una buena lápida, una de lujo, Honorable Padre de la Patria?

Él dice que, sin vacilar un segundo, respondería:

—¿Por qué no va y averigua a cuánto salen ambas, y las clasifica usted misma y saca las cuentas? ¡Luego, consígase a un grupo de jovencitos que no tengan miedo de los difuntos ni del sepulturero y se metan al cementerio de noche y carguen con esas putas lápidas que pesan una tonelada!

Y yo exclamo que, ante argumentos tan lapidarios, ella no tendría más remedio que reconocer su talento único, su liderazgo nato, su valor heroico y su fuerza descomunal.

Pablo me pregunta si, de habernos conocido cuando era pobre y anónimo, me habría enamorado de él y, riendo, yo respondo que definitivamente no: ¡jamás nos hubiéramos conocido! A nadie en su sano juicio se le hubiera ocurrido presentarme a un hombre casado, porque mientras él lijaba lápidas yo salía con Gabriel Echavarría, el hombre más bello de Colombia e hijo de uno de los diez más ricos, y cuando él ya estaba *deshuesando* automóviles yo ya estaba saliendo con Julio Mario Santo Domingo, soltero, heredero de la fortuna más grande del país y el hombre más buen mozo de su generación.

Él comenta que, si esos son mis parámetros, entonces debo quererlo mucho. Y yo le confieso que, precisamente por las pautas de comparación que tengo, es que lo amo tanto. Con una caricia y una sonrisa agradecida, me dice que soy la mujer más brutalmente honesta que haya conocido, y la más generosa.

Tras ensayar un sinnúmero de veces las respuestas, serias o hilarantes, que él daría para justificar públicamente sus donaciones, sus aviones y, sobre todo, sus jirafas, concluimos que el que va a necesitar parámetros contenidos en la Lógica y utilizados hace 2 500 años por los griegos va a ser él: porque para justificar su fortuna deberá olvidarse de la «especulación con tierras en el Magdalena Medio» e ir pensando en algo así como «inversiones en finca raíz en Florida», aunque nadie le crea y aunque más adelante puedan caerle encima desde la DIAN en Colombia hasta el IRS y el Pentágono en Estados Unidos.

—La fama, buena o mala, es para siempre, mi amor. ¿Por qué no conservas, al menos por ahora, un bajo perfil y ejerces el poder desde la sombra, como hacen los *capi di tutti capi* en todo el mundo? ¿Para qué necesitas figurar, si es mejor ser *tetramultimillonario* que famoso? Y en Colombia la fama sólo trae consigo toneladas de envidia. Mírame a mí.

—¿A ti? ¡Pero si todas las mujeres de este país quisieran estar en tus zapatos!

Contesto que otro día, no hoy, conversaremos sobre eso. Le ruego que cambiemos de tema y le digo que me cuesta trabajo creer que el rescate de Martha Nieves Ochoa se hubiera logrado sólo a punta de «seguimiento, seguimiento». Parece sorprenderse con mi franqueza, y responde que de ese tema también hablaremos otro día.

Le pido que me explique qué es eso del MAS. Bajando la vista, y en tono lleno de determinación, empieza a contarme que «¡Muerte a Secuestradores!» fue fundado a finales de 1981 por los grandes narcotraficantes y tiene ya muchísimos adeptos entre los hacendados ricos y algunos organismos del Estado: el DAS (Departamento Administrativo de Seguridad), el B-2 del Ejército (Inteligencia Militar), el GOES (Grupo Anti Extorsión y Secuestro) y el F2 de la policía. Para que la plata de los ricos no se vaya para Miami —y la de sus socios y colegas no tenga que quedarse en el exterior— el MAS está decidido a acabar con una plaga que no existe sino en Colombia:

—Todos queremos invertir nuestro dinero en el país, ¡pero con esa espada de Damocles no se puede! Por eso no vamos a dejar un solo secuestrador libre: cada vez que agarremos a uno se lo vamos a entregar al Ejército para que disponga de él. Ningún narcotraficante quiere volver a pasar por lo que sufrí yo con el secuestro de mi padre, o lo que pasaron los Ochoa con el de su hermana, o la tortura que le tocó vivir en carne propia a mi amigo Carlos Lehder del Quindío. Todos se están uniendo en torno al MAS y a Lehder y haciendo aportes muy grandes: ya tenemos un ejército de casi 2 500 hombres.

Le sugiero que a partir de ahora, y dado que sus colegas son también agricultores, comerciantes, exportadores o industriales, trate de referirse siempre a ellos como «mi gremio». Le expreso mi horror por lo de su padre y pregunto si también logró liberarlo en tiempo récord.

—Sí, sí. Lo recuperamos sano y salvo, a Dios gracias. Más adelante te contaré cómo.

Ya voy aprendiendo a dejar para algún otro día las preguntas sobre lo que parecen ser métodos de rescate de excepcional contundencia y eficacia. Pero le expreso mi escepticismo sobre la capacidad del MAS para lograr esos mismos resultados en cada uno de los 3 000 secuestros que anualmente se producen en Colombia. Le digo que para acabar con todos los secuestradores tendría que hacerlo primero con varios grupos guerrilleros que suman más de 30 000 hombres; en un tercio de siglo el Ejército no sólo no ha podido con ellos, sino que su número de efectivos parece incrementarse con cada día que pasa. Le hago ver que los ricos tradicionales van a quedar felices con el MAS —porque no van a tener que poner un solo peso, ni una bala, ni una vida— mientras que él va a cargar con los costos, los enemigos y los muertos.

Se encoge de hombros y responde que eso lo tiene sin cuidado, porque lo único que le interesa es el liderazgo de su gremio y el respaldo de éste para apoyar a un gobierno que tumbe el Tratado de Extradición con Estados Unidos.

—En mi actividad, todo el mundo es rico. Ahora quiero que descanses y estés muy bella para la noche. Invité a dos de mis socios, mi primo Gustavo Gaviria y mi cuñado Mario Henao, y a un pequeño grupo de amigos. Me voy a revisar los trabajos finales de la cancha de futbol que estaremos regalando el próximo viernes. Allí conocerás a toda mi familia. Gustavo es como un hermano para mí; es inteligentísimo, y quien prácticamente maneja el negocio. Así yo tengo el tiempo para dedicarme a las cosas que me interesan de verdad: mis causas, mis obras sociales y… tus lecciones, amor.

—¿Cuál es tu siguiente objetivo… después del Senado?

—Por hoy ya te he contado muchas cosas y, para completar ese millón de besos faltantes, tú y yo vamos a necesitar como mil y una noches. Nos vemos más tarde, Virginia.

Un rato después escucho las aspas de su helicóptero alejándose sobre aquella vasta extensión que es su pequeña república, y me pregunto cómo va a hacer este hombre con corazón de león para compaginar todos esos intereses contradictorios y alcanzar metas de semejantes dimensiones en tan sólo una vida.

—Bueno, a su edad tiene todo el tiempo por delante… —suspiro, observando a una bandada de pájaros que también se pierden tras un horizonte que pareciera no tener límites.

Sé que estoy asistiendo al nacimiento de una serie de procesos que van a partir en dos la historia de mi país, que el hombre que amo va a ser el protagonista de muchos de ellos y que casi nadie parece haberse dado cuenta todavía. No sé si este ser que Dios o el Destino han puesto en mi camino —tan absolutamente seguro de sí mismo, tan ambicioso, tan apasionado por cada una de sus causas y por todo— va a hacerme llorar un día a mares como me hace reír ahora; pero tiene todos los elementos para convertirse en un líder formidable. Por suerte para mí, no es bello ni educado ni un hombre de mundo: Pablo es, simple y llanamente, fascinante. Y me digo:

«Tiene la personalidad más masculina que yo haya conocido. Es un diamante en bruto y creo que nunca ha tenido una mujer como yo; voy a intentar pulirlo y a tratar de enseñarle todo lo que yo he aprendido. Y voy a hacer que me necesite como al agua en el desierto».

CR

Mi primer encuentro con los socios de la familia de Pablo tiene lugar esa noche en la terraza de la Hacienda Nápoles.

Gustavo Gaviria Rivero es impenetrable, silencioso, sigiloso, distante. Tan seguro de sí mismo como su primo Pablo Escobar Gaviria, este campeón de carreras automovilísticas raras veces sonríe. Aunque tiene la misma edad nuestra es, definitivamente, más maduro que Pablo. Desde que cruzo la primera mirada con aquel hombre pequeño y delgado de cabellos lisos y fino bigote, todo en él me advierte que no toca el tema de su negocio con *civilians*. Parece ser un gran observador y sé que está allí para evaluarme. Mi intuición me deja ver rápidamente que no sólo no está interesado en la figuración a la que Pablo aspira, sino que empiezan a preocuparle los exorbitantes gastos de su socio en proyectos sociales. Al contrario de su primo, que es liberal, Gustavo está afiliado al Partido Conservador. Ambos consumen licor en cantidades mínimas y observo que tampoco se interesan por la música ni el baile: son todo alerta, negocio, política, poder y control.

Una diva exquisita emparentada con Holguines, Mosqueras, Sanz de Santamarías, Valenzuelas, Zuletas, Arangos, Caros, Pastranas, Marroquines —y por profesión una interna de lo más selecto del poder político y económico— es la última adquisición en materia de conexiones para estos capos recién llegados al mundo de los muy ricos y de los aún más ambiciosos; por ello, y como si estuviesen hipnotizados, en las siguientes seis horas ninguno de aquellos tres hombres osará mirar ni por un instante hacia otra mesa, ni hacia otra mujer, ni hacia otro hombre ni a ninguna parte.

Mario Henao, hermano de Victoria, la esposa de Pablo, es conocedor exhaustivo y adorador furibundo de la ópera. Me doy cuenta de que quiere impresionarme, tal vez incluso foguearme, con el último tema en el mundo que podría interesarle a Pablo o Gustavo. Y como sé que es también el último aliado al que alguien en mi posición podría aspirar, sin consideración alguna por Caruso ni Toscanini ni la Divina, ni por la legendaria pasión de Capones y Gambinos por aquellos tres dioses, llevo la conversación directamente hacia las competencias en las que Pablo y Gustavo han triunfado. Me toma horas lograr que este campeón de hielo baje la guardia, pero la concentración rinde sus frutos: tras casi ciento cincuenta minutos de entrevista pertinaz y casi otro tanto de lección entusiasta sobre la forma de lograr la disciplina y precisión indispensables para controlar un auto que va a 250 kilómetros por hora —y sobre las decisiones de vida o muerte que deben tomarse en fracción de segundos para dejar atrás a la competencia y llegar a la meta de primero—, ambos sabemos que hemos ganado si no el afecto, al menos el respeto de un aliado clave. Y yo he aprendido de dónde sacan Pablo y su socio esa feroz determinación de ser siempre el número uno, pasando por encima de quien se les ponga por delante, y que parece extenderse a todos y cada uno de los aspectos de su vida.

A nuestro alrededor, dos docenas de mesas están ocupadas por personas de apellidos como Moncada o Galeano, cuyos nombres y rostros hoy me sería imposible recordar. Hacia la medianoche, dos muchachos armados con rifles automáticos de largo alcance llegan sudando hasta donde nos encontramos departiendo los cuatro y nos devuelven a la realidad circundante.

—La esposa de Fulano lo busca —le dicen a Pablo— y él está aquí con la novia. ¡Imagínese el problema, patrón! ¡Esa mujer está hecha una fiera! Viene con dos amigas y exige que las dejemos pasar. ¿Qué hacemos?

—Dígale a la señora que aprenda a ser una dama. Que ninguna mujer que se respete a sí misma va a buscar a un hombre —llámese marido, novio o amante— a ninguna parte, y menos de noche. Que se vaya juiciosa para su casa y lo espere allá con la sartén y el rodillo, para darle la paliza cuando llegue. Pero aquí no entra.

Los muchachos regresan al rato y le informan a Pablo que las mujeres están decididas a entrar, porque él las conoce.

—Yo sí que me conozco bien a esta clase de fieras… —dice él con un suspiro, como si de pronto hubiera recordado algún episodio que lo entristeciera hondamente. Luego, sin vacilar ni inhibirse por mi presencia, ordena:

—Hagan dos disparos al aire bien cerca del auto. Si se pasan el STOP, las encañonan. Y, si siguen adelante, disparen a matar sin contemplaciones. ¿Está claro?

Escuchamos cuatro disparos. Deduzco que van a reaparecer con un mínimo de tres cadáveres y me pregunto de quién será el cuarto.

Unos veinte minutos después los muchachos regresan resoplando, despelucados y lavados en sudor. Están cubiertos de rasguños en el rostro, las manos y los antebrazos.

—¡Qué lucha, patrón! No se asustaron ni con los tiros: nos dieron puños y patadas, ¡y hubieran visto ustedes esas uñas de tigresas! Tuvimos que sacarlas encañonadas con ayuda de otros dos compañeros. ¡La que le espera a ese pobre hombre ahora que llegue bien borracho a la casa!

—Sí, sí, tienen razón. Prepárenle una habitación para que pase la noche aquí —ordena Pablo haciendo nueva gala de solidaridad masculina para con sus sufridos congéneres—. ¡Si no, mañana nos toca enterrarlo!

—Es que estas *paisas* son muy bravas, ¡eh, Ave María! —dicen con un suspiro de resignación los tres angelitos que me acompañan.

Como Alicia en el País de las Maravillas, yo sigo conociendo el mundo de Pablo. Aprendo que a muchos de estos hombres durísimos y riquísimos sus mujeres los tratan literalmente a las patadas… y creo adivinar por qué. Me pregunto quién será esa otra fiera a quien él dijo conocer tan bien, y algo me dice que no es su esposa.

Con un grupo de amigos de Pablo y Gustavo decidimos un domingo salir a jugar con el Rolligon. Mirando en rededor mientras tumbamos arbolitos con el tractor-oruga gigante, añoro las risas de los amigos míos siete meses atrás y siento nostalgia por mi *beautiful people,* aquella entre la cual he vivido siempre y con quien me encuentro a mis anchas en cualquier lugar del mundo sin importar el idioma. La verdad es que no tengo tiempo de extrañarlos mucho porque, al golpear un tronco, una mancha negra y zumbante de un metro de diámetro se nos viene de frente como una locomotora. No sé por qué —quizás porque Dios me tiene reservado un destino muy singular— en una fracción de segundo desciendo del Rolligon en caída libre, me oculto entre la yerba altísima y me quedo tan quieta que sólo me atrevo a respirar como un cuarto de hora después.

Lo que parecen ser un millón de avispas salen en picada detrás de aquella docena y media de personas que derivan su sustento del tráfico de la cocaína. Milagrosamente, ni una sola me pica. Cuando, gracias a mi vestido lila, los hombres de Pablo me encuentran una hora más tarde, comentan que algunos invitados han tenido que ser hospitalizados.

En los años siguientes pasaría mil horas a su lado y quizás mil en sus brazos, pero —por razones que sólo pude comprender como un siglo después— a partir de aquella tarde Pablo y yo ya no regresaríamos a Nápoles para divertirnos juntos en compañía de amigos en aquel lugar donde estuve a punto de morir tres veces y de morir de felicidad también. Sólo una vez —y para compartir el día más perfecto de su existencia y de la mía— volveríamos a vivir horas despreocupadas en aquel paraíso donde un día me había arrancado de los brazos de un remolino porque quería mi vida para él y donde, al poco tiempo, había decidido arrancarme también de los brazos de otro hombre para apoderarse de los espacios inexplorados de mi imaginación, de los tiempos ya olvidados de mi memoria y de cada centímetro de la piel que en aquel entonces encerraba a mi ser.

Once años después todos aquellos hombres que tenían la edad de Cristo estarían muertos. Este cronista de Indias los sobrevivió a todos, es cierto; pero si alguien quisiera hoy pintar el retrato de Alicia en el País de las Maravillas en aquel salón de los espejismos vería reflejadas hasta el infinito sólo repeticiones fragmentadas de las varias versiones de *El grito* de Munch, con las manos tapando los oídos para no escuchar el zumbido de las motosierras y las súplicas de los torturados, el rugir de las bombas y los gemidos de los agonizantes, el estallido de los aviones y los sollozos de las madres; con la boca abierta en mi propio alarido impotente que sólo casi un cuarto de siglo después logra salir de la garganta y con los ojos abiertos por el terror y el espanto bajo el cielo rojo de un país incendiado.

Aquella inmensa hacienda aún existe, también es cierto, pero del lugar del ensueño donde por un tiempo fugaz conocimos las más deliciosas expresiones de la libertad y la belleza, las más adorables de la alegría y la generosidad, y todas las de la pasión y la ternura, la magia salió huyendo casi tan pronto como había llegado. De aquel cielo encantado ya no quedan sino las nostalgias de los sentidos terrenales por los colores, las caricias, los luceros y las risas. La Hacienda

Nápoles se convertiría luego en el escenario de las conspiraciones de leyenda que cambiarían para siempre la historia de mi país y de sus relaciones con el mundo, pero —como en aquellas primeras escenas de las versiones cinematográficas de la *Crónica de una muerte anunciada* o de *La casa de los espíritus*— hoy aquel paraíso de malditos ya sólo está poblado por fantasmas.

Aquellos hombres jóvenes murieron ya hace tiempo. Y de sus amores y sus odios cuando aún no eran fantasmas, de sus causas y utopías, de sus luchas y sus guerras, de sus triunfos y derrotas, sus placeres y dolores, sus aliados y rivales, lealtades y traiciones, de sus vidas y sus muertes es que trata el resto de esta historia que ni en sueños osaría yo cambiar por un tiempo más breve o un espacio menos pleno. Todo comenzó con un himno sencillo de texto sublime y ritmo perfecto que un buen día nos llegó desde el sur:

> Si te quiero es porque sos
> mi amor, mi cómplice y todo
> y en la calle codo a codo
> somos mucho más que dos.

(MARIO BENEDETTI, *Canciones de amor y desamor.*)

SEGUNDA PARTE

LOS DÍAS DEL ESPLENDOR Y DEL ESPANTO

> ¡Oh, Dios, si pudieras
> no sólo alojarte en el árbol dorado
> sino en los terrores de mi corazón!
>
> *El anciano poeta citando a Robert Frost en*
> La noche de la iguana

La caricia de un revólver

Pablo Escobar pertenece a ese pequeño grupo de niños privilegiados que desde su más tierna infancia supo exactamente qué quería ser cuando grande. Y también lo que no quería ser: Pablito jamás soñó con ser piloto, ni bombero, ni médico, ni policía.

—Yo sólo quería ser rico, más rico que los Echavarría de Medellín y más rico que cualquiera de los ricos de Colombia, al precio que fuera y utilizando todos los recursos y cada una de las herramientas que la vida fuera poniendo a mi disposición. Me juré a mí mismo que, si a los treinta años no tenía un millón de dólares, me suicidaría. De un tiro en la sien —me confiesa un día mientras subimos al Lear jet, estacionado en su hangar privado del aeropuerto de Medellín junto al resto de su flota—. Muy pronto voy a comprarme un *Jumbo* para acondicionarlo como oficina volante, con varios dormitorios, baños con duchas, salón, bar, cocina y comedor. Una especie de yate volador. Así, tú y yo podremos viajar por el mundo sin que nadie lo sepa ni pueda molestarnos.

Ya en el avión, le pregunto cómo vamos a hacer para movilizarnos de incógnito en un palacio aéreo. Contesta que al regreso voy a saberlo porque, de ahora en adelante, cada vez que nos veamos me tendrá una sorpresa que jamás podré olvidar. Me dice que ha observado algo muy curioso y es que, a medida que él me va contando sus secretos, los míos también parecen ir desfilando por mi rostro y, sobre todo, por mis ojos; y añade que cuando estallo de júbilo al descubrir algo, mi alegría y mi entusiasmo lo hacen sentir como si él acabara de ganar una competencia automovilística y yo fuera la champaña.

—¿Te habían dicho que eres la cosa más burbujeante del mundo, Virginia?

—¡Siempre! —exclamo feliz, porque sé que, en ausencia de modestia, ambos hemos encontrado la horma perfecta de nuestro zapato—. Y de ahora en adelante voy a tener que cerrar los ojos cuando quiera proteger mis secretos más íntimos. Sólo vas poder extraerlos muuuy lentamente… ¡con un descorchador especial para *Perrier Jouët Rosé*!

Responde que eso no va a ser necesario porque, para la siguiente sorpresa, se propone vendarme los ojos y es posible que incluso tenga que esposarme. Con una enorme sonrisa, comento que nunca me han vendado ni esposado y le pregunto si es, acaso, un sádico como ésos que salen en las películas.

—Soy un sádico depravado mil veces peor que los del cine de terror, ¿o no te habían contado, mi vida? —susurra él en mi oído. Luego toma mi rostro entre ambas manos y se queda mirándolo, como si fuese un pozo profundo en el cual buscara saciar sus más recónditos anhelos. Yo lo acaricio y le digo que somos la pareja perfecta, porque soy masoquista. Él me besa y dice que siempre lo ha sabido.

Llegado el día de la sorpresa, Pablo me recoge en el hotel hacia las diez de la noche. Como siempre, un vehículo con cuatro de sus hombres nos sigue a prudente distancia.

—No puedo creer que una mujer como tú no sepa conducir un auto, Virginia —dice, arrancando a gran velocidad—. ¡Hoy en día esa es una incapacidad reservada a los minusválidos mentales!

Le respondo que cualquier chofer medio analfabeta puede conducir un bus con cinco cambios y que yo, que soy casi ciega, no necesito mi coeficiente intelectual de 146 para manejar un autito, sino para meterme 10 000 años de civilización en la cabeza y memorizar noticieros de media hora en cinco minutos porque no alcanzo a ver el *telepronter*. Me pregunta que en cuánto estimo su coeficiente y contesto que debe estar en unos 126, si acaso.

—No señora: ¡mi mínimo confirmado está en 156. No seas tan atrevida!

Le digo que eso va a tener que demostrármelo y pido que le baje a la velocidad mental, porque a 180 kilómetros por hora vamos a ser dos prodigios prematuramente muertos.

—Ya sabemos que ninguno de los dos le tiene miedo a la muerte, ¿o sí, sabelotodo? Ahora vas a ver lo que te espera por autosuficiente. Hoy estoy de muy mal humor y cansado de esos guardaespaldas que nos siguen a todas partes. No se nos despegan ni un minuto y me tienen aburrido. Creo que sólo hay una forma de escapar de ellos: ¿ves el otro lado de la autopista, allá abajo a mi izquierda? Tienes el cinturón puesto, ¿no? Pues agárrate, porque en treinta segundos vamos a estar ahí y en dirección contraria. Si no resulta, ¡nos vemos en la otra vida, Einstein! A la una... a las dos... ¡a las treeeees!

El auto sale disparado y rueda por la pendiente cubierta de grama. Tras dar una vuelta de campana completa seguida de un triple salto, se detiene pocos metros más abajo. Me doy dos golpes terribles en la cabeza, pero no musito palabra. Pablo se recupera en instantes, da reversa con un par de chirridos y continúa la carrera por el carril contrario de la autopista, conduciendo como un endemoniado en dirección de su apartamento. En pocos minutos llegamos, ingresamos al garaje como un bólido, la puerta se cierra tras de nosotros con un restallido y el auto frena en seco a pocos milímetros de la pared.

—¡Puuufff! —dice exhalando el aire—. Ahora sí los perdimos, pero creo que mañana voy a tener que despedir a esos muchachos. ¿Te imaginas lo que hubiera pasado si alguien como yo hubiera intentado secuestrarme?

Sonrío para mis adentros y guardo silencio. Estoy adolorida y no voy a darle el gusto de decirle lo que espera oír, y es que alguien con su sangre fría todavía no ha nacido. Subimos al penthouse, que está desierto, y observo una cámara frente a la entrada del dormitorio. Me siento en una silla de espalda baja y él se para frente a mí con los brazos cruzados. En tono amenazador y con una expresión helada en la mirada, me dice:

—Pues ya vas viendo quién tiene aquí el coeficiente más alto. Y quién es el dueño de los cojones, ¿no? Y donde llegues a quejarte o a hacer un movimiento en falso mientras te preparo la sorpresa, voy a rasgar en dos ese vestido, a grabar lo que sigue y a vender el video a los medios de comunicación. ¿Entendido, Marilyn? Y como yo cumplo con lo prometido, vamos a comenzar por… vendarte los ojos. Creo que también necesitaremos un rollo de esparadrapo… —añade mientras tararea *Feelin' Groovy* de Simon and Garfunkel y me coloca una venda negra en los ojos, que sujeta firmemente con un doble nudo—. Y unas esposas… ¿dónde las habré puesto?

—¡Eso sí que no, Pablo! Habíamos acordado que sólo me vendarías. Acabo de desnucarme y no tiene sentido esposar a un peso pluma *groggy*. En cuanto a amordazarme, ¡deberías esperar siquiera a que se restablezca la circulación entre mi cabeza y el cuerpo!

—Concedido. Sólo te esposaré si tratas de saltar, porque yo no subestimo jamás a una pantera con ínfulas de genio.

—Y yo no podría saltar, porque jamás subestimo a un criminal con ínfulas de esquizofrénico.

Tras una pausa que parece durar una eternidad, dice de pronto:

—Vamos a ver qué tan cierto es eso de que los ciegos tienen un oído muy agudo…

Escucho sus dos zapatos cayendo sobre la alfombra y, acto seguido, la combinación de una caja fuerte que se abre en la cuarta vuelta. Luego, el sonido inconfundible de seis balas entrando al tambor de un revólver, una tras otra, y el chasquido del arma al quitarle el seguro. Todo queda en silencio. Segundos después él está tras de mí, hablándome al oído con voz sibilante mientras me sujeta por el cabello con la mano izquierda y recorre mi cuello en redondo una y otra vez con el cañón del revólver:

—Tú sabes que a las personas de mi gremio nos llaman «los Mágicos» porque hacemos milagros. Pues como soy el rey de esos magos, sólo yo conozco la fórmula secreta para soldar de nuevo ese cuerpo que me vuelve loco con esta cabecita que adoro. Abracadabra… imaginemos que estamos pegándola con un collar de diamantes… a este cuello de cisne… tan delgado… tan frágil que podría partirlo en dos sólo con mis manos… Abracadabra… una vuelta… dos… tres… ¿Cómo se sienten?

Respondo que los diamantes están helados, y duelen, y son muy pequeños para mi gusto. Y que esa no es la promesa que él me había hecho y, como es improvisación, no vale.

—Entre nosotros dos todo vale, mi vida. Nunca habías sentido un revólver sobre la piel… sobre esta piel de seda… tan dorada… tan perfectamente cuidada… sin un rasguño… sin una cicatriz, ¿verdad?

—¡Cuidado con la venda, que se me cae y se daña la sorpresa del siglo, Pablo! Creo que deberías saber que hago práctica de tiro con la policía en Bogotá —con Smith & Wesson— y que, según mi entrenador, tengo mejor puntería que algunos oficiales con visión 20-20.

Comenta que soy una cajita de sorpresas, y que una cosa es un revólver en la mano de uno y otra en la de un asesino apuntándole a uno a la sien. Añade que él también se lo ha vivido, y pregunta si no es una experiencia absolutamente terrorífica.

—¡Todo lo contrario: es absolutamente exquisita! Ooohhh… qué cosa más divina… más sublime… —digo echando la cabeza hacia atrás y suspirando de placer mientras él va desabotonando mi traje camisero y el arma comienza a descender por mi garganta en dirección del corazón—. Y, en todo caso, tú eres sólo un sádico… no un asesino.

—Eso es lo que tú te crees, mi vida. Soy un asesino serial… Ahora dime por qué te gusta tanto. Sorpréndeme tú a mí… ¡anda!

Lentamente, le voy diciendo que un arma de fuego es siempre… una tentación… una dulce manzana de Eva… un amigo íntimo que nos ofrece la opción de terminar con todo… y de volar al cielo cuando ya no haya escapatoria… o al infierno, en el caso de los… asesinos confesos.

—¿Qué más? Sigue hablando hasta que yo te dé permiso de parar… —dice con voz ronca, bajando la parte superior de mi vestido para besarme en la nuca y en los hombros. Obedezco, y continúo:

—Es silencioso… como el cómplice perfecto. Es más peligroso que… todos tus peores enemigos juntos… Cuando estalla, suena… déjame pensar… como… como… ¡las rejas de la prisión de San Quintín! Sí, sí, las rejas de una prisión gringa suenan como balazos, mañana, tarde y noche. Eso sí que debe ser absolutamente terrorífico, ¿verdad, mi amor?

—Conque esas tenemos, criatura perversa… Dime ahora cómo es él… físicamente… Si paras, te amordazo con esparadrapo la boca y la nariz, te quedas sin respiración ¡y no respondo por lo que este simple sádico pueda hacerte después! —ordena al tiempo que comienza a acariciarme con su mano izquierda y el revólver va descendiendo lentamente en línea recta por mi pecho y después por mi diafragma para cruzar luego mi cintura en dirección de mi abdomen.

—Parece grande… y creo que es muy masculino… Es muy rígido… y muy duro… y tiene un canal en el centro… pero está frío, porque él es metálico… y no está hecho de lo mismo que tú, ¿verdad?… Y, ahora que ya oíste lo que querías, te juro, Pablo, que si bajas un milímetro más de ahí me levanto de esta silla, me regreso caminando hasta Bogotá y no me vuelves a ver nunca.

—¡Está bien, está bien, está bien! —dice con una risita culpable llena de resignación—. Las maldades que se le ocurren a uno cuando tiene en sus manos a todo un símbolo sexual en estado de completa indefensión… Bueno, aguafiestas, sigamos… pero te advierto que debes esperar a que termine mi trabajo con el esparadrapo, porque soy casi tan perfeccionista como tú.

—Y tú debes entender que para alguien como yo todos estos juegos son, realmente, algo muy elemental. Llevo días esperando mi sorpresa y ¡ay de ti si no llega a estar a la altura de mis expectativas!

En tono enérgico me dice que allí él único que decide qué es y qué no es elemental es él.

—Ya sé lo que vas a mostrarme: ¡tu colección de armas, porque vas a regalarme una! ¡Como las de las chicas Bond, claro! ¿Puedo quitarme ya la venda, para escoger la más mortífera y la más bonita?

—¡La venda te la quitas cuando yo ordene! ¿Acaso no te has dado cuenta todavía de que el único que manda aquí es el asesino dueño del revólver, el sádico dueño de la cámara, el macho dueño de la fuerza bruta y el rico dueño del territorio, y no una pobre mujercita de 55 kilos con un coeficiente evidentemente inferior? Ya sólo tienes que esperar unos minutos. Voy a cubrir la procedencia de… estos últimos cuatro… ¡y estamos listos! Es por tu propio bien: imagínate si en un futuro alguien te torturara horriblemente… durante días y días… para sacarte datos sobre lo que vas a ver a continuación. O ¿qué tal que resultaras ser una Mata Hari y, algún día… me traicionaras?

—¡Son diamantes robados, mi amor! ¡Miles y miles de quilates, eso es!

—¡No seas tan optimista! Ésos jamás te los mostraría, porque me robarías los más grandes, te los tragarías ¡y yo tendría que rajarte con estas tijeras para sacártelos de la barriga!

Ante la perspectiva de atragantarme con diamantes no puedo parar de reír. Luego, se me ocurre otra explicación:

—Ya sé. Pero ¿cómo no se me había ocurrido antes? ¡Vas a mostrarme los kilos de coca *made in Colombia* y empacados para exportación a Estados Unidos! ¿Los sellan con esparadrapo? ¡Por fin voy a saber cómo son! ¿Es cierto que cada uno se parece a dos libras de mantequilla y va marcado «La Reina»?

—¡Pero qué falta de imaginación la tuya! Eres realmente decepcionante… Eso puede verlo cualquiera de mis socios, mis hombres, mis pilotos, mis clientes, hasta la DEA. Ya te dije que lo que voy a mostrarte no lo ha visto —ni lo verá jamás— nadie en el mundo excepto tú. Bueno… ¡estamos listos! Ahora sí puedo sentarme a los pies de mi reina para ver su reacción en esa carita. Te prometo que nunca vas a olvidar esta noche. A la una… a las dos… a las tres: ¡ordeno que te quites la venda!

Los hay azules, verdes, vino, marrones, negros. Y, antes de que yo pueda dar un salto hacia adelante para intentar examinarlos de cerca, una esposa de acero se cierra con un ¡clic! en torno a mi tobillo derecho y quedo sujeta a la pata del mueble. No caigo de bruces al suelo con todo y silla porque él brinca y me agarra en el aire. Me estruja entre sus brazos y me besa una y otra vez, riendo sin parar mientras exclama:

—¡Ya sabía que eras un peligro, pantera tramposa! ¡Me la vas a pagar! ¡Si quieres verlos, tienes que decirme primero que me amas como no has amado a nadie! ¡Ja, ja, ja! ¡Ja, ja, ja! ¡Di que me adoras. Anda, dilo ya! ¡Si no, no te dejo mirarlos ni de cerca ni de lejos!

—Yo no voy a decir lo que tú quieres oír sino lo que yo quiera, ¿entendido? Y es… que tú eres… tú eres… ¡tú eres un genio, Pablo!… ¡El máximo prodigio del bajo mundo! —Y en voz casi inaudible, como si alguien pudiera estar escuchándonos, disparo esa andanada de preguntas seguidas de súplicas que sé que le encantan:

—¿Son todos tuyos? ¿Pero cuántos son? ¿Cuánto cuestan? ¿Cómo se consiguen? ¡Déjame ver las fotos y tus nombres! ¡Dame ya la llave de esas esposas, Pablo, que me están lastimando el tobillo! Deja que este pobre cieguito pueda mirarlos de cerca; no seas tan sádico, ¡te lo imploro! ¡Quiero quitarle el esparadrapo a los nombres de todos los países para verlos ya!

—¡No, no, no! Apuesto a que tú, prodigio del alto mundo, jamás hubieras creído que alguien del mío pudiera ser tan, pero tan, popular, que ¡catorce naciones ya le han concedido la ciudadanía!

—¡Waaao! Ahora sí sé para qué sirve la plata combinada con un coeficiente criminal privilegiado… ¡Parece que media ONU se disputara el honor!… Pero, no veo por ninguna parte el de Estados Unidos, que en tu profesión debería ser como… la prioridad número uno, ¿o no?

—Bueno, mi amor… ¡Roma no se hizo en un día! Y siete por ciento de los países del mundo no está mal… para comenzar… a mi tierna edad. Por ahora no puedes ver sino las fotos. Mis nacionalidades y nombres los irás conociendo a medida que los vayamos utilizando. Ni yo mismo me los sé bien todavía.

—¿Te das cuenta? ¡Soy la única persona de total confianza que puede ayudarte con la pronunciación correcta en cinco idiomas! A la tierna edad de diecisiete años ya era profesora de fonética en el Instituto Colombo-Americano. ¿No soy un tesoro de novia? ¿Cómo vamos a llegar a un país extranjero sin que puedas decir tu nombre, Pablo? Tenemos que comenzar a practicar la pronunciación desde ahora, para que no despiertes sospechas más adelante. Debes entender que es por tu propio bien, amor de mi vida.

—No y no, y punto. Por hoy te espera sólo la última etapa y luego viene la premiación con champaña. Esa rosadita que viene en el más bello de todos los envases, ¿no?

Sin quitarme las esposas, me obliga a sentarme de nuevo en la silla y se arrodilla frente a mí, tras la doble hilera de pasaportes que está sobre el piso a unos dos metros de distancia. Ha cubierto con pedazos de esparadrapo los nombres de las naciones y, en las páginas interiores, los suyos y los datos de nacimiento. Luego, como un niño con juguetes nuevos en la mañana del 25 de diciembre, comienza a enseñarme cada una de las catorce fotografías mientras yo, hipnotizada, veo desfilar ante mis ojos versiones inimaginables, inconcebibles, impensables del rostro del hombre que amo:

—En éste estoy con la cabeza afeitada. Aquí, con anteojos y chivera como un intelectual marxista. En este otro, con peinado afro. ¿Qué horror, no? Aquí de árabe; me lo consiguió el príncipe saudita amigo mío. Para éste me teñí de rubio; y para este otro, de pelirrojo, tuve que ir a un salón de belleza donde las mujeres me miraban como si fuera un marica. Aquí sí tengo peluca. En éste estoy sin bigote y aquí con barba tupida. ¿Qué tal éste, calvo pero con melena y gafitas como el profesor Tornasol de Tintín? ¿Genial, no? En casi todos me veo horrible, ¡pero ni mi mamá me reconocería! ¿Cuál de todos te gusta más?

—¡Todos, Pablo, todos! Te ves comiquísimo. ¡Nunca había visto una colección más sensacional! ¡Eres lo más ilegal que uno pueda conocer en la vida, lo más bandido que haya pisado la faz de esta Tierra! —celebro sin parar de reír mientras él regresa sus pasaportes a donde estaban—. ¿Cómo podría uno aburrirse contigo o no adorar ese sentido tuyo de la diversión?

Él cierra la caja fuerte, deja el revólver sobre el escritorio y viene hacia mí. Acaricia mi rostro con enorme ternura y, sin decir palabra, me quita las esposas. Besa mi tobillo —que ahora ostenta una gruesa línea roja— una y otra vez. Luego me deposita sobre la cama y masajea suavemente la parte de mi cabeza donde recibí los golpes contra el techo del auto.

—Aunque tú no lo creas, lo que yo más amo en el mundo no son ni esta cabeza ni este cuerpo tan… multidimensionales —me dice, ya con su voz de todos los días —¡y tan magullados! —añade riendo—. Sino todo ese oro tuyo pegado al mío; así, como estamos ahora.

Sorprendida, le digo que si hay alguien en esa habitación que no tiene un gramo de oro soy justamente yo. Y él murmura en mi oído que tengo el corazón de oro más grande del mundo porque comienzo siendo su desafío y, a pesar de todas esas pruebas terribles que me pone, nunca me quejo y termino siendo su premio.

—Como mi corazón ya está adentro del tuyo, yo sé todo de ti. Y ahora que ambos ganamos, podemos perder las dos cabezas juntos, ¿no? Abracadabra, mi María Antonieta consentida…

Cuando se queda dormido, reviso el revólver. Está cargado con seis balas. Me asomo a la terraza y veo cuatro autos con guardaespaldas estacionados en cada esquina de la calle. Sé que darían la vida por él; yo también, sin pensarlo dos veces. Quedo tranquila y me duermo feliz. Al despertar, él ya se ha ido.

Dos futuros presidentes y *Veinte poemas de amor*

La segunda meta de Pablo, después de amasar una fortuna colosal, es la de utilizar su dinero para convertirse en el líder político más popular de todos los tiempos. Y, ¿cómo no va a ser un acto de la más declarada esquizofrenia, de absoluto delirio de grandeza, del más desbordado culto a la personalidad, de una extravagancia sin precedentes, de un despilfarro jamás soñado, desorbitante y, sobre todo, inútil, el aspirar a la meta de regalar diez mil casas a quienes no tienen techo y pretender acabar con el hambre en una ciudad de un millón de habitantes? ¿Y más aún en Colombia, quizás el país con los magnates más avaros y faltos de grandeza de toda América Latina?

Quienes son dueños de capitales fabulosos viven en la eterna duda de si son amados por su dinero; por ello, son casi tan inseguros y desconfiados en materias del amor como las mujeres famosas por su belleza, que a toda hora se preguntan si los hombres las necesitan realmente como esposas o novias, o para exhibirlas como posesiones y trofeos de caza. Pero en el caso de Pablo, él está totalmente convencido de que no por su riqueza, sino por sí mismo, es amado por sus seguidores, por su ejército, por sus mujeres, por sus amigos, por su familia y, obviamente, por mí. Si bien está en lo cierto, me pregunto si su sensibilidad extrema, combinada con la que parece ser una personalidad patológicamente obsesiva, va a estar preparada para las trampas de la fama que se avecina y, sobre todo, para las toneladas de antagonismo que ésta va a acarrearle en un país donde la gente, proverbialmente, «no muere de cáncer, sino de envidia».

Veo a Pablo por segunda vez en público con ocasión de la inauguración de una de las canchas de baloncesto. Como su movimiento político «Civismo en Marcha» preconiza el esparcimiento sano y él siente pasión por el deporte, se ha propuesto dotar de ellas a todos los barrios populares de Medellín y de Envigado, el municipio aledaño donde se crió, y regalar la iluminación de canchas de futbol por toda la ciudad. Para cuando nos conocemos ya ha donado varias docenas. Esa noche me presenta a toda su familia —personas de clase media baja sin un ápice de maldad en sus rostros muy serios— y a su esposa de veintitrés años, Victoria Henao, madre de Juan Pablo, su hijito de seis. «La Tata», como la llaman todos, no es bonita pero su rostro tiene una expresión digna. Sólo sus aretes —dos solitarios de diamante de tamaño nunca visto— podrían delatarla como esposa de uno de los hombres más ricos del país. Lleva el cabello muy corto, es morena y pequeña, y su evidente timidez contrasta con la desenvoltura de él. Al contrario de nosotros dos, que nos sentimos como pez en el agua entre las multitudes, ella no parece disfrutar mucho del evento y algo me dice que comienza a ver con inquietud la creciente popularidad de su marido. Me saluda con frialdad y con la misma desconfianza que leo en los ojos de casi toda la familia de Pablo. Ella lo mira con absoluta adoración, él la contempla arrobado, y yo los observo con una sonrisa porque jamás he sentido celos de nadie. Por suerte, no quiero a Pablo con una pasión excluyente o posesiva; lo amo con alma y corazón, con el cuerpo y la cabeza, y con locura pero no de manera irracional porque por encima de él me quiero a mí misma. Y mi perspicacia se pregunta si, tras ocho años de matrimonio, aquellas miradas de novios embelesados no obedecen, realmente, a la necesidad de despejar en público cualquier duda sobre su relación.

Mientras estudio a su familia con la triple perspectiva que me dan la intimidad de la amante, la objetividad del periodista y la distancia del espectador, me parece ver una especie de enorme sombra que recorre la idílica escena familiar y la multitud que se acerca a Pablo para agradecerle los miles de mercados que él distribuye semanalmente entre los pobres. Una tristeza inexplicable y preñada de dudas, de ésas que anteceden a las premoniciones, me envuelve de pronto, y me pregunto si aquellas escenas triunfalistas con globos multicolores y música estridente en los altoparlantes pudieran ser sólo espejismos, juegos pirotécnicos, castillos de naipes. Cuando la sombra se aleja veo con claridad lo que nadie más parece haber notado: y es que sobre toda esa extensa familia de Pablo, engalanada con sus trajes nuevos y joyas producto de una formidable riqueza recién nacida, se ciernen temores por algo que se viene gestando desde hace tiempo y que en cualquier momento podría estallar como un volcán de proporciones bíblicas.

Las inquietantes sensaciones me atraviesan y se van mientras él disfruta del calor de la multitud, de la admiración y los aplausos. Para mí son éstos el pan de cada día, gajes de mi oficio como presentadora de televisión y de incontables eventos, acostumbrada desde los veintidós años a los ¡bravooo! de un teatro o a las rechiflas de un estadio; pero para Pablo son el oxígeno, la única razón de su existencia, los primeros peldaños del camino hacia la fama. Es evidente que su ardoroso discurso político toca lo más hondo de los corazones populares. Escuchándolo, me vienen a la mente las frases de Shakespeare con las palabras de Antonio en el entierro de Julio César: «El mal que los hombres hacen les sobrevive. El bien casi siempre es enterrado con sus huesos». Me pregunto cuál será el destino de esta mezcla de mecenas y bandido, tan joven e ingenuo, de quien yo también me he enamorado. ¿Sabrá jugar bien sus cartas? ¿Aprenderá algún día a hablar en público con un acento menos marcado y un tono más educado? ¿Podrá mi diamante en bruto pulir aquel discurso elemental para transmitir un mensaje potente que trascienda la provincia? ¿Logrará hallar alguna forma de pasión más controlada para obtener lo que se propone, y una aún más inteligente para conservarlo? Transcurridos varios minutos, la felicidad que embarga a todas aquellas familias de escasos recursos me contagia de sus ilusiones y esperanzas. Doy gracias a Dios por la existencia del único benefactor laico en gran escala que Colombia ha podido producir desde que tengo memoria y, llena de entusiasmo, me uno a las celebraciones populares.

El programa del basurero causa una conmoción nacional. Todos mis colegas quieren entrevistar a Pablo Escobar para averiguar de dónde saca su dinero un representante a la Cámara suplente de treinta y tres años que parece contar con recursos inagotables, sumados a una generosidad nunca vista y con un inquietante liderazgo político producto de la insólita mezcla de dinero y corazón. Muchos quieren saber, también, cuál es la naturaleza de su relación con una estrella de televisión de sociedad que siempre ha protegido celosamente su vida privada. Niego rotundamente cualquier romance con un hombre casado y aconsejo a Pablo que no conceda entrevistas sino hasta después del examen que me propongo hacerle frente a una cámara en su estudio de televisión. Acepta, pero a regañadientes.

—La próxima semana voy a invitarte al Primer Foro contra el Tratado de Extradición, aquí en Medellín —me dice—. Y en el siguiente, en Barranquilla, vas a conocer a los hombres más importantes de mi gremio, que ahora son también los más ricos del país. Casi todos están con nosotros en el MAS y decididos a tumbar ese esperpento a como dé lugar. A sangre y fuego si fuere necesario.

Le hago ver que con un lenguaje tan belicoso va a crearse demasiados enemigos en la etapa inicial de su ascendente carrera política. Le aconsejo que estudie *El arte de la guerra* de Sun Tzu, para que aprenda de táctica y paciencia. Le enseño algunas máximas del sabio chino como «Nunca ataques en subida», y comenta que en materia de estrategias él va adaptando las suyas rápidamente a las necesidades del momento y, como los libros le aburren cantidades, para aprender todas esas cosas sin tener que estudiárselas es que me tiene a mí, que he leído vorazmente desde niña. Sabe que es lo último que una mujer enamorada y deseable quiere oír y, por eso, añade en tono festivo:

—¿A que no adivinas cuál es el alias que te he puesto para que me informen por radio cuando llegas al aeropuerto? Pues, nada más y nada menos que… ¡«Belisario Betancur», como el presidente de la República, para que ingreses al bajo mundo por todo lo alto! ¡No puedes quejarte, mi V. V.!

Y ríe con esa picardía que me desarma, que borra de un tajo todas mis preocupaciones y que me derrite entre sus brazos como si yo fuera un helado de caramelo con vainilla y trocitos de chocolate abandonado a la intemperie en una tarde estival.

Las personas que viajan conmigo en el avión constituyen un grupo cada vez más heterogéneo. Éste viene de hablar con Kim Il Sung en Corea del Norte. El otro, de la más reciente reunión de los Países No Alineados. Aquél conoce a Petra Nelly, la fundadora del Partido Verde alemán a quien Pablo se propone invitar a conocer su zoológico y sus obras sociales, y el de más allá es amigo personal de Yasser Arafat. Ya en las oficinas de Pablo y Gustavo el color azul reemplaza al rojo, las gafas muy negras están por doquier y el tono del verde no es precisamente el de los ecologistas europeos: aquel grupo es del F2 de la policía, el paraguayo es cercano al hijo o al yerno de Stroessner, los de más allá son generales mexicanos de tres soles, los de los maletines son vendedores de armas israelíes y aquellos del fondo han venido desde Liberia. La vida de Pablo en esos primeros meses de 1983 parece una Asamblea Permanente de las Naciones Unidas. Y yo voy aprendiendo que el hombre que amo, más que talento para disfrazarse y comprar nacionalidades, tiene una aptitud camaleónica para adaptar su ideario político al del público consumidor: la más extrema izquierda para los auditorios pobres, los partidos políticos, los medios de comunicación y la exportación; la más escalofriante y represiva derecha para defender a su familia, su negocio, sus bienes y sus intereses ante socios multimillonarios o aliados de uniforme, y ambos extremos para exhibir ante la mujer-reto de quien se ha enamorado sus dotes de titiritero de la historia, en perfecto control de los hilos multicolores de aquel formidable tinglado que está armando. La ha escogido como observador de sus procesos evolutivos y posible cómplice de su existencia para que ella pueda ver cómo en él están confluyendo todas las formas del poder masculino y, al convertirla en testigo de excepción de su capacidad para subyugar a todos los demás hombres, le está descubriendo también su capacidad para seducir a las demás mujeres.

El Primer Foro Contra la Extradición se realiza en Medellín. Pablo me invita a sentarme en la mesa principal junto al sacerdote Elías Lopera, quien se ubica a su derecha. Allí escucho por vez primera su encendido discurso nacionalista contra aquella figura jurídica. Con el tiempo, la lucha contra la extradición se convertirá en su obsesión, su causa y su destino, en el calvario de toda una nación, millones de compatriotas y miles de víctimas, y en la cruz de su vida y la cruz de la mía. En Colombia, donde la justicia casi siempre tarda veinte o más años en llegar —cuando llega, porque en el camino frecuentemente se vende al mejor postor—, el sistema está diseñado para proteger al delincuente y desgastar a la víctima, lo cual quiere decir que alguien con los recursos financieros de Pablo está destinado a disfrutar por el resto de sus días de la más rampante impunidad. Pero una nube negra acaba de aparecer no sólo en su horizonte sino en el de todo su gremio: la posibilidad de que cualquier acusado colombiano pueda ser solicitado en extradición por el Gobierno de Estados Unidos para ser juzgado por delitos binacionales en un país que sí cuenta con un sistema judicial eficiente, cárceles de alta seguridad, sentencias de cadenas perpetuas acumuladas y pena de muerte.

En aquel Primer Foro Pablo habla ante sus coterráneos con un lenguaje mucho más beligerante del que yo le conocía. No le tiembla la voz para atacar ferozmente al prometedor líder político Luis Carlos Galán, un candidato fijo a la presidencia de la República, por haberlo retirado de las listas de su movimiento, Renovación Liberal, cuya principal bandera es la lucha contra la corrupción. Lo que Pablo no perdonará mientras viva es que, tras conocer el verdadero origen de su fortuna en 1982, Galán lo haya notificado de su expulsión, aunque sin mencionar a Escobar por su nombre, ante miles de personas reunidas en el Parque de Berrío en Medellín.

Había conocido a Luis Carlos Galán doce años atrás en casa de una de las mujeres más simpáticas que recuerde, la bella y elegante Lily Urdinola de Cali. Yo tenía veintiún años y acababa de divorciarme de Fernando Borrero Caicedo, un arquitecto exacto a Omar Sharif y veinticinco años mayor que yo. Lily se había separado del dueño de un ingenio azucarero del Valle del Cauca y ahora tenía tres pretendientes. Una noche los invitó a cenar a todos juntos y nos pidió a su hermano Antonio y a mí que la ayudáramos a escoger entre el millonario suizo con la cadena de panaderías, el rico judío con la cadena de almacenes de ropa y el tímido joven de nariz aquilina y enormes ojos claros cuyo único capital parecía ser un brillante futuro político. Aunque esa noche ninguno de nosotros votó por Luis Carlos Galán, pocos meses después, a los veintiséis años, el joven silencioso de mirada transparente se convertiría en el ministro más joven de la historia. Nunca le conté a Pablo sobre esta «derrota»; pero por el resto de mi vida me arrepentiría de no haberle dado mi voto a Luis Carlos aquella noche porque, si Lily se hubiera dejado cortejar de él, entre ambas seguramente habríamos arreglado ese bendito problema con Pablo y miles de muertes y millones de horrores se hubieran podido evitar.

La fotografía de nosotros dos en el Primer Foro contra la Extradición se convierte en la primera de centenares que documentarán aquellos meses iniciales de la parte más conocida de nuestra relación. Unos meses después la revista *Semana* la utilizará para ilustrar su artículo sobre «El Robin Hood paisa» y, a partir de aquel generoso calificativo, Pablo comenzará a construir su leyenda, primero en Colombia y después en el resto del mundo. Durante todos nuestros siguientes encuentros, tras saludarme con un beso y un abrazo seguido de dos vueltas en el aire, él siempre me preguntará:

—¿Qué dicen en Bogotá de Reagan y de mí?

Y yo le contaré en detalle lo que todos opinan de él, porque lo que dicen del presidente Reagan sólo le interesa a la astróloga de su esposa Nancy y a los congresistas republicanos establecidos en Washington y Delaware.

Para el Segundo Foro contra la Extradición, viajamos a Barranquilla y nos hospedamos en la suite presidencial de un enorme hotel recién inaugurado; no en El Prado, que siempre ha sido uno de mis favoritos. A Pablo no le gusta sino todo lo moderno y a mí no me gusta sino todo lo elegante, y siempre discutiremos por lo que él considera «de estilo anticuado» y lo que yo considero «de estilo *mágico*». El evento tiene como escenario la espléndida residencia de Iván Lafaurie, bellamente arreglada por mi amiga Silvia Gómez, quien también ha decorado todos mis apartamentos desde que tengo veintiún años.

En esta oportunidad ningún medio de comunicación ha sido invitado. Pablo me explica que el más pobre de los participantes tiene diez millones de dólares, mientras que las fortunas de sus socios —los tres hermanos Ochoa y Gonzalo Rodríguez Gacha, «el Mexicano»— suman con la de él y la de Gustavo Gaviria varios miles de millones de dólares y superan con creces a las de los magnates tradicionales de Colombia. Mientras él me va informando que casi todos los asistentes son miembros del MAS, yo voy leyendo en la expresión de muchos rostros el desconcierto por la presencia en el foro de una conocida periodista de televisión.

—Hoy vas a ser testigo de una declaración de guerra histórica. ¿Dónde prefieres sentarte? ¿En la primera fila de abajo, mirándome a mí y a los jefes de mi movimiento que ya conociste en Medellín? ¿O en la mesa principal, observando a los cuatrocientos hombres que van a bañar en sangre este país si se aprueba ese Tratado de Extradición?

Como ya voy acostumbrándome a su napoleónica terminología, escojo ubicarme en el extremo derecho de la mesa principal, no tanto para conocer a estos cuatro centenares de nuevos multimillonarios que en un futuro podrían reemplazar en el poder —e, incluso, guillotinar— a mis amistades y ex novios de la oligarquía tradicional (lo cual me produce emociones encontradas, que van desde el más profundo temor hasta el más exquisito deleite), sino para intentar leer en ese mar de rostros duros y desconfiados lo que realmente piensan del hombre que amo. Si lo que veo no me gusta, lo que escucho me hiela la sangre. Sin yo saberlo, en esa noche estrellada y en aquella mansión rodeada de jardines junto al Mar Caribe estoy asistiendo como testigo de excepción, única mujer y posible futuro cronista de la historia, al bautismo de fuego del narcoparamilitarismo colombiano.

Cuando terminan los discursos y se cierra el foro, desciendo del estrado y me dirijo hacia la piscina. Pablo se ha quedado conversando con los anfitriones y con sus socios, que lo felicitan efusivamente. Una nube de curiosos me rodea y varios de los asistentes me preguntan qué estoy haciendo allí. Un hombre con aspecto de terrateniente y ganadero tradicional de la costa —con uno de esos apellidos como Lecompte, Lemaitre o Pavajeau—, envalentonado por el ron o el *whisky*, dice en voz alta para que todos puedan oírlo:

—¡Yo sí estoy muy viejo para que un muchachito de éstos venga a decirme por quién tengo que votar! ¡Yo soy un godo (miembro del Partido Conservador), retrógrado y retardatario, de los de antes y los de toda la vida, y yo voto por Álvaro Gómez y punto! Ese sí es un tipo serio, no como ese pícaro de Santofimio! ¿De dónde salió este *parvenue* Escobar para venir a darme órdenes? ¿Acaso creerá que tiene más plata y más vacas que yo, o que?

—Ahora que sé que con la plata de la coca puede uno conseguirse a una estrella de la televisión, ¡voy a botar a Magola, mi mujer, para casarme con la actriz Amparito Grisales! —se jacta otro a mis espaldas.

—¿Esta pobre niña sí sabrá que el tipo fue «gatillero» y carga ya con más de doscientos muertos? —se mofa en voz baja un tercero ante un pequeño grupo que celebra sus palabras con risitas nerviosas antes de retirarse rápidamente.

—Doña Virginia —llama mi atención un hombre mayor que parece escuchar con disgusto a los anteriores—, yo tengo a mi hijo secuestrado por las FARC desde hace más de tres años. ¡Que Dios bendiga a Escobar y a Lehder y a todos estos señores tan valientes y decididos! Gente como ellos es lo que este país estaba necesitando, porque nuestro Ejército es muy pobre para luchar solo contra esa guerrilla enriquecida por el secuestro. Ahora que nos estamos uniendo, sé que puedo soñar con volver a ver a mi hijo antes de morirme. Y que él va a poder abrazar a su esposa ¡y conocer, por fin, a mi nieto!

Pablo me presenta a Gonzalo Rodríguez Gacha, el Mexicano, quien está acompañado de algunos de los esmeralderos de Boyacá. Recibe calurosas felicitaciones de casi todos los asistentes y nos quedamos departiendo un rato con sus amigos y sus socios. Cuando regresamos al hotel, no le digo nada sobre lo que he escuchado y sólo le comento que algunos de los participantes —como gentes de derecha que evidentemente son— parecen sentir una profunda desconfianza por alguien tan liberal como Santofimio, su candidato.

—Espera a que le secuestren un hijo a cada uno, y a que el primero del gremio sea extraditado, y ¡verás que corren a votar por quien nosotros digamos!

Tras ser expulsado del movimiento de Luis Carlos Galán, Pablo Escobar se ha unido al del senador Alberto Santofimio, jefe liberal del Departamento del Tolima. Santofimio es muy cercano al ex presidente Alfonso López Michelsen, de cuya consuegra es primo. Gloria Valencia de Castaño, «la Primera Dama de la Televisión Colombiana», es la hija no reconocida de un tío de Santofimio y su única hija, Pilar Castaño, está casada con Felipe López Caballero, el editor de la revista *Semana*.

En cada elección presidencial y senatorial colombiana el caudal de votos *santofimistas* constituye parte sustancial del total obtenido por el candidato del Partido Liberal, que supera al Conservador en número de votantes y de presidentes electos. Santofimio es carismático y tiene fama de ser, además de un excelente orador de plaza pública, el político más hábil, ambicioso y sagaz del país. Tiene alrededor de cuarenta años y se perfila como aspirante fijo a la presidencia de la República. Es un hombre de baja estatura y figura rechoncha, y de rostro satisfecho y casi siempre sonriente. Nunca hemos sido amigos, pero me simpatiza y siempre lo he llamado Alberto. (En 1983, socialmente todo el mundo me dice Virginia y yo me dirijo a las personalidades por su nombre de pila; sólo le digo «doctor» a quienes prefiero conservar a distancia y «señor presidente» a los jefes de Estado. En 2006, tras veinte años de ostracismo, la gente me dirá «señora», yo le diré «doctora» y «doctor» a todo el mundo, y los ex Presidentes, al divisarme en la distancia, saldrán a perderse.)

Pocos meses antes de conocernos, Escobar y Santofimio habían asistido con otros congresistas colombianos a la posesión del Presidente de gobierno español, el socialista Felipe González, cuyo hombre de confianza, Enrique Sarasola, está casado con una colombiana. A González lo había entrevistado yo para televisión en 1981 y a Sarasola lo había conocido en Madrid durante mi primer viaje de luna de miel. Con expresión terriblemente seria, Pablo me ha descrito la escena en la que los otros parlamentarios de la comitiva le pedían cocaína de regalo en una discoteca madrileña y él reaccionaba insultado. Y yo he confirmado lo que ya sabía: que el Rey de la Coca parece detestar, casi tanto como yo, el producto de exportación sobre el cual está construyendo un imperio libre de impuestos. La única persona a quien Pablo ha regalado rocas de coca sin que tenga siquiera que pedirlas es al anterior novio de su novia, y no lo ha hecho precisamente por razones humanitarias o filantrópicas.

Como en 1983 los senadores liberales Galán y Santofimio son las dos más seguras opciones de relevo generacional para el periodo presidencial de 1986-1990, Pablo y Alberto se han convertido en aliados encarnizados contra la candidatura presidencial de Luis Carlos Galán. Escobar me ha confesado que, para las elecciones parlamentarias de *mitaca* en 1984, le está inyectando millones al movimiento político de Santofimio. Intento convencerlo de que es hora de que llame al recipiente de sus donaciones por su primer nombre, como hace Julio Mario Santo Domingo con Alfonso López, pero Pablo siempre le dirá «doctor» a su candidato. En los años siguientes, «el Santo» será el eterno enlace de Escobar y todo su gremio con la clase política, la burocracia, el Partido Liberal y, sobre todo, con la Casa López; incluso con sectores de las fuerzas armadas, porque otro primo de Santofimio, casado con la hija de Gilberto Rodríguez Orejuela, es hijo de un conocido general del Ejército.

☙

Hoy estoy radiante de felicidad. Pablo viene a las sesiones del Congreso en Bogotá y, por fin, va a conocer mi apartamento. ¡Y dice que me trae otra sorpresa! El pétalo de cada rosa está perfecto y todo el resto también: mi música de *bossa nova* en el estéreo, la champaña *rosé* en la nevera, mi perfume favorito, el vestido de París y los *Veinte poemas de amor* de Pablo Neruda sobre la *coffee table*. Clara, mi mejor amiga de la época, ha venido desde Cali, porque vende antigüedades y se propone ofrecerle a Pablo un Cristo del siglo XVIII para el padre Elías Lopera. Por el momento sólo ella, Margot, Martita y los socios de Pablo saben de nuestra relación.

Suena el timbre, y desciendo como ráfaga las escalerillas que separan el estudio y los tres dormitorios de la parte social de mi apartamento, que tiene doscientos veinte metros cuadrados. Al llegar al salón me encuentro a boca de jarro no sólo con el candidato y su patrocinador, sino con más de media docena de guardaespaldas que me examinan de pies a cabeza con mirada insolente, antes de descender en el ascensor para esperar a su jefe en los garajes o a la entrada del edificio. El elevador vuelve a subir con otra docena de hombres y vuelve a bajar con media. La escena se repite tres veces y tres veces lee Pablo el disgusto en mi rostro. Todo en mi expresión de reproche le advierte que ésta será la primera y última vez en la vida que yo le permita entrar con escoltas o desconocidos al sitio donde vamos a encontrarnos o donde yo lo estoy esperando.

A lo largo de los años veré a Pablo unas doscientas veinte veces, casi ochenta de ellas rodeado de un ejército de amigos, seguidores, empleados o guardaespaldas. Pero a partir de aquel día él subirá a nuestros apartamentos y a mis suites completamente sólo, o al llegar a las casitas campesinas ordenará a sus hombres esfumarse antes de que ellos puedan verme. Esta noche él ha comprendido en instantes que para visitar a la mujer que ama —y que, de paso, es una diva— un hombre casado no puede actuar como un general, sino que debe comportarse como cualquier enamorado. También, que el primer reconocimiento que un amante debe a otro es una confianza casi ciega. Por el resto de nuestros días juntos siempre le agradeceré con gestos, jamás con palabras, su tácita aceptación de las condiciones impuestas en esa noche con sólo aquellas tres miradas.

Clara y yo vamos saludando a Gustavo Gaviria, a Jorge Ochoa y a sus hermanos, a Gonzalo, el Mexicano, a Pelusa Ocampo, dueño del restaurante donde a veces cenamos, a Guillo Ángel y a su hermano Juan Gonzalo, y a Evaristo Porras, entre otros. Me parece que este último está bastante asustado porque le tiembla la quijada, pero Pablo me explica que el hombre ha consumido cocaína en cantidades industriales. Como a Aníbal Turbay jamás le castañetearon los dientes, concluyo que Evaristo debe haberse «metido» por lo menos un cuarto de kilo. Tras amonestarlo en privado, Pablo le pide que le entregue un videocasete, lo despide, empujándolo suavemente hacia el ascensor como si fuese un niño regañado, y le da orden de regresar al hotel y esperarlos allí. Luego me dice que debemos ver la grabación juntos porque quiere pedirme un favor con carácter urgente. Dejo a Clara a cargo de los invitados y subimos al estudio.

Cada vez que nos vemos Pablo y yo pasamos seis, ocho o más horas juntos, y ya me ha ido confiando algunas generalidades de su negocio. Esa noche me explica que Leticia, capital del Amazonas colombiano, se ha vuelto clave para el tránsito de la pasta de coca desde Perú y Bolivia hacia Colombia, y que Porras es el hombre de su organización en el suroriente del país. Me cuenta que, para justificar su fortuna ante el fisco, Evaristo ha comprado tres veces el tiquete al ganador de El Gordo de la lotería, y por esta razón tiene fama de ser ¡el hombre con más suerte del mundo!

Encendemos el televisor y aparece en pantalla la figura de un hombre joven que conversa con Porras sobre lo que parece ser un negocio de cuestiones agrícolas; las imágenes nocturnas son borrosas y los diálogos tampoco son claros. Pablo me dice que se trata de Rodrigo Lara, mano derecha de Luis Carlos Galán y, por lo tanto, archienemigo suyo. Me explica que lo que Evaristo está sacando de un paquete es un cheque de un millón de pesos —unos veinte mil dólares de entonces— producto de un soborno, y me confiesa que el montaje ha sido cuidadosamente planeado por él, su socio y el camarógrafo. Cuando terminamos de ver la cinta Pablo me pide que denuncie a Lara Bonilla en mi programa de televisión *¡Al Ataque!* Y yo me niego. Rotunda y terminantemente:

—¡También tendría que denunciar a Alberto, que está abajo, por recibir de ti sumas muy superiores; y a Jairo Ortega, tu principal en la Cámara, y a quién sabe cuántos más! ¿Que tal que mañana tú me entregaras la plata del Cristo de Clara y alguien me grabara para poder decir que fue producto de un negocio de coca, sólo porque tú me la diste? A lo largo de mi vida he sido víctima de mil calumnias y por eso jamás uso mi micrófono para dañar a nadie. ¿Cómo sé que Lara no está haciendo un negocio lícito con Porras, más cuando me dices que esto fue un montaje planeado por ustedes? Tienes que entender que una cosa es que yo exhiba en mi programa de televisión aquel basurero infernal y tus impresionantes obras sociales, y otra que me convierta en cómplice de montajes para atacar a tus enemigos, sean culpables o inocentes. Yo quiero ser tu ángel guardián, amor. Pídele a otro que te haga ese favor; a alguien que quiera ser tu víbora.

Me mira estupefacto y baja la vista en silencio; como veo que no quiere enfrentarme, continúo: le digo que yo lo entiendo como nadie, porque también soy de los que nunca perdonan y jamás olvidan, pero que si todos decidiéramos un día acabar con quienes nos han hecho daño el mundo se quedaría sin habitantes en segundos. Intento hacerle ver que con su suerte en los negocios, en la familia, en la política, en el amor, debería considerarse el hombre más afortunado de la Tierra, y le ruego que olvide ya esa espina que lleva enquistada en el corazón y que va a terminar por engangrenarle el alma.

Se pone en pie como un resorte. Me toma entre sus brazos y me mece largamente. No hay nada, nada en el mundo que pueda hacerme sentir más feliz porque, desde el día en que Pablo me salvó la vida, esos brazos me transmiten toda la seguridad y protección que una mujer pudiera anhelar. Me besa en la frente, huele mi perfume, recorre mi espalda con sus manos una y otra vez y me dice que no quiere perderme porque me necesita a su lado para un montón de cosas. Después, mirándome a los ojos y con una sonrisa, me dice:

—Tienes toda la razón. ¡Perdóname! Regresemos ya al salón—. Y a mí me vuelve el alma al cuerpo. Pienso que él y yo seguimos creciendo juntos, como dos arbolitos de bambú.

Muchos años después me preguntaré si tras aquellos largos silencios cabizbajos de Pablo había realmente esa sed de venganza de la cual me hablaba siempre, o sólo presentimientos aterradores e inconfesables. ¿No serán, acaso, las premoniciones vivencias anticipadas del futuro que se nos viene encima como locomotora desbocada, sin que podamos hacer nada para evitarlo, o detenerlo, o desviar su curso?

Cuando bajamos, todo el mundo está feliz y Clara y Santofimio recitan a dúo los versos más famosos de los *Veinte poemas de amor* de Neruda:

Me gustas cuando callas porque estás como ausente,
y me oyes desde lejos, y mi voz no te toca

En las noches como ésta la tuve entre mis brazos.
La besé tantas veces bajo el cielo infinito

Puedo escribir los versos más tristes esta noche.
Pensar que no la tengo. Sentir que la he perdido

Ya no la quiero, es cierto, pero cuánto la quise
Es tan corto el amor, y es tan largo el olvido

Mi voz buscaba el viento para tocar su oído.
De otro. Será de otro. Como antes de mis besos

Pablo y yo los interrumpimos y pedimos que nos dejen escoger los nuestros.

—Dedícame éste —le digo riendo—: «Para mi corazón basta tu pecho, para tu libertad bastan mis alas». ¡Tus veinticuatro alas, las de los once aviones y las dos del *Jumbo*!

—¿Conque eso es lo que quieres, bandida, escaparte de mí? ¡Ni te sueñes! ¿Y quién ha dicho que yo sólo quiero tu pecho? Yo te quiero completica, y tu verso es éste:

«Cómo te sienten mía mis sueños solitarios» —y lo subraya varias veces—. Y este otro: «Tienes ojos profundos donde la noche alea, frescos brazos de flor y regazo de rosa».

Te los dedico, ¡con autógrafo y todo!

Después de firmar con su nombre, dice que ahora quiere regalarme un poema suyo que sea exclusivamente para mí. Tras pensar unos segundos, escribe:

Virginia:
No pienses que si no te llamo,
No te extraño mucho.
No pienses que si no te veo,
No siento tu ausencia.
Pablo Escobar G.

Me parece que tantos NO son algo extraños, pero me guardo el comentario; celebro su rapidez mental y agradezco el regalo con mi más radiante sonrisa. Santofimio también me dedica el libro: «Virginia: Para ti, la discreta voz, la señorial figura, la (dos palabras ilegibles) de nuestro Pablo. AS».

Hacia las ocho de la noche los *capi di tutti capi* se despiden porque deben atender un compromiso social «de muy, muy alto nivel». Clara está feliz porque le vendió el Cristo a Pablo en diez mil dólares, y ha escrito en el libro de poemas que no ve la hora de verlo convertido en presidente de la República. Cuando ella se retira y sus socios ya han descendido, él me confiesa que todo su grupo se dirige ahora al apartamento del ex presidente Alfonso López Michelsen y su esposa Cecilia Caballero de López, pero me ruega que no lo comente con nadie.

—¡Por ahí es la cosa, mi amor! ¿Para qué te preocupas por esos galanistas, si tienes acceso al presidente más poderoso, más influyente, más inteligente, más rico y, sobre todo, más práctico del país? No pienses más en Galán ni en Lara. Sólo sigue adelante con Civismo en Marcha y Medellín sin Tugurios, que la Biblia dice: «Por sus obras los conoceréis».

Me pregunta si voy a acompañarlos en las giras políticas y, con un beso, le digo que para eso sí puede contar conmigo. Siempre.

—Pues comenzamos la semana entrante. Quiero que sepas que no puedo llamarte a diario para decirte las locuras que se me pasan por esta cabeza, porque mis teléfonos están intervenidos. Pero pienso en ti todo el tiempo. No olvides nunca, Virginia, que

«A nadie te pareces desde que yo te amo».

La amante del libertador

Es el 28 de abril de 1983 y estoy en mi oficina cuando recibo una llamada de Pablo. Me anuncia que va a darme una noticia de trascendencia histórica, pero me ruega que no vaya a divulgarla ni a compartirla con ningún medio de comunicación; sólo con Margot, si así lo deseo. Con un tono de excitación inusual en él, Escobar me informa que el avión de Jaime Bateman Cayón, jefe del movimiento guerrillero M-19, se ha estrellado sobre El Tapón del Darién mientras volaba entre Medellín y Ciudad de Panamá. Le pregunto que cómo lo supo, y me dice que él sabe todo lo que pasa en el aeropuerto de Medellín. Pero, añade, la muerte de Bateman es sólo la parte de la primicia que en unas horas estará en todos los noticieros internacionales: la otra es que el dirigente subversivo llevaba un maletín con seiscientos mil dólares en efectivo y que éste no aparece por ninguna parte. Le expreso mi desconcierto por lo que me está diciendo, porque ¿cómo va a saber alguien, a las pocas horas de ocurrido un siniestro aéreo sobre una de las selvas más tupidas del planeta, si un maletín apareció o no entre los restos de un siniestro aéreo o junto a unos cadáveres incinerados? Al otro lado del teléfono, Escobar ríe con socarronería y comenta que él sabe perfectamente de qué está hablando por la sencilla razón de que uno de sus aviones ¡ya localizó los restos del de Bateman!

—Pablo, encontrar aviones accidentados en mitad de la selva toma semanas, cuando no meses. ¡Esos pilotos tuyos son, definitivamente, unos prodigios!

—Así es, mi amor. ¡Y como tú eres otro, ahí te dejo los datos para que ates cabos! Salúdame a Margot y a Martita, y nos vemos el sábado.

El gobierno colombiano tardaría nueve meses en recuperar los cuerpos. A la muerte de Bateman se supo que la cuenta del M-19 en un banco panameño figuraba a nombre de la madre de su fundador, Ernestina Cayón de Bateman, importante luchadora por la causa de los derechos humanos. Ella y los líderes del grupo se enfrascarían luego en una amarga batalla por un millón de dólares depositados por su hijo en Panamá y, años después, un banquero ecuatoriano delegado como mediador o intermediario se quedaría con casi todo el dinero.

Pablo y yo no volveríamos a hablar sobre el misterioso maletín. Pero una de las más valiosas lecciones que yo aprendí del único ladrón de lápidas y mecánico automotriz *Summa Cum Laude* dueño de flota aérea que haya conocido en toda mi vida es que los aviones pequeños y los helicópteros de las personas muy controvertidas y con muchos enemigos raras veces se vienen a tierra por fallas técnicas de origen divino, sino que casi siempre lo hacen por fallas técnicas de origen humano. De ahí la importancia del «seguimiento, seguimiento.» Sobre aquellos seiscientos mil dólares —cifra de hace veinticinco años— hoy sólo podría citar aquel famoso dicho gringo que reza así: «Si hace ¡cuac! ¡cuac! como un pato, nada como un pato y camina como un pato… ¡es un pato!»

Al movimiento de Santofimio se han ido uniendo un sinnúmero de senadores y representantes que incluyen a muchos conocidos míos de Bogotá, como María Elena de Crovo, una de las mejores amigas del ex presidente López, Ernesto Lucena Quevedo, Consuelo Salgar de Montejo, prima hermana de mi padre, y Jorge Durán Silva, «el Concejal del Pueblo» y mi vecino del quinto piso. Muchos fines de semana estamos de gira, y a nuestro grupo de *santofimistas* se suman los dirigentes o «caciques» liberales y *lopistas* de cada región que visitamos.

Cierto día, escucho sonoras carcajadas a espaldas mías y pregunto a Lucena cuál es el chiste. Muy a regañadientes, me cuenta que Durán Silva se burla de mí en público diciendo que Escobar me manda su avión cada vez que quiere acostarse conmigo. Sin inmutarme, y sin darme vuelta, exclamo a voz en cuello para que todos puedan oír:

—¡Es que estos tipos de hoy no saben nada de mujeres! ¡Soy yo quien manda a pedir el más grande de los once aviones cada vez que quiero acostarme con el dueño!

Sigue un silencio sepulcral. Tras una breve pausa, añado:

—¡Qué inocentes son los pobres! —y me retiro.

Lo que mi vecino parece ignorar es que todos los hombres enamorados escuchan, por encima de nadie, a la mujer que duerme con ellos. Y Escobar no es la excepción. Pablo y yo estamos concientes de que, por la naturaleza del negocio que le da de comer a la campaña *santofimista* y por mi condición de mujer famosa, él y yo estamos expuestos a todo tipo de burlas y críticas, y por ello nos protegemos ferozmente. Como él tiene un imperio que manejar y no puede estar presente en todas las giras ni mítines políticos, nos vemos casi siempre a la noche o al día siguiente y yo le doy un detallado reporte de todo lo ocurrido durante la jornada. Cuando le comento lo del Concejal del Pueblo, reacciona como un león:

—¿Y para qué otra cosa voy a mandar yo un jet que consume miles de dólares en gasolina por la mujer que adoro, si ella vive en otra ciudad? ¿Para que una belleza como tú venga a darme clases de catolicismo? ¿Acaso eres Santa María Goretti, o qué? Ese miserable lleva semanas pidiéndome plata... ¡ahora no verá un centavo mío mientras viva! Y si se me llega a acercar a menos de quinientos metros ¡lo mando sacar a las patadas por una docena de hombres y ordeno que lo castren! ¡Por marica! ¡Y por bruto!

A medida que avanza la campaña empiezo a darme cuenta de la impresionante influencia que Santofimio ejerce sobre Pablo. Ya en la noche de los *Veinte poemas de amor* les había escuchado decir varias veces que Luis Carlos Galán era lo único que se atravesaba entre ellos y el poder. Para este momento me ha quedado completamente claro no sólo que Santofimio está decidido a ser el siguiente presidente de la República, sino que Pablo se propone ser su sucesor en el solio de Bolívar. Ninguno de los dos hace el menor esfuerzo por disimular sus intenciones de acabar con el galanismo al precio que sea.

Sus encendidos discursos tienen, por encima de cualquier contenido programático, ataques virulentos contra Galán «¡por haber dividido al Partido Liberal, que siempre había llegado unido a las elecciones, y haberle costado la presidencia al eximio doctor Alfonso López Michelsen, el hombre más preparado del país y uno de los más ilustres del Continente!» Califican a Galán de «¡traidor a la Patria, por defender un Tratado de Extradición que entrega a los hijos de las madres colombianas a una potencia imperialista, y nada menos que a los mismos gringos que nos quitaron a Panamá porque otro apátrida se la vendió a Teddy Roosevelt por un puñado de monedas!» Y todo el mundo grita:

—¡Abajo el imperialismo yanqui y que viva el siempre glorioso Partido Liberal! ¡Santofimio presidente en el 86 y Escobar para el 90! Pablito sí es un patriota que no se deja de los gringos ni de la oligarquía ¡porque tiene más plata que todos esos explotadores juntos! ¡Escucha nuestro clamor, Pablo Escobar Gaviria, tú que sí saliste de las entrañas de este pueblo sufrido, y que el Señor y la Virgen te protejan! ¡Y a ti también, Virginia, para que la próxima vez nos traigas a todos los artistas de la televisión, que también son pueblo! ¡Y que viva Colombia, carajo!»

Y yo también pronuncio discursos, y casi siempre hablo antes del candidato, y me voy lanza en ristre contra la oligarquía:

—¡Yo sí la conozco por dentro y sé cómo desangran a la nación cuatro familias a las que sólo les importa repartirse las embajadas y la pauta publicitaria del Estado! ¡Con razón es que hay tanta guerrilla pero, a Dios gracias, Santofimio y Pablito sí son demócratas y van a tomarse el poder por vía de las urnas para ocupar el solio del Libertador y hacer realidad su sueño de una América Latina unida, fuerte y digna! ¡Y que vivan las madres de Colombia y la Madre Patria, que llorará lágrimas de sangre el día que extraditen al primero de sus hijos!

—¡Estás hablando como Evita Perón! —me dice Lucena—. ¡Te felicito! —los demás también lo hacen y, como sé que todo lo que digo es cierto, yo me lo creo. Cuando se lo cuento a Pablo una noche junto a la chimenea de mi apartamento, él sonríe orgulloso y guarda silencio. Tras una pausa, me pregunta quién es el personaje americano que yo más amo. Sin vacilar un segundo, le respondo que el Libertador. Con la mayor seriedad, me dice:

—Eso está mejor, porque ni a ti ni a mí nos gusta mucho Perón, ¿o sí? Y yo ya estoy casado, mi amor… Pero como eres tan valiente, tu destino en mi vida va a ser otro: tú vas a ser mi Manuelita. Y te lo repito al oído, bien despacio, para que no lo olvides nunca: Tú… Virginia… vas… a… ser… mi Manuelita.

Acto seguido, aquel hijo de maestra comenzará a repasar todos los detalles de la conspiración septembrina en la cual Manuela Sáenz, la amante ecuatoriana de Simón Bolívar, le salvó la vida. Confieso que desde mis días de colegiala no había vuelto yo a pensar en aquella valerosa y bella mujer. Sé que Pablo no es ningún Libertador, y que nadie en su sano juicio podría hacer otra cosa que reír ante la imagen que tiene de sí mismo o la desproporción de sus sueños y ambiciones. Pero, por absurdo que parezca a la luz de los horrores que vendrían después, nunca he dejado de agradecer el homenaje y el profundo amor implícitos en aquella idealización, la máxima posible, de nosotros dos como pareja. Mientras viva, llevaré en el corazón el sonido de la voz de Pablo Escobar con esas siete palabras y la grandeza de un minúsculo instante de ternura.

෴

En Colombia, todo el que sea alguien en una zona del país es primo hermano, segundo, cuarto u octavo del resto. Por eso no me sorprendo cuando una noche, después de alguna de sus inauguraciones deportivas, Pablo me presenta al ex alcalde de Medellín, cuya madre es prima del padre de los Ochoa; éste lo llama «el Doptor Varito» y a mí me simpatiza de inmediato porque pienso que es uno de los contados amigos de Pablo con cara de gente decente y, que yo recuerde, el único con gafas de estudioso. Fue director de la Aeronáutica Civil en 1980-1982 y ahora, a sus treinta y un años, todo el mundo le pronostica una brillante carrera política y más de uno se aventura a decir que, incluso, podría llegar algún día al Senado. Se llama Álvaro Uribe Vélez, y Pablo lo idolatra.

—Mi negocio y el de mis socios es el transporte, a cinco mil dólares por kilo asegurado —me explica Pablo luego— y está construido sobre una sola base: las pistas de aterrizaje y los aviones y helicópteros. Ese muchacho bendito, con ayuda del subdirector César Villegas, nos concedió docenas de licencias para las primeras y centenares para los segundos. Sin pistas y aviones propios, todavía estaríamos trayendo la pasta de coca en llantas desde Bolivia y nadando hasta Miami para llevarle la mercancía a los gringos. Gracias a él es que yo estoy enterado de todo lo que pasa en la Aeronáutica Civil en Bogotá y en el aeropuerto de Medellín, porque su sucesor quedó entrenado para colaborarnos en lo que se nos ofrezca. Por eso es que la Dirección de Aeronáutica es una de las cuotas de poder que nosotros y el Santo exigimos a ambos candidatos en las pasadas elecciones. Su padre Arturo es uno de los nuestros, y si un día algo se nos llegara a atravesar a Santofimio y a mí en el camino a la presidencia, ese muchacho sería mi candidato. Ahí donde lo ves con sus gafas y esa cara de seminarista, es un peleador bravísimo.

En junio de ese año, el padre de Alvarito muere en un intento de secuestro de las FARC, y su hermano Santiago es herido. Como el helicóptero familiar de los Uribe sufre daños, Pablo le presta uno de los suyos para traer el cuerpo desde su hacienda hasta Medellín. Durante varios días está profundamente triste. Una noche en que tiene el ánimo por el suelo, me confiesa:

—Es cierto que el narcotráfico es una mina de oro, y por eso dicen que «No hay ni ex marica ni ex narcotraficante». Pero es un negocio pa' machos, mi amor, porque esto es un desfile de muertos y muertos y más muertos. Quienes llaman «dinero fácil» a la plata de la coca no saben nada de nuestro mundo, ni lo conocen por dentro como lo estás conociendo tú. Si algo me llegara a pasar, quiero que tú cuentes mi historia. Pero primero tengo que saber si estás en capacidad de transmitir todo lo que yo pienso y lo que siento.

Pablo sufrió siempre de una extraña condición: supo quiénes iban a ser sus enemigos antes de que asestaran el primer golpe, todo lo que iba a ocurrir en su entorno en los dos años siguientes, y para qué servía cada persona que se cruzaba en su camino. A partir de aquella noche, nuestros felices y apasionados encuentros en el hotel son seguidos casi siempre de reuniones de trabajo.

—Para la semana entrante quiero que me describas lo que viste y sentiste en el basurero.

Al sábado siguiente, le entrego seis páginas manuscritas. Las lee cuidadosamente, y exclama:

—Pero… ¡dan ganas de salir corriendo con un pañuelo en la boca para no vomitarse! Tú sí escribes con las tripas, ¿no?

—Ésa es la idea, Pablo… Y yo escribo con las vísceras; tripas serán las tuyas.

Una semana después me encarga que describa lo que yo siento cuando él… me hace el amor. En nuestro siguiente encuentro le entrego cinco páginas y media, y me quedo mirándolo, sin despegar los ojos de él ni por un segundo, mientras se las devora.

—Pero… ¡es lo más escandaloso que yo haya leído en mi vida! Si no odiara tanto a los maricas, diría que dan ganas de volverse mujer… Van a ponerte en el *Index* del Vaticano. Esto, francamente… ¡produce erecciones en serie!

—Ésa es la idea, Pablo… Y… no tienes que decírmelo.

A la tercera me encarga que describa lo que sentiría si me anunciaran su muerte. Ocho días después le entrego un manuscrito de siete páginas y esta vez, mientras él las lee, yo miro en silencio por la ventana hacia los cerros que se divisan en la distancia.

—Pero… ¿qué es este horror?… ¡Qué dolor más desgarrador!… ¿Tanto piensas amarme, Virginia?… Si mi madre leyera esto lloraría por el resto de su vida…

—Ésa es la idea, Pablo…

Me pregunta si, realmente, siento todo lo que escribo. Le contesto que es apenas una fracción de lo que llevo en el corazón desde que yo lo conozco.

—Pues vamos a hablar de muchas cosas, pero ¡ay de que empieces a criticarme y a juzgarme! Debes saber que yo no soy ningún San Francisco de Asís, ¿entendido?

Ya raras veces le hago preguntas y dejo que sea él quien escoja el tema sobre el cual quiere hablarme. Ahora que me ha entregado su confianza, he ido aprendiendo a reconocer los límites más externos de su territorio, a no intentar averiguar aquello cuya respuesta pueda ser «otro día te cuento», y a no emitir juicios de valor. Descubro que, al igual que casi todos quienes se encuentran en *Death Row* (pabellón de los condenados a muerte en Estados Unidos), Pablo tiene una explicación perfectamente racional, y una perfecta justificación moral, para cada una de sus actuaciones al margen de la ley: según él, los seres humanos refinados y con imaginación necesitan de todo tipo de placeres y él es, simplemente, el proveedor de uno de ellos. Me explica que si éstos no fueran castigados por las religiones y los moralistas, como ocurrió con el alcohol durante la Prohibición, que sólo dejó policías muertos y recesión económica, su negocio no sería ilegal, pagaría toneladas de impuestos y gringos y colombianos se entenderían a las mil maravillas.

—Tú, que eres una sibarita y una librepensadora, entiendes perfectamente que los gobiernos deberían vivir y dejar vivir, ¿o no? Que si lo hicieran, no habría tanta corrupción, ni tantas viudas y huérfanos, ni tanta gente en prisión. Todas esas vidas perdidas son un desperdicio para la sociedad y costosísimas para el Estado. Vas a ver que algún día las drogas serán legales… Pero, bueno… mientras ese día llega voy a mostrarte que todo el mundo tiene un precio.

Acto seguido, saca de un portafolio dos cheques girados a nombre de Ernesto Samper Pizano, el jefe de la campaña presidencial de Alfonso López Michelsen.

—Éste es el del presidente más poderoso, más inteligente y más preparado del país. Y el más independiente, ¡porque López no se deja de los gringos!

—Son como… seiscientos mil dólares. ¿Sólo eso? ¿Es ése el valor del presidente más rico de Colombia? Pues yo de él te hubiera pedido… ¡por lo menos unos tres millones, Pablo!

—Bueno… digamos que es… la cuota inicial, mi amor, ¡porque la *tumbada* de ese Tratado de Extradición va para largo! ¿Quieres llevarte estas copias?

—¡No, no, ni de riesgos! Jamás podría enseñárselas a nadie, porque todo el que esté de tu lado me simpatiza. Y todo el que esté medianamente bien informado sabe, también, que Ernesto Samper es el ungido de Alfonso López para ser presidente de Colombia… Cuando crezca y madure, porque es un año menor que nosotros.

Le recomiendo que estudie los discursos de Jorge Eliécer Gaitán, no sólo por la entonación de la voz sino por su contenido programático. El único líder popular de dimensiones titánicas que Colombia haya producido en toda su historia fue asesinado en Bogotá el 9 de abril de 1948, cuando se encontraba a punto de alcanzar la presidencia, por Juan Roa Sierra, un hombre al servicio de intereses oscuros que luego fue horriblemente linchado por multitudes enardecidas. Durante días, éstas arrastraron por las calles su cadáver mutilado e incendiaron el centro de la ciudad y las casas de los presidentes, sin distingo de partidos. Mi tío abuelo Alejandro Vallejo Varela, escritor y amigo cercano de Gaitán, estaba a su lado cuando Roa le disparó, y en la clínica donde falleció minutos después. Las semanas siguientes, que pasarían a la historia como el Bogotazo, se convirtieron en una orgía de sangre, fuego y francotiradores borrachos, saqueos a la totalidad del comercio, asesinatos indiscriminados y miles de cadáveres que se apilaban en el cementerio porque nadie se atrevía a enterrarlos. Durante aquellos días de espanto, el único estadista colombiano, Alberto Lleras Camargo, se refugió en casa de sus mejores amigos, Eduardo Jaramillo Vallejo y Amparo Vallejo de Jaramillo, la elegante hermana de mi padre. Fue a la muerte de Gaitán cuando siguió esa época de crueldad sin límites conocida como la Violencia de los Años Cincuenta. Tras ver en mi adolescencia las fotos de lo que los hombres hacen en las guerras con los cuerpos de las mujeres y con sus fetos, vomité durante días y me juré que jamás traería hijos al mundo para que vivieran en aquel país de cafres, monstruos y salvajes.

De cosas como éstas es que hablamos una noche con Gloria Gaitán Jaramillo, la hija del prócer, mientras cenamos con sus hijas María y Catalina, dos chicas adorables y muy parisienses, dueñas de mentes inquisitivas heredadas de una madre brillante, un abuelo mítico y una abuela aristócrata pariente de la mía. Días antes, al enterarse de que Virginia Vallejo buscaba un disco o casete con los discursos de su padre, Gloria había salido de su oficina en el Centro Jorge Eliécer Gaitán en Bogotá para preguntarme, con su encantadora sonrisa, sobre las razones de mi interés. De mi ex marido peronista socialista, gran amigo del millonario banquero judío de los Montoneros argentinos, había yo aprendido que si hay algo que haga palpitar a un corazón revolucionario es un magnate que simpatice con su causa. Le he contado a Gloria que el Robin Hood paisa —como Gaitán, hijo de una maestra— me ha encargado los discursos de su padre para ver si, tras estudiarlos minuciosamente y con ayuda mía, él puede aprender a manejar la voz de tal forma que pueda despertar en las masas populares algo de aquello que el prócer inspiraba. Tras una hora de diálogo entusiasta sobre la Democracia Participativa y un recorrido por las instalaciones del Centro y el Exploratorio en construcción, Gloria me ha invitado a cenar con sus niñas el viernes siguiente.

La hija de Gaitán es una mujer refinada y una gran cocinera y, mientras disfrutamos de la comida exquisita que ha preparado, le voy contando que Pablo Escobar financió parte de la campaña presidencial de Alfonso López y que sus socios conservadores, Gustavo Gaviria y Gonzalo Rodríguez, hicieron algo similar con la del presidente Betancur. Gloria conoce a casi todos los caudillos socialistas del mundo y a dirigentes de la resistencia en muchos países. Entre muchas cosas, me cuenta que ha sido amante de Salvador Allende, el presidente chileno asesinado, y embajadora de López Michelsen ante (el dictador rumano) Nicolae Ceausescu, y que es gran amiga personal de Fidel Castro. No sé si porque cree en la reencarnación y en el concepto del tiempo circular, Gloria siente particular curiosidad por los nacidos en 1949, el año siguiente al del asesinato de su padre. Pablo y yo la invitamos a Medellín y ella acepta encantada. Durante varias horas la escucharemos como hipnotizados mientras ella va analizando la historia de Colombia a la luz de la ausencia omnipresente de su padre, de la pérdida irreparable de su vida, del vacío que ningún otro líder colombiano podrá llenar porque todos quienes han venido detrás de él carecen no sólo de su integridad, su valor y su grandeza, sino también de su magnetismo; de esa capacidad de transmitir su fe en el pueblo a los auditorios conmovidos, sin distingo de clases, géneros o edades; de la potencia vibrante de aquella voz entrenada para vender su ideario con las dosis perfectas de razón y de pasión; de la fuerza formidable que Gaitán conseguía imprimir a cada uno de sus gestos, y del poder que irradiaba aquella presencia masculina, imponente y memorable como ninguna.

Mientras volamos de vuelta a Bogotá en el jet de Pablo, le pregunto a Gloria sobre lo que opina de él. Tras algunas frases corteses de reconocimiento a su ambición y su curiosidad existencial, sus enormes obras sociales y sus generosas intenciones, su pasión y su generosidad para conmigo, ella me dice con enorme afecto e inoculta franqueza:

—Mira, Virgie: Pablo tiene un gran defecto, y es que no mira a los ojos. Y esa gente que desvía la mirada hacia el piso cuando te habla, o está ocultando algo porque es falsa, o no es sincera. En todo caso, ¡ustedes dos se ven tan lindos juntos! ¡Parecen Bonnie y Clyde!

Gloria es la mujer más inteligente y astuta que yo haya conocido. Con Margot y Clara, dueñas de perspicacias excepcionales, será una de las tres únicas personas que yo le presente a Pablo en toda su vida y, durante los siguientes seis años, seremos excelentes amigas. De la impresionante lucidez de esta nativa de Virgo y del Buey en el horóscopo chino —coincidentemente los mismos signos míos— iré aprendiendo lentamente que la verdadera inteligencia está hecha, entre otras muchas cosas, no sólo de una profunda capacidad de análisis y un riguroso sentido de la clasificación o de una velocidad mental privilegiada, como la de Pablo Escobar, sino ante todo de estrategia. Y, aunque Gloria me oirá decir muchas veces que el peor negocio que yo hice en mi vida fue cambiar la inocencia por la lucidez, con el tiempo recogeré mis palabras y comprenderé que no sólo fue el mejor, sino también el único.

Cuando Escobar me pregunta por el concepto de la hija de Gaitán, le cuento primero lo que sé que él quiere oír y luego lo que sé que yo debo transmitirle: le insisto en el tema de la táctica y en la imperiosa necesidad de zonificar a los votantes antioqueños por municipios, barrios, manzanas y casas. Finalmente —por vez primera, y por alguna razón inexplicable— le hablo del cuerpo baleado y desnudo de Bonnie Parker en el piso de la morgue, exhibido junto al de Clyde ante las cámaras de la prensa.

Frente a otra chimenea encendida, Pablo me abrazará y me sonreirá con infinita ternura mientras me contempla con su rostro serio y los ojos muy tristes. Tras unos segundos, me dará un beso en la frente y unas palmaditas en el hombro, de ésas que me hacen sentir reconfortada. Luego, y suspirando en silencio, desviará su mirada hacia las llamas. Entre las muchas cosas que él y yo siempre sabremos, y que jamás nos diremos con palabras, es que para todos aquellos por cuya sangre corren los genes del poder yo soy sólo una diva burguesa y él sólo un bandido multimillonario.

Creo ser uno de los pocos que ya raras veces piensa en el dinero de Pablo; pero muy pronto conoceré las verdaderas dimensiones de la fortuna de aquel hombre que amo como no he amado a ningún otro y a quien creo entender como nadie en el mundo podrá hacerlo.

En brazos del demonio

Pablo y yo hemos madrugado, cosa rara en ambos, porque él quiere que conozca a su hijito Juan Pablo, quien se ha quedado en el hotel Tequendama a cargo de sus guardaespaldas y ya debe haber despertado. Cuando descendemos de mi dormitorio hacia el ascensor y pasamos por el estudio, se detiene para mirar con luz de día hacia los jardines de mis vecinos. Mi apartamento ocupa un sexto piso completo y tiene una linda vista. Me pregunta de quién es la enorme casa que cubre toda la manzana de enfrente. Le digo que de Sonia Gutt y Carlos Haime, cabeza del Grupo Moris Gutt, la familia judía más rica de Colombia.

—Pues desde esta ventana —a punta de seguimiento, seguimiento— yo podría secuestrarlos en unos... ¡seis meses!

—No, no podrías, Pablo. Viven en París y el sur de Francia, criando caballos que corren con los del Agha Khan y casi nunca vienen a Colombia.

Enseguida pregunta de quién son los prados muy cuidados que se ven al fondo. Le digo que son de la residencia del embajador Americano.

—Pues, desde acá yo podría... ¡darle con una *bazuca* y volverlo átomos!

Estupefacta, le digo que de todas las personas que alguna vez han mirado por esa ventana sólo él la ha considerado como la atalaya de alguna fortaleza medieval.

—¡Aaah, mi amor, es que no hay nada, nada en el mundo que a mí me guste más que hacer maldades! Si las planeas cuidadosamente, ¡todas, todas se materializan!

Con una sonrisa de incredulidad, lo halo del brazo para retirarlo de la ventana. Ya en el ascensor, le digo que debe prometerme que va a empezar a pensar como un futuro presidente de la República y a dejar de hacerlo como el presidente de un sindicato del crimen organizado. Con otra sonrisa, llena de picardía, me promete que va a intentarlo.

Juan Pablo Escobar es adorable y tiene gafitas. Le cuento que a su edad yo tampoco veía bien y que cuando me pusieron anteojos me convertí en la niña del primer puesto de mi clase. Miro a Pablo, y añado que fue en esa época cuando mi coeficiente empezó a aumentar a un ritmo acelerado. Le digo que su padre también es el número uno en las carreras de autos y lanchas, y en todo, y que va a ser un hombre muy, muy importante. Le pregunto si le gustaría tener un tren eléctrico larguísimo, con locomotora que pite y muchos vagones. Responde que le encantaría, y le digo que cuando yo tenía siete años moría por uno pero que a las niñas nadie les da trenes y por eso es mejor ser niño. Cuando nos despedimos, y veo al hombre joven que amo alejándose por el pasillo del hotel con aquel feliz pequeño de su mano, pienso que se parecen a Charlie Chaplin y *The Kid* en aquella conmovedora escena que es una de mis favoritas del cine de todos los tiempos.

Pocos días después llama el director de Caracol Radio, Yamid Amat, para pedirme el teléfono del Robin Hood paisa. Desea entrevistarlo y yo le transmito a Pablo su mensaje.

—¡No vayas a decirle que me levanto a las once! Dile que de 6:00 a 9:00 a.m. —la hora del Noticiero— yo… tomo clases de francés. Y que de 9:00 a 11:00… ¡hago gimnasia!

Le aconsejo que haga esperar a Amat unas dos semanas. También, que vaya preparando una respuesta original y elusiva para cualquier intento suyo de averiguar sobre la naturaleza de nuestra relación. Pablo concede la entrevista y, cuando los periodistas le preguntan que a quién le gustaría hacerle el amor, contesta que ¡a Margaret Thatcher! Tan pronto termina el programa, me llama para conocer mi opinión y, claro está, mi reacción a su pública declaración de amor a la mujer más poderosa del planeta. Tras analizar el reportaje, lo felicito efusivamente:

—¡Estás aprendiendo a jugar en mi cancha, amor, y lo estás haciendo muy bien! Estás superando al maestro, y puedes estar seguro de que ¡la frase de Thatcher va a pasar a la historia!

Ambos sabemos que todo Hombre más Rico de Colombia, y todo hombre menos valiente que él, hubiera contestado alarmado «¡Usted me ofende!», o alguna pelotudez como «¡Yo sólo le hago el amor a mi distinguida y respetada cónyuge, la madre de mis cinco hijos!» Tras reiterarme que Thatcher es para el público —y tú, sólo tú, para mí—, Pablo se despide hasta el sábado. Estoy radiante: no ha dicho a Sophia Loren, ni a Bo Derek, ni a Miss Universo, pero, sobre todo, no ha dicho «a mi adorada esposa».

Escobar vuelve a ser noticia cuando asiste por primera vez a las sesiones del Congreso y los policías del Capitolio no lo dejan entrar. Pero no por culpa su mentalidad criminal, o de su criminal chaqueta de lino beige, sino porque no lleva corbata.

—Pero, agente, ¿no ve que es el famoso Robin Hood paisa? —protesta alguien del séquito.

—Robin Hood paisa o Robin Hood costeño, ¡aquí sin corbata no entran sino las damas!

Parlamentarios de todas las corrientes vuelan a ofrecerle a Pablo la suya. Él toma la de uno de sus acompañantes. Al día siguiente todos los medios comentan la historia.

—¡Mi *Pablito Superstar*! —me quedo pensando con una sonrisa.

Unas semanas después estoy en Nueva York. Primero compro en FAO Schwartz, tal vez la mejor juguetería del mundo, un trencito de dos mil dólares para el niño, como el que yo siempre quise tener. Luego me voy caminando por la Quinta Avenida, pensando en un obsequio realmente útil para su padre, quien ya tiene quien le compre corbatas y posee, además, avioncitos, botecitos, tractorcito, autito de James Bond y jirafitas a granel. Al pasar frente a un escaparate con artículos eléctricos poco comunes, me detengo. Entro al almacén y, tras estudiar la oferta de productos, observo a los árabes que manejan el lugar: tienen, sin discusión alguna, cara de ser hombres de negocios. Pregunto a quien parece ser el administrador si sabe de algún sitio donde se puedan comprar equipos para interceptar teléfonos. En otro país, claro. ¡*Not in America*, Dios me libre! Sonríe y me pregunta que como de cuántas líneas estaríamos hablando. Me lo llevo a un lado y le digo que de todo el edificio del *Secret Service* de un país tropical porque amo al líder de la Resistencia, que aspira a ser presidente, tiene muchos enemigos y necesita protegerse de ellos y de la oposición. Me dice que un ángel como yo no podría apreciar lo que él tiene. Respondo que yo no, pero nuestro movimiento sí. Pregunta si podrían pagar cincuenta mil dólares. Digo que claro. Doscientos mil dólares. Digo que también. Seiscientos mil dólares. Digo que obviamente, pero que para cifras de esas dimensiones sí estaríamos hablando de productos diversos de alta tecnología. Llama a quien parece ser su padre y dueño del negocio y le dice, mordiéndose las uñas, unas cuantas frases terminadas en una palabra que suena como «Watergate» en árabe. Ambos sonríen radiantes y yo lo hago de manera apreciativa. Miran hacia los lados y luego me invitan a pasar a la parte de atrás. Me informan que ellos tienen acceso a todo tipo de equipos desechados por el FBI e incluso por el Pentágono. Primero con frases cuidadosamente medidas, y luego con manifiesto entusiasmo, me van contando que están en capacidad de ofrecernos cosas como un maletín para descifrar un millón de códigos en docenas de idiomas, gafas y telescopios para ver de noche y unas ventosas que se colocan en la pared y sirven para escuchar las conversaciones de la habitación de al lado; en un hotel, por ejemplo. Pero, ante todo, un equipo para interceptar mil líneas telefónicas simultáneamente —que hubiera sido el sueño de la campaña de reelección de Richard Nixon y que cuesta un millón de dólares— y otros que garantizan la no intercepción telefónica. Pero primero quieren saber si la Resistencia tiene efectivo. Como sé perfectamente que el único problema del Movimiento es el exceso de liquidez en territorio americano, respondo con sonrisa cinematográfica que ese tipo de cosas sí las maneja el secretario de nuestro líder, porque yo sólo pasaba por ahí para comprar un espejito eléctrico de aumento. Les digo que en un par de días se pondrán en contacto con ellos y vuelo al hotel para llamar a Pablo.

—¡Pero eres un tesoro de novia! ¿De qué cielo bajaste? ¡Te idolatro! —exclama él en estado de terrible excitación—. ¡Mi socio, Mr. Molina, sale para Nueva York en el próximo vuelo!

Ya voy aprendiendo a jugar en su cancha. Pero hasta ahí llego, porque, como no soy futbolista, prefiero dejar los remates y los goles a los profesionales.

La gratitud de Pablo es, y será siempre, mi mejor regalo; su pasión será el segundo. De regreso a Medellín, y mientras me cubre de elogios y caricias, me dice que ha decidido confesarme cuál es la verdadera razón de su carrera política. Es, sencilla y llanamente, la inmunidad parlamentaria: un senador o representante no puede ser detenido por la policía, ni por la fiscalía, ni por las fuerzas armadas, ni por los organismos de inteligencia del Estado. Pero no me hace esta confesión porque yo sea su tesoro de novia o su ángel guardián, su maestro de entrevistas o su biógrafo a futuro, sino porque *El Espectador*, diario galanista a ultranza, le ha estado haciendo seguimiento, seguimiento, a su pasado. Y debajo de tanta lápida robada ha encontrado a dos muertos que claman por justicia: los agentes del DAS (Departamento Administrativo de Seguridad) que capturaron a Escobar y a su primo Gustavo en 1976 con uno de sus primeros cargamentos de cocaína pura en la frontera colombo-ecuatoriana y que los mandaron a la cárcel.

Pablo ya conoce mi capacidad de compasión por todas las formas del sufrimiento humano. Y, a medida que me va contando los detalles de aquella tragedia que marcó su vida, me doy cuenta de que está escrutando cada una de mis reacciones.

—Cuando me subieron a aquel avión en Medellín para purgar la condena en Pasto y me di la vuelta, esposado, para despedirme de mi madre y de mi esposa, de quince años y embarazada de Juan Pablo, que se quedaron allá abajo llorando, me juré que nunca más volvería a dejar que me montaran en un avión con destino a una cárcel, ¡y mucho menos en uno de la DEA! Por eso ingresé a la política: para que a un congresista puedan dictarle orden de captura, se necesita que primero le levanten la inmunidad parlamentaria. Y en este país ese proceso toma entre seis y doce meses.

Luego añade que, gracias a los dineros y amenazas que repartieron a diestra y siniestra, él y Gustavo lograron salir del penal sólo tres meses después. Pero en 1977 los mismos agentes los recapturaron y los obligaron a implorar por sus vidas, de rodillas y con los brazos en cruz, y él y su socio se salvaron de morir sólo porque ofrecieron pagarles un enorme soborno. Tras entregar el dinero, y a pesar de la oposición de Gustavo, mató a los dos detectives del DAS con sus propias manos.

—¡Les di *«chumbimba corrida»* hasta que me cansé! De lo contrario, nos hubieran extorsionado por el resto de la vida. Y a una juez que me dictó sentencia, le juré que siempre andaría en bus: cada vez que compra carro, ¡le prendo candela! No hay enemigo pequeño; por eso yo jamás los subestimo y acabo con ellos antes de que se me crezcan.

Es la primera vez que le escucho decir *«chumbimba corrida»*. Otros dicen «plomo venteado» y la gente como uno dice «bala a granel». Como sé lo que significa, le pregunto en su mismo idioma:

—¿Y también les diste *chumbimba corrida* a los secuestradores de tu padre? ¿Y a cuántos de los de Martha Nieves Ochoa? —Sin esperar respuesta, y sin disimular la ironía, continúo: —¿Al fin los muertos son dos, o son veinte, o son doscientos, mi amor?

Todo en él se transforma. Su expresión se endurece de inmediato y agarra mi cabeza con ambas manos. La sacude, intentando transmitirme una impotencia y un dolor de ésos que un hombre jamás podría confesarle a una mujer, y menos uno como él a una como yo. Contempla mi rostro con expresión de angustia, como si fuera un sueño líquido que se le estuviera escapando por entre los dedos de las manos para siempre. Luego, con una mezcla de rugido y gemido que pareciera salir de la garganta de algún león herido, exclama:

—¿Pero, es que no te estás dando cuenta de que ya descubrieron que soy un asesino? ¿Y que no me van a dejar en paz? ¿Y que jamás podré ser presidente? Y antes de que te conteste yo a ti, tú vas a contestarme ya: es que, acaso, ¿cuando prueben todo eso vas a dejarme, Virginia?

Confieso que para un ángel tomado por sorpresa el hallarse súbitamente en las manos ensangrentadas de un asesino o con los labios cálidos de un demonio encima de los suyos puede ser una experiencia aterradora. Pero la danza de la Vida y de la Muerte es la más voluptuosa y erótica de todas y, entre los brazos salvadores de un demonio que lo arrancó del abrazo de la Muerte para devolvérselo a la Vida, el pobre ángel se ve de pronto envuelto en una exquisita sensación, una de tan perversa y sublime ambivalencia que, finalmente, cae rendido; y por haber sido arrastrado en éxtasis al Cielo es devuelto a la Tierra, castigado. Y aquel ángel, ya condenado a la pecadora forma humana, termina susurrando al oído de aquel demonio perdonado que ya jamás lo dejará, y que él estará para siempre entre su cuerpo como ahora, y en su corazón y su mente y su existencia hasta el día en que se muera completamente. Y aquel asesino, ya reconfortado y con el rostro todavía hundido en mi cuello húmedo de lágrimas, también se rinde por completo y termina confesando:

—Te adoro, como no te sueñas… Sí, a los de mi papá también les di, ¡y con el doble de gusto! Y ya todo el mundo sabe que nadie, nadie, volverá a extorsionarme ni a tocar a mi familia. Y que todo el que tenga el más mínimo poder de hacerme daño va a tener que escoger entre plata o plomo. ¡Qué no darían todos esos ricos de este país por poder matar con sus propias manos al secuestrador de un padre o de un hijo! ¿Verdad, mi vida?

—Sí, sí… ¡qué no darían!… ¿Y a cuántos de los de Martha Nieves les diste también *chumbi*? —pregunto ahora con la mayor tranquilidad.

—De eso hablamos otro día, porque es algo mucho más complicado. Eso es con el M-19… Por hoy es suficiente, amor.

Durante un largo rato permanecemos abrazados en completo silencio. Ambos creemos saber lo que el otro está pensando. De pronto, se me ocurre preguntarle:

—¿Por qué usas siempre zapatos tenis, Pablo?

Levanta la cabeza y, tras pensar unos segundos, se pone en pie de un salto exclamando:

—¿Acaso crees que yo soy sólo tu Pablo Neruda?… ¡No, no, Virginia! Yo soy también… ¡tu Pablo Navaja!

Y otra vez luce radiante de felicidad; y mis lágrimas se esfuman como por encanto y se convierten en risa mientras él canta y baila para mí con uno de sus *sneakers* en cada mano:

> Usa un sombrero de ala ancha de medio la'o
> y zapatillas ¡por si hay problema salir vola'o!
> Un carro pasa muy despacito por la avenida,
> no tiene marcas pero to's saben que es policía.

Dice Rubén Blades en aquella apología de la impunidad hecha ritmo de salsa que «la vida te da sorpresas y sorpresas te da la vida». Y como la nuestra se ha ido convirtiendo en una montaña rusa, en junio de 1983 un juez superior de Medellín solicita a la Honorable Cámara de Representantes que levante la inmunidad parlamentaria del congresista Pablo Emilio Escobar Gaviria por su posible vinculación con la muerte de los agentes, Vasco Urquijo y Hernández Patiño, del DAS, el *Secret Service* colombiano.

Un lord y un *drug lord*

Había conocido a mi primera versión del Hombre Más Rico de Colombia en 1972, en el Palacio Presidencial; tenía yo veintidós años y él, que era divorciado, tenía cuarenta y ocho. Días atrás, mi primer amante me había confesado ser el segundo hombre más rico de Colombia. Pero unas semanas después, al ver yo a aquella sonriente reencarnación de Tyrone Power a quien el diminuto secretario del presidente me presentó como Julio Mario Santo Domingo —y al verme éste en *pantaloncitos calientes* bajo un abrigo que me llegaba al tobillo— no sólo volaron chispas, sino que el resto es historia: a partir de ese momento, y durante los siguientes doce años de mi vida, mi novio o amante secreto sería siempre quien ocupara el trono del Hombre más Rico de Colombia.

En el fondo, los hombres excepcionalmente ricos o poderosos son seres tan solitarios como las mujeres famosas por su *glamour* y *sex appeal*. Todo lo que ellas quieren encontrar entre los brazos de un gran magnate es la ilusión de protección o seguridad, y lo que ellos sueñan con tener entre sus brazos por un instante fugaz es la ilusión de toda esa belleza pegada a su cuerpo antes de que ella huya y se convierta en parte de su pasado. El hombre más rico del país, que en Colombia es siempre el más avaro, tiene dos ventajas como novio o amante, y no tienen nada que ver con el dinero: la primera es que un gran magnate tiene terror de su esposa y de la prensa y, por lo tanto, es el único hombre que no exhibe a un símbolo sexual como trofeo de caza y no habla indiscreciones delante de sus amigos; la segunda es que ante la mujer a quien está seduciendo o de la que está enamorado él despliega como pavo real conocimientos enciclopédicos sobre el ejercicio y la manipulación del poder, siempre y cuando ella comparta sus mismos códigos de clase social. De lo contrario no tendrían de quien reírse juntos, y la risa cómplice es el mayor de todos los afrodisíacos.

Estamos en enero de 1982. Ya todos mis ex saben que dejé «a ese argentino pobre y feo con quien en buena hora me había casado en 1978 y que, como buen judío de teatro, ¡se largó con la corista!» Quien más goza con la frase es mi judío Rothschild, pero quien llama hoy, encantado de la vida, es Julio Mario Santo Domingo:

—Como tú eres la única mujer colombiana que se puede presentar en cualquier parte del mundo, quiero que conozcas a mi gran amigo David Metcalfe. No es riquísimo, ni un Adonis; pero, al lado de eso con lo que estabas casada, es multimillonario y parece Gary Cooper. Es un amante legendario en dos continentes, y he estado pensando que es lo que tú necesitas ahora que botaste a ese marido. Ése es el hombre que te conviene, muñeca, ¡antes de que vayas a enamorarte de otro pobre *pendejo*!

Santo Domingo, el magnate colombiano de la cerveza, me explica que Metcalfe es el nieto de lord Curzon de Kedelston, virrey de India y el segundo hombre del Imperio británico durante el reinado de Victoria de Inglaterra. Que la hija de Curzon, Lady Alexandra, y su marido «Fruity» Metcalfe, tuvieron como padrinos de matrimonio a los Mountbatten, últimos virreyes de India. Que «Fruity» y «Baba» Metcalfe, a su vez, fueron los padrinos de matrimonio del Duque de Windsor tras su abdicación del trono británico para casarse con la dos veces divorciada americana Wallis Simpson. Que, siendo todavía Eduardo VIII, el Duque, a quien su familia llamaba David, fue padrino de bautizo del hijo de sus mejores amigos y que, a la muerte de su padre, David Metcalfe heredó el anillo y las mancornas con el escudo del Duque de Windsor cuando era Príncipe de Gales. Añade que Metcalfe es amigo de toda la gente más rica del mundo, caza con los *royals* ingleses y el rey de España, y es uno de los hombres más populares de la alta sociedad internacional.

—Te va a recoger el viernes para una cena en mi apartamento, y verás que te va a encantar. ¡Adiós, mi muñecota linda, preciosa, soñada!

Cuando David está entrando al salón mi madre está saliendo, y los presento. Al día siguiente, ella me dirá:

—Ese hombre de dos metros de estatura, en corbata negra y con esas zapatillas de charol, es el más elegante del mundo. Parece uno de esos primos de la reina Isabel.

Mirándome con una sonrisa encantadora, aquel inglés casi calvo y perfectamente bronceado, de hombros anchísimos y manos y pies enormes, rostro anguloso y bastante arrugado, gafas de observador sobre una enorme nariz aquilina, ojos grises sabios y bondadosos aunque algo fríos, ochocientos años de *pedigree* y cincuenta y cinco de edad, añade que «Mario» le ha contado que yo soy el sueño de cualquier hombre. Le digo que así es y que, según nuestro amigo, él también es el sueño de cualquier mujer. Y cambio de tema porque la verdad es que Metcalfe, como se dice en colombiano, no me inspira ni un mal pensamiento. Comparto la máxima de Brigitte Bardot: «La única cualidad de un amante perfecto es que me guste físicamente». Y las amantes de los animales sabemos que, a la hora de la verdad, el anillo del Príncipe de Gales en el dedo, el *staff* de seis personas en Belgravia y el Van Gogh en el comedor no son suficientes.

Entre las máximas absolutas del elegante y arrogante lord Curzon estaban algunas que nadie en su sano juicio osaría discutir, como «Un señor no viste de color café en la ciudad» y «Un caballero jamás toma sopa en el almuerzo».

Han transcurrido dieciocho meses y estamos a mediados de 1983. El Hombre Más Rico de Colombia no es ni un lord inglés ni un caballero autóctono. No se levanta a llamar a sus ambiciosos esclavos a las seis de la mañana sino a sus tenebrosos «muchachos» a las once. Toma sopa, y de fríjoles, en el *brunch* cotidiano, y ni siquiera se presenta a las sesiones del Congreso en traje café, sino en chaqueta beige. No sabe qué diablos es paño tiza o Príncipe de Gales y vive en tenis y *blue jeans*. Tiene treinta y tres años, no cincuenta y nueve, y no tiene una idea muy clara de quién es Santo Domingo porque, como es dueño de una pequeña república, no le interesan sino los presidentes que financia y los dictadores que le cooperan en todo. En un país donde ninguno de los magnates avaros tiene todavía avión propio, él pone una flota aérea a mi disposición. Despachó el año anterior sesenta toneladas de coca —pero este año se propone doblar la producción— y su organización controla el 80 por ciento del mercado mundial. Mide uno con setenta y no tiempo de broncearse. Si bien no es tan feo como Tirofijo, el jefe de las FARC, está convencido de que tiene un cierto parecido con Elvis Presley. Nunca le ha importado la reina Victoria, sino la reina del Caquetá, el Putumayo o el Amazonas. Hace el amor como un muchacho campesino, pero se cree un semental, y sólo tiene una cosa en común con los cuatro hombres más ricos de Colombia: yo. Y yo lo idolatro. Porque me adora, y porque es la cosa más divertida y *exciting* que haya pisado la faz de esta Tierra, y porque él no es avaro, sino espléndido.

—Pablo, me da miedo entrar a Estados Unidos con esa cantidad de dinero… —le había dicho yo antes de mi primer viaje de compras a Nueva York.

—¡Pero al gobierno americano no le importa la plata que le entras sino la que le sacas, mi vida! Una vez llegué yo a Washington con un millón de dólares en un maletín, ¡y me pusieron escolta policial dizque para que no me fueran a asaltar camino del banco! A mí, ¿puedes creerlo? Pero ¡ay de que te cojan sacando más de dos mil dólares en efectivo, aunque la ley gringa diga que son diez mil! Declara siempre toda la plata a la entrada. Te la gastas, o la depositas en tu cuenta bancaria de dos mil en dos mil dólares, pero nunca, nunca, nunca se te vaya a ocurrir traerla de vuelta. Si los «*Federicos*» te cogen con efectivo te dan mil años de cárcel, porque el lavado de activos es un delito mucho más grave que el propio tráfico de narcóticos. Yo soy una autoridad moral en todos estos temas. Después no me digas que no te lo advertí.

Ahora siempre llevo en mis viajes un fajo con diez mil dólares entre una caja de kleenex en cada una de mis tres maletas de Gucci y otro en mi bolso de mano de Vuitton, y los declaro completos a la entrada. Cuando los aduaneros me preguntan si fue que asalté un banco, invariablemente respondo:

—Los dólares son comprados en el mercado negro, porque así toca hacer en toda América Latina, donde la moneda es el peso. Los kleenex son porque no paro de llorar. Y hago muchos viajes al año porque soy periodista de televisión, y mire usted todas estas portadas de revistas.

Y el funcionario invariablemente responde:

—Sigue, belleza, ¡y llámame la próxima vez que estés triste!

Y yo sigo como una reina hacia la limusina de Robalino, que siempre me está esperando, y al llegar al hotel —tras cruzarme en el lobby o el ascensor con algún Rothschild, Guinness o Agnelli, o la comitiva de algún príncipe saudita, una primera dama francesa o un dictador africano—, arrojo los kleenex a la basura y me meto feliz en un baño de burbujas para pulir mi *shopping list* del día siguiente, que ya he trabajado arduamente durante tres horas en mi asiento de primera clase del avión mientras tomaba champagne *rosé* y repetía blinis de caviar, porque ahora el Pegaso de mi amante está casi siempre ocupado llevando miles de kilos de coca a Cayo Norman en las Bahamas, que es propiedad de su amigo Carlitos Lehder, y punto de tránsito obligado de la otra reina —la blanquita que se aspira— hacia los cayos de Florida.

Toda mujer civilizada y brutalmente honesta confesará que uno de los mayores deleites que existen sobre la faz de la Tierra es salir de compras por la Quinta Avenida de Nueva York con un presupuesto espléndido, sobre todo si ya ha tenido a sus pies a cuatro magnates que hoy suman doce mil millones de dólares y ni siquiera mandaban flores.

Y en cada regreso a Colombia, ahí está mi Pablo Navaja —otra vez «coronado»— con el Pegaso o el resto de su flota, sus aspiraciones políticas basadas en las de millones de *fans* gringos agradecidos y felices, su adoración, su pasión y toda su loca y terrible necesidad de mí. Y el Valentino o el Chanel ruedan por el suelo, y las zapatillas de cocodrilo de la Cenicienta vuelan por los aires, y cualquier suite o choza son el mismo Paraíso Terrenal para el abrazo de la muerte o la danza demoniaca, porque el pasado de un enamorado que actúa como un emperador y paga una sucesión de *shopping sprees* es tan irrelevante como el de Marilyn Monroe o el de Brigitte Bardot en la cama de algún hombre afortunado.

Pero el problema con el pasado de muchos hombres excepcionalmente ricos son los delitos que están dispuestos a cometer hoy y mañana para encubrir sus crímenes o sus indiscreciones del ayer. Horrorizada con las revelaciones sobre el de Pablo Escobar, Margot ha destruido todas las copias del programa del basurero y me ha informado que no quiere volver a saber nada ni de Pablo ni de mí. Vendemos la productora de televisión, ya libre de deudas, a su novio Jaime, un hombre bondadoso que muere poco después, y ella se casa con Juan Gossaín, director de RCN, la cadena radial del magnate de las bebidas gaseosas, Carlos Ardila, cuya mujer es la ex esposa de Aníbal Turbay.

El Robin Hood paisa ya ha aprendido a manejar a los medios, compite conmigo por las portadas de revistas y disfruta a mares de su recién adquirida fama. Cuando Adriana, la hija de Luis Carlos Sarmiento, el magnate de la banca y de la construcción, es secuestrada, le ruego a Pablo que ponga su ejército de mil hombres a disposición de Sarmiento; no sólo por principio, sino porque debe comenzar a sembrar deudas de gratitud con la gente decente y más poderosa del *Establishment*. Muy conmovido, Luis Carlos me dice que las negociaciones para la liberación de su hija están ya muy adelantadas, pero que siempre agradecerá el generoso gesto del representante Escobar.

La vida de Pablo da un vuelco completo el día en que el presidente Betancur nombra como su ministro de Justicia a Rodrigo Lara, el señor del negocio agropecuario con Evaristo Porras, aquel triple ganador de El Gordo de la lotería. De inmediato, el alto funcionario acusa a Escobar de narcotráfico y de vinculaciones con el MAS. Sus seguidores, que se sienten traicionados por Betancur, exhiben en el Congreso de la República el cheque del millón de pesos de Evaristo. Y el ministro cuota del Nuevo Liberalismo de Luis Carlos Galán se viene de frente como una locomotora: la Cámara de Representantes le levanta a Pablo la inmunidad parlamentaria, un juez de Medellín le dicta orden de captura por la muerte de los agentes del DAS, el gobierno americano le retira su visa de turista y el gobierno colombiano decomisa los animales de su zoológico, por ser de contrabando. Cuando los rematan, Escobar vuelve a comprarlos a través de testaferros porque, con excepción de los Ochoa y El Mexicano, nadie en un país pobre tiene donde ponerlos a pastar, ni veterinario para miles de animales exóticos y, sobre todo, ríos y manantiales propios para los elefantes y dos docenas de hipopótamos casi tan territoriales como el dueño.

Pablo me ruega que no me alarme ante su avalancha de problemas e intenta convencerme de que su vida siempre ha sido así de agitada. O es un gran actor, o es el hombre más seguro de sí mismo que yo haya conocido. De lo que no me queda la menor duda es que es un estratega formidable y que cuenta con recursos prácticamente inagotables tanto para su defensa como para los más fulminantes contraataques, porque el dinero le está entrando a raudales. Nunca le pregunto cómo lo lava; pero a veces, sobre todo cuando me siente preocupada, me da algunas pautas sobre las dimensiones de sus ingresos: tiene más de doscientos apartamentos de lujo en Florida, los billetes de cien dólares llegan por pacas hasta la propia pista de la Hacienda Nápoles camuflados entre electrodomésticos, y el efectivo que está entrando al país da para financiar las campañas presidenciales de todos los partidos políticos hasta el año 2000.

A raíz de la orden de captura Pablo entra en la semiclandestinidad. La necesidad de la piel del otro se ha ido incrementando en la misma medida de la persecución y la interceptación telefónica y, como ninguno de los dos hace confidencias a nadie, ambos necesitamos cada vez más de la voz del amante interlocutor. Pero cada uno de nuestros encuentros demanda ahora una cuidadosa planeación logística y ya no podemos vernos todos los fines de semana, y mucho menos en el hotel Intercontinental.

Con el correr de los meses y el aumento de la confianza, también he comenzado a escuchar de él y de Santofimio un lenguaje mucho más beligerante. No es raro que éste diga en mi presencia cosas como:

—Las guerras no se ganan a medias, Pablo. Sólo quedan ganadores y perdedores, no medio vencedores y medio vencidos. Para ser más efectivo vas a tener que cortar muchas cabezas; o, en todo caso, las más visibles.

Y Escobar indefectiblemente responde:

—Sí, doctor. Si siguen jodiendo vamos a tener que empezar a dar mucha *chumbimba,* para que aprendan a respetar.

En el transcurso de una gira por el Departamento del Tolima, tierra natal y fortín político de Santofimio, éste comienza a abrazarme en presencia de sus líderes locales de una forma que me incomoda terriblemente. Pero cuando sus «caciques» se retiran el candidato se transforma y es todo negocio: debo ayudarlo a convencer a mi amante de que le aumente las contribuciones a su campaña, porque el dinero que le está dando no le alcanza para nada y él es la única opción senatorial y presidencial que le garantiza a Pablo no sólo la caída del Tratado de Extradición sino el completo entierro de su pasado.

Cuando regreso a Medellín estoy hecha una fiera y, antes de que Pablo pueda darme el primer beso, comienzo a detallarle los eventos de las dos últimas semanas, con voz que es un *crescendo* de denuncias, señalamientos, acusaciones y preguntas sin respuesta:

—Le di un coctel para recoger fondos para su campaña, con los líderes de todos los barrios populares de Bogotá. Sólo porque tú me lo pediste, metí a ciento cincuenta curiosos en mi apartamento. Santofimio llegó después de las 11:00 p.m., se demoró quince minutos, salió corriendo y al día siguiente ni siquiera llamó para dar las gracias. ¡Es un cerdo sin clase, ingrato y doble! ¡Este pobre pueblo le importa un carajo! ¡Va a acabar con tu idealismo y vas a terminar pareciéndote a él! ¡Aquí, en tu territorio y delante de tu gente, jamás se hubiera atrevido a abrazarme en público de la manera como lo hizo en el Tolima! ¿Acaso no te has dado cuenta del precio que ya estoy pagando por poner mi imagen limpia al servicio de los intereses de ustedes, para que ahora un Iago de esos, si sabes quién es Iago, venga a pretender utilizarme de la forma más ruin delante de toda esa caterva de bandidos provincianos que creen que un delincuente sin escrúpulos como él es Dios?

Una pared invisible parece caer del techo para colocarse entre nosotros dos. Pablo se transforma en una roca y queda inmóvil, paralizado. Me mira atónito y se sienta. Luego, con los codos sobre las piernas, la cabeza entre ambas manos y la vista clavada en el piso, me va diciendo con voz helada y palabras cuidadosamente medidas:

—Con el dolor del alma, Virginia, debo decirte que ese hombre a quien tú llamas un cerdo ingrato es mi enlace con toda la clase política de este país, de Alfonso López para abajo, sectores de las fuerzas armadas y los organismos de seguridad que no están con nosotros en el MAS. Nunca voy a poder prescindir de él, precisamente porque es su falta de escrúpulos lo que lo hace tan invaluable para alguien como yo. Y, efectivamente, no sé quién es Yago, pero si tú dices que Santofimio y él se parecen, así debe ser.

Todo mi respeto por él se hace trizas, como un espejo que acabara de recibir un disparo. Desgarrada por el dolor y deshecha en llanto, le pregunto:

—¿Está, acaso, esa rata de alcantarilla sugiriéndome que ya es hora de que yo vaya empezando a considerar otras opciones… porque tú ya las encontraste, mi amor? ¿De eso es que se trata toda esta *abrazadera* en público, verdad?

Pablo se pone de pie, y mira hacia la ventana. Luego, con un suspiro, me dice:

—Tú y yo somos gente grande, Virginia. Y gente libre. Ambos podemos considerar todas las opciones que queramos.

Por primera vez en toda mi existencia, y sin importar que pueda perder para siempre al hombre que más he amado en la vida, hago una escena de celos. Sin poderme controlar mientras voy dando puñetazos al aire con cada frase, le grito:

—¡Pues te has vuelto un cabrón, Pablo Escobar! ¡Y quiero que sepas que el día en que te cambie por otro no va a ser por un cerdo pobre como tu candidato limosnero! ¡Tú no te sueñas lo mal acostumbrada que estoy yo en materia de hombres! Puedo tener al más rico o al más bello, ¡y yo no tengo que pagar, como tú! Yo trato a los reyes como peones y los peones como reyes, ¡y cuando te cambie por un cerdo va a ser por uno más rico que tú! ¡Y uno que también quiera ser presidente! No, ¡mejor que quiera ser dictador, sí señor! Y tú, que nunca me has subestimado, sabes que eso es exactamente lo que voy a hacer: ¡te voy a cambiar por un dictador, pero no como Rojas Pinilla! Como ése no, sino como… como… ¡como Trujillo! ¡O como Perón! ¡Como alguno de esos dos, te lo juro por Dios, Pablito!

Al oír esto último, él estalla en una carcajada. Se da media vuelta y, sin poder parar de reír, viene hacia mí. Agarra mis dos brazos para impedir que le dé puñetazos en el pecho y los pone como un dogal alrededor de su cuello. Luego me sujeta firmemente por la cintura y me aprieta contra su cuerpo mientras me va diciendo:

—El problema con ese marido tuyo es que va a necesitar que yo lo financie. Y cuando te mande a ti por la plata, vamos a ponerle los cuernos sin parar, ¿o no? Tu otro problema… es que los dos únicos cerdos tan ricos como yo son Jorge Ochoa y el Mexicano… y ninguno de los dos es tu tipo, ¿o sí? ¿Ves que yo soy la única opción para alguien como tú? Y, por otra parte, tú eres la mía, ¿porque dónde me consigo yo otra caja de música que me haga reír tanto… con ese corazón? ¿Y otra Manuelita… con ese coeficiente de Einstein? ¿Y otra Evita… con este cuerpo de Marilyn, ah?… ¿Y vas a dejarme justamente ahora, a merced de mis poderosos enemigos que han desatado esta implacable persecución contra mí… que va acabar con mi muerte prematura y mi pobre humanidad bajo alguna espantosa lápida comprada? Júrame que todavía no me vas a cambiar por un Idi Amin Dada, que me extradite… ¡o me vuelva *barbecue*! ¡Júramelo, mi adorado tormento, por lo que más quieras! Y lo que tú más quieres… soy yo, ¿verdad?

—¿Y dentro de cuánto propones que te cambie, entonces? —digo buscando un kleenex.

—Pues… dentro de unos… cien años. No, ¡mejor sesenta, para que no creas que exagero!

—¡Pues yo no te doy sino diez años de plazo! —respondo enjugándome las lágrimas—. Y estás sonando como Agustín de Hipona, que antes de volverse Doctor de la Iglesia rezaba: «¡Hazme casto, Dios mío, pero no todavía!» Y te advierto que ahora sí voy a ir a saquear todos esos almacenes de la Quinta Avenida. ¡Esta vez voy a desocuparlos!

Él me mira con algo parecido a una profunda gratitud y, exhalando el aire aliviado, me dice con una sonrisa:

—¡Puuufff! Pues vas a saquearlos cada vez que quieras, mi pantera idolatrada, siempre y cuando me prometas que nunca, nunca vamos a volver a hablar de estas cosas —luego ríe, y pregunta—: ¿Y a qué edad se volvió impotente el santo ese, tú que sabes todo?

Ante la perspectiva de un guardarropa de Chanel o Valentino, ¿a qué mujer normal le importa si Santofimio es falso? Me seco las últimas lágrimas, respondo que a los cuarenta y le informo que nunca más volveré a las giras políticas. Diciendo que la única ausencia que importa es la de mi rostro en su almohada, y la de todo el resto, él comienza a acariciarme; y, mientras va enumerando cada una de las posibles ausencias, ya no quedan sino las presencias mías y el presente de él.

Pablo parece haber olvidado que yo jamás perdono y que, en lo tocante al sexo opuesto, cualquiera de mis opciones es mucho más interesante que todas las suyas juntas. Y en el siguiente puente doy mi brazo a torcer y acepto la invitación que había declinado una y otra vez durante los dieciocho meses anteriores: un tiquete en primera clase a Nueva York, una enorme suite en The Pierre y los brazos ardientes y elegantes de David Patrick Metcalfe. Y, al otro día, cuando salgo de hacer compras por treinta mil dólares en Saks Fifth Avenue, dejo las bolsas en la limusina de Robalino y entro a la Catedral de Saint Patrick's para prenderle una velita al santo patrono de Irlanda y otra a la Virgen de Guadalupe, la de los generales de la Revolución mexicana antepasados míos. Y aunque por el resto de mi vida llevaré en el corazón la nostalgia por algo que se perdió para siempre en aquella noche de dictadores y de cerdos, nunca más volverán a importarme la modelo de una noche o la reina de un puente, y mucho menos un par de lesbianas entre algún jacuzzi en Envigado.

Cierto día, en la Librería Central de mis amigos Hans y Lily Ungar me encuentro con mi primer director de televisión, el ahora ex canciller Carlos Lemos Simmonds. Me dice que debería volver a la radio, y me recomienda el Grupo Radial Colombiano, ahora la cuarta cadena del país, que está conformando un equipo estelar y pertenece a la familia Rodríguez Orejuela de Cali, dueña de bancos, cadenas de droguerías, laboratorios de productos de belleza, Chrysler de Colombia y docenas de empresas.

—Son gente de bajo perfil. Gilberto Rodríguez es inteligentísimo y va camino de convertirse en el hombre más rico de este país. Además, es un gran señor.

Pocas semanas después recibo una oferta de trabajo del Grupo Radial. Me sorprendo gratamente y, como las referencias de Carlos Lemos han sido tan generosas, la acepto encantada. Mi primer encargo es cubrir la Feria de Cali y el Reinado de la Caña de Azúcar en la última semana de diciembre y la primera de enero. Pablo está pasando las vacaciones en la Hacienda Nápoles con toda su familia y me ha enviado de regalo de Navidad un precioso reloj de oro con doble hilera de diamantes de Cartier. Se lo ha comprado a la novia de Joaco Builes, que es muy negociante y vende joyas a los narcotraficantes de Medellín. Beatriz me advierte:

—Virgie: ¡no se te vaya a ocurrir jamás, jamás, llevarlo a Cartier en Nueva York para que te lo reparen! Te confieso que los relojes que Joaco y yo vendemos son robados. Podrían decomisarlo o meterte a la cárcel. Después no me digas que no te lo advertí. En todo caso, ¡Pablo está convencido de que los relojes regalados traen muchísima suerte!

Una noche estoy cenando en Cali con Francisco Castro, el joven y guapo presidente del Banco de Occidente, el más rentable de todos los de Luis Carlos Sarmiento. Cuando dos señores entran al restaurante, se hace un silencio, todo el mundo voltea a mirar y una docena de meseros vuela a atenderlos. En voz baja y llena de desprecio, «Paquico» Castro me dice:

—Ésos son los hermanos Rodríguez Orejuela, los reyes de la coca en el Valle, un par de mafiosos asquerosos, inmundos. ¡Así tenga cada uno mil millones de dólares y cien empresas, son el tipo de cliente que Luis Carlos mandaría a sacar de sus bancos a las patadas!

Quedo sorprendida, y no porque la noticia me llegue por conducto de alguien con fama de niño prodigio en cuestiones financie-
ras, sino porque pienso que a estas alturas, y tras conocer de nombre
a todo el que sea alguien en el gremio de Pablo, es realmente extraño
que nunca se los haya oído nombrar. Al día siguiente, el director de
la emisora me informa que Gilberto Rodríguez y su esposa quieren
conocerme y me invitan a subir a la suite presidencial del hotel Intercontinental, su base de operaciones durante la Feria, para entregarme personalmente mis boletas de primera fila para las corridas. (En
una plaza de toros primera es la tercera, detrás de la contrabarrera y la
barrera. Esta última da directamente sobre el callejón donde están los
toreros, sus cuadrillas, los ganaderos y los periodistas hombres. Nunca
las mujeres, porque supuestamente traen mala suerte y porque a veces los toros saltan al callejón y corretean o empitonan a todo el que
se encuentra adentro.)

El aspecto de Rodríguez Orejuela es muy diferente del de los
grandes capos de Medellín, y en él lo sutil reemplaza a todo lo obvio
de los primeros. Luce como un hombre de negocios común y corriente, y en cualquier otro lugar que no fuera Cali pasaría completamente desapercibido. Es muy cortés y cordial, como lo son todos los
hombres ricos con las mujeres bonitas, y hay en él un cierto elemento taimado y ladino que se mimetiza a la perfección con otro que, a
los ojos de un observador menos perspicaz, podría confundirse con
timidez o incluso un discreto asomo de elegancia. Diría que tiene un
poco más de cuarenta años; no es alto, su rostro y sus hombros son
redondeados, y carece de la presencia masculina de Pablo. La verdad
es que tanto Escobar como Santo Domingo tienen aquello que en
la costa colombiana llaman *mandarria*, palabra cuya sonoridad única
lo dice todo; cuando alguno de los dos entra a un lugar, todo en su
gesto y actitud parece gritar:

—¡Aquí llegó el rey del mundo, el hombre más rico de Colombia! ¡Abran paso!, y ¡ay del que se me atraviese porque soy un peligro
ambulante y hoy amanecí de mal genio!

La mujer de Rodríguez tiene unos treinta y siete años; su rostro
es bastante ordinario y con marcas de acné juvenil. Es más alta que

nosotros dos y bajo su túnica estampada en tonos verdes se adivina una buena figura, como la de casi todas las mujeres del Valle del Cauca. Tiene ojos de lince, y cada señal que ellos envían parece indicar que su marido no mueve un dedo sin su autorización.

Siempre he creído que detrás de todo hombre excepcionalmente rico hay o una gran cómplice o una gran esclava.

—Ésta no es «La Tata» de Escobar... —me quedo pensando— Ésta es «La Fiera» de Rodríguez, ¡y parece ser el general del General!

A mi regreso a Bogotá me sorprende una llamada de Gilberto, quien me invita a toros en compañía de los comentaristas deportivos del Grupo Radial. Le contesto:

—Gracias, pero recuerde que yo sólo me siento en primera fila, es decir, en la cola de la plaza con los pobres, cuando estoy en una feria trabajando como esclava explotada por la cadena radial de alguna familia presidencial o de algún banquero con cientos de droguerías. Esto quiere decir que, como soy ciega, el único sitio desde donde yo veo, y desde donde yo me veo, es la barrera. ¡Hasta el domingo!

Después de la corrida el grupo me deja en casa. A los pocos días llama Myriam de Rodríguez para preguntarme por qué fui a toros con su esposo. Muy disgustada, respondo que es al dueño del Grupo Radial Colombiano a quien ella debe preguntar por qué envió a los comentaristas deportivos y al editor internacional a cubrir la temporada taurina. Y antes de colgar, le hago una sugerencia:

—La próxima vez podría pedirles que la lleven también a usted —con su micrófono, claro— para que vea por qué, ¡cuando Silverio torea, uno no cambia por un trono su barrera de sombra!

Luego me pregunto por qué no le puse más banderillas a esa fiera. ¿Por qué no le dije que su tal marido no podría interesarme para nada, absolutamente nada en la vida? ¿Acaso él todavía no le ha contado que yo amo con locura a su competencia, que es mucho más rico que él, que sí está bien casado, que me adora y que no ve la hora de regresar de su latifundio para derretirse entre mis brazos? ¿Que va a ser presidente con pasado o dictador sin prontuario, y que, gústele o no a ella, es el único, el verdadero, el indiscutible Rey Universal de la Cocaína? ¿Por qué no le pregunté qué porcentaje del mercado tiene acaso su Gilberto —si el año pasado Pablo tenía ya ochenta por ciento, y en este año está doblando la producción— para darme yo el gusto de que ella contestara: «Pues mi esposo tiene otro ochenta porciento, ¡igualito al de su amante!»?

Cuando se me pasa la furia, me pongo a recordar a aquellos cuatro magnates del *Establishment*: esas inteligencias privilegiadas, esos corazones de piedra, esa incapacidad para cualquier forma de la compasión, esa legendaria capacidad de venganza. Luego, y con una sonrisa salida de algún recóndito lugar del corazón, recuerdo también sus dotes de encantadores de serpientes, sus risas, sus debilidades, sus odios, sus secretos, sus lecciones… toda esa capacidad de trabajo, esa pasión, esa ambición, esa visión… su poder de seducción, sus presidentes…

¿Cómo reaccionarían si supieran que Pablo Escobar aspira a la presidencia? Si él se retirara del negocio… ¿cuál de ellos podría llegar a ser un aliado? ¿Cuál su rival y cuál su enemigo? ¿Cuál podría convertirse en un peligro mortal para Pablo? Bueno… creo que ninguno, porque ya todos saben que él tiene más plata, más astucia y más cojones… y veinte o veinticinco años menos… En todo caso, Maquiavelo dice: «A los amigos hay que tenerlos cerca y a los enemigos todavía más cerca».

Y me quedo pensando en que no son los cuerpos de las mujeres los que pasan por las manos de los hombres, sino las cabezas de los hombres las que pasan por las manos de las mujeres…

El séptimo hombre más rico del mundo

El primer abrazo con dos vueltas en el aire de 1984 es seguido por una noticia que me cae encima como cien canecas de agua helada: Pablo piensa retirarse de la política y quiere saber qué pienso yo, contra lo que opinan su familia, sus socios y, obviamente, su candidato.

Respondo que no hay que ser Einstein para saber lo que todos ellos piensan y le suplico que por una vez en su vida los mande a todos al demonio y piense sólo en él. Le ruego que no vaya a claudicar ante el ministro Lara, ni el galanismo, ni el gobierno, ni la opinión pública, ni los gringos. Le pido que le recuerde a su familia de dónde vienen los diamantes y los Mercedes, los Boteros y los Picassos. Le aconsejo que, en vez de atacar frontalmente el Tratado de Extradición y botar millones en políticos, inicie en Bogotá obras sociales de dimensiones similares a Medellín sin Tugurios, para que su popularidad lo proteja al punto de volverlo intocable, y que vaya pensando en retirarse del negocio o dejarlo en manos de sus socios, unos tipos leales y firmes como rocas.

—¿Crees, acaso, que la tuya va a ser la única futura dinastía de este país que carga con dos muertos, ah? ¡La única diferencia con ellos es que a los treinta y cuatro años tú ya cargas con mil o dos mil millones de dólares! Y en el país de la compra de votos no te estás inventando nada nuevo, ¡sólo que tú los pagas con casas y canchas deportivas en vez de sándwiches! Nunca entenderé por qué Belisario Betancur nombró de ministro de Justicia al enemigo jurado de las personas que financiaron buena parte de las campañas presidenciales. Alfonso López jamás hubiera cometido semejante estupidez. Tú no necesitas a Santofimio para nada, ¡y ya deja de decirle «doctor», que la gente como tú y yo le dice doctor a alguien como Álvaro Gómez, no a Alberto!

Pablo jamás pierde la calma. Pablo jamás se queja. Y Pablo jamás me interrumpe cuando estoy enardecida. Ya ha aprendido que yo sólo me silencio y me calmo completamente cuando él me toma entre sus brazos, y por eso actúa conmigo como uno de esos amansadores que susurran cosas en los oídos de los caballos hasta que se tranquilizan. Lo hace desde aquel día en que le confesé que si en el Infierno me pegaran a su cuerpo con *Crazy Glue* por toda la eternidad yo no me aburriría un segundo y me sentiría en el Cielo, y él respondió que esa era la frase de amor más perfecta de todos los tiempos. Esa noche me confiesa que él y su candidato ya han acordado una separación oficial, aunque por debajo de cuerda la cooperación va a continuar porque ahora, más que nunca, las dotes de persuasión de Santofimio para con los demás congresistas le son imprescindibles a todo su gremio para tumbar el Tratado de Extradición. Me explica que hay otra razón de peso por la cual ha decidido, por el momento, dejarle la política a los profesionales: la ruta del Cayo Norman con Carlos Lehder está teniendo serios problemas y tarde o temprano va a caer, porque su socio se ha ido convirtiendo en un drogadicto megalomaniaco y está causando todo tipo de molestias al gobierno de Lynden Pindling en las Bahamas.

—Ya he hecho contacto con los sandinistas, que están desesperados por plata y me están ofreciendo lo que yo quiera para que utilice a Nicaragua como punto de escala y base para la distribución de la mercancía hacia Miami. En unas semanas tú y yo vamos a ir juntos a Managua y estrenaremos uno de mis pasaportes. Quiero que conozcas a la Junta y me digas qué opinas de ellos. Tienes razón en todo lo que me has dicho, pero debes entender que por encima de la política está mi negocio y que tengo que seguirlo ordeñando hasta que ya me sea físicamente imposible sacarle más. Ahí sí puedo pensar en retirarme, para regresar al Congreso cuando haya pasado todo este chaparrón. Vas a ver que en seis meses las cosas comienzan a arreglarse. Tú sabes que yo veo venir los problemas con meses de anticipación y que, cuando llegan, ya tengo la solución cuidadosamente planeada y lista para entrar en acción. Todo, menos la muerte, se arregla con plata. Y a mí la plata me entra a chorros, amor.

Le pregunto cómo hacen los fundadores del MAS para entenderse con un gobierno comunista tan cercano a los grupos guerrilleros de Colombia. Me contesta que cuando estemos allá voy a comprender todo. Quedo, finalmente, tranquila. Dos semanas después Pablo anuncia su retiro de la política y pienso que, siempre y cuando sea provisional y no definitivo, es una decisión acertada porque va a sacarlo del ojo del huracán público.

En las semanas siguientes somos inmensamente felices. Nuestra relación es conocida sólo por sus socios, tres amigas mías y un puñado de personas a su servicio: Fáber, el secretario —persona de gran bondad, encargado de recogerme y llevarme siempre al aeropuerto— y sus tres hombres de total confianza: Otto, Juan y Aguilar. Pablo y yo negamos rotundamente cualquier romance, por consideración con su esposa y también por mi carrera, que va en ascenso: *El show de las estrellas*, mi programa de los sábados a las 8:00 p.m., se ve en varios países y tiene 53 puntos de rating, porque en 1984 hay en Colombia sólo tres canales de televisión y el oficial no lo ve nadie. Mi otro programa, *Magazín del Lunes*, le resta sintonía ese día al noticiero que presenta Andrés Pastrana Arango en el canal enfrentado, dizque porque yo cruzo las piernas de una forma muy sensual. Por esta razón, Medias Di Lido, propiedad de una familia Kaplan de Caracas y Miami, me ha contratado para un segundo comercial en Venecia, tras haber captado con el primero 61 por ciento del mercado nacional. Para ir a Venecia he puesto como condición a Di Lido honorarios equivalentes a los de las cien modelos mejor pagadas del país juntas, pasajes en primera clase y una suite en el Cipriani o el Gritti Palace. Feliz, le he dicho a Pablo que, ¡después de Venecia, los Kaplan van a tener que pagarme como a una estrella de cine en un país sin industria cinematográfica! Y él sonríe, porque sabe que un año atrás yo había recibido una oferta de un productor de Hollywood que puso a mi disposición un *bungalow* en el Bel Air, el hotel favorito de la princesa Grace en Beverly Hills, y una película con

Michael Landon, Priscilla Presley y Jürgen Prochnow, todo ello declinado por orden fulminante de Margot:

—¿Al fin lo que usted quiere ser en la vida es una periodista seria o una artista de cine? ¿Me va a dejar botada con esta programadora ahora que por fin vamos a salir de pobres?

Una mañana, hacia las once, Pablo llega sorpresivamente a mi apartamento. Me dice que viene a despedirse porque va para Panamá y Nicaragua y no puede llevarme con él. Las personas que le sirven de enlace con la Junta Sandinista le han rogado que por ningún motivo vaya a viajar acompañado de una periodista de televisión. Me dice que sólo se demorará una semana y me promete que al regreso haremos un viaje juntos, tal vez a Cuba para conocer a Fidel Castro. No le creo una sola palabra, y menos cuando propone que en su ausencia me vaya de compras para que no esté triste por el cambio de planes. Estoy furiosa, pero no me quejo: Nueva York es definitivamente mucho más *chic* que Managua y The Pierre es otro paraíso terrenal. Y no sólo porque queda a cuadra y media de Bergdorf Goodman, sino porque la venganza es dulce.

La escena en la enorme suite, una semana después, es surrealista: en una línea telefónica, en su habitación, está David riendo por teléfono con «Sonny», el Duque de Marlborough. En la otra, en mi habitación, estoy yo, riendo por teléfono con Pablito, el Rey de la Coca, quien me pide que compre todos los ejemplares de la revista *Forbes* antes de que se agote porque acaba de ser elegido ¡el séptimo hombre más rico del mundo! Y cuando ambos colgamos, ahí, en el saloncito de en medio, está Julio Mario, el Rey de la Cerveza, desternillado de la risa ¡porque Metcalfe va a ser *waistcoated!* (Entre los *Capi* de las ilustres familias Genovese, Bonnano, Gambino, Lucchese y Maranzano se dio una particular tendencia a embadurnar a sus enemigos con chalecos de concreto líquido y esperar pacientemente a que se solidificaran antes de arrojarlos al fondo del mar, dentro de lo que podría definirse como el estilo neoyorquino de desaparecer a la gente o la versión contemporánea de «atar una piedra de molino al cuello» de los elegidos por sus novias para ponerles, con razón o sin ella, unos cuernos dignos del Rey de los Alces.)

145

Julio Mario me pregunta qué tan ricos son, realmente, «todos esos peones» amigos míos. Le respondo que ahora son la gente más rica del mundo y comenta que yo debo haber perdido la cabeza con tanto *shopping*. Y como los dueños de tanto título están hoy tan contentos, dejo a Metcalfe y a Santo Domingo riendo de medio mundo y bajo a buscar cigarrillos. Compro todas las revistas *Forbes* que encuentro. Subo, y sin decir una palabra le doy un ejemplar a cada uno, abierta en la página con la lista de los más ricos de ese año. Los Ochoa ocupan el sexto puesto y Pablo Escobar el séptimo.

—Conque la competencia tiene tres *billion*… —dice David—. Pues esas cantidades de dinero deberían servir no sólo para comprar jirafas, pagarle a *«The Dirt»* (el Mugre) y financiar tu *shopping*, ¡sino para vivir con un poquito de estilo, como Stavros Niarchos!

—¡Deberías tener un hijo con él, muñeca! —dice Julio Mario en tono complementario—. No te está poniendo más joven ¿o sí?

David reacciona horrorizado y exclama que yo ¡jamás podría ser ese tipo de chica!

Miro a Julio Mario y, para que David no entienda, le digo en español:

—Sí, si no tuve hijos contigo, que eras bello, ¿por qué voy a tener hijos con «ese peón»? Y no olvides que siempre seré veintiséis años más joven que tú.

Comento que ambos están un tantito envidiosos porque ahora los nuevos magnates colombianos son de talla mundial y no simplemente local. Y porque mis amigos son unos chicos de mi misma edad y unos peones inteligentísimos.

—¡Por Dios, *darling*! —exclama David, con un elegante manotazo al aire y sonando como lord Curzon al descubrir que Pablo toma sopa en el *brunch*—. ¡Inteligencia es Henry Kissinger!

—¡Lo cierto es que ahora sí creo que eres el más valiente de los hombres! —dice Julio Mario riendo a carcajadas—. ¡Uy, qué susto, David! ¡Empieza a contar los días antes de que te «enchaleque» Junior Corleone!

Me parece que ahora que mis dos hombres favoritos me miran con nuevos ojos es el día más feliz de mi vida. Y me digo que Dios sabe cómo hace sus cosas y por eso estoy ahí, riendo con ellos, y con todas mis dos docenas de bolsas de *shopping* en mi habitación, y no mirándole la cara a «la Piña» Noriega o a Danielito Ortega.

Unos días después estoy de regreso en los brazos de Pablo y, por distintas razones, ambos estamos de fiesta. Y aunque el Rey de la Coca sea, junto con el nieto del virrey de India, el más valiente de los hombres, a la hora de la verdad es tan humano como cualquier Rey de la Cerveza:

—¡Uy, qué susto, mi amor! Ahí estaba yo, íngrimo, con todos esos tipos tan feos en uniforme militar... pensando que podían arrojarme al mar porque les dije que nadie en el mundo tiene cincuenta millones de dólares líquidos, ¿puedes creerlo? ¡Eso era lo que querían todos esos hijos de puta dizque «de anticipo»! ¡Sólo esa *maricadita*, ¿qué tal? Los comunistas creerán que el dinero crece en los árboles, ¿o qué? Y estábamos en un jardín, y había un murito blanco como de un metro de altura, y yo lo miraba y lo miraba calculando si podía saltar y salir corriendo hasta mi avión, antes de que fueran a secuestrarme o a venderme a los gringos. Y todo el tiempo pensaba: ¿Por qué no traje a mi belleza adorada que me hace tanta falta? Porque ¡qué mujeres tan feas estas de acá!... Bueno, lo importante es que ya estamos juntos, que me rebajaron el precio a una fracción y que ya tengo esa ruta en caso de que los gringos empiecen a presionar a Noriega, que es nuestro desde que nos ayudó como mediador en lo de Martha Nieves Ochoa pero puede voltearse porque él siempre trabaja para el mejor postor. ¿Y cómo te acabó de ir en Nueva York?

—¿Y los sandinistas son los que te van a presentar a Fidel Castro? —pregunto antes de contestar.

—Sí, pero más adelante, dizque cuando vean si primero nos entendemos.

—¿Y para qué quieres conocer a Fidel Castro?

—Porque su isla está más cerca de los Cayos de Florida que cualquier otra cosa. Y ahora que ya sabemos que podemos pagar el precio de los dictadores comunistas...

—Sí, pero este sí es inteligente y rico; no bruto y pobre, como esos sandinistas. No cuentes con él para nada, Pablo, porque Fidel no tiene a los gringos cerca: ¡Los tiene encima en los Cayos y adentro en Guantánamo!

Le cambio el tema y le cuento que estaba almorzando con una amiga en Le Cirque y me encontré con Santo Domingo y un lord inglés conocido mío. Algo habían oído sobre nosotros y estaban muertos de curiosidad por lo de *Forbes*; me preguntaron por él, me pareció que estaban un tantito envidiosos de sus tres *billion* y Julio Mario tuvo el nervio de sugerirme que tuviera un heredero. Pablo me pregunta qué contesté yo, y le digo:

—Que él, que me regaló la autobiografía de Fernando Mazuera, sabía perfectamente que en mi familia varias generaciones de mujeres muy bonitas habían tenido la precaución de casarse siempre antes de tener hijos. Y que tú ya estabas divinamente casado.

Pablo se queda pensando un rato mientras procesa la información. No me doy cuenta del nervio que he tocado sino hasta que empieza a hablar:

—Eso estuvo muy, pero muy bien, mi amor… Y, ahora, voy a contarte una historia que nunca le he contado a ninguna mujer… Resulta que antes de conocerte, lo que yo más amé en la vida se llamaba Wendy… Sí, como en Peter Pan, y no te rías. Y Wendy Chavarriaga no era una leona, no, no, no. ¡Eso era una jauría! Cada vez que ella creía que yo estaba con otra, estrellaba su auto contra el mío, cortaba la puerta con sierras, me cogía a martillazos, a patadas, me amenazaba con matarme, desollarme y descuartizarme, me decía todas las palabras del «jetabulario» español, colombiano y chibcha… y yo le aguantaba todo, todo, porque la adoraba, la idolatraba. ¡Yo, simplemente, moría por Wendy! Y ella se iba para Nueva York con una docena de amigas, no sola, como tú, y yo pagaba todo lo que ellas quisieran. Pero, a pesar de mis advertencias, un día quedó embarazada. Y se fue para la peluquería donde estaba mi esposa y le gritó triunfalmente: «¡Éste sí es el hijo del amor y no el del deber, como el suyo!»

Al día siguiente mandé a cuatro muchachos por ella. La llevaron arrastrada hasta donde un veterinario y le mandé a hacer un aborto sin anestesia. Nunca más volví a verla y desde ese día no la he extrañado un segundo. A Dios gracias tú sí eres una princesa. Y al lado de Wendy, y por mucho que patalees a veces, tú eres mi oasis, Virginia.

Quedo muda. Quedo helada. Quedo espantada. Un escalofrío me recorre mientras le digo:

—Sí, a Dios gracias yo ni me llamo Wendy ni me apellido Chavarriaga.

Algo de mi adoración por él comienza a morir esa noche tras escuchar aquella historia horrible, dolorosa como un puñal en el corazón para cualquier mujer con entrañas. Y pienso que Dios sabe cómo hace sus cosas, y que me alegro de saber hasta dónde puede llegar este hombre tan valiente para las generalidades y tan monstruoso para las excepciones. En silencio me pregunto si algún día toda esa vena de crueldad podría voltearse también contra mí; pero me digo que es imposible, porque yo soy todo lo opuesto de aquella pobre niña y por algo es que él me llama su «dulce pantera».

Pablo está que no se cambia por nadie con su séptimo puesto en la lista de *Forbes*. Cuando concede una entrevista radial dice que ninguno de ellos tiene semejante cantidad de dinero, ¡y que ni siquiera saben cuánto es eso en pesos! Y que ésas son las fortunas de Santo Domingo y Ardila, ¡y que *Forbes* los confundió con ellos! Y que si tuviera tres mil millones de dólares ¡daría dos mil novecientos a los pobres y dejaría sólo cien para que su familia pudiera vivir tranquila durante un siglo!

Claro que a Pablo no le interesan los pesos; pero porque sabe más de dólares que cualquier banquero suizo. Y no sólo hablamos siempre en dólares: lo hacemos en docenas, en cientos y en miles de millones de dólares. Primero, porque su negocio es en esta moneda, que en 1984 es todavía una de las más duras del mundo. Y segundo, porque ambos tenemos la absoluta convicción de que los estimativos en pesos no son confiables a mediano ni largo plazo porque las devaluaciones constantes de la moneda colombiana, que llegan a 35 por ciento anual, hacen que todos los cálculos con hileras de ceros a la derecha se distorsionen con el paso del tiempo: un millón de pesos —suma de un gran valor en 1974— va a ser una cantidad insignificante en 1994, mientras que en esos veinte años un millón de dólares sufre una devaluación del orden de cincuenta por ciento.

Una semana después, Pablo me anuncia que me trae un regalo: está escondido en alguna parte de su cuerpo y yo debo buscarlo muy, pero muy lentamente. Como abre los brazos en cruz y tiene las manos vacías, pienso que debe ser algo pequeño y muy valioso, como una esmeralda «gota de aceite» o un rubí «sangre de pichón». Se queda muy quieto y callado mientras yo comienzo a buscar desde el cuero cabelludo y, a medida que voy recorriendo cada centímetro de su cuerpo con mis dedos, empiezo a desvestirlo. Primero le quito la camisa, luego el cinturón, los pantalones... ¡y nada! Al llegar a los pies, y tras despojarlo de sus zapatos, hallo escondida entre la media una Beretta nueve milímetros con cacha de marfil, marcada con sus cuatro iniciales y completamente cargada.

—¿Conque éstas tenemos? Pues ahora es mi turno, señor parlamentario suplente, y voy a desquitarme de la noche del revólver. ¡Arriba las manos!

En fracción de segundos, él salta sobre mí. Me retuerce el brazo, me desarma y mete la pistola en mi boca. Creo que ya descubrió lo de David, y que va a matarme.

—Esta vez no es un juego, Virginia, y te la traje porque vas a necesitarla. El salvoconducto está a nombre mío y es un préstamo, ¿entendido? En caso de que tengas que usarla, quiero que sepas que yo tengo el mejor servicio de lavado de alfombras del país: no dejo una sola gota de sangre. Y ahora vas a saber la verdad, mi amor: yo ya no voy a ser parlamentario, ni presidente, ni nada de eso. Muy pronto vas a convertirte en mujer de un guerrero y vine a explicarte lo que van a hacerte los organismos de seguridad el día en que se presenten aquí preguntando por mí. Voy a enseñarte, también, cómo meterte un tiro para que quedes muerta en el acto, no desfigurada ni parapléjica. Tú puedes tener muy buena puntería haciendo polígono, pero si no te quitas el miedo a matar, un experto te desarma en segundos. Y lo primero que van a hacer todos esos carniceros es arrancarte la ropa... y tú eres... la cosa más bella del mundo, ¿verdad, mi vida?... Por eso, vas a quitarte ya ese vestido de dos o tres mil dólares antes de que te lo deje hecho jirones, y vienes al baño y te paras frente a todos esos espejos de cuerpo entero. Y he dicho ¡inmediatamente! ¿Qué estás esperando?

Obedezco, porque no voy a dejar que despedace un Saint Laurent, porque siento un gran alivio y enorme curiosidad y porque, la verdad, siempre he adorado esas miradas inflamadas que preceden a todas sus caricias. Pablo descarga la Beretta y se coloca tras de mí. Me dice que si bien uno saca un arma para matar, debe hacerlo con la cabeza completamente fría porque uno tiene el control. Luego me va enseñando cómo se ponen los pies y las piernas, el torso y los brazos, los hombros y la cabeza cuando uno está frente a varios hombres pero protegido por un arma de fuego. Me muestra cuál debe ser la expresión de los ojos, de la boca, de todo el rostro, y cuál el lenguaje corporal. Me explica qué debo sentir, cómo debo pensar, qué van a intentar hacer ellos. Con un extraño brillo en la mirada me va indicando a cuál debo matar primero si son dos, si son tres o si son cuatro y están desarmados o a una prudente distancia. Porque si son cinco o más, y están armados o se acercan, debo pegarme un tiro antes de caer en sus manos. Me enseña qué hacer en este último caso: cómo colocar los dedos y dónde, exactamente, el cañón. Una y otra vez aprieta el gatillo, y una y otra vez me retuerce el brazo hasta que no aguanto más el dolor y aprendo a no dejarme desarmar. Mientras observo en aquellos espejos las imágenes de nuestros dos cuerpos desnudos luchando por el control del arma, no puedo dejar de pensar en dos lanzadores de disco atenienses o en dos luchadores espartanos. Como él es cien veces más fuerte que yo, me somete una y otra vez mientras va utilizando sin compasión toda aquella coreografía como una montaña rusa para obligarme a sentir el terror, a perder el temor, a ejercer el control, a imaginar el dolor… a morir de amor. De pronto, arroja la Beretta al suelo y me sujeta del pelo con la mano izquierda mientras la parte final de aquella lección comienza a desfilar ahora por sus labios y mis oídos, por su otra mano y por mi piel: son las narraciones sin fin, con las más detalladas descripciones, de las formas más aberrantes de la tortura, las más aterradoras, inimaginables, escalofriantes modalidades de las que pueda revestirse el suplicio; trato de silenciarlo, de cubrir mis oídos con los dedos para no escucharlo, pero me sujeta ambos brazos y cubre mi boca con su mano mientras continúa sin detenerse un segundo. Cuando termina de recitar todo aquel castigo soñado por un inquisidor benedictino, todo aquel sufrimiento diseñado por la mente depravada de algún militar sudamericano durante la Operación Cóndor, este demonio que me roba y me devuelve la vida, este hombre que me mima y me ama como nadie más podrá hacerlo, me dice al oído con voz sibilante que todo aquello es apenas una fracción de lo que me espera si no aprendo a defenderme de sus enemigos, a odiarlos con esa misma ferocidad suya, a matarlos sin vacilar cuando se me pongan por delante y a no dudar por un segundo que yo también estoy en capacidad de acabarlos el día en que se atrevan a venir por mí para averiguar por él.

Tras dos minutos de un silencio celestial, le pregunto por qué sabe tanto de estas cosas. Todavía exhausto, me responde:

—Porque en mi vida he tenido que apretar a mucha gente… a mucho secuestrador. Por eso, mi amor.

Tras otros dos minutos de un reposo idílico le pregunto como a cuánta gente. Después de una pausa y con un suspiro, me responde con la mayor tranquilidad que… como a doscientos. Tras otros dos minutos le pregunto que cuántos de esos doscientos «se le quedaron». Después de otra pausa y con otro suspiro, me responde que «muchos, muchos». Esta vez no le doy pausa cuando pregunto qué pasó con todos esos otros que quedaron vivos. Y esta vez Escobar no me responde. Entonces, me levanto del lugar donde siempre terminan nuestras batallas campales, recojo las balas y cargo la Beretta. Me voy con ella hasta mi caja fuerte, saco la copia de las llaves del ascensor privado que desemboca directamente en mi apartamento, regreso con el arma en una mano y mi llavero de oro en la otra, y se lo le entrego:

—Nunca le he dado esto a nadie, Pablo. Si algún día no tienes a dónde más ir, siempre podrás ocultarte aquí. A nadie en su sano juicio se le ocurriría venir a buscarte a mi casa; tal vez vengan por mí, pero no por ti. Aquí, dentro de este corazoncito, está la combinación de mi caja fuerte; en ella hallarás siempre tu pistola cuando yo esté fuera de la ciudad, porque desde hoy estará siempre conmigo y ya no me separaré de ella sino para tomar un vuelo comercial. Ahora dime qué nombre quieres que deje en la portería para que te dejen entrar al garaje y puedas subir cuando yo no esté.

Una tierna caricia en un largo silencio, la tristeza profunda en su mirada de siempre y dos palabras imposibles de olvidar responden ahora a la gratitud infinita que yo deposito en manos de aquel hombre formidable, único y terrible. Él me deja una pistola, yo le entrego un corazón de oro. Y cuando, al despedirnos, no quedo ya con dos, sino con doscientas dos almas disputándose mi compasión y mi razón, algún demonio interno le dice a mi conciencia que si los amantes que tienen las respuestas contestasen siempre a las preguntas de los amantes que conocen las verdades, el mundo entero se congelaría en instantes.

∞

«Si quieres matar al ave, corta el árbol donde anida», reza el proverbio. Y en marzo de 1984 cae «Tranquilandia», el más grande laboratorio para el procesamiento de drogas en el mundo. La ciudadela en las selvas del Yarí ha sido detectada por un satélite norteamericano y el gobierno de Estados Unidos le ha pasado la información al ministro Lara y a la policía colombiana. El conjunto de catorce laboratorios que se extiende a lo largo y ancho de quinientas hectáreas produce 3500 kilos de cocaína semanales y cuenta con pistas de aterrizaje para sacar la droga directamente hacia el exterior, carreteras propias y cómodas instalaciones para casi trescientos trabajadores. Catorce toneladas de coca son arrojadas por la policía al Río Yarí y son incautados siete aviones, un helicóptero, vehículos, armas y casi 12000 tambores de insumos para el procesamiento de la pasta de coca en cocaína pura.

Veo a Pablo unos días antes de viajar a Venecia. Está sonriente y tranquilo. Me cuenta que los laboratorios de Tranquilandia y Villa Coca eran de Jorge y de Gonzalo, no de él, y que los decomisos reales son apenas una fracción de las cifras reportadas por la policía. Me explica que todos ellos aprendieron una valiosa lección: a partir de

ahora las «cocinas» en la selva serán móviles y en las zonas guerrilleras se pagará peaje a los grupos rebeldes. En todo caso, la mercancía
que «se cae» es sólo 10 por ciento y, frente a 90 por ciento que «se
corona», irrelevante: cada kilo de sus clientes le deja cinco mil dólares por transporte con seguro y cada kilo propio —al no tener que
pagar transporte, porque los aviones y rutas son suyos— le deja utilidades netas por más del doble, tras descontar todos los gastos, como
pilotos, gasolina y pagos a las autoridades que les cooperan en cada
país, las que en el argot de su gremio se conocen como «la ruta». En
los cargamentos de varias toneladas la tripulación llega a ganar hasta
un millón de dólares por viaje; así, de caer en manos de la ley, y en
el caso de que los sobornos no resulten, sus pilotos pueden contratar
a los mejores abogados y pagar fianzas sin tener que llamar a Colombia. Voy aprendiendo que, con excepción de Estados Unidos y
Canadá, los pagos siempre funcionan. Las personas claves de la ruta
son el dictador o gobernante, el comandante de la Fuerza Aérea o
de la policía, o el director de la aduana del país tropical donde el
avión hace escala para cargar combustible. Todos: químicos, «cocineros», vigilantes, pilotos, contadores, ganan salarios extravagantes para
que no vayan a robar, a delatar a sus superiores en la organización, o
a entregar las rutas. Pablo casi siempre utiliza la palabra «mercancía»,
no cocaína, y me cuenta estas cosas para que me tranquilice y deje ya
de preocuparme tanto por el rumbo que está tomando la implacable
persecución del ministro Lara Bonilla.

Como ahora voy para Italia, mi presupuesto de *shopping* es de
cien mil dólares. Pido una licencia en el Grupo Radial, dejo grabados programas de televisión para tres semanas y me voy feliz para
Venecia, la ciudad más esplendorosa que los mercaderes más ricos de
la historia hayan podido construir sobre la faz de la Tierra y sobre las
aguas del mar.

A comienzos de abril de 1984 todo en mi mundo es casi perfecto: mi joven amante es quizás el más espléndido mercader de su
tiempo y gracias a él yo también me siento la mujer más feliz, mimada y bella de la Tierra. Primero paso por Roma para comprar los
trajes del comercial que vamos a grabar en Venecia. Hoy he salido

154

del salón de belleza de Sergio Russo y me pregunto por qué en Colombia nunca puedo verme así; seguramente es porque este aspecto acaba de costarme cientos de dólares, una fracción insignificante del precio de mi traje de Odicini y el bolso y los zapatos de cocodrilo.

Después de Pablo, nada me hace más feliz que las miradas de la gente mientras camino por la calle principal de una ciudad europea con almacenes de lujo a lado y lado y entre dos hombres guapos, elegantísimos, risueños y orgullosos, con impecables *blazers* azul marino y anillos con escudos de armas en el dedo. En este día perfecto voy por el centro de Via Condotti con Alfonso Giraldo y Tobón y con Franco, Conde Antamoro y Céspedes. Alfonso es un *playboy* legendario y el hombre más adorable y refinado que haya producido Colombia. Despilfarró una enorme fortuna hecha con «Caspidosán», el producto para la caspa inventado por su padre, bailando con Soraya, aquella emperatriz de Persia que era como una ensoñación, y saliendo de juerga con príncipes como Johannes von Thurn und Taxis, el más rico de todo el Sacro Imperio Romano Germánico, «Princy» Baroda, el de India, y Raimondo Orsini d'Aragona, el del Solio Pontificio. Tras tomar cursos intensivos sobre mujeres con Porfirio Rubirosa —primero yerno de Trujillo y, luego, de los dos hombres más ricos de su tiempo—, Alfonso vive ahora en su ciudad favorita y en un ala de un *palazzo* propiedad de Orsini. Franco, por su parte, es socio de un banco privado de Ginebra y nieto de Carlos Manuel de Céspedes, el prócer que tocó la campana de la libertad en Cuba y el primero de los grandes hacendados en dar la libertad a todos sus esclavos. Mis dos viejos amigos me hacen reír sin parar, me tienen apodos cariñosos y son increíblemente generosos con sus palabras. Franco exclama:

—A los treinta y cuatro años eres asquerosamente joven, Cartagenetta, porque la mejor edad de las mujeres bellas son los cuarenta años. ¿Qué hace alguien como tú viviendo en Colombia? ¡Una criatura tan luminosa necesita urgentemente un marido rico, buen mozo, con título y que sea un gran amante!

—Mañana —dice Alfonso— vas a cenar con un polista que es el hombre más bello de Roma para que te invite el domingo al Polo

Club, donde están todos los hombres más guapos de Italia. ¡Eso sí es *eye candy*, Amorosa! Ya les dije a mis amigos que venía a Roma la mujer más bella de Colombia, ¡y todos mueren por conocerte!

Sonrío feliz porque, por fin, ¡yo también tengo título! Y río para mis adentros, porque adoro con el alma al séptimo hombre más rico del mundo, tengo amante alterno a la altura de Porfirio Rubirosa y todavía no he perdido la cabeza por el jugador de polo más bello de Colombia. Y como Alfonso tiene un gusto perfecto para todo lo habido y por haber, le ruego que me acompañe a Battistoni para comprar camisas y a Gucci por los más divinos zapatos y chaquetas de cuero para «un potro indómito que sólo usa *jeans* y tenis para supervisar, fusta en mano, a centenares de *ponies* y como a mil *peticeros* en su estancia». Cuando Aldo Gucci entra en su almacén Alfonso nos presenta y, muy sonriente, me acusa de haberle comprado dizque veinticinco mil dólares en bolsos de cocodrilo; aunque son sólo cinco mil, el encantado propietario regresa minutos después con dos *foulards* de regalo, uno con caballitos de polo y otro con flores que conservo hasta hoy.

Viajo a Venecia con media docena de maletas cargadas de tesoros y me instalo en mi suite del Gritti Palace. Feliz, recorro la ciudad, compro cristal de Murano, y un bronce para la Tata que Pablo me ha encargado, y me alisto para la grabación del comercial. Todo ha sido planeado hasta el último detalle, pero trabajar en el Gran Canal es sencillamente imposible: como luzco un espectacular traje blanco de Léonard con flores, una gran pamela de paja, mis turquesas con diamantes y las piernas cruzadas en el ángulo perfecto, cada vez que los barcos de turistas ven las cámaras, seis o siete de ellos nos rodean. Gritando «*Un'attrice, vieni! Un'attrice!*», el guía me señala y docenas de japoneses se nos vienen encima para tomarme fotos y pedir mi autógrafo. Al principio, todo esto me hace muchísima gracia. Pero después de cien intentos que se prolongan durante casi tres días, decidimos transarnos por un *canaletto* con un puentecito desde donde un *ragazzo* en traje medieval me arroja una rosa, que yo recibo con una sonrisa y un beso al aire; conseguir al *bello ragazzo biondo* ha sido otro drama porque en Venecia todo el mundo vive del turismo y un modelo rubio cobra miles de dólares. Al final todo sale bien, y con el tiempo mi veneciano comercial se convertirá en uno de los más memorables en toda la historia de la publicidad colombiana. Por el resto de mi vida, y por culpa de aquel viaje inolvidable y de mis elevados honorarios, mis colegas dirán despectivamente que fui «sólo una modelo». Las malas lenguas de aquel país dirán incluso que, para cortar costos de pasajes y hotel, Alas Publicidad tuvo que reconstruir sobre el Río Grande de la Magdalena ¡a una gran parte de Venecia!

Pablo me ha estado llamando dos veces por semana para decirme que todo va bien y que las cosas ya están más tranquilas. Hoy estoy de vuelta y contando las horas para verlo, para fundirnos entre los brazos del otro y decirnos cuánto nos extrañamos, para entregarle sus regalos y hablarle de lo generosa que es la vida conmigo y de lo maravillosa que es la gente cuando estoy fuera de Colombia, porque lucir siempre radiante de felicidad no es pecado ni un crimen capital en otros países. Y sé que él me sonreirá con enorme ternura mientras me contempla orgulloso, porque me entiende como nadie y porque conoce como ninguno el poder de hacernos daño que tiene la envidia.

Tras casi un mes de ausencia, y en medio de tantos motivos de celebración y alegría, ¿quién hubiera podido imaginar las dimensiones de la ira y el odio de los dueños de una ciudadela de quinientas hectáreas ante su pérdida? ¿Y ante la incautación de la bobadita de catorce o diecisiete toneladas de coca a cuarenta mil y cincuenta mil dólares por kilo en las calles de Estados Unidos, más los aviones, los insumos y el resto? ¿Cómo hubiera podido yo adivinar que Tranquilandia pertenecía también a Pablo, y que el valor de las pérdidas ascendía a casi mil millones de dólares de aquel entonces, unos dos mil quinientos millones de dólares de hoy?

Y el disparo que revienta al otro día de mi llegada a Bogotá resuena en cada rincón de Colombia y en todos los noticieros y diarios del planeta. Estalla en mi cabeza, y mi felicidad se va volando en átomos y mis ilusiones quedan hechas trizas. Explota en mis oídos, y mi mundo se derrumba en instantes y mis sueños quedan vueltos añicos. Y sé que ya nada volverá a ser igual. Que mientras yo viva no conoceré otro día de felicidad completa. Que lo que más he amado en mi vida ha dejado de vivir y nos ha condenado sólo a sobrevivir. Que a partir de hoy el ser más libre de la Tierra será sólo un eterno prófugo de la justicia. Que el hombre que amo será sólo un eterno fugitivo hasta el día en que lo capturen o la noche en que lo maten.

¿Por qué aquel día de la Beretta no me di cuenta de que se proponía matar al ministro de Justicia? ¿Por qué me fui para Italia en vez de quedarme a su lado dándole un millón de argumentos para impedir que cometiera semejante estupidez? ¿Por qué está rodeado sólo de imbéciles que no ven las consecuencias de sus actos y asesinos a sueldo que le obedecen en todo como si fuera un dios? ¿Y por qué me castigas así, Señor, si nunca le hice daño a nadie? ¿Y por qué la vida es tan cruel, y todo es tan fugaz y nada dura? ¿Y por qué lo pusiste en mi camino para que fuera mi cruz, si él ya tenía familia y mujeres, y socios y políticos, y seguidores y ejército, mientras que yo no tenía a nadie y jamás había tenido nada?

En el funeral de Rodrigo Lara Bonilla el presidente Belisario Betancur anuncia la firma del Tratado de Extradición con Estados Unidos, que entrará en acción *ipso facto*. Una y otra vez observo en la pantalla de televisión el rostro de la joven viuda Nancy Lara, tan bañado en lágrimas como el mío. Dos horas después Pablo me llama. Me suplica que no hable, que no lo interrumpa y que memorice cada una de sus palabras:

—Sabes que van a echarme ese muerto y que tengo que irme ya del país. Voy a estar muy lejos y no voy a poder escribirte ni llamarte, porque a partir de ahora vas a ser la mujer más vigilada de Colombia. No te separes de aquel marfil que te regalé y practica todas mis enseñanzas. No confíes en nadie, mucho menos en amigas y en periodistas. Al que te pregunte por mí, vas a decirle, sin excepción, que no me ves desde hace casi un año y que estoy en Australia. Deja los regalos donde la novia de mi amigo, que yo mando a recoger esa maleta después. Si no puedo regresar a Colombia mandaré por ti apenas se calmen las cosas. Y ya verás que después de un tiempo todo se calma. Recuerda que te quiero con el alma y que voy a extrañarte cada día. Hasta pronto, Virginia.

«Vaya con Dios, mi vida. Vaya con Dios, mi amor», canta Connie Francis en aquella despedida desgarradora que, sin saber yo por qué, me ha conmovido cada fibra del corazón desde que era niña. Pero… ¿cómo podría yo enviarle a Dios a semejante asesino, a sabiendas de que mi idealista ha muerto y ha nacido ese vengador sin entrañas?… ¿A conciencia de que todo en mi líder popular ha muerto y ha nacido aquel guerrero sin ápice de compasión?

Yo ya sólo sé que soy sólo una mujer, impotente. Que a partir de ahora él me será cada vez más extraño, cada día menos mío… Que estará cada vez más ausente, cada día más lejano… Que su capacidad de defensa lo hará cada vez más inmisericorde, su sed de venganza cada día más despiadado… Y que de hoy en adelante cada uno de sus muertos será también el mío, y cargar con todos ellos tal vez mi único destino.

Cocaine Blues

En las semanas siguientes al asesinato de Rodrigo Lara Bonilla se suceden cientos de detenciones y allanamientos, decomisos de aviones, helicópteros, yates y autos de lujo. Por primera vez en la historia de Colombia, todo aquel que conduce un Mercedes por la ciudad o un Ferrari por la carretera es detenido por sospechoso, bajado del auto con insultos en tono castrense y requisado por la policía de manera inmisericorde; y esta vez de nada sirve la proverbial «mordida» con billete de alta denominación, porque el Ejército está por doquier. Los colombianos que pagan impuestos dicen orgullosamente que ¡por fin! el país está cambiando y se va acabar tanta corrupción, porque ya no aguantábamos más, nos estábamos *mexicanizando,* y la imagen de Colombia estaba por el suelo. Los grandes capos huyen en estampida hacia algún lugar que, se rumora, podría ser Panamá, porque allá es donde tienen guardada la plata para que no se la confisquen los gringos. Se da por sentado que Estados Unidos va a invadirnos para poner una base naval en la Costa Pacífica, porque el Canal de Panamá se está secando y hay que ir pensando en su reemplazo y en destapar el Darién para construir la Autopista Panamericana desde Alaska hasta la Patagonia; y también una base militar en la Costa Atlántica, igualita a Guantánamo, porque la guerrilla está cogiendo tanta fuerza que todos nuestros vecinos, ¡qué vergüenza!, ya dicen que sus países se les están *colombianizando.* La nación está enardecida, los ánimos caldeados y todo el mundo entiende que la gente decente está a favor de ambas bases, porque 60 por ciento que está en contra es narcotraficante o comunista.

Durante varias semanas mi vida se convierte en un auténtico infierno: cada media hora alguna persona no identificada llama para decirme todas las cosas que jamás podrían gritarle a Pablo, muy parecidas a las que él me recitara al oído en aquella noche de la Beretta y los espejos. Con el tiempo me voy acostumbrando a los insultos y amenazas, y a que pasen los días sin saber nada de él; también dejo de llorar, me voy volviendo más fuerte y pienso que así es mejor, porque ese asesino no me convenía y tal vez es mejor que se quede en Australia criando ovejas y deje vivir en paz a los colombianos, que son la gente más buena y trabajadora del mundo. Y como la vida es muy corta, y al final sólo nos queda lo comido y lo bailado, para probarme a mí misma que ya Pablo dejó de dolerme me voy con David Metcalfe para Río de Janeiro y Salvador Bahía, a comer *Moqueca Bahiana* y a oír a Gal Costa, a Caetano Veloso, a Maria Bethania, a Gilberto Gil y a todos los demás prodigios de aquel subcontinente creado en el Cielo por algún Dios misericordioso para las gentes más hedonistas de la Tierra. Recorremos la ciudad de los artistas y los pensadores de Brasil, que está recién pintada de todos los colores por el éxito de *Dohna Flor e Seus Dois Maridos*, la película con Sonia Braga, a quien acabo de entrevistar para uno de mis programas de televisión. David luce estupendo en su *resort wear*, sus *blazers* de Saville Row y sus pantalones rosa, coral y amarillo canario de Palm Beach, y en la *cidade maravillosa cheia de encantos mil* me estreno todos los pareos y bikinis que había comprado en Italia, me siento como la Chica de Ipanema y contemplo la Lagoa brillando bajo el cielo estrellado en la noche carioca. No bailo samba porque un socio de White's de dos metros de altura y veintidós años mayor que yo tal vez beba *caipirinhas* y *caipirissimas,* pero se rehúsa terminantemente a bailar samba, salsa, *reggae*, vallenato y toda esa «*Spanish Music*» de la gente latinoamericana de mi generación. Por unos breves días me siento en el Paraíso y pienso que, por fin, después de llorar un río por Pablo y otro por mí, uno por los muertos de Pablo y otro por el país de ambos, la vida vuelve a sonreírme.

Al cabo de unos meses todo vuelve a la normalidad. Se dice que la OEA respaldó a Colombia y se opuso a la invasión porque con un

Guantánamo teníamos, y dos no eran convenientes para la estabilidad del Hemisferio, y porque ¡quién aguantaba a todos esos ecologistas europeos si se destruía la selva húmeda del Darién con argumentos imperialistas disfrazados de libre comercio! La totalidad del país, sin excepción —guerrilla, estudiantes, obreros, clase media, burguesía y servicio doméstico— celebra que los yanquis se quedaron con los crespos hechos, y los grandes empresarios comienzan a regresar al país para ponerse al frente de sus bancos, sus cadenas de droguerías y sus equipos de futbol.

¿Y quién mejor para conocer la verdad sobre todo lo que está pasando con Pablo y su mundo que Gilberto Rodríguez Orejuela, su colega emérito y amo y señor de docenas de periodistas? A Dios gracias los Rodríguez no son enemigos del *Establishment*, sino amigos de toda la *élite* burocrática y política. No tienen las manos manchadas de sangre ni torturan a la gente; bueno, se rumora que hace un montón de años participaron en el secuestro de unos suizos en Cali, pero fue hace tanto tiempo que ya dejó de ser cierto. Gilberto no guarda su plata en canecas bajo tierra, como Pablo y el Mexicano, sino en sus propios bancos. No mata ministros, sino que es amigo personal de Belisario Betancur. Lo llaman «el Ajedrecista» porque tiene cerebro de tal y no de asesino serial. No viste de lino beige en Bogotá, sino de azul marino. No usa zapatos tenis porque no es Pedro Navaja, sino Bottega Veneta porque es John Gotti. Y, últimamente, todos mis compañeros de trabajo comentan en voz baja que, como a los dueños de Tranquilandia les asestaron ese golpe de mil millones de dólares, Gilberto Rodríguez ha pasado a convertirse en el hombre más rico de Colombia.

Rodríguez pasa cada vez más tiempo en Bogotá y siempre que viene me invita a subir a su oficina del Grupo Radial para que le cuente todo lo que está pasando, porque dizque él es un hombre sencillo que viene de la provincia y no está muy enterado de lo que pasa en la capital. Claro que Gilberto sabe todo, porque sus tres mejores amigos son Rodolfo González García, Eduardo Mestre Sarmiento y Hernán Beltz Peralta, la crema y nata de la clase política colombiana. Todos los parlamentarios del Valle del Cauca y un gran número de los de otros Departamentos lo llaman por teléfono, y él atiende a uno cada diez o quince minutos. Sus nombres desfilan por mis oídos mientras yo lo observo desde el sofá que está frente a su escritorio. Lo que Gilberto en realidad quiere mostrarme es que él sí es elegante, popular y poderoso, y que compra ministros y senadores por docenas; que mi amante es sólo un prófugo de la justicia y que ahora él ha pasado a convertirse en el poder detrás del trono en Colombia. A todo el que llama a pedir plata —y es a lo único que llaman— le responde afirmativamente. Me explica que a sus amigos les envía el ciento por ciento de lo prometido; a los que no le simpatizan les gira diez por ciento y, una vez que conoce su precio, les promete que el resto les llegará otro día. Al presidente Alfonso López Michelsen —a quien Gilberto Rodríguez idolatra por ser el dueño de la que él describe como «la inteligencia más formidable, completa y perversa del país»— le regala pasajes a Europa en primera clase. Y el presidente López y su esposa Cecilia Caballero siempre están viajando a Londres y a París, y a Bucarest a ponerse inyecciones de procaína con la famosa gerontóloga Anita Aslan, cuyos pacientes tienen fama de durar en perfecto estado de salud, conservación, alerta y lucidez hasta los albores del segundo siglo.

Gilberto es ferozmente rojo porque de niño su familia tuvo que huir de la violencia conservadora en su natal Tolima, la región arrocera y cafetera, y se radicó en el Valle del Cauca, la azucarera. A diferencia de Escobar y los Ochoa en Antioquia, en el Valle toda la policía es de él, lo mismo que los organismos de seguridad y el Ejército. Gilberto y yo hablamos de todo pero jamás nombramos a Pablo, ni aunque el tema sea el *Guernica* de Picasso o el «Nuevo Canto de Amor a Stalingrado» de Neruda. Escobar y Rodríguez son polos opuestos en casi todo. Cuando Pablo me ve, sólo tiene una cosa en mente: quitarme el vestido; las ocho horas de conversación vendrán mucho después. Cuando Gilberto me mira, en cambio, sólo tiene una cosa en mente: la novia de Escobar. Y cuando yo observo a Gilberto sólo tengo una cosa en mente: la competencia de Pablo. Si Pablo es el drama, Gilberto es la comedia, un encantador de serpientes y una caja de música con uno de sus zapatos italianos en el bajo mundo y el otro en el *Establishment*. Y, de un tiempo para acá, ambos hablamos el mismo idioma: no sólo adoramos reír juntos, y somos el hombre importante, y rico, y la mujer famosa, y bonita, mejor informados del país, sino que cada uno simpatiza con la causa del otro y la compasión que sentimos es de doble vía.

—¿Pero cómo podría alguien tener de amante a semejante belleza, semejante reina, semejante diosa? ¡Una mujer como tú es para casarse con ella, para regarla cada día, para no volver a mirar a ninguna otra jamás en la vida! ¡Y pensar que uno ya está casado… y con semejante fiera! ¡Eso es como vivir con Kid Pambelé, a los puñetazos de día, y con Pelé, a las patadas de noche! Tú no te sueñas, no te alcanzas a imaginar, mi reina, lo que es tener que soportar a diario a una fiera que lo lleva a uno por semejante camino de la amargura, mientras la sociedad y todos los demás banqueros lo fustigan a uno con el látigo del desprecio, como si fuera un paria. A Dios gracias, tú sí me comprendes. Los ricos también lloran, no creas. ¡Tú, definitivamente, eres un remanso de paz!

La otra diferencia de fondo entre Pablo y Gilberto es que el hombre que todavía amo, y al que tanto extraño, nunca me ha subestimado. Pablo no insulta mi inteligencia y no usa galanterías conmigo sino cuando me ve deshecha, sufriendo por cosas suyas de las que yo jamás me atrevería a hablarle. Pablo jamás aceptaría una derrota; de nadie, ni siquiera de la mujer amada. Pablo no habla mal de sus cómplices sino de los galanistas, sus enemigos jurados. Pablo siempre manda al día siguiente el ciento por ciento de lo que promete y nunca pide recibo. Pablo no habla de cosas pequeñas y jamás baja la guardia con nadie, sobre todo conmigo, porque para él y para mí nada es suficiente: todo debería ser mejor, mil veces más grande, el súmmum, lo máximo. Todo en nuestro mundo, nuestra relación, nuestro lenguaje, nuestras conversaciones es macro. Somos igual de elementales y terrenales, de soñadores y ambiciosos, de terribles e insaciables, y el único problema que tenemos son dos códigos éticos que eternamente están chocando. Yo le digo que la crueldad de la evolución no deja de espantarme y que fue por eso que Dios Hijo bajó a la Tierra para enseñarnos la compasión. Tras una discusión bizantina lo he convencido de que su dimensión del presente deben ser cien años porque para un protagonista de la Historia, como él, vivir siempre en la definición convencional de algo que no existe, sin analizar causas ni prever consecuencias, es peligrosísimo. Pablo y yo no cesamos de sorprendernos, de sacudirnos, de contradecirnos, de enfrentarnos, de escandalizarnos mutuamente, de llevarnos hasta el límite antes de devolver al otro a la realidad tras haberlo hecho sentir brevemente como un todopoderoso dios humano para quien no hay imposibles. Porque no hay nada, nada en el mundo, que haga latir más a un ego que encontrarse con otro de su mismo tamaño, siempre y cuando sea éste del género opuesto y uno de los dos termine con el cuerpo que encierra al otro palpitando debajo del que encierra al suyo.

Una noche, Gilberto Rodríguez me invita a la celebración de un triunfo histórico del América de Cali, el equipo de futbol de su hermano Miguel. Es éste un hombre amable y caballeroso, serio y sin un ápice de la encantadora socarronería que caracteriza a su hermano mayor. Mi instinto me dice que carece también de las inquietudes intelectuales de Gilberto, que son muchas y más de orden artístico y existencial que histórico y político, como las de Pablo. Entrevisto a Miguel Rodríguez, departo con él unos minutos para ver su reacción a mi presencia —porque estoy segura de que Gilberto el Locuaz ya le ha hablado de mí— y posamos para los fotógrafos. Conozco a los hijos del primer matrimonio de Gilberto, todos muy cordiales conmigo, y me despido. Él insiste en acompañarme hasta el auto y yo insisto en que no es necesario, porque sé que, al ver mi Mitsubishi, la familia Rodríguez va a anotarse el único gol que les había quedado faltando.

—¡Pero qué lindo su carro, mi reina! —exclama triunfante, como si tuviera ante sí un Rolls Royce Silver Ghost.

—No digas tonterías, que no es la carroza de la Cenicienta. Es un autito de periodista explotada por el Grupo Radial Colombiano. Y, además... creo que va siendo hora de que te confiese que... yo no tengo «corazón de garaje», sino de hangar. De hecho... son tres hangares, ni siquiera uno.

—¡Uuuyyy! ¿Y quién ocupa ese triple hangar en este momento, reinita?

—Un hombre que está en Australia y que no demora en volver.

—Pero… ¡¿acaso no sabías que el hombre ya volvió hace rato?! ¡¿Y que toda su flota está en un solo hangar… el de la policía?! Y… ¿cuándo vas por Cali, mi amor?… ¿A ver si, por fin, tú y yo podemos salir a cenar juntos una noche?

Respondo que en Bogotá existen restaurantes desde la época de la Colonia, pero el sábado voy a estar en Cali comprándole antigüedades a mi amiga Clara, y me despido.

No paro de llorar hasta el sábado a las siete de la noche, porque Clara ya sabe, por Beatriz, la novia de Joaco vecina de la hermana de Pablo, que éste regresó al país y directamente al jacuzzi con reina o las infaltables modelos por duplicado aderezadas con marihuana. Pienso que a Dios gracias Gilberto no parece ser de lesbianas, ni de *Samarian Gold* cultivada por los Dávila, ni prófugo de la justicia y que es, definitivamente, el Rey Absoluto y Coronado del Valle del Cauca. Y como yo trato a los reyes como peones y a los peones como reyes, y él y yo hemos pasado ya doscientas horas conversando y riendo de todo lo divino y lo humano, de política y finanzas, de música y literatura, de filosofía y religión, con el primer sorbo de whisky le pido que en su condición de importador de insumos y químico *Summa Cum Laude*, no de banquero emérito ni ninguna de esas tonterías, hablemos, por fin, del mundo real:

—Y… ¿cuál es la fórmula de la cocaína, Gilberto?

Acusa el golpe, y de inmediato lo devuelve con una gran sonrisa:

—Pero… ¡cómo me resultaste de mafiosa, mi amor! ¿Y es que, acaso, en todo este tiempo… no te dieron cursos intensivos? ¿De qué hablabas entonces con ese australiano? ¿Contaban ovejas, o qué?

—No, de la Teoría de la Relatividad, que se la expliqué paso por paso hasta que le hice ver estrellitas ¡y por fin la entendió! Y jamás, jamás, vuelvas a preguntarme por ese psicópata porque, por principio, yo jamás hablo de un hombre que haya amado con otro. A ver pues, tu receta de cocina… y prometo no vendérsela a nadie por menos de cien millones de dólares…

—Sí… él nunca ha aceptado que en este negocio, como en todo en la vida, a veces se gana y a veces se pierde. A uno le roban doscientos kilos aquí… trescientos allá… y se resigna… porque ¿qué más hace? Él, en cambio, ¡cada vez que le roban cinco kilos deja cinco muertos! ¡A ese paso, va a acabar con toda la Humanidad!

Acto seguido, me da un curso intensivo de química: tanto de pasta de coca, tanto de ácido sulfúrico, tanto de permanganato de potasio, tanto de éter, tanto de acetona, etc., etc. Cuando termina, me dice.

—Bueno, amor, ya que ambos hablamos el mismo idioma… te voy a proponer un negocio perfectamente lícito, para que te vuelvas multimillonaria. ¿Qué tal te llevas con Gonzalo, el Mexicano?

Respondo que todos los capos grandes me respetan, que fui la única estrella de televisión presente en los Foros contra la Extradición, que tarde o temprano esa posición va a costarme mi carrera y que fue por eso que acepté trabajar en el Grupo Radial Colombiano:

—Es el único paracaídas que voy a tener el día en que me quiten todos los demás programas… y mi tragedia es que yo siempre sé lo que va a pasar.

—¡No, no, Virginia! ¡Ni pienses en eso, que una reina como tú no nació para preocuparse por esas tonterías! Mira: como yo paso cada vez más tiempo en Bogotá y Gonzalo vive allá, a mi me gustaría que me ayudaras a convencerlo de que lo que más le conviene, después de semejante golpe que acaban de asestarles en el Yarí, es trabajar con nosotros, porque somos los mayores importadores de químicos del país. Él sí es inteligente, porque en Los Ángeles hay un millón de mexicanos desesperados por trabajar en lo que sea ¡y ésa es la gente más buena y honrada del mundo! Los que le mueven la mercancía al Mexicano no le roban un gramo. En cambio tu amigo, el señor de Miami, tiene que trabajar con todos esos *Marielitos* —los asesinos, violadores y ladrones que Fidel Castro les mandó a los gringos en 1980— y esos no entienden sino por las malas. ¡Por eso fue que ese hombre se volvió así de loco! Yo no soy tan ambicioso, ni me las quiero ganar todas: me conformo con el mercado de Wall Street y el de los ricos de Studio 54; con ése tengo para vivir tranquilo por el resto de mi vida. Cosas que uno hace por los hijos, mijita…

Yo sé como piensan y actúan Pablo Escobar, Gustavo Gaviria, Jorge Ochoa y Gonzalo Rodríguez: como un solo bloque de concreto, y más ahora que tienen el mundo encima. Como mi negocio no es la venta de insumos químicos, pero mi pasión sí es la recolección, el procesamiento, la clasificación y el almacenamiento de todo tipo de datos útiles e inútiles, no dejo pasar una oportunidad de oro y le pido cita a Gonzalo.

El Mexicano me recibe en la sede campestre del Club Millonarios, su equipo de futbol. Sale y me ruega que lo espere porque tiene a unos generales en su oficina y no quiere que me vean. Paseo por los jardines, que son bellísimos y llenos de estanques con patos, y el tiempo se me pasa estudiando el comportamiento del macho dominante con sus rivales y con las patas. Espero pacientemente hasta que todo el mundo se ha ido y Gonzalo queda libre para conversar conmigo. Los socios de Pablo me han tratado siempre con enorme afecto, y me encanta verlo sonreír cuando le digo que todos ellos me caen muchísimo mejor que él. Gonzalo me cuenta que ya no puede hablar tranquilo ni siquiera en sus oficinas, porque cualquiera podría colocarle un micrófono oculto. Es un hombre terrible que inició su carrera en los más bajos fondos y en el mundo de los esmeralderos y, a su lado, Pablo parece la Duquesa de Alba. Es dos años mayor que nosotros, muy moreno, delgado y como de 1.70 metros, silencioso, calculador y muy taimado. Tiene diecisiete haciendas en los Llanos Orientales colombianos que limitan con Venezuela y, aunque de valor muy inferior, algunas son de tamaño superior al de Nápoles. Como todo terrateniente colombiano, es ferozmente anti comunista y odia a muerte a la guerrilla, que vive del secuestro y el robo del ganado; por esta razón, el Ejército siempre es bienvenido en sus propiedades con una suculenta ternera a la llanera y botas para los soldados, que las tienen todas agujereadas por falta de presupuesto. Cuando le transmito el mensaje de Gilberto, el Mexicano se queda pensativo durante un largo rato y luego me dice:

—No sé qué está pasando con Pablo y contigo, Virginia… Yo no puedo meterme en nada porque él es mi amigo, pero ese hombre ha estado loco por ti desde que te conoció. Personalmente, creo que no se atreve a darte la cara después de lo que pasó… Pero tú tienes que entender que ese golpe que nos dieron fue monumental, de un tamaño que nadie perdona… Y eso no podía quedarse así, porque uno tiene que hacerse respetar.

Acto seguido comienza a contarme todo lo que ha venido ocurriendo en Panamá y me explica por qué, con la ayuda del ex presidente Alfonso López, las cosas van a comenzar a arreglarse muy pronto. Añade que casi todos los aviones de ellos ya están a salvo en varios países de Centroamérica, porque para ese tipo de cosas sirve tener en el bolsillo al director de la Aeronáutica Civil. Yo le hablo de las amenazas que estoy recibiendo a diario tras la muerte del ministro Lara y del terror en que vivo, y él ofrece poner hombres a mi disposición para rastrear las llamadas y eliminar a las personas que me están amargando la vida. Cuando respondo que con los muertos de Pablo ya tengo, que lamentablemente para mí soy de los que prefieren ser víctimas a victimarios y que, quizás por eso, comprendo perfectamente a quienes en un país como el nuestro se toman la justicia en sus manos, me dice que siempre podré contar con él, sobre todo cuando Pablo no esté, porque toda la vida agradecerá el programa sobre Medellín sin Tugurios y mi presencia en los Foros contra la Extradición. Le comento que su amigo nunca me ha dado las gracias por nada, y él responde de manera categórica y con voz que va subiendo y subiendo de tono con cada frase:

—A ti no te dice nada porque es muy orgulloso, ¡y después de que te conquistó se cree el rey del mundo! Pero me ha hablado muchas veces de tu valor y de tu lealtad. Ese hombre realmente te necesita, Virginia, porque eres la única mujer educada y adulta que ha tenido en toda su vida y la única que lo pone en su sitio. ¿O es que crees que va a haber otra de tu casta que se la juegue toda por un bandido como él, sin pedirle nada a cambio?… Pero, pasando a otro tema… ¿cómo puedes ser tan ingenua? ¿Es que acaso no sabes que Gilberto Rodríguez es el enemigo más solapado que tiene Pablo Escobar? ¿Cómo puede ese miserable poner a una princesa como tú a hacer vueltas de mafiosos, como él? Si quiere ser socio mío, ¡que se unte las manos de sangre en el MAS, mate secuestradores y comunistas y deje ya de dárselas de

gran señor, que él no es sino otro «indio levantado» como todos nosotros, un mensajero de droguería con bicicleta! ¡Al contrario de él, yo
sí sé cuál es mi territorio y quiénes son mis socios! ¡Dile que tengo
insumos hasta el año 3 000 y que éstos no son negocios para un ángel
como tú sino para *hijueputas* como él, pero con cojones como los de
Pablo Escobar! Quiero que sepas que no pienso decirle a mi amigo
una sola palabra de esta reunión. Pero recuérdale al tal «Ajedrecista»
que ¡no hay nada, nada, nada más peligroso para un hombre en la vida
que ponerle banderillas a Pablo Escobar!

Gonzalo sabe perfectamente que yo tampoco podría decirle
nada de esto a Gilberto. Le agradezco su tiempo y su confianza, y
me despido. Acabo de aprender una de las más valiosas lecciones de
los últimos años: y es que el poderosísimo gremio del narcotráfico
está mucho más profundamente dividido de lo que cualquiera creería, y que, esté donde esté Pablo, los más duros siempre cerrarán filas
en torno de él.

Nunca entendí cómo hacía Escobar para despertar esa feroz lealtad y esa admiración en otros hombres fuertes. Vi a Gonzalo tres o
cuatro veces en la vida, y cuando lo mataron en 1989 supe que Pablo
tenía los meses de vida contados. Dicen que era otro sicópata, que
acabó con todo un partido político de izquierda y que fue uno de
los monstruos más grandes que Colombia haya producido en toda
su historia. Todo eso, y mucho más, es dolorosamente cierto. Pero, en
honor de la verdad, debo decir también que aquel hombre feísimo,
aquel desalmado que en los años ochenta, con ayuda del Ejército y
de los organismos de seguridad de mi país, envió al cielo a centenares de almas de la Unión Patriótica y a sus candidatos presidenciales,
tenía una cualidad que raras veces encontré en Colombia: el carácter
de un hombre. Gonzalo Rodríguez Gacha sabía ser un amigo; y «Gacha», como lo llamaban para darle condición de bastardo, era hombre
de una sola pieza.

Cuando regreso a mi apartamento llamo a Luis Carlos Sarmiento Angulo. Le informo que el presidente de su Banco de Occidente,
establecido en Cali, se opone rotundamente al ingreso de las cuentas
de la familia Rodríguez Orejuela, ahora la más rica del Valle del Cau-

ca, con un par de miles de millones de dólares y docenas de compañías legítimas entre las que se cuentan el Banco de los Trabajadores, el First Interamericas de Panamá y varios cientos de droguerías.

—¿Que quéeeece? —ruge el hombre más rico del *Establishment* colombiano.

Veo nuevamente a Gilberto en Cali, porque él está convencido de que mi teléfono está intervenido y de que me encuentro muy vigilada. Le digo que le tengo una buena noticia y una mala. La segunda es que Gonzalo agradeció su oferta, pero tenía insumos hasta el año 3 000.

—Conque me mandó decir que me fuera al demonio… ¿Y te dijo que él era el socio de los *paisas* y no el mío, verdad? Y seguro te dijo que yo era un marica porque no era miembro del MAS… ¿Cuánto tiempo hablaron?

Le contesto que como un cuarto de hora, porque estaba muy ocupado. Gilberto exclama:

—¡No me digas mentiras, mi reina, que con un tesoro de información como tú uno habla tres horas cuando está de afán! ¡Nadie habla contigo quince minutos! ¿Qué más dijo?

—Bueno, dijo que él comprende perfectamente que tú y Miguel son muy liberales para matar comunistas… y que él respeta las diferencias ideológicas… y que tú, que eres un hombre brillante, sabes lo que eso quiere decir… porque le da pena mandártelo a decir con una princesa como yo. ¡Pero la buena noticia es que Luis Carlos Sarmiento no ve por qué tus droguerías no pueden ser clientes de sus bancos! Le conté que a ti te gustaba pagarle al fisco hasta el último centavo —tú y yo sabemos que no es por patriotismo, ¿verdad?— y eso le encantó, porque él es el mayor contribuyente del país. Y mi humilde teoría es que, entre más magnates paguen impuestos de verdad, más se les alivian las cargas tributarias a todos; pero el problema es que con excepción de ustedes, que ahora son los dos hombres más ricos de Colombia, los demás, al escucharla, aúllan *«Vade retro, Satanás!»* Sarmiento te manda decir que te recibe cuando quieras.

—¡Pero, realmente, tú sí eres una niña prodigio! ¡Debes ser un sueño de novia! ¡No, no, de novia no: tú naciste para cosas mucho más importantes, mi amor!

—Sí, yo nací para arcángel de la guarda. Para hacer favores sin pedir nada a cambio, no negocios de insumos, Gilberto. Alguien como yo entiende perfectamente que nadie puede tener dos mil millones de dólares en un solo banco; y, ahora que vas por el buen camino, no se te vaya a ocurrir meterte al MAS con mis amigos paisas. Nunca.

Como la ocasión amerita una celebración nos vamos a bailar a la disco de Miguel. Esa noche Gilberto bebe muchísimo, y me doy cuenta de que el alcohol lo transforma, y pierde completamente el autocontrol. De regreso al hotel Intercontinental, insiste en acompañarme hasta mi habitación. Me siento terriblemente incómoda mientras atravesamos el *lobby*, porque todo el mundo en Cali lo conoce a él y todo el mundo en el país me conoce a mí. Cuando llegamos a la puerta, insiste una y otra vez en abrirla él mismo. Me empuja hacia adentro y el resto es historia: por culpa de unas banderillas negras a Pablo Escobar, acaba de comenzar la Guerra de Troya.

Unos días después Gilberto viene a Bogotá. Se excusa por lo ocurrido, dice que no recuerda nada y yo le digo que a Dios gracias yo tampoco, lo cual es totalmente falso porque tengo memoria de *savant* hasta para las cosas más inmemorables. Me dice que en prueba de lo importante que soy yo para él quiere invitarme a que lo acompañe a Panamá a una reunión con el ex presidente Alfonso López. Me pregunta si yo lo conozco.

—Claro. A los veintidós años, ya Julio Mario Santo Domingo me sentaba en la mesa principal de la campaña presidencial con el presidente López y el presidente Turbay. Y como Pablo Escobar también me ha sentado en la mesa principal de dos Foros contra la Extradición, en los que tú brillaste por tu ausencia, creo que soy la persona perfecta para encubrir la noticia.

En Panamá conozco a los directivos de las empresas de Gilberto y a sus socios. Parece que los hubiera convocado a todos para algún cónclave cardenalicio, y ninguno se llama Alfonso López Michelsen. Los primeros son una docena de hombres de clase media y los segundos parecen ser expertos en contabilidad y finanzas. No puedo dejar de pensar que quienes rodean a Pablo siempre están hablando de política, mientras que quienes rodean a Gilberto sólo hablan de

negocios. Lo último que podría pasar por mi mente es que los haya
invitado para exhibirse conmigo, pero lo único cierto es que a mi
regreso a Bogotá, cuatro días después, me encuentro con la versión
original de la historia que me perseguirá durante los siguientes veinte años de mi vida y que me costará mi carrera. En mi ausencia, Jorge Barón Televisión, productor de *El show de las estrellas*, ha recibido
una docena de llamadas, de alguien cuya voz no puede ser otra que
la mía, excusándome de asistir a las grabaciones programadas, ¡porque
mi rostro ha sido horriblemente tasajeado con una cuchilla de afeitar
por orden de la esposa de Pablo Escobar para quitarme una enorme camioneta SUV negra que su esposo me había regalado! Cuando
entro al estudio de grabación luciendo perfectamente bronceada y
radiante en mi vestido largo, escucho a las asistentes y los técnicos
comentando en voz baja que acabo de llegar de Río de Janeiro, donde me hice la cirugía plástica durante el fin de semana y el famoso
cirujano Pitanguy hizo milagros para salvarme el rostro porque con
los millones de Pablo no hay imposibles. Todo el país disfruta con el
sinnúmero de versiones de la historia y los diversos modelos y colores del automóvil del que fui despojada (otros hablan de una fabulosa
colección de joyas) y casi todas mis colegas de la prensa y las señoras
de sociedad se lamentan entre ellas de que Ivo y yo seamos tan amigos desde que me operó la nariz en 1982, porque me dejó luciendo
«más joven y mejor que antes».

Tardo muchos días en darme cuenta de que una feroz ajedrecista
ha matado una bandada de pájaros de un solo tiro: si bien no he sido
golpeada, pateada y desfigurada sino en las fantasías de una mujer enferma de maldad, los periodistas de *El Tiempo* y *El Espacio*, cien colegas con micrófono, con los que jamás he salido a tomar ni un café,
y un millón de mujeres convencidas de que la juventud y la belleza
se compran en los consultorios de los cirujanos plásticos, yo he quedado convertida en protagonista de los más sórdidos escándalos, la
inocente esposa de Pablo Escobar en una peligrosísima y vengativa
delincuente, y él en un imbécil, que permite que su novia sea despojada de sus regalos a golpes, y un cobarde que no movió un dedo
para impedirlo ni castigar a los culpables.

Una noche regreso a casa después de realizar un lanzamiento de producto para una agencia de publicidad. Tras examinarme con lupas durante cinco horas, todo el mundo ha concluido que en mi traje largo blanco de Mary Mc Fadden y con el cabello recogido en alto luzco muchísimo mejor que dos semanas atrás. Al entrar en mi apartamento me sorprendo de ver luz en el salón. Me asomo y ahí está él, mirando mis álbumes de fotografías y dizque aliviado de verme tan intacta y completa. Feliz de la vida, como si no hubiera asesinado al ministro Lara. Sonriente, como si yo no llevara meses escuchando amenazas de torturas y violaciones y quince días desmintiendo historias de golpizas y desfiguraciones. Dichoso, como si no hubiera pasado un siglo desde la última vez que nos vimos. Radiante, como si entre ocho millones de adultos colombianos fuera él mi único pretendiente. Expectante, como si yo fuera su Penélope esperando anhelante el regreso de Odiseo y tuviera la obligación de volar a derretirme en sus brazos como un helado de maracuyá con trocitos de cereza, ¡sólo porque todos los días él sale en el periódico y en las portadas de revistas con esa cara de malo de película, de asesino, de sicópata, de extraditable y de prófugo de la Cárcel Modelo de Bogotá!

Inmediatamente me doy cuenta de que no sabe nada del fugaz *affaire* con Gilberto, porque no hay en su mirada un ápice de reproche; sólo admiración y la más absoluta adoración. También inmediatamente, él se da cuenta de que ya no soy la misma de antes. Y cae en la tentación de recurrir a argumentos elementales que nunca había utilizado conmigo: que soy la cosa más bella que él ha visto en toda su vida, que nunca se hubiera imaginado que en traje largo y con el cabello recogido pudiera lucir como una diosa bajada del Olimpo, etc., etc. Yo me sirvo un trago enorme y le contesto que de lucir así y de hablar todavía mejor he vivido toda la vida. Me dice que ha estado mirando las revistas y preguntándose por qué en ninguna de mis cinco docenas de portadas luzco como me veo en la realidad. Le comento que, como las revistas colombianas no tienen presupuesto para pagarle a Hernán Díaz —que es un genio de la fotografía con un gusto perfecto— la revista *Semana* ha puesto de moda sacar a los asesinos seriales en portada y los está convirtiendo en mitos contemporáneos.

Su rostro se va ensombreciendo a medida que yo continúo sin detenerme:

—¿Cómo te fue en Panamá con el papá del dueño de la revista? ¿Es cierto que tu gremio va a entregar aviones y rutas, y a invertir las fortunas en el país si Belisario Betancur echa para atrás la extradición? ¿Y cómo sugirió Alfonso López que controlaran la inflación que se nos viene encima con esa inyeccioncita de capitales que suman más que toda la deuda externa?

—¿Quién te contó todo? ¿Y quién te está llamando cada quince minutos y a estas horas, Virginia?

Le digo que esperemos a la próxima llamada para que, si tenemos suerte, pueda escuchar una sesión de torturas completa. Con su voz más persuasiva, me dice que no debo preocuparme, porque las amenazas sólo pueden provenir de un montón de galanistas inofensivos. Como no digo una palabra, cambia rápidamente de tema y de tono:

—¿A quién le regalaste las cosas que me habías traído de Roma? Beatriz dice que tú no me dejaste nada con ella, y que Clara es su testigo.

Quedo estupefacta, deshecha.

—¡Esto sí es lo único que me faltaba, Pablo! Esta vez mis regalos para ti ascendían a más de diez mil dólares. Creo que a estas alturas ya conoces mi generosidad y mi integridad, pero si quieres cuestionarlas estás en libertad de hacerlo. ¿Pero qué es todo este horror, esta maldición? ¡Y pensar que antes de seguir para Roma le regalé a cada una de esas brujas mil dólares para compras en Saks! Creyeron que te habías ido para siempre…o que tú y yo no íbamos a volver a hablar… y como ambas son comerciantes, se robaron tu maleta para vender las cosas y el bronce, ¡sabrá Dios por cuánto!

Me ruega que no vaya a decirles nada porque, por la seguridad de ambos, nadie puede saber que él regresó y que nos vimos. Añade que ya es hora de que acepte que alguien como yo no puede tener amigas, y que personas como Clara y Beatriz son capaces de hacer cualquier cosa por diez mil dólares. De pronto, abre un maletín y arroja sobre el piso una docena y media de audiocasetes. Me informa que son mis conversaciones grabadas por el F2 de la policía, que trabaja para él; pero no se pueden escuchar porque están *rayadas*. Como ve que ni le creo, ni me sorprendo, ni me alarmo, y que estoy demasiado agotada emocionalmente como para enfurecerme más, pregunta con voz amenazadora:

—¿Quién es el marido de esa *mafiosa* que está llamando a los medios a decir que mi esposa te desfiguró? ¡Porque tú y yo sabemos perfectamente que ésas no son cosas de *jailosas* de Bogotá, sino de mujer de algún *mafioso*!

—Creo que son sólo galanistas, Pablo... Y no te subestimes tanto, porque mi amante, por principio, es, ha sido y será siempre El Hombre Más Rico de Colombia, ¡no «algún mafioso»! Puedes pedirle las cintas originales al F2 para averiguar cómo se llama. Me alegra saber que llegaste bien. Llevo cinco horas soportando los más refinados insultos disfrazados de adulación y estoy muy cansada. Buenas noches.

Dice que no volveré a verlo nunca más en la vida. En silencio, subo a mi habitación y a mis espaldas escucho el ascensor bajando. Para no pensar en los sucesos de la noche, coloco en mi grabadora el casete con mis canciones favoritas y echo en la tina todas las sales de baño que encuentro. Cierro los ojos, pensando en que fue una suerte que él me viera por última vez en vestido largo y no en pijama, y con peinado alto y no con rollos en el pelo. Me pregunto para qué diablos necesitaba yo a un mafioso de ésos, semejante asesino serial, y me respondo que para nada, nada, ¡nada distinto de ayudarme a suicidarme, claro!... Pero... ¿por qué entonces estoy llorando así... mientras escucho a Sarah Vaughan en *Smoke Gets in Your Eyes* y a Shirley Bassey en *Something*?... Y me digo que es sólo porque estoy condenada a no poder confiar en nadie, a la más absoluta soledad, a vivir rodeada de víboras... Sí, porque eso es lo que son todas esas periodistas gordas, y esas mujeres de sociedad eternamente a dieta, y esos hombres rechazados, y ese par de ladronas que yo creía mis mejores amigas.

Un objeto cae pesadamente en la tina. Hace *¡splash!* y abro los ojos aterrorizada. Y ahí, flotando entre una nube de pompas y espumas, está el *Virgie Linda I,* el barquito más bello del mundo, con las velas a rayas y su nombre en letras blancas.

—¡Es tu primer yate y, si no me dices el nombre de ese mafioso, te lo quito ya! No… mejor te ahogo en esa tina… sí… Lástima que esa pared no me permita colocarme frente a tus pies, para agarrarlos e irlos levantando juntos… despacio… bien despacito… sin que puedas hacer nada. No… se te mojaría ese peinado tan elegante, y todos queremos que en tu foto póstuma de *El Espacio* luzcas bien divina al lado de esos otros cadáveres chorreando sangre, bajo un titular que diga…mmm…«¡Adiós a la diosa!» ¿Ése te gusta? Mejor que… «¡Muerta por mafiosa!», ¿o no? ¿Qué hacemos para que me digas quién es ese hijo de puta, para cortarlo ya en pedazos? ¿Y para mandarle a cortar ya la cara a la mujer de él, para que aprenda a no meterse con la mía? ¡Y con mi esposa!

—¡Bravo, Pablo! ¡Así se habla! ¡A esa mafiosa galanista vamos a buscarla juntos por toda Colombia para dejarla como un rompecabezas, sí señor! ¡Y a la novia del tipo también! —exclamo, agitando los puños en alto sin poder contener un ataque de risa mientras intento alcanzar mi velerito.

Furioso, me lo quita con una mano y con la otra agarra la radio grabadora. Se arrodilla junto a la tina y dice que no es un chiste, que se devolvió sólo para electrocutarme aunque tenga que arrepentirse por el resto de su vida. Mientras pienso que este hombre que tengo ante mí, con esos brazos como de crucificado y el terror de haberme perdido a otro en cada centímetro de su expresión, es la cosa más cómica y patética que recuerde haber visto, me parece ver en esa mirada suya algo de aquella misma desesperación que sólo él, entre cuatro docenas de personas, vio en mis ojos aquel día del remolino. Súbitamente, y por mucho que yo diga que el pasado y el futuro son lo único que existe, me doy cuenta de que él es lo único que llena de presente mi existencia, lo único que la colma y la contiene, lo único que justifica cada uno de los sufrimientos pasados y todos los que aún pudieran esperarme. Me estiro hacia él y, halándolo de la camisa para echarle los brazos al cuello, le digo:

—Oye, Pablo, ¿por qué no nos electrocutamos juntos… y tú y yo nos vamos al cielo, de una vez por toda… la eternidad?

Alcanza a tambalearse, y por un momento creo que va a resbalar sobre la tina con radio, barquito y todo. En segundos los deja caer al piso, me saca del agua, me jura que a él no lo reciben sino en el Infierno, me envuelve en una toalla y comienza a frotarme con furia. Y como si la cosa no fuera conmigo, yo también empiezo a cantarle mi traducida y cadenciosa versión de *Fever,* que está sonando ahora, mientras admiro los pequeños detalles del juguete de mis sueños y le digo que el *Virgie Linda II* sí va a tener que ser digno de toda una mafiosa y medir por lo menos cien pies... Entonces, en busca de recuperar cada instante de nuestro presente perdido, todas las fantasías de aquel demonio suyo y todas las pesadillas de aquel pobre arcángel mío vuelven a comenzar al compás de *Cocaine Blues* y esas canciones masculinas de Johnny Cash para asesinos convictos que yo no tengo la menor intención de traducirle, porque ¿cómo podría uno en un momento así cantarle a Pablo Escobar en el idioma suyo,

I shot a man in Reno just to watch him die?

¡No ese cerdo más rico que yo!

«¡Preferimos una tumba en Colombia a un calabozo en Estados Unidos!», rugen por doquier los comunicados de un grupo insurgente acabado de nacer: «los Extraditables». Aunque los medios de comunicación afirman que los nombres de sus miembros se desconocen, la identidad de sus fundadores, la profesión común de todos ellos, su probada capacidad de venganza y la sumatoria de los capitales que los respaldan son conocidos en el último municipio del último rincón de Colombia hasta por el último bobo del pueblo. El detonante de la declaración de guerra es la acción del nuevo ministro de Justicia, el galanista Enrique Parejo: a los pocos días de su posesión en reemplazo de Rodrigo Lara, Parejo ha firmado la extradición de Carlos Lehder y de Hernán Botero, banquero y accionista principal del equipo de futbol Atlético Nacional, solicitado por la justicia norteamericana por el lavado de más de cincuenta millones de dólares. Lehder huye del país, pero Botero es extraditado. Todos los partidos de futbol son cancelados en señal de duelo y su foto, encadenado de pies y manos y arrastrado por agentes del FBI, se convierte en el emblema de la causa nacionalista de los Extraditables.

Gilberto Rodríguez y Jorge Ochoa se han ido a vivir a España con sus familias. Gilberto me ha dicho que ellos dos piensan retirarse del negocio para invertir gran parte de sus capitales en Europa, que va a extrañarme muchísimo y que quisiera volver a verme muy pronto. Sabe que soy, posiblemente, la única mujer y periodista con quien se puede hablar tranquilamente de su actividad, de sus colegas y de los problemas gremiales con la absoluta certeza de que jamás cometerá una indiscreción. La verdad es que ahora que conozco las vulnerabilidades de su profesión, lo último que yo haría sería patrocinar divisiones o contribuir a las ya existentes. Estoy perfectamente consciente de que en un momento tan álgido para todos ellos cualquier acto desleal podría costarme incluso la vida y, por ello, mi relación con todo este mundo se basa en un autoimpuesto código de *Omertá*, en el mejor estilo de la Cosa Nostra. Veo partir a Gilberto con algo de la *saudade* que se siente por los afectos, no por los amores, porque nunca fuimos amantes. Aunque le digo que yo también extrañaré nuestras largas charlas, la verdad es que no le perdono que haya manejado aquel fugaz *affaire* con dosis imperdonables de indiscreción en alguien de sus talentos.

En los meses siguientes, Pablo y yo retornamos a la alegría de nuestros primeros tiempos pero, como ahora cada uno de nuestros encuentros demanda una cuidadosa planeación logística, aprovechamos cada minuto que podemos pasar juntos para ser profunda, intensa y completamente felices. Los aviones en los que viajo son arrendados, y sólo los dos hombres que me recogen en el aeropuerto, armados con rifles R16 que pueden doblarse, saben que voy a verme con él. Como vivo a menos de cien metros de los jardines de la residencia del embajador americano en Bogotá, a Pablo le preocupa terriblemente que la DEA pudiera estar vigilándome o que yo pudiera caer en manos de los organismos de inteligencia; por ello, y para tranquilizarlo, jamás pregunto a sus pilotos o a sus hombres a dónde me llevan ni dónde se oculta él. Nuestros encuentros tienen lugar de noche, en unas casitas que parecieran estar eternamente en construcción o cuyos acabados son realmente rudimentarios, a las que se llega después de recorrer durante varias horas unos caminos terribles, enlodados y llenos de baches. A medida que nos vamos acercando a nuestro destino final comienzo a ver a lado y lado garitas de observación, y los muchachos me dicen que nos dirigimos hacia una de las muchas casas campesinas que Pablo tiene regadas por toda Antioquia; como a la salida siempre llegamos a la carretera en cinco minutos, concluyo que todo está diseñado para dificultar hasta lo imposible el acceso y facilitarle a Pablo la huida en caso de verse rodeado. Sólo tiempo después vine a saber que muchas de estas construcciones incipientes estaban ubicadas dentro de la propia Hacienda Nápoles, porque era el único lugar de la Tierra donde él se sentía completamente seguro y donde preparaba los escondites que le servirían de refugio durante la larga sucesión de guerras que, él ya lo sabía y yo ya lo presentía, serían su único destino por el tiempo que le restara de vida.

Aunque no nos lo decimos, ambos sabemos que cada uno de estos encuentros podría ser el último. Todos tienen un cierto sabor de despedida final, y cuando lo veo partir quedo sumida durante largo rato en una profunda tristeza, pensando en lo que sería de mí si lo mataran. Todavía conservo la esperanza de que él se retire del negocio y llegue a algún tipo de arreglo con el gobierno o los norteamericanos. Extraño a Fáber —el secretario que me recogía en el aeropuerto y casi siempre era el encargado de llevarme el dinero en vísperas de mis viajes—, pero Pablo me explica que su fiel empleado es un hombre bueno y que ahora él debe vivir rodeado de jóvenes que no tengan miedo de matar, porque ya lo han hecho muchísimas veces. Los dos que me recogen y me llevan de vuelta al aeropuerto cambian en cada uno de nuestros encuentros. Todos estamos armados, yo con mi Beretta, Pablo con una ametralladora MP-5 o una pistola alemana, y los muchachos con ametralladoras Mini Uzi y rifles R15 y AK 47, los mismos que usa la guerrilla.

Yo lo espero siempre dentro de la casita, con la pistola en un bolsillo y el salvoconducto en el otro, y en completo silencio. Cuando escucho venir los *jeeps* apago la luz y miro por alguna ventana para cerciorarme de que no sea la Dijín —policía secreta—, el DAS o el Ejército, porque Pablo me ha enseñado que, en caso de que lo sean, debo pegarme un tiro antes de ser interrogada. Lo que él no sabe es que yo también me he preparado mentalmente para meterle un tiro en el caso de que lo detengan frente a mí, porque sé que en menos de veinticuatro horas estará en una celda de la que no volverá a salir nunca y prefiero quitarle la vida con mis propias manos antes que verlo extraditado.

Descanso cuando lo veo llegar entre un pequeño ejército de hombres que de inmediato se esfuman; luego todo vuelve a quedar en completo silencio y sólo se escuchan el canto de los grillos y el susurro de la brisa entre el follaje. Me parece que, con excepción de los dos que me llevan y me traen, ninguno de estos quince o veinte hombres sabe que él va a verse conmigo, pero desde mi ventana empiezo a identificar a algunos de quienes más adelante se convertirán en sus asesinos mercenarios más reconocidos, bautizados en Colombia como *sicarios* y por medios y periodistas a sueldo de Pablo como el «Ala Militar del cartel de Medellín». En realidad, sus hombres de confianza son sólo una pequeña banda de asesinos oriundos de las Comunas o barrios marginales de Medellín, armados con un rifle o una ametralladora y en capacidad de subcontratar a otros entre cientos de miles de jóvenes descontentos que crecen en medio de un odio visceral contra la sociedad, tienen a Escobar como su ídolo y símbolo de lucha antiimperialista y están dispuestos a cualquier cosa con tal de trabajar a sus órdenes, con la secreta esperanza de contagiarse del legendario éxito financiero de «el Patrón». Algunos de sus sicarios tienen rostros terribles y otros, como «Pinina», caritas sonrientes y angelicales. Pablo no tiene lugartenientes ni confidentes porque, si bien los quiere muchísimo, no confía totalmente en nadie. Está consciente de que un mercenario, por bien pagado que esté, venderá siempre la mano armada, la información, el corazón y el alma al mejor postor, y más en un negocio tan rentable como el suyo. Con algo de tristeza me confiesa un día que, ante la eventualidad de su muerte, todos seguramente se pasarán a las filas de quien lo mate. En más de una ocasión le he oído decir:

—Yo no hablo de mis «cocinas» con los contadores, ni de contabilidad con los «cocineros». No hablo de los políticos con los pilotos, ni con Santofimio de mis rutas. Jamás hablo de mi novia con la familia ni con mis hombres, y jamás hablaría contigo ni de los problemas de mi familia ni de las misiones de los muchachos.

El «Ala Financiera del cartel de Medellín» —que suena como un complejo tejido de bancos y corporaciones en las Bahamas, Gran Caimán y Luxemburgo— son simplemente su hermano «Osito» Escobar, Mr. Molina, Carlos Aguilar, alias «el Mugre», unos cuantos contadores de billetes y otra media docena de hombres de confianza encargados de empacar los fajos de billetes entre electrodomésticos en Miami. Lavar cien millones de dólares es, definitivamente, muchísimo más complicado que meterlos entre doscientos congeladores, neveras y televisores y despacharlos desde Estados Unidos hacia Colombia, donde la proverbial amabilidad de los aduaneros facilita las cosas y reduce uno de los peores vicios del Estado colombiano: la *tramitología*. Sobra decir que los trámites son para los bobos, es decir, para los honestos; porque, ¿quién dijo que los ricos tenían que hacer colas y *papeleo,* o abrir en la aduana las maletas y cajas con sus importaciones como si fueran contrabandistas?

Entre una docena de grandes capos, sólo Gilberto Rodríguez, quien sueña con que sus hijos puedan ser algún día reconocidos por la sociedad como hijos de empresarios y no de narcotraficantes, paga hasta el último centavo en impuestos de sus compañías legítimas y necesita de los bancos tradicionales. En el caso de Pablo y de Gonzalo, dichas entidades sirven únicamente para justificar ante el fisco, mediante una que otra sociedad registrada, la adquisición de propiedad raíz, aviones y vehículos. Ya para el dinero serio, y las compras de armas, jirafas y juguetes de lujo, ambos se mueren de la risa con los banqueros locales y también con los suizos: tienen haciendas de dos mil quinientas a diez mil hectáreas, con pistas de aterrizaje, y saben que las canecas se inventaron para guardarlo bajo tierra propia, retirarlo en una emergencia sin tener que pedirle permiso a ningún gerentico de banco y gastarlo en comprar protección, apertrecharse para cualquier eventual guerra y divertirse en grande, sin tantas explicaciones al fisco.

Aquellos son los días en que el pobre director general de la Policía en Bogotá gana unos cinco mil dólares mensuales y el pobre policía de algunos pueblos en territorios semiselváticos gana entre veinte y cincuenta mil y no tiene que preocuparse de la pensión de invalidez, vejez y muerte, ni de hacer carrera en la institución o tonterías de ésas. Todas aquellas zonas que estuvieron olvidadas por el gobierno central durante siglos comienzan a desarrollarse a un ritmo vertiginoso y a llenarse de discotecas con luces multicolores y chicas alegres, en muchas de las cuales departen democráticamente el co-

mandante de la policía con el narcotraficante de la región, el capitán
del Ejército con el jefe paramilitar y el alcalde del pueblo con el del
frente guerrillero, quienes, según los periódicos de Bogotá, amane-
cieron matándose entre todos ellos por razones policiales o militares,
ideológicas o nacionalistas, legales o judiciales, cuando en realidad lo
hicieron por razones etílicas exacerbadas por el libre albedrío de algún común objetivo *faldístico*, o por confianzas traicionadas dentro
del tipo de acuerdos financieros que jamás podrían registrarse en notarías. Todo el mundo en el Sur oriente del país toma whisky *Royal
Salute*, los pueblos se llenan de narco-Toyotas y la gente en la selva se
la pasa todavía mejor que en las discotecas de «Pelusa» Ocampo en
Medellín y Miguel Rodríguez en Cali. Y es, definitivamente, más feliz que en Bogotá, donde llueve todo el tiempo y la gente vive histé-
rica con los embotellamientos, las colas en las entidades estatales, los
raponeros de relojes, bolsos y aretes, y miles de buses que echan humo
negro en el día y humo blanco en la noche. Otro problema con la
capital es que, como Bogotá no es la selva, allí el narcotráfico sí es
tabú y los *narcos* no son aceptados socialmente, no porque sean ile-
gales, ¡eso a quién le importa!, sino porque son oriundos de las clases
bajas, morenitos, bajitos, feítos, ostentosos, llenos de cadenas y pulse-
ras de oro y con anillo de diamante en el dedo anular o el meñique.
Lo que sí se acepta y es muy bien visto en Bogotá, como en toda
metrópoli que se respete, es el consumo de rocas de cocaína pura
entre las clases altas, las que también han empezado a incursionar en
el *bazuco* y el *crack*, porque con las drogas pasa lo mismo que con la
prostitución y el aborto: es de muy mal gusto producirlos u ofrecer-
los, pero es perfectamente aceptable consumirlos.

La novia secreta del Rey de la Coca y fundador y alma de los
Extraditables también hace práctica de tiro con los oficiales de la estación de policía El Castillo y asiste, cada vez más elegante, al palacio
presidencial, a los *cocktail parties* de las embajadas y a los matrimonios
de sus primos en el Jockey Club de Bogotá y el Club Colombia de
Cali. Cuando un lavamanos se desploma a las 3:00 a.m. en su apartamento y los chorros de agua que salen disparados en todas direcciones amenazan con inundarlo, cuatro carros de bomberos llegan en

menos de tres minutos armando un estruendo espantoso, suenan las sirenas en la residencia del embajador americano, sus vecinos piensan que fue nuevamente asaltada, es salvada de morir ahogada y ella, con una gabardina de Burberry sobre el *negligée*, firma autógrafos a sus heroicos salvadores hasta las 4:30 a.m.

Otra noche, alguien muy importante la recoge en su autito para ir a cenar y, cuando pregunta a su amiga qué son todos esos rollos de tela rojo y negro que lleva en la parte trasera, ella responde:

—¡Es que como tú tienes tan buen gusto y ese sentido exacerbado de la geometría, quería que me dieras tu opinión sobre la nueva bandera del JEGA, el grupo guerrillero urbano más duro de todos los tiempos!

Todo el mundo bien informado sabe que algunas de las mujeres más interesantes, atractivas o importantes de los medios de comunicación son novias de los comandantes del M-19, pero ninguna de nosotras habla de esas cosas porque todas hemos sido educadas en los métodos de suplicio en cadena de la Santa Inquisición y, por ello, preferimos mantener respetuosas distancias. Para 1984 hay en los medios de comunicación colombianos mujeres guapísimas, algunas de clase alta y unas pocas realmente valientes. Los hombres, en cambio, son periodistas, actores o locutores aburridísimos, engreídos, archiconservadores, bastante feos, de clase media-media o media-baja, y ni a ellas ni a mí se nos pasaría por la cabeza salir con ninguno; lo que sí tienen todos —y también mis compañeros de Junta Directiva en la Asociación Colombiana de Locutores— son las voces profesionales más bellas y completas que yo haya escuchado en cualquier país de habla hispana. Ninguna de mis colegas me pregunta por Pablo Escobar ni yo les pregunto a ellas por los comandantes Antonio Navarro o Carlos Pizarro porque deduzco que, a raíz del secuestro de Martha Nieves Ochoa, los Extraditables y el M-19 deben odiarse a muerte; pero asumo que ellas les cuentan todo a sus novios, como yo le cuento todo al mío. Pablo ríe con la historia de los bomberos durante un buen rato, pero luego se pone muy serio y me pregunta alarmado:

—¿Y dónde estaba la Beretta mientras firmabas autógrafos a dos docenas de hombres en el *negligée* de Montenapoleone?

Respondo que en el bolsillo de la gabardina que me coloqué encima, y me pide que no insulte su inteligencia porque él sabe perfectamente que cuando estoy en Bogotá la mantengo guardada entre la caja fuerte. Le prometo que a partir de ahora dormiré con ella bajo la almohada, y sólo se tranquiliza cuando se lo juro una y otra vez mientras lo voy cubriendo de besos. Aunque nos han bautizado «Coca-Cola» —dizque porque Pablo aporta el producto y yo la parte anatómica de la sociedad— la verdad es que casi nadie sabe de esta etapa clandestina de nuestra relación y a todo el que pretende averiguar por él le digo que dejé de verlo hace siglos; nunca le pregunto qué contesta él, porque no me arriesgo a escuchar de boca suya alguna frase que pudiera causarme dolor, y Pablo opina que las mujeres sufren muchísimo más que los hombres. Yo le digo que así es, pero sólo en las guerras, porque en la vida cotidiana es más fácil ser mujer que ser hombre: nosotras siempre sabemos lo que tenemos que hacer: cuidar de los niños, cuidar de los hombres, cuidar de los viejos, cuidar a los animales, cuidar los sembrados o el jardín, y cuidar nuestra casa. Con una expresión llena de compasión por su género, añado que «ser hombre es mucho más difícil y todo un reto cotidiano», para que se le quite algo de esa bendita superioridad genérica que tiene, porque Pablo sólo admira a otros hombres. Las mujeres que realmente respeta pueden contarse con los dedos de las manos y, aunque no me lo confesaría jamás, sé que subdivide al sexo femenino en tres categorías: las de la familia, las únicas que quiere aunque lo aburran cantidades; las bonitas, que sí lo divierten muchísimo y a las que siempre paga por el amor de una noche antes de decirles adiós por razones de seguridad; y el resto, que son «feas» o «gallinas», y le son más bien indiferentes. Como yo provengo de otra clase de familias y no me impresiono mucho con él porque no es alto, ni bello, ni elegante, ni sabio; como soy una mujer-mujer y lo hago reír y no estoy para nada desfigurada; como soy «su pantera», ando armada y lo protejo con mi vida; como le hablo de las cosas que hablan los hombres y en el mismo lenguaje de éstos; y como Pablo sólo admira y respeta a los valientes, creo que me tiene en algún limbo afectivo junto a Maggie Thatcher, para nada femenino pero definitivamente a ciento ochenta grados de su universo masculino.

Después de su familia, para él lo más sagrado son sus socios. Aunque jamás me lo diría, me parece que los hombres de su familia, con excepción de su primo Gustavo y de Osito, lo aburren por convencionales. Son mucho más *exciting* sus amigos Gonzalo, Jorge y el loco Lehder, tan audaces, ricos, hedonistas, arrojados e inescrupulosos como él. Sé que la partida de Jorge Ochoa, a quien Pablo quiere como a un hermano, lo ha golpeado terriblemente, porque tal vez nunca regrese al país. Con excepción de Lehder, ninguno de ellos ha sido solicitado en extradición porque Estados Unidos todavía no tiene pruebas concretas que los identifiquen como narcotraficantes. Todo eso está a punto de cambiar.

Tras unas semanas de felicidad idílica Pablo me confiesa que debe regresar a Nicaragua. Yo estoy convencida de que los sandinistas le traen mala suerte, y por eso trato de disuadirlo recurriendo a cuanto argumento se me pasa por la cabeza. Le digo que una cosa es que ellos sean comunistas y él narcotraficante, y otra que los enemigos jurados del Tío Sam estén juntando la ideología de los primeros con los miles de millones de dólares de los segundos. Insisto en que a los gringos no les importan las dictaduras marxistas desde que no los desafíen mucho o sean pobres; pero las enriquecidas por el narcotráfico, y vecinas de ellos y de Fidel Castro, se les irían convirtiendo con el tiempo en un desafío cada vez más inaceptable. También le insisto en que no puede arriesgar su vida, su negocio y su tranquilidad mental por Hernán Botero y Carlos Lehder y me responde, ofendidísimo, que la causa de todos y cada uno de los extraditables colombianos, grandes y pequeños, ricos o pobres, es, ha sido y será también la suya mientras viva. Me promete que en poco tiempo estará de vuelta y volveremos a vernos o que, quizás, nos encontraremos muy pronto en algún lugar de Centroamérica para pasar unos días juntos. Antes de despedirse me recomienda nuevamente que tenga mucho cuidado con mis teléfonos, con las amigas y con su pistola. Esta vez, al verlo partir no sólo quedo triste sino terriblemente preocupada por sus devaneos simultáneos con la extrema izquierda y la extrema derecha, preguntándome cuál de los grupos guerrilleros colombianos será el que le ha servido de enlace con los Sandinistas, porque siempre que he intentado tocar el tema me ha respondido que llegado el momento lo sabré. El comienzo de la respuesta no sólo llega de la manera más inesperada, sino que inmediatamente me doy cuenta de que lo que está en juego es muchísimo más complejo de lo que parecía a primera vista.

Se llama Federico Vaughan, y sus fotos con Escobar y Rodríguez Gacha cargando siete toneladas y media de coca en un avión en una pista del gobierno «nica» dan la vuelta al mundo. Uno de los pilotos de la organización, ahora bautizada «cartel de Medellín» por los americanos, ha caído en manos de la DEA. Ésta le ha prometido ayudar a reducir su sentencia al mínimo si regresa a Nicaragua como si no hubiera pasado nada y con cámaras ocultas en el fuselaje del avión, para que con base en pruebas fotográficas así obtenidas Estados Unidos pueda luego demostrar que Pablo Escobar y sus socios sí son narcotraficantes y presentar requerimiento oficial al gobierno colombiano para su extradición. Pero para los norteamericanos hay en todo esto algo muchísimo más importante que arrojar a Escobar, Ochoa, Lehder y Rodríguez Gacha en un calabozo y botar la llave: la evidencia de que la Junta Sandinista está involucrada en tráfico de estupefacientes, lo que moralmente justificaría algún tipo de intervención militar en una zona del mundo que se está convirtiendo rápidamente en foco de amenazas para ellos y en un claro cinturón de gobiernos dictatoriales, comunistas, militares o corruptos que tarde o temprano podrían contagiar a todo el resto y generar masivas migraciones hacia Estados Unidos. En el caso de México, el eterno Partido Revolucionario Institucional, PRI, es declarado simpatizante de Fidel Castro y de algunos de los gobernantes más izquierdistas del mundo; y aquella nación con la identidad cultural más fuerte de toda América Latina, «tan lejos de Dios y tan cerca de Estados Unidos», también se está convirtiendo en ruta obligada del narcotráfico y enriqueciendo de la noche a la mañana no sólo a los grandes capos aztecas y a una policía con fama de ser una de las más corruptas de la Tierra, sino también a las Fuerzas Armadas.

Con las fotos de Pablo y Gonzalo en Nicaragua acaba de escribirse el primer capítulo del *affaire* Irán-Contras y el principio del fin de la era del general Manuel Antonio Noriega en Panamá. Al verlas en todos los diarios del mundo, doy gracias a Dios de que Pablo no me haya llevado con él a Nicaragua en su primer viaje, ni tras el asesinato del ministro Lara y sobre todo ahora. Como está comenzando a utilizar un lenguaje cada vez más antiamericano contra un gobierno republicano, abrigo el profundo temor de que con el tiempo el hombre que amo pase a convertirse en uno de los más buscados del mundo, porque si bien su mayor cualidad es esa capacidad única de anticipar todo lo que se le viene encima y preparar la más contundente defensa y la más feroz de las respuestas, su peor defecto es una total carencia de humildad para reconocer y corregir sus errores y una incapacidad todavía mayor para medir las consecuencias de sus actos.

Cierto día, Gloria Gaitán me anuncia que pasará a visitarme con el periodista Valerio Riva, quien ha venido desde Roma. Llegan a mi casa con camarógrafos, van prendiendo las luces y, casi sin consultarme, el italiano comienza a entrevistarme para la televisión de su país. Luego, me transmite el interés de los productores Mario y Vittorio Cecchi Gori —junto don Dino De Laurentis los más poderosos de Italia— de realizar una película sobre la vida de Pablo Escobar. Quedo de contestarle tan pronto como éste regrese de Australia y de reunirme con Riva y los productores en Roma, a donde pienso viajar próximamente. Sí, a Roma y a Madrid, porque mientras los días de separación se van convirtiendo en otros dos meses sin oír nada de Pablo, he decidido que esta vez sí se me rebosó la copa y no voy a esperar a que se canse de «esos tipos tan feos en uniforme» o de la reina de turno. Y acabo de aceptar la invitación a Europa de Gilberto Rodríguez, que sí me extraña muchísimo y no puede conversar conmigo por teléfono. Porque, ¿con quién más va él a hablar en Madrid de «la Piña» Noriega y de Daniel Ortega, de Joseph Conrad y de Stefan Zweig, del M-19 y de las FARC, de Pedro El Grande y de Toscanini, del Mexicano y del PRI, de sus obras de arte favoritas —Sophia Loren y todos los Renoir—, del convicto banquero Jaime Michelsen y de Alfonso López Michelsen, de Kid Pambelé y de Pelé, de Belisario Betancur y de la Fiera, y de la forma correcta de comer espárragos? ¿Y con quién más voy a hablar yo de Carlos Lehder, del piloto Barry Seals, de la CIA y de otra tonelada de temas que tengo represados, sin que quien me escucha salga a perderse?

Unos días antes de partir, paso frente a Raad Automóviles, propiedad de mi amigo Teddy Raad, de quien Aníbal Turbay y yo habíamos sido padrinos de matrimonio. Al igual que el pintor Fernando Botero, el decorador Santiago Medina y el vendedor de helicópteros y cuadros Byron López, los Raad se han vuelto riquísimos vendiendo productos de lujo a la nueva clase emergente, en este caso Mercedes, BMW, Porches, Audis, Maserattis y Ferraris. Me bajo para admirar algunas ofertas de cuarto de millón de dólares para arriba, y le pregunto a Teddy cada cuánto vende un auto de ésos.

—Vendo un Mercedes diario, Virgie. ¡Otra cosa es que me lo paguen! Pero, ¿quién le dice a estos tipos que no les fía un carro, si cada vez que *coronan* un cargamento vienen al otro día a comprarse media docena? Mira, aquí llega uno de nuestros mejores clientes, Hugo Valencia, de Cali.

Hugo es el arquetipo y la encarnación del mafiosito despreciado por todas las clases altas y las gentes honestas de Colombia: tiene unos veinticinco años y una mirada insolente; es de piel muy morena, perfectamente seguro de sí mismo, y mide 1.60 metros; lleva siete cadenas de oro en el cuello, cuatro en las muñecas y enormes diamantes en ambos meñiques. Luce feliz de la vida, es ostentoso y simpatiquísimo, y a mí me cae divinamente desde el primer momento. Y todavía mejor en el segundo, cuando dice:

—¡Pero eres superelegante, Virginia! ¿Y vas para Roma? Pues resulta que... yo estoy necesitando urgentemente a alguien de gusto perfecto para que convenza al dueño de Brioni de mandarme un sastre a Cali con un millón de muestras para que me tome las medidas, porque quiero mandarme a hacer unos doscientos trajes y unas trescientas camisas. ¿Te ofenderías si te adelanto diez mil dólares por ponerte en semejante molestia? Y, a propósito: ¿quién te surte a ti de esas joyas con las que sales en las portadas de las revistas? Porque quiero comprar por toneladas para todas mis novias, ¡que son divinas! Claro que no tanto como tú...

Acepto hacer el favor encantada y prometo traerle de regalo varios pares de zapatos de Gucci. Y como quiero ver a todo el mundo feliz, olvido el robo de la maleta de Pablo y envío a Hugo donde Clara y Beatriz para que ellas lo ayuden a cubrir a sus novias con diamantes y rubíes, y se ganen en el proceso una pequeña fortuna. Todas quedamos encantadas con él y con su enorme ego, y lo bautizamos «el Niño». Otro que queda fascinado con Hugo y sus millones líquidos es aquel joven presidente del Banco de Occidente que consideraba a la familia real de narcotráfico en el Valle como «unos mafiosos inmundos». Cuando el Niño se convierte en amigo del brillante banquero, éste decide que para su filial panameña Hugo Valencia sí es un empresario exitoso y no «un asqueroso narcotraficante» con bancos competidores en Colombia y Panamá, como Gilberto Rodríguez.

Antes de ir a Madrid paso por Roma para la reunión con Valerio Riva y los productores Cecchi Gori. Éstos no aparecen por ninguna parte, pero el aspirante a guionista del filme sobre «Il Robin Hood colombiano» me invita a un almuerzo dominical en la casa de campo de Marina Lante della Rovere, quien me dice ser muy amiga del presidente Turbay, el tío de Aníbal que ahora es el embajador de Colombia ante la Santa Sede.

Al día siguiente, Alfonso Giraldo me enseña horrorizado uno de los principales diarios, donde comentan mi entrevista de televisión en la que Valerio Riva me ha presentado como «amante de potentados latinoamericanos». Y mientras vamos nuevamente de compras por Via Condotti, Via Borgognona y Via Fratinna, mi amigo del alma, católico converso y ferviente, me ruega que le confiese todos mis pecados:

—Amorosa, dime ya quiénes son. Porque ¡si los cuatro novios que yo te conozco son potentados, yo soy el cardenal de Brunei! ¡No me vayas a decir que el chico de los centenares de *ponies* y los mil *peticeros* resultó ser el de la manada de jirafas, el rebaño de elefantes y el ejército privado! Creo que vas por el camino de la perdición, y que debemos salir a almorzar urgentemente con un príncipe como mi amigo Giuseppe, en cuyo *palazzo* de Palermo se filmó *Il Gatopardo* y donde se hospeda la reina Isabel cuando va a *la Sicilia*.

Riendo, le explico que como tengo el toque de Midas para los productos que recomiendo, las revistas que me ponen en portada y los hombres que amo, mis ex novios se han convertido en los cinco hombres más ricos de Colombia, lo cual no es culpa mía sino de la ambición de ellos. Y, para tranquilizarlo, le aseguro que ya dejé a ese bárbaro de los *ponies* y el *zoo*, y que el dueño de dos bancos me está esperando en Madrid con su socio, otro multimillonario que cría purasangres y percherones y cuya familia es, según *Forbes* y *Fortune*, la sexta más rica del mundo.

—¡No se puede pedir nada más *chic*, Poncho!

Me pregunta si los trajes de Brioni son para el banquero, porque los hombres elegantes siempre se han vestido de Saville Row.

—No, no, no. Déjales esos sastres ingleses a Sonny Malborough, Westminster y Julio Mario. Éste es sólo un favor que le prometí a un bebé de Cali muy nuevo rico y lleno de noviecitas quinceañeras, totalmente opuesto a aquel potro indómito a quien lo tenían sin cuidado la ropa de lujo, los relojes de oro y todas esas cosas dizque «de marica».

Cuando le hablo al gerente o administrador de Brioni de la generosidad del Niño —y sus centenares de colegas—, la legendaria belleza de las mujeres caleñas, la debilidad de las modelos por los italianos que trabajan en el mundo de la Alta Moda, los elegantísimos azucareros vallecaucanos, las discotecas de salsa en Cali y el clima del vecino Pance, se le salen los ojos, me dice que se le apareció la Virgen, me da un montón de regalos y reserva pasaje en primera clase de Alitalia para el domingo siguiente.

Almorzamos con Alfonso y el príncipe San Vincenzo en la terraza del Hassler, desde donde Roma al mediodía se ve como envuelta en una gasa dorada que flotara sobre el eterno rosa viejo. A la entrada del restaurante están todas las felices hermanas Fendi, celebrando el cumpleaños de una de ellas. Preguntarle a un príncipe siciliano por la Cosa Nostra es como preguntarle a un alemán por Hitler o a un colombiano por Pablo Escobar, y decido conversar con Alfonso y Giuseppe sobre Lucchino Visconti y la filmación de *El Gatopardo*. Cuando al despedirnos, el encantador príncipe me invita a recorrer

Virginia Vallejo, periodista de radio y televisión. (Archivo personal)

Alberto Santofimio
y Pablo Escobar.
La única foto
de Pablo con traje
oscuro y corbata.
(*El Espectador*)

1985

1987

1984   1985

Algunas de mis cien portadas de revistas.

A mi regreso de Alemania, el día que cumplí 41 años. (Hernán Díaz)

«No puedo vivir sin ese rostro en mi almohada»,
decía Pablo para que volviera a sus brazos. (Archivo personal)

(Hernán Díaz, 1980)

Por estas fotos de Hernán Díaz recibí una oferta para hacer cine en Hollywood, un año antes de conocer a Pablo.

El año en que me separé de Pablo, 1987. (Hernán Díaz)

Una de las fotos favoritas de Pablo, la que inspiró su dedicatoria del verso de Neruda:
«Tienes ojos profundos donde la noche alea». (Archivo personal, 1972)

La risa de aquellos
años felices, 1984.
(Archivo personal)

En mi góndola en Venecia,
anunciando las medias DiLido,
un mes antes del asesinato
de Rodrigo Lara, 1984.
(Archivo personal)

Con Álvaro Gómez,
eterno aspirante
a la presidencia por
el Partido Conservador,
asesinado en 1995.
(Archivo personal, 1986)

Conversando con el presidente Belisario Betancur.
(Archivo personal, 1984)

La sonrisa maliciosa de Pablo, la esposa, su novia y el candidato.
(*El Colombiano*)

La avioneta con la que Pablo «coronó» sus primeros
cargamentos, a la entrada de Nápoles. (*El Espectador*)

De izquierda a derecha: Julio Mario Santo Domingo, Virginia Vallejo,
el senador Miguel Faciolince y el presidente Turbay escuchando al candidato
Alfonso López Michelsen. (Archivo personal, 1972)

Pablo Escobar, Jairo Ortega y Alberto Santofimio en campaña, 1982. (*El Tiempo*)

Una estrella siempre es útil en una campaña política, 1983. (*El Colombiano*)

Mi programa de televisión, en esa ocasión transmitido desde el basurero,
lanzó a Pablo Escobar a la fama, 1983. (Archivo personal)

Virginia y Pablo con traje típico antioqueño. (*El Tiempo*)

Virginia:
No pienses que si no te llamo no te extraño mucho, no pienses que si no te veo no siento tu ausencia.

Lo único que me quedó de Pablo fueron estas palabras. (Archivo personal)

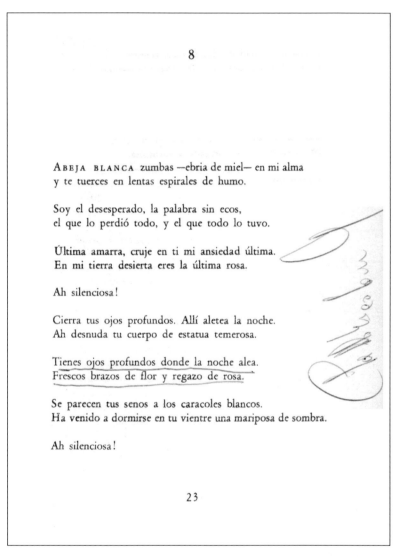

8

A B E J A B L A N C A zumbas —ebria de miel— en mi alma
y te tuerces en lentas espirales de humo.

Soy el desesperado, la palabra sin ecos,
el que lo perdió todo, y el que todo lo tuvo.

Última amarra, cruje en ti mi ansiedad última.
En mi tierra desierta eres la última rosa.

Ah silenciosa!

Cierra tus ojos profundos. Allí aletea la noche.
Ah desnuda tu cuerpo de estatua temerosa.

Tienes ojos profundos donde la noche alea.
Frescos brazos de flor y regazo de rosa.

Se parecen tus senos a los caracoles blancos.
Ha venido a dormirse en tu vientre una mariposa de sombra.

Ah silenciosa!

23

Unos versos de Neruda dedicados por Pablo a Virginia. (Archivo personal)

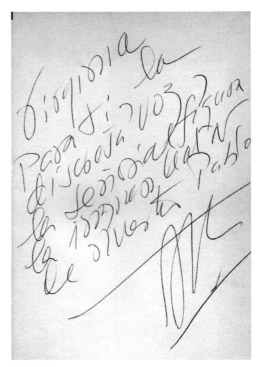

Dedicatoria
de Santofimio a Virginia.
(Archivo personal)

LA CANCIÓN ~~DESESPERADA~~

Las vanas esperanzas
de mi amiga por Pablo.
(Archivo personal)

«Soy profunda e inmensamente feliz y no puedo dar crédito al hecho
de que, tras soportar veinte años de insultos y amenazas pueda por fin
disfrutar de tanta belleza, tanta libertad y tanta paz antes de que la luz se vaya
para siempre de mis ojos.» (Foto: Hernán Díaz)

la Emilia Romaña en el fin de semana, le digo que lamentablemente el viernes debo estar en Madrid porque a la semana siguiente tendré que regresar al trabajo.

Y el viernes estoy cenando con Gilberto y Jorge Ochoa en Zalacaín, que en 1984 es el mejor restaurante de Madrid. Ambos están felices de verme tan radiante, de escuchar mis historias y de saber que decliné la invitación de un príncipe para estar con ellos. Y yo estoy feliz de saber que se retiraron del negocio y están pensando en invertir sus interminables capitales en cosas *chic*, como la crianza de toros de lidia y la construcción en Marbella, y no en hipopótamos y ejércitos de mil sicarios armados de fusiles R-15. El nombre del rival del primero y socio del segundo no se menciona para nada, como si simplemente no existiera. Pero, por alguna razón que no sabría explicar, su presencia flota sobre esos manteles y todo aquel ambiente sibarítico como un algo inquietante que, de llegar a materializarse, podría colocarnos a todos en un acelerador de partículas y producir una fisión nuclear.

En el fin de semana vamos a almorzar cochinillo junto al Alcázar de Segovia y Gilberto me señala una ventana pequeñísima a cientos de metros de altura desde donde, siglos atrás, a una esclava mora se le cayó un principito; unos instantes después la chica se arrojó tras el bebé. Quedo triste toda la tarde, pensando en los terrores que se le cruzaron por el corazón a aquella pobre criatura antes de lanzarse al vacío. El domingo varios de los ejecutivos de Gilberto me llevan a Toledo a ver *El entierro del conde de Ordaz* de El Greco, una de mis obras de arte favoritas en el país de los mejores pintores de la Tierra. Vuelvo a quedar triste y tampoco sé por qué. Esa noche Gilberto y yo cenamos a solas y él me pregunta por mi carrera. Respondo que en Colombia la fama y la belleza sólo generan dosis monstruosas de envidia cuyo canal de expresión son casi siempre los medios y las amenazas telefónicas de otros enfermos de maldad. Él comenta que me ha extrañado muchísimo y que ha estado sintiendo una profunda necesidad de la mujer con quien se puede hablar de todo y en *colombiano*. Toma mi mano y dice que quisiera tenerme cerca, pero no en Madrid sino en París, porque adora la Ciudad Luz por encima de todas las demás y nunca pensó que alguien de un origen tan modesto como el suyo pudiera llegar a conocerla.

—Yo no te ofrezco toneladas de pasión pero, como nos entendemos tan bien, con el tiempo tú y yo podríamos llegar a enamorarnos e, incluso, a algo más serio. Podrías tener tu propio negocio y pasaríamos juntos los fines de semana. ¿Qué opinas?

La verdad es que la propuesta me toma por sorpresa, pero también es cierto que él y yo nos entendemos muy bien. Y no sólo es el centro de París, definitivamente, mil veces más bello que todos los barrios elegantes de Bogotá sino que, en los más múltiples sentidos, la Ciudad Luz se encuentra a años luz de la de la Eterna Primavera: Medellín. Lentamente comienzo a responderle, es decir, a enumerar mis condiciones para convertirme en la amante parisiense de uno de los hombres más ricos de América Latina —sin sacrificar mi libertad— y de las razones para cada una de ellas: no viviría en un departamentito con un autito, porque para eso puedo casarme con cualquier aburrido ministro colombiano con penthouse, Mercedes y escoltas, o con cualquier marido francés de clase media; él tendría que mimarme, como hacen los hombres excepcionalmente ricos en todas partes del mundo con las mujeres representativas de quienes se sienten orgullosos en público y aún más en privado, porque mi refinamiento podría llenar su vida de alegría sin mucho esfuerzo y mis amistades elegantes podrían serle increíblemente útiles para abrir muchas puertas; si llegáramos a enamorarnos, lo haría sentir como un rey cada día que pasáramos juntos y no se aburriría un minuto de su vida; pero si un día él decidiera dejarme me llevaría únicamente las joyas, y si yo decidiera dejarlo para casarme con otro me llevaría únicamente mi guardarropa de alta costura, requisito *sine qua non* en París para la mujer de un hombre que quiera ser tomado en serio.

Con una sonrisa plena de gratitud —porque nadie en el mundo podría ofrecerle a un hombre con más de mil millones de dólares condiciones más amplias o generosas—, él responde que apenas termine de instalarse en España y tome todas las decisiones de inversiones volveremos a vernos, porque lo más complicado para ellos es la transferencia de sus capitales y no puede llamarme por los problemas con mi teléfono. Cuando nos despedimos, con una ilusión enorme de reunirnos muy pronto, me recomienda que retire urgentemente mis ahorros del First Interamericas de Panamá porque los americanos están presionando al general Noriega y en cualquier momento van a cerrarle el banco y a congelar todos los activos.

Sigo su consejo antes de que esto efectivamente ocurra, y dos semanas después viajo a Zurich, para consultar la oferta de Gilberto con el Oráculo de Delfos, porque la verdad es que me ha sorprendido y quiero saber lo que piensa de ella alguien que se conoce todas las reglas del juego de la alta sociedad internacional. Al ver llegar a David Metcalfe a nuestra suite del Baur au Lac cargado de botas, *Wellingtons,* rifles y municiones, le pregunto cómo se las arregla «un terrorista de White's» como él para viajar por todo el mundo disfrazado de asesino de faisanes. Ríe feliz con la definición, y me dice que va de cacería con el rey de España, que es un hombre absolutamente adorable y no tan tieso como esos *royals* ingleses. Cuando le explico las razones por las que esta vez acepté su invitación, exclama horrorizado:

—¿Pero te volviste loca? ¿Vas a convertirte en la mantenida de un *Don*? ¿Crees, acaso, que todo París no va a saber al otro día cómo hizo ese tipo su fortuna? ¡Lo que tú tienes que hacer, *darling*, es irte ya para Miami o Nueva York a conseguir trabajo en uno de esos canales de televisión en español!

Le pregunto cómo se sentiría él si una mujer con la que habla el mismo idioma, que no para de hacerlo reír y que tiene mil millones de dólares le ofreciera mantenerlo en París en un *hôtel particulier* decorado como la casa de la duquesa de Windsor y con un presupuesto decente para adquisiciones de obras de arte en Sotheby's y Christie's, el Bentley con *chauffeur*, el chef más exigente y las flores más perfectas, las mejores mesas en los restaurantes de lujo, los tiquetes perfectos en los conciertos y la ópera, los viajes de ensueño a los lugares más exóticos…

—Bueeeno… ¡uno también es humano!… ¿Quién no mataría por todo eso? —contesta con una de esas risitas de quienes han sido pillados en falta.

—¿Te das cuenta? Pareces la princesa Margarita admirando en su dedo el diamante de Elizabeth Taylor: «Ya no se ve tan vulgar, ¿verdad, Alteza?»

Mientras cenamos en el restaurante que queda cruzando el puentecillo del Baur au Lac, le cuento que Gilberto es dueño de varios laboratorios y que yo siempre he soñado con un negocio de cosméticos a la sudamericana. Añado que con mi determinación y mi credibilidad en cuestiones de belleza casi seguramente podría construir algo muy exitoso. Con el rostro muy serio y algo triste, él comenta que yo obviamente sé para qué sirve alguien con mil millones de dólares pero que un *Don* de ésos no sabría jamás para que sirve una mujer como yo.

A la mañana siguiente en el desayuno me pasa el *Zeitung*, porque él sólo lee su *Times* de Londres, el *Wall Street Journal* y *The Economist*.

—Creo que son tus amigos. ¡No te imaginas la suerte que tienes, *darling*!

Ahí están —en todos los periódicos suizos, americanos e ingleses— las fotografías de Jorge Ochoa y Gilberto Rodríguez. Han sido detenidos con sus esposas en Madrid, y posiblemente sean extraditados hacia Estados Unidos.

Me despido de David, tomo un avión a Madrid y me voy hasta la cárcel de Carabanchel. A la entrada me preguntan qué relación tengo con los dos internos y digo que soy periodista colombiana. No me permiten ingresar y, de vuelta en el hotel, los ejecutivos de Gilberto me dicen que debo regresar inmediatamente a Colombia, antes de que las autoridades españolas me detengan para hacerme todo tipo de preguntas.

Media docena de policías y agentes siguen cada uno de mis pasos en el aeropuerto y sólo quedo tranquila cuando subo al avión. La verdad es que el champán rosé es un paliativo para casi todas las tragedias y llorar en primera clase es mejor que llorar en economy. Y para consuelo de cualquier plañidera, un hombre elegantísimo que parece una copia al carbón del Agente 007 en las primeras películas de James Bond se sienta a mi lado. Unos minutos después me ofrece un pañuelo mientras pregunta tímidamente:

—¿Por qué lloras así, guapa?

Durante las siguientes ocho horas, aquella estupenda versión madrileña de Sean Connery a los cuarenta años me dará un curso intensivo sobre los grupos económicos March y Fierro, con los que él trabaja y que son los más grandes de España, y quedo convertida en un pichón de autoridad en flujos de capitales, acciones, bonos basura, finca raíz en Madrid, Marbella y Puerto Banús, Construcciones y Contratas, las hermanas Koplowitz, el rey, Cayetana de Alba, Heini y Tita Thyssen, Felipe González, Isabel Preysler, Enrique Sarasola, los toreros, la Alhambra, el cante jondo, la ETA y los últimos precios de Picasso.

Llego a mi apartamento y reviso mis contestadores automáticos. Cien amenazas de muerte en uno y alguien que cuelga el teléfono docenas de veces en el número que sólo conocen tres personas. Para evitar tener que pensar en el horrible final de este viaje decido dormir, pero dejo ambos teléfonos conectados ante la eventualidad de que se sepa algo de Gilberto.

—Dónde has estado? —pregunta al otro lado del teléfono aquella voz que no escuchaba hace casi once semanas y cuyo dueño habla como si fuese el mío.

—Déjame pensar… —contesto medio dormida—. El viernes estaba en Roma en el Hassler y luego cenando con un siciliano; príncipe, no colega tuyo. El sábado estaba en el Baur au Lac en Zurich, consultando con un lord inglés, no un *drug lord*, mi posible reubicación en Europa. El lunes estaba en el Villamagna de Madrid, analizando y considerando esa posibilidad. El martes estaba llorando a las puertas de Carabanchel, porque ya no iba a poder instalarme en París como Dios manda. Como no me dejaron entrar, el miércoles estaba en un avión de Iberia, rehidratándome con Perrier Jouët para recuperar litros de lágrimas. Y ayer, para no suicidarme con tanta tragedia, estuve bailando toda la noche con un hombre igualito a James Bond. Estoy exhausta y voy a seguir durmiendo. Adiós.

Él tiene seis o siete teléfonos, y jamás habla más de tres minutos por cada uno. Cuando dice «cambio» y cuelga, sé que va a llamar en unos minutos.

—¡Pero qué vida de cuento de hadas, princesa! ¿Estás intentando decirme que ahora puedes tener al hombre más noble o buen mozo porque acabas de perder a los dos más ricos?

—Sólo a uno, porque tú y yo nos perdimos hace rato; desde que te fuiste a vivir a *Sandiland* con alguna reinita. Y lo que estoy tratando de decirte es que he tenido una agenda social muy agitada, que estoy terriblemente triste y que sólo quiero dormir.

Vuelve a llamar hacia las tres de la tarde.

—Ya hice los arreglos para mandar por ti. Si no vienes por las buenas, te traen arrastrada en el *negligée*. Recuerda que tengo tus llaves.

—Y recuerda que yo tengo tu marfil. Les doy *chumbi* y digo que fue en defensa propia. Adiós.

Quince minutos después, ahora recurriendo a su tono persuasivo de siempre, me dice que unos amigos suyos muy importantes quieren conocerme. En nuestra clave secreta —hecha con los nombres de los animales de su zoológico y con números— me da a entender que va a presentarme a Tirofijo, jefe de las FARC, y a otros comandantes guerrilleros. Respondo que todo el mundo, pobre y rico, de izquierda y derecha, de arriba y abajo, sueña con conocer a las estrellas de la pantalla, y cuelgo. Pero cuando en la quinta llamada me da a entender que él y sus socios están trabajando a todo vapor con el gobierno español para que su mejor amigo y «el amante mío» no sean enviados para arriba (Estados Unidos), sino para abajo (Colombia), y que quiere contarme los detalles personalmente porque por teléfono no se puede, decido que la venganza es dulce:

—No es mi amante… pero iba a serlo. Y voy para allá.

Escucho el silencio al otro lado de la línea y sé que he dado en el blanco. Me advierte:

—Está lloviendo a cántaros. Trae tus botas *pantaneras* y una *ruana*, ¿okey? Esto no es París, mi amor. Es la selva.

Le propongo que dejemos la reunión para el día siguiente, porque todavía tengo *jet lag* y no quiero mojarme.

—No, no, no. Yo ya te he visto lavada en río, en canecas de agua, en mar, en ciénaga… bañada en tina, en ducha, en lágrimas… y ahora un poquito de agua limpia no te va a hacer daño, princesa. Hasta la noche.

Decido que para conocer a Tirofijo uno no se va de *ruana*, sino de *parka* de Hermés. Y de *foulard* en la cabeza y bolso de Vuitton, a ver qué cara pone. Y de *Wellingtons*, no botas de guerrillera, para que vaya viendo que uno no es ningún comunista.

Nunca he estado en un campamento guerrillero, pero éste parece estar desierto. Sólo se oye una radio, pero lejísimos, a cientos de metros de allí.

—Debe ser que esos guerrilleros se acuestan temprano para madrugar a robarse el ganado, coger a los secuestrables medio dormidos y sacarle la coca a Pablo de su territorio antes de que amanezca y llegue la policía —concluyo—. Los viejos madrugan, claro, y Tirofijo ya debe tener como unos sesenta y cinco años…

Los dos desconocidos me dejan a la entrada de una casita en construcción y luego se esfuman. Lo primero que hago es darle vuelta al lugar, con la mano en el bolsillo de mi *parka*, para verificar que, efectivamente, no haya nadie. La pequeña puerta blanca es muy rudimentaria, de las que se cierran con candado. Entro y veo que la habitación tiene unos doce o quince metros cuadrados y está hecha con ladrillos, cemento y tejas plásticas. Es de noche y el lugar está frío y oscuro, pero alcanzo a ver un colchón en el piso, una almohada que parece nueva y una cobija de lana marrón. Estudio el lugar y creo ver su radio, su linterna, una camisa, su pequeña ametralladora colgando frente a mí y una lámpara de kerosén apagada. Cuando me inclino sobre la mesita para intentar prenderla con mi encendedor de oro, un hombre salta de las sombras tras de mí y me atenaza el cuello con el brazo derecho. Creo que va a rompérmelo, mientras me agarra de la cintura con el izquierdo y me aprieta contra él.

—¡Mira cómo duermo, casi a la intemperie! ¡Mira cómo viven quienes luchamos por una causa mientras las princesas viajan por Europa con los enemigos de uno! Mira bien, Virginia —dice soltándome y prendiendo la lámpara— ¡porque esto, no el hotel Ritz de París, es lo último que vas a ver en tu vida!

—Tú escogiste vivir así, Pablo, como el Che Guevara en la selva boliviana, sólo que él no tenía tres mil millones de dólares. Nadie te ha obligado, ¡y tú y yo nos dejamos hace rato! Ahora dime qué es lo que quieres de mí y por qué estás sin camisa en este frío, ¡porque yo no vine a pasar la noche contigo ni a dormir en ese colchón con garrapatas!

—Claro que no viniste a dormir conmigo. Ya vas a saber a qué viniste, mi vida, porque al *Capo di Tutti Capi* su mujer no le pone los cuernos con el enemigo delante de sus amigos.

—Y a la *Diva di Tutti Divi* no se le ponen los cuernos con modelos delante de todo su público. ¡Y ya deja de llamarme «tu mujer», que yo no soy la Tata!

—Pues, mi diva, si no te quitas ya todos y cada uno de esos miles de dólares que tienes encima, llamo a mis hombres para que te los arranquen entre todos y los corten con navajas.

—Hazlo, Pablo, ¡que es lo único que te falta por hacer! Y, si me matas, me haces un gran favor; porque la verdad es que nunca me ha gustado mucho la vida, y no voy a extrañarla. Y si me desfiguras ninguna mujer se te volverá a acercar nunca. ¡Anda, llama a todos los doscientos! ¿Qué estás esperando?

Me arranca la *parka*, desgarra mi blusa, me arroja sobre aquel enorme colchón blanco de rayas azules, me zarandea como a una muñeca de trapo, intenta cortarme la respiración y comienza a violarme mientras gime y aúlla como una fiera:

—Me dijiste que algún día ibas a cambiarme por otro cerdo tan rico como yo… ¿pero por qué tenías que escoger a ése… justamente a ése? ¿Quieres que te cuente lo que le dijo de ti a mis amigos?… ¡Mañana mismo ese presidiario patético va a saber que volviste conmigo, al otro día de estar dizque llorando por él!… ¡Y en la cárcel eso sí que da duro! El Mexicano me confesó todo hace unos días… porque revisé las cintas del F2 y le pregunté para qué lo habías llamado… no me quería decir nada, pero tuvo que hacerlo. Yo no podía creer que ese cerdo maricón te hubiera mandado donde mi socio… a ti… a mi novia… para ensuciar a mi princesa con negocios de ésos…a mi princesa encantada… ¿Y esa bruja que tiene de mujer fue la mafiosa de las llamadas a las emisoras… ¿verdad, mi amor? Pero ¡cómo no me di cuenta!… ¿Quién más iba a ser sino ella?… Mientras yo me disponía a hacerme matar y a romperme el alma por todos ellos, ¡ese cobarde arribista pretendía robarme a mi novia, a mi mejor amigo, a mi socio, mis territorios y hasta mi presidente! Llevarte con él para París… ¿qué tal?… Si no estuviera en la cárcel con Jorge, ¡les pagaría a esos españoles para que se lo entregaran a los gringos! ¡No sabes cómo te odio, Virginia, cómo he soñado con matarte todos estos días! ¡Yo te adoraba y acabaste con todo! ¿Por qué no dejé que te ahogaras? Mira, esto es lo que se siente cuando uno se está ahogando: ¡siéntelo ahora! ¡Ojalá te guste, mi vida, porque ahora sí te vas a morir en mis brazos! ¡Mírame, que quiero ver esa cara de diosa exhalando el último suspiro entre ellos! ¡Muérete, que hoy sí te vas a ir al infierno conmigo encima y adentro tuyo!

Una y otra vez me coloca la almohada sobre el rostro. Una y otra vez me tapa la nariz con los dedos y la boca con las manos. Una y otra vez me aprieta el cuello. Esa noche conozco todas las formas posibles de la asfixia. Hago un esfuerzo sobrehumano para no morir y otro un millón de veces superior para no emitir un solo quejido. Por un instante alcanzo a ver la luz al final del túnel de los moribundos, pero en el último segundo él me regresa a la vida para dejarme tomar aire mientras escucho su voz cada vez más lejana exigiéndome que grite, que le implore por mi vida, que suplique. Como no contesto a sus preguntas, ni digo una palabra, ni lo miro, se enloquece. De pronto, dejo de luchar y de sufrir porque ya no sé si estoy viva o muerta, y dejo también de preguntarme de qué está hecha aquella gruesa capa de líquido viscoso y resbaloso que nos une y nos separa —si es de sudor o de humedad o de lágrimas—, y cuando estoy a punto de perder el conocimiento y él ya ha terminado de castigarme, de insultarme, de torturarme, de humillarme, de odiarme, de amarme, de vengarse de otro hombre o de lo que haya sido todo aquel horror, alcanzo a oír su voz desde algún punto, ni cercano ni lejano, que me dice:

—¡Te ves horrible! A Dios gracias ya nunca más volveré a verte y, a partir de hoy, ¡ya sólo tendré niñas y putas! Me voy a coordinar lo de tu viaje. Regreso en una hora, y ¡ay! de que no estés lista: te mando a arrojar en la selva así como estás.

Cuando la vida comienza a volverme al cuerpo, me miro en mi espejo para cerciorarme de que todavía existo y ver si he cambiado de cara, como aquella tarde en que perdí la virginidad. Sí, me veo terrible; pero sé que no es por culpa de mi piel ni de mi rostro, sino del llanto mío y de la barba de él. Para cuando regresa me he recuperado casi por completo, e incluso creo ver un destello de reconocimiento en alguna fugaz mirada suya. En el tiempo transcurrido he decidido que, como hoy voy a irme de su vida para siempre, seré yo quien diga la última palabra. Y he preparado mentalmente una despedida que ningún hombre podría olvidar, y menos uno cuyo reto cotidiano es el de ser el más macho de todo el mundo, a todas horas, cada una de las veinticuatro horas del día.

Él entra caminando a paso lento y se sienta en el colchón. Coloca los codos sobre las rodillas, se toma la cabeza entre las manos y con aquel gesto me lo dice todo. Yo también lo comprendo pero, como memorizo casi todo lo que escucho y todo lo que siento, y no puedo olvidar nada aunque quisiera, sé que jamás podré perdonarlo. Estoy sentada en una silla de director y lo observo desde arriba, con mi bota izquierda cruzada sobre el muslo derecho. Ahora él se recuesta contra la pared y contempla el vacío. Yo también lo hago, pensando cuán curioso es que las miradas de un hombre y una mujer que se amaron con locura y se respetaron profundamente formen siempre un ángulo perfecto de cuarenta y cinco grados cuando se preparan para decirse adiós, porque nunca se colocan frente a frente. Como la venganza es un plato que se sirve frío, decido escoger mi tono más dulce para preguntar por una bebé recién nacida:

—¿Cómo está tu Manuelita, Pablo?

—Es la cosa más bella del mundo. Pero tú no tienes ningún derecho a hablarme de ella.

—¿Y por qué le pusiste a tu hija el nombre que en otro tiempo querías para mí?

—Porque se llama Manuela, no Manuelita.

Con algo de autoestima recuperada, y ya sin temor de perderlo, porque hoy es él quien me está perdiendo a mí, le recuerdo el motivo de mi visita:

—¿Es cierto que están trabajando con Enrique Sarasola para que los manden para Colombia?

—Sí, pero no es asunto de la prensa. Son cosas internas de las familias de mi gremio.

Tras las dos preguntas de cortesía, inicio el ataque según lo planeado:

—¿Sabes, Pablo?… A mí me enseñaron que una mujer honesta no tiene sino un abrigo de piel… y el único que yo he tenido en toda mi vida lo compré con mi dinero, hace ya cinco años.

—Pues mi esposa tiene frigoríficos enteros con docenas de abrigos de piel, y es mucho más honesta que tú. ¡Si pretendes que a estas alturas te regale uno nuevo, estás loca! —exclama levantando la cabeza sorprendido y mirándome con absoluto desprecio.

Como esa era, exactamente, la respuesta que anticipaba, continúo:

—Y a una deberían enseñarle que un hombre honesto no debe tener más de un avión… Por eso, jamás volveré a enamorarme de un hombre con aerolínea, Pablo. Son terriblemente crueles.

—Pues no hay muchos, mi vida. ¿O, acaso… cuántos somos?

—Son tres. ¿O creías que eras el primero?… Y la experiencia me ha enseñado que… lo único, lo único que le aterra a un magnate de ésos es la posibilidad de que lo cambien por su rival. Porque se tortura una y otra vez… imaginándose a la mujer que amó y lo amó… en la cama con el otro… burlándose de sus carencias… riéndose de sus… falencias…

—Pero, ¿todavía no sabías que es por eso, precisamente, que a mí me gustan tanto las niñas inocentes, Virginia? —me dice con mirada triunfal—. ¿Nunca te había contado que me encantan porque no tienen pautas de comparación con magnates ni con nadie?

Con un profundo suspiro de resignación, tomo mi bolso de viaje y me pongo de pie. Luego —como Manolete a punto de descabellar a un miura con la más calculada precisión y con un tono de voz que he ensayado mentalmente una y otra vez— le digo a Pablo Escobar lo que sé que ninguna otra mujer le ha dicho ni le dirá mientras viva:

—Pues… verás… tampoco hay muchas con mis pautas, mi vida. Y lo que siempre había querido decirte —sin temor a equivocarme— es que a ti te gustan las niñas, no porque no tengan pautas de comparación con otros magnates… sino porque no tienen pautas de comparación con… símbolos sexuales. Adiós, Pablito.

Ni siquiera me tomo el trabajo de esperar a ver su reacción y salgo de aquel horrible lugar sintiendo un júbilo que reemplaza brevemente a toda la rabia que llevo dentro, mezclado con la más inexplicable sensación de libertad. Tras caminar casi doscientos metros bajo la lluvia que ha empezado a caer, alcanzo a divisar a Aguilar y a Pinina que me esperan con sus rostros sonrientes de siempre. A mis espaldas escucho el característico silbido de «el Patrón», e imagino su gesto al ordenarles transmitir sus instrucciones a los seis hombres encargados del complicado proceso de regresarme a casa. Esta vez ni me acompaña con su brazo alrededor de mis hombros ni me despide con un beso en la frente. Hasta que llego a casa no despego mi mano de la Beretta que llevo en el bolsillo; sólo cuando la coloco en su sitio caigo en cuenta de que fue lo único de lo que no me despojó.

Unos días después, *Los Trabajos del Hombre*, uno de los programas en tiempo estelar más sintonizados de la televisión colombiana, me dedica una hora completa para hablar sobre mi vida como presentadora de televisión. Le pido a la vendedora de joyas que me preste las más llamativas y, en algún momento de la entrevista, me pronuncio en contra de la extradición. Tan pronto como termina la emisión, suena el teléfono. Es Gonzalo, el Mexicano, para expresarme su más profunda gratitud en el nombre de los Extraditables; me dice que soy la mujer más valiente que ha conocido y, al día siguiente, Gustavo Gaviria llama para elogiar mi carácter en términos similares. Les respondo que es lo mínimo que podía hacer por elemental solidaridad con Jorge y con Gilberto. La directora me dice que fue el programa más sintonizado en todo el año; pero ni Pablo, ni las familias Ochoa o Rodríguez Orejuela, dicen una sola palabra.

∝

Jorge Barón me informa que ha tomado la decisión de no renovar mi contrato de *El show de las estrellas* por tercer año consecutivo, según lo pactado. No me da ninguna explicación distinta de que el público sintoniza su show para ver a los cantantes y no a mí. El programa tiene cincuenta y cuatro puntos de rating promedio, el más alto en toda la historia del medio porque aún no existe en Colombia la televisión por cable; se ve en varios países y, aunque me paga sólo mil dólares mensuales y me cuesta miles en vestuario, me representa miles más en lanzamientos de productos para las agencias de publicidad. Le advierto a Barón que puede irse olvidando de su mercado internacional. A las pocas semanas todos los canales extranjeros le cancelan los contratos, pero él compensa las pérdidas asociándose con empresarios del futbol de su natal Tolima en negocios que mueven millonarias cifras en dólares y que con el tiempo serán investigados por la Fiscalía General de la Nación. Cuando ésta me llame a declarar en 1990 en el proceso por enriquecimiento ilícito contra Jorge Barón, sólo podré afirmar bajo la gravedad del juramento que la única conversación de carácter personal que sostuve con aquel individuo en toda mi vida duró exactamente diez minutos. Quería averiguar mi relación sentimental con Pablo Escobar y —una vez respondí que nuestra amistad era estrictamente política—, Barón me informó que mi contrato quedaba cancelado porque su programadora no estaba en condiciones de seguir pagándome mil dólares mensuales. Sé perfectamente que aquel director tan feo y ordinario no ha sacrificado las audiencias norteamericanas a la economía de una cantidad misérrima: sus nuevos socios, simplemente, le han exigido mi cabeza.

Todos estos acontecimientos de aquel año terrible de 1984 acabarían convirtiéndome en catalizador de una larga y compleja serie de procesos históricos que terminarían con los protagonistas de esta historia en la tumba, en la ruina o en la cárcel, y todo por culpa de aquella kármica ley de causa y efecto por la que siempre he tenido tanto respeto y tan reverencial temor. Quizás fue con esa misma admiración, o quizás el mismo espanto, como un amado poeta sufí del siglo XIII resumió en dos acciones exquisitas y tan sólo once palabras su cósmica visión del crimen y el castigo, para estremecernos con la síntesis perfecta de la más absoluta compasión o, tal vez, inspirarnos su forma más sublime:

«Arranca el pétalo de un lirio y harás titilar una estrella».

Bajo el cielo de Nápoles

Este avión tiene el tamaño de todos los once de Pablo Escobar juntos y el hombre que desciende de él, rodeado de su tripulación y de cuatro parejas jóvenes, parece un emperador. Tiene sesenta y cinco años, camina como si fuera el rey del mundo y lleva un bebé de meses en los brazos.

Estamos a principios de 1985 y me encuentro en el aeropuerto de Bogotá departiendo con dos docenas de personas invitadas a Miami y a Caracas para el lanzamiento de *El amor en los tiempos del cólera*, la más reciente obra del Nobel Gabriel García Márquez, y de «Maestros de la Literatura Universal». Ambas serán distribuidas por el Bloque De Armas de Venezuela, y los invitados de su filial colombiana y de la casa editorial departimos con los directivos locales del zar de la prensa latinoamericana que viajarán con nosotros y con otros que han venido sólo para saludar a su jefe. Armando de Armas distribuye gran parte de los libros que se publican en idioma castellano y es dueño de docenas de revistas, además de diarios y emisoras en Venezuela. El bebé no es su nieto sino el último de sus muchos hijos y, al parecer, la madre se ha quedado en Caracas.

Ya en el avión, De Armas se entera de que soy la presentadora de televisión mas conocida de Colombia y de que la edición de *Cosmopolitan* con mi portada se agotó en el primer día. Poco antes del despegue, recibe una llamada telefónica; cuando regresa a su asiento me mira, y en segundos comprendo qué fue, exactamente, lo que le advirtió alguno de sus oficiosos ejecutivos que quedaron en tierra. Es evidente que este hombre treinta años mayor que yo no le tiene

206

miedo a nada, pero también es cierto que ninguna mujer que luzca un traje de tres mil dólares, accesorios de cocodrilo por cinco mil y joyas por treinta o cuarenta mil podría «cargarse» con drogas, y menos una conocida por veinte millones de personas que viaja con tres maletas en el avión privado más grande de toda América Latina para pasar cinco días en Miami y Caracas. Con la primera copa de champán Cristal rosé le pido a Armando la portada de *Bazaar*, «la única faltante en mi colección», y él, en prueba de que lo que digan de una mujer con mi aspecto lo tiene sin cuidado, responde «¡Concedido!» En la primera media hora, y frente a una docena de personas que no se han dado cuenta de nada, se han fijado las reglas del juego de una extraña y conflictiva amistad que durará por años.

Llegamos a Miami, y De Armas y una espectacular modelo que viaja con nosotros suben a un Rolls Royce de color ciruela que lo espera en la escalerilla del avión. Esa noche, en una mesa larguísima que él preside, me entero por sus indiscretos ejecutivos de que «Carolina Herrera», la marca propiedad del Bloque De Armas que lleva el nombre de su elegante compatriota, genera pérdidas de consideración. La diseñadora, a quien yo había conocido recientemente en una cena de los condes Crespi en Nueva York a la que había asistido con David, está casada con Reinaldo Herrera, cuya amistad con toda la gente más rica y elegante del mundo resulta invaluable para alguien tan poderoso y ambicioso como Armando. Para demostrar que no tengo cortadas ni desfiguraciones, De Armas encarga a la famosa fotógrafo de modas Iran Issa-Khan, prima del Sha de Persia, que la foto de la portada consista de un primerísimo plano. Si bien ella se tarda horas y horas para realizarla, el resultado final me deja terriblemente desilusionada porque, aunque elegante, ese rostro tan serio no se parece en nada a mí. Ya en Caracas, y tras una larga conversación lejos del resto del grupo, De Armas me dice que se está enamorando de mí y quiere que volvamos a vernos a la mayor brevedad.

Armando no me llama a diario, no: llama a la mañana, a la tarde y a la noche. Me despierta a las 6:00 a.m., y yo no me quejo. A las 3:00 p.m. quiere saber con quién estuve almorzando —porque tengo invitaciones casi todos los días— y entre las 7:00 y 8:00 p.m.

vuelve a llamar para darme las buenas noches, porque tiene el hábito de levantarse a las 3:00 a.m., hora en que los jóvenes inagotables apenas nos estamos acostando. El problema es que ésa es, precisamente, la hora escogida por un sicópata violador extraditable para llamar a implorar mi perdón y, de paso, verificar que yo esté en casa y sólo en brazos de Cupido. Cuelgo el teléfono, diciéndome que «al que no quiere aerolínea se le dan dos tazas» y que, con esa disparidad generacional de horarios, estos dos hombres, que viven uno en Caracas y otro en Medellín, van a terminar por enloquecerme.

Ahora trabajo en el noticiero del mediodía, el único en Colombia que quiso contratarme como presentadora. Con un esfuerzo sobrehumano, y un presupuesto infrahumano, hemos logrado subir el *rating* de cuatro puntos a catorce, lo cual no le da al veterano periodista Arturo Abella, su director y propietario, para pagar los costos de Inravisión. Mi romance con Pablo es un secreto a voces entre nuestros dos gremios pero, la verdad, no es conocido de la opinión pública ni del tipo de señoras bogotanas o europeas con quienes yo almuerzo en Pajares Salinas o La Fragata y, en todo caso, ambos lo hemos negado siempre categóricamente. En los dos últimos años he rogado a los colegas de más confianza que no se refieran a Escobar como «narcotraficante», sino como «ex parlamentario», y casi todos han aceptado a regañadientes, quizás con la secreta esperanza de que algún día Pablo les conceda algo más que una entrevista.

Cada semana recibo una serenata con mariachis. Al día siguiente un estrangulador no identificado llama para decir que el mérito es del Mexicano, una autoridad mundial en música ranchera, quien lo asesoró, porque lo que a él le gusta es el rock duro y de cosas folclóricas no entiende mucho. Yo cuelgo. La siguiente estrategia es la de apelar a mi profunda compasión por los pobres y por todos los que sufren: «¡Fíjate que ya sólo tengo ocho avioncitos, porque me quitaron el resto!», exclama, y acompaña la frase con ochenta orquídeas. Cuelgo sin decir una palabra. Luego «¡Mira que ya sólo me quedan seis avioncitos!», con sesenta flores de otro color. Arrojo el pobre teléfono con furia, preguntándome de qué estarán hechos esos aparatos, para comprar acciones de la compañía que los fabrica. A la semana siguiente es «¿Ves que ahora soy un niño pobre, con sólo cuatro avioncitos?», y envía cuarenta *phalenopsis*, como si yo no supiera que los que no están en el hangar de la policía están en Panamá, Costa Rica y Nicaragua. O como si yo ignorara que él tiene recursos para comprarse unos cuantos de reemplazo y, de paso, regalarme algún aderezo de rubíes o esmeraldas en vez de tanta patriótica *Cattleya trianae*. Y déle con «Cucurrucucú Paloma» y «Tres meses sin verte, mujer» y «María bonita» y todo el cancionero de José Alfredo Jiménez, Lola Beltrán, Agustín Lara y Jorge Negrete. Una y otra vez, me digo:

—¿Para qué necesita una mujer como yo a un violador con aerolínea cuando tiene a sus pies justamente a un hombre honesto con un solo avión y cien revistas, que siempre está rodeado de gente linda, subvenciona a Reinaldo y a Carolina Herrera y la llama tres veces al día para decirle que está loco por ella?

—¡Imagina si te convirtieras en la jefa de Carolina! —ríe David desde Londres, en tono complementario.

Armando me informa que un canal de Miami está buscando presentadora para lanzar su noticiero y que desean hacerme una prueba. Viajo, hago una presentación impecable, y me dicen que en unos meses me informarán si fui la escogida. Esa noche ceno con Cristina Saralegui, quien trabaja para Armando, y su marido Marcos Ávila, que está feliz porque su grupo musical, con Gloria Estefan a la cabeza, se ha convertido en la sensación del momento gracias a «La Conga». Tras varios meses de cortejo telefónico, acepto finalmente la invitación de Armando para ir a México. Esta vez viajamos solos y en el aeropuerto tenemos alfombra roja desde la escalerilla del avión hasta la puerta de la aduana, como si fuéramos el presidente y la primera dama del Grupo Andino. Como los superricos no hacen aduana en ninguna parte, a menos que sean estrellas del rock sospechosas de alguna alucinada inspiración, nos dirigimos con otra nube de ejecutivos hasta las instalaciones mexicanas de su imperio. Desde un balcón interior me asomo hacia lo que luce como un supermercado con miles de libros y revistas agrupados en torres y torres de metros de altura. Pregunto qué es todo aquello y Armando me responde que son los títulos que van a distribuirse en esa semana.

—¡¿En una semana?! —pregunto casi escandalizada—. ¿Y cuánto ganas por cada libro?

—Cincuenta por ciento. El escritor gana entre diez y quince…

—¡Wao! ¡Entonces, es mejor ser tú que García Márquez o Hemingway!

Llegamos a la suite presidencial del María Isabel Sheraton, que tiene dos dormitorios, y allí el zar de la distribución me declara el verdadero propósito de todo su amor: quiere llenarme de hijos, porque adora a los niños y me ha escogido para ser la afortunada madre de los últimos, y seguramente los más mimados de su prolífica existencia, en la que al lado de los hijos de su matrimonio coexisten una docena de extraconyugales.

—¡Pídeme lo que quieras! ¡Podrás vivir como una reina el resto de tu vida! —me dice feliz, contemplándome como si yo fuera la vaca Holstein campeona en la Feria Agropecuaria.

Respondo que yo también adoro a los pequeños pero no tendría bastardos ni de Carlos V, Rey de España y Emperador de Alemania, ni de Luis XIV, el Rey Sol. Me pregunta si me casaría con él, y si estando casados tendríamos hijos. Tras examinar su rostro le digo que casada tampoco, pero que seguramente la pasaríamos en grande.

Se enfurece, y empieza a repetir lo que siempre se ha dicho de mí en la prensa:

—¡Ya me habían contado que odiabas a los niños y no querías tener hijos para que no se te dañara la figura! ¡Y me has traído mala suerte, porque acaba de estallar una huelga!

—Pues si mañana no me tienes un pasaje para regresarme a Colombia, me uno a los piquetes de huelguistas y grito «¡Abajo la explotación extranjera!» frente a todas las cámaras de Televisa. No quiero volver a saber de magnates con aerolínea ni con avión: ¡todos son unos tiranos! Adiós, Armando.

Una semana después me llama desde Caracas a las seis de la mañana para decirme que pasó por Colombia para verse conmigo después de arreglar la huelga, pero que tuvo que salir corriendo porque Pablo Escobar intentó secuestrarlo.

—Pablo Escobar tiene tres mil millones de dólares, no trescientos como tú. Tiene treinta y cinco años, como yo, y no sesenta y cinco como tú. Tiene una docena de aviones y no uno, como tú. No confundas a Escobar con Tirofijo, porque por elemental lógica el que tendría que ir pensando en secuestrar a Pablo eres tú, y no él a ti. ¡Y ya deja de llamarme a esta hora, que yo me levanto a las diez, como él, y no a las tres de la mañana como tú!

—¡Con razón no querías ser la madre de mis hijos! ¡Sigues enamorada del Rey de la Coca! ¡Ya me habían dicho mis ejecutivos que tú eras la amante de ese criminal!

Le contesto que si yo fuera la amante del séptimo hombre más rico del mundo no hubiera puesto jamás pie en su avión —ni en enero con su grupo de invitados, ni mucho menos para ir a México con él— y me despido.

No creo una palabra del supuesto intento de secuestro. Dos días después me encuentro con diez orquídeas, un recorte de periódico con mi foto favorita, y una nota de quien dice ser ya un hombre con un solo avioncito que no puede pasarse el resto de su vida sin volver a ver aquel rostro en su almohada. Vuelve a llamar y cuelgo, y en el siguiente *puente* decido que es hora de dejar de sufrir con tanto acosador maniático y regresar a la tranquilidad de los valores tradicionales: en el Fountainbleu de Miami me espera David Metcalfe con una sombrilla de sol y un *Rum Punch* con sombrillita; y al día siguiente llega Julio Mario Santo Domingo quien, al verme, me abraza y da dos vueltas conmigo en el aire, exclamando:

—¡Mírala, David! ¡Ella sí es una mujer de verdad! ¡Volvió, volvió! ¡Está de regreso del mundo de los hombres más ricos del planeta al de los pobres, como nosotros! —Y, mientras David nos observa con algo que parece ser el primer asomo de celos de toda su vida, Julio Mario canta riendo:

Hellooo, Dolly! It's so good to have you back where you belong!
You're looking sweeelll, Dolly, we can teeelll, Dolly…

En el taxi hacia el aeropuerto donde vamos a tomar el vuelo de regreso en Avianca, la aerolínea de Santo Domingo, él y David van felices, burlándose de las pacientes de Ivo Pitanguy que son amigas de ambos. Julio Mario dice que, como David le economizó una fortuna porque pagó la cuenta de su habitación, él está tan contento que «se quedaría en ese maravilloso taxi riendo con nosotros dos por el resto de su vida». Al llegar a Bogotá me despido de ellos y los veo partir a gran velocidad entre docena y media de vehículos y un ejército de guardaespaldas que los esperaban a la puerta del avión. Tampoco hacen aduana, y alguien que trabaja para el Grupo Santo Domingo toma mi pasaporte y me conduce rápidamente hacia otro automóvil. Pienso que la gente como Julio Mario y Armando —no como Pablo y Gilberto— son los verdaderos dueños del mundo.

Un par de días después un periodista conocido mío me ruega que lo reciba porque quiere pedirme un gran favor, dentro de la mayor reserva. Le digo que tengo una cena de corbata negra pero que con gusto lo atenderé. Se llama Édgar Artunduaga, ha sido director de *El Espacio*, el diario vespertino de los cadáveres sangrantes, y con el tiempo se convertirá en Padre de la Patria. Me ruega que le suplique a Pablo que lo ayude económicamente porque, a raíz del apoyo que le prestó en la divulgación del videocasete con el cheque de Evaristo Porras a Rodrigo Lara, nadie quiere contratarlo y su situación es crítica. Le explico que docenas de periodistas me han pedido favores similares y que siempre se los he referido directamente a la oficina de Pablo para que él decida qué hacer. Ni me interesa conocer las penurias de mis colegas ni me gusta actuar como intermediaria en ese tipo de contribuciones. Pero en el caso suyo haré una excepción, porque lo que me cuenta no sólo me conmueve profundamente sino que parece requerir una solución urgente.

Pablo sabe que yo jamás telefoneo a un hombre que me interese románticamente; ni siquiera para devolver sus llamadas. Cuando marco su número privado él mismo contesta, e inmediatamente me doy cuenta de que está feliz de escucharme. Pero cuando le digo que tengo a Artunduaga delante mío, y le explico a qué ha venido, comienza a aullar como un loco energúmeno y por primera vez en su vida me trata de *usted*:

—¡Saque a esa rata de alcantarilla ya de su casa antes de que se la contamine! ¡Llamo en quince minutos y, si él todavía está ahí, le pido prestados tres muchachos al Mexicano, que vive a diez cuadras de su casa, para que vayan hasta allá y lo echen a las patadas!

No sé si Artunduaga alcanza a escuchar los alaridos y epítetos de Pablo al otro lado de la línea: no lo baja de víbora, chantajista, canalla, hiena, extorsionista, hampón de pacotilla. Me siento terriblemente incómoda y, cuando cuelgo, sólo atino a decirle que Escobar se molestó porque no acostumbra tratar conmigo temas de pagos a terceros. Añado que, si le parece bien, puedo hablar al día siguiente con Arturo Abella para ver si lo nombra editor político. Para levantarle la moral, le digo que sé que el director aceptará encantado porque, al parecer, está negociando la venta de un paquete de acciones del noticiero a unos inversionistas muy ricos.

Para cuando Pablo vuelve a llamar yo ya me he ido a una cena con David Metcalfe donde me encuentro con el presidente López, quien me pregunta quién es ese inglés altísimo que me acompaña; le digo que es nieto de lord Curzon y ahijado de Eduardo VIII, y los presento. Al día siguiente, Arturo Abella me dice que el nuevo propietario del noticiero, Fernando Carrillo, desea invitarnos a cenar con él en Pajares Salinas y quiere conocer a Artunduaga para decidir sobre su contratación. Me cuenta que Carrillo, accionista principal del equipo de futbol Santa Fe, de Bogotá, es amigo personal de gente tan disímil como César Villegas, mano derecha de Álvaro Uribe en la Aeronáutica Civil, y Tirofijo; y añade que Carrillo le ha ofrecido prestarnos su helicóptero para que Amparo Peláez y yo entrevistemos al legendario jefe guerrillero en el campamento de las FARC. Algo me dice que no toque este tema delante de Artunduaga, y un par de horas después me despido de ellos porque calculo que David ya debe haber salido de una cena de negocios y estará esperándome para vernos antes de su regreso a Londres.

Abella me llama para rogarme que pase por su oficina, en vez de ir al estudio, porque me tiene noticias. Al llegar me entrega la carta de despido y me informa que Artunduaga convenció a Carrillo de cancelar mi contrato y nombrarlo a él como presentador del noticiero. ¡No puedo dar crédito ni a mis oídos ni a mis ojos! Arturo me agradece el aumento de casi diez puntos en el *rating* mientras estuve al frente de la cámara, me explica que los costos del gobierno lo han arruinado y, con lágrimas en los ojos, me dice que no ha tenido más remedio que vender la totalidad del noticiero a «esos señores del futbol». Al despedirnos le pronostico que el noticiero se cerrará en seis meses porque nadie enciende un televisor, y menos a la hora del almuerzo, para ver la cara de Édgar Artunduaga, a quien ese prohombre llamado Pablo Escobar califica de «rata de alcantarilla». (Antes de que finalice el año, el noticiero irá a la bancarrota y Carrillo perderá toda su multimillonaria inversión en el pago de los pasivos del noticiero.)

Un violinista solitario toca frente a mi ventana «Por una Cabeza», mi tango favorito. Lo hace tres veces consecutivas y luego desaparece. A los dos días Pablo vuelve a llamar:

—Supe que te vieron bajar de un avión de Avianca con Santo Domingo y un extranjero. Yo no soy dueño de aerolínea como él, ¡pero tengo avión propio desde los treinta años! Sabes que no puedo ir hasta Bogotá por ti; pero vamos a dejar ya toda esta tontería, que la vida es muy corta y ese presidiario nos importa un rábano. Yo me muero por esa cabeza que está detrás de esa cara tuya ¡y no tengo la menor intención de dejársela a otro, punto! Si no te subes ya al último avión que me queda —para que me cuentes por qué estás sin trabajo— el día en que te decidas a verme vas a tener que comprarle pasaje en Avianca a Santo Domingo, ¡y ese viejo avaro va a volverse cien dólares más rico con tu plata!

Nunca había escuchado un argumento más contundente. Pablo puede ser el hombre más buscado del mundo pero las condiciones de esta relación las pongo yo. Y exclamo feliz:

—Voy para allá. Pero ¡ay! de que no estés esperándome en el aeropuerto: ¡me devuelvo en la primera carretilla que encuentre!

Éste es un avión pequeño y sólo viajamos el joven piloto y yo. Al cabo de un rato comienza a caer un aguacero torrencial, y súbitamente nos quedamos sin radio. La visibilidad es de cero, y con una inexplicable sensación de paz me preparo mental y espiritualmente para la posibilidad de la muerte. Por un momento recuerdo el avión de Jaime Bateman. El muchacho me ruega que me siente en el puesto del copiloto porque cuatro ojos ven mejor que dos. Le pregunto si podríamos aterrizar después de las 6:00 p.m., cuando ya el aeropuerto de Medellín esté cerrado y la posibilidad de estrellarnos con otro avión sea mínima, y él contesta que eso es, precisamente, lo que se propone hacer. Cuando el clima se despeja y logramos ubicar visualmente la pista, aterrizamos sin problema.

Sé que Pablo no puede siquiera acercarse al aeropuerto, pero dos hombres me esperan en el sitio de siempre para llevarme primero a la oficina y verificar que nadie me haya seguido. Si el negocio de Armando de Armas parece un supermercado, el de «Armando Guerra», el alias del primo y socio de Pablo, parece un restaurante de comidas rápidas a la hora del almuerzo. Gustavo Gaviria alterna su alegría de verme de regreso al *excitement* de los valores no tradicionales con el manejo telefónico de lo que parece ser una crisis originada en el exceso de demanda:

—¡Qué bueno que volviste, Virginia! Hoy esto está hecho una locura… ¿Qué pasó con los setecientos kilos del Negro, ah?… Hoy estoy despachando media docena de aviones, arrendados claro… ¡Los cuatrocientos de la Mona, Virgen Santísima! ¡Si no caben, esa mujer me capa mañana!… Pablo está que no se cambia por nadie, pero no vayas a decir que yo te conté… ¡Los seiscientos de Yáider, ojo!… ¿Cómo haces tú para verte siempre tan descansada, ah?… ¿Que el cupo del último está *full*?… Tú no te imaginas el estrés de esta profesión… ¡Pero ésa sí es una tragedia, hermano!… Es que este trabajo le da de comer a cien mil personas, e indirectamente a un millón… ¡Consíganme otro avión, carajo!.. No te sueñas la responsabilidad de uno para con toda esta gente…. Pero ¿se acabaron los aviones en este país, o qué? ¡Vamos a tener que arrendarle el jumbo a Santo Domingo! …Y la satisfacción de poder servirle a la clientela… —¡Ay, Dios! ¡¿Qué vamos a hacer con los doscientos cincuenta de Pitufín, que era un cliente nuevo y se me olvidaron?!…. Mira, llegaron por ti, Virginia… Ese desgraciado primo mío sí es un hombre afortunado, ¡no un pobre esclavo como uno!

Por fin entiendo por qué mandó Pablo ese avioncito. No era el último que le quedaba: ¡era el último que quedaba en toda Colombia! En el trayecto me voy pensando en que los grupos económicos de los magnates generan mil o dos mil empleos cada uno y le dan de comer como a diez mil personas, y me pregunto si cifras como las que Gustavo acaba de darme no terminan por alterarnos la escala de valores…Un millón de personas… Después de unas dos horas de camino, tres autos salen de alguna parte y nos rodean. Horrorizada, pienso que me están secuestrando o que la Dijín me siguió. Alguien toma mi maleta y me exige que suba a otro vehículo. Tras unos segundos de pánico, ¡veo que es Pablo quien conduce! Me besa feliz y, como un bólido, partimos hacia la Hacienda Nápoles mientras me va diciendo:

—¡Lo único que me faltaba, después de todos estos meses, era que te me convirtieras en Amelia Earhart! El piloto dijo que en ningún momento te quejaste y que sólo le transmitiste una total paz y tranquilidad. Gracias, mi amor. Verás: no permito que los de aviones arrendados aterricen en mi pista porque mis medidas de seguridad son cada vez más estrictas. ¡No te imaginas cómo tengo que cuidarme ahora, y asegurarme de que no te estén siguiendo! Ahora sí vamos a aprovechar que no tienes que trabajar, para pasar muchos días juntos y recuperar el tiempo que perdimos con toda esa tontería, ¿sí? ¿Me prometes que vas a olvidar lo del año pasado y que no vamos a hablar sobre nada de eso?

Yo le digo que no puedo olvidar nada, pero que hace tiempo dejé de pensar en todo eso. Más tarde, y ya en sus brazos, le pregunto si no nos estaremos pareciendo a Charlotte Rampling y a Dirk Bogarde en *Portero de noche*, y le cuento la historia: años después de terminada la Segunda Guerra Mundial, la bella mujer de unos treinta años está casada con un director de orquesta. Cierto día, Bogarde, el guardián que la violaba en un campo de concentración, asiste a un concierto del famoso músico. Rampling y Bogarde se tropiezan y se reconocen y, a partir de ese instante, se inicia entre la elegantísima señora y el ahora respetable ex nazi una relación con la más obsesiva y perversa dependencia sexual. No le cuento a Pablo que ahora los roles de víctima y victimario se han invertido, porque sería algo demasiado sofisticado para la mente criminal de quien duerme con

216

adolescentes pagadas que le recuerdan a la esposa de quien se enamoró cuando ella tenía trece años y la figura esbelta.

—¡Pero qué películas más horribles has visto tú… —responde él—. ¡No, no, mi amor, tú nunca le has sido infiel a tus esposos y yo no soy un violador nazi! Mañana voy a llevarte al sitio más bello del mundo para que veas el paraíso en la Tierra. Lo descubrí hace relativamente poco y jamás se lo he enseñado a nadie. Yo sé que allí vas a empezar a curarte y a olvidar lo que te hice esa noche. Sé que soy un demonio… y no pude controlarme… pero ahora sólo quiero hacerte feliz, inmensamente feliz. Te lo prometo.

Me pide que le cuente todos los detalles de lo ocurrido con Jorge Barón y Arturo Abella. Me escucha en completo silencio y, a medida que le voy explicando mi versión de los sucesos más recientes, su rostro se va ensombreciendo:

—Creo que ésta fue una venganza de Ernesto Samper por tu pública denuncia de los cheques que giraste a nombre de él para la campaña presidencial de Alfonso López. Samper mandó a Artunduaga, que es un saca-micas de ambos, a averiguar si era cierto que yo tramitaba sobornos a periodistas, como murmuran esas colegas gordas y feas que darían cualquier cosa por volar en tu jet y meterse en tu cama, y se hacen pasar por amigas mías para averiguar sobre nosotros y se quedan con las ganas, porque yo jamás hablo de ti con nadie. Como le mandaste a decir que no le dabas un peso, Artunduaga le reportó a Samper que tú y yo seguíamos viéndonos, es decir, que seguías contándome todo. Ernesto Samper le pidió un favor a su íntimo amigo César Villegas; Villegas le pidió ese favor a su íntimo amigo Fernando Carrillo y Carrillo le compró a Abella el ciento por ciento de las acciones del noticiero. Samper y Artunduaga me dejaron sin trabajo, el uno porque le diste un montón de plata y el otro porque no le diste nada. No sé cómo haces tú para conocer a la gente, Pablo, pero ¡nunca te equivocas! Y deja ya de contar tanto con la de tu gremio, que todos esos tipos te tienen más envidia de la que me tienen a mí todas esas periodistas que jamás podrán inspirar el amor de un magnate.

Pablo me dice que él puede hablar con Carrillo, que es sólo otro cliente del Mexicano, para que despida a Artunduaga y me reintegre a mi puesto.

Le agradezco pero le ruego que entienda que yo no podría regresar a la televisión como cuota suya: hice mi carrera sola, a punta de talento, elegancia e independencia y jamás he sido cuota política de nadie ni salido con nadie de ese medio ni a tomar café. Le hago ver cuán increíble es que, ahora que el gremio suyo se está apoderando del mío, los mafiosos de tercera se están aliando con los políticos que *Il Capo di Tutti Capi* compró y denunció para pedir mi cabeza en la actividad que me había dado de comer desde hace trece años:

—Se están vengando de ti, Pablo, pero no te conviene enfrentarte por mí a ese bandido infeliz que el Doptor Varito les dejó a ustedes en la Aeronáutica. Ojo, que si un socio insignificante del Mexicano y el *cuate* de Alvarito me hacen esto, ¿qué puedes esperar del resto de ese gremio ingrato que encabezas y defiendes con tu vida? En todo caso, quiero contarte que estoy casi segura de que van a escogerme como presentadora del noticiero de un canal de Miami próximo a inaugurarse. Quienes vieron la grabación dicen que en este momento soy quizás la mejor presentadora de noticias de habla hispana. Y creo que debo irme de Colombia antes de que sea demasiado tarde.

—Pero ¡¿qué estás diciendo?! ¿Cómo vas a dejarme ahora que volviste, mi amor? Vas a ver que no demoran en empezar a llamarte para otros programas. ¿Cómo vas a vivir en Miami si tú no conduces un automóvil y un canal hispano no te va a poner chofer? ¡Verás que escogen a una cubana! Si tú te vas yo me muero: ¡soy capaz de hacerme extraditar para que vayas a verme a la cárcel en Miami! ¿Y qué van a decir los periódicos de Florida cuando descubran que toda una estrella de televisión visita cada domingo a este pobre presidiario? ¡Se armaría un escándalo, te echarían del canal, te deportarían a Colombia y nos separarían para siempre! Ambos saldríamos perdiendo, ¿no te das cuenta, mi vida? Verás que mañana comienzas a curarte de tanto sufrimiento… A partir de ahora tú y yo vamos a ser muy felices y nunca te va a faltar nada. ¡Te lo juro por lo que más quiero, que es mi hija Manuela!

La parte exterior del día siguiente, con las únicas veinticuatro horas de felicidad perfecta que conocí en toda mi vida mientras viví en Colombia, se inicia casi al mediodía en una máquina espectacular conducida por uno de los mejores motociclistas del mundo. Al principio voy aferrada a su torso con ambos brazos, como si estuviera pegada a él con Crazy Glue, con el cabello al viento y los ojos cerrados por el terror y el espanto; pero después de una hora me siento más tranquila y ya sólo me agarro ocasionalmente de su camisa y de su cinturón para contemplar, con los ojos abiertos de par en par, todo eso que él todavía no había querido compartir con nadie.

El lugar más bello que Dios haya creado sobre la faz de la Tierra se divisa desde una lomita cubierta por un pasto perfecto, ni muy alto ni muy bajo, que no sólo nos permite protegernos del sol tropical sino también ocultarnos. A la sombra de un árbol de tamaño mediano, la temperatura de aquel día es también perfecta y ni siquiera una leve brisa ocasional, que nos recuerda que el tiempo no se ha detenido para complacer a dos amantes, podría alterarla. Son casi trescientos sesenta grados de planicies kilométricas, verdes como terciopelo jade, con puntos de agua aquí y allá que refulgen al sol. No hay rastro alguno de un ser humano, un sendero, una casita o un sonido o animal domésticos. No hay señales de que diez mil años de civilización nos hayan precedido o existido jamás. Lo vamos descubriendo juntos, señalando cosas aquí y allá, y nos decimos que podríamos estar en el primer día de la Creación y ser Adán y Eva en el Paraíso Terrenal. Hablamos de lo cruel que fue el destino de aquella pareja, y le comento que si Dios existe debe ser un sádico porque maldijo a la Humanidad para hacerla sufrir sin necesidad y la hizo cruel para obligarla a evolucionar. Pregunto a Pablo si todo aquello que se extiende hasta el horizonte es parte de la Hacienda Nápoles o una nueva adquisición. Él sonríe y contesta que nada es realmente suyo; luego, oteando el horizonte, añade que Dios lo encargó de cuidárselo, dejarlo intacto y proteger a sus animales. Se queda pensando un rato, y de pronto me pregunta:

—¿De veras crees que estemos malditos? ¿Crees que yo nací maldito, como Judas... o como Hitler? ¿Y cómo podrías estar tú maldita, si eres como un ángel?

Respondo que a veces soy una diablesa y por eso tengo cachitos. Como sonríe, y antes de que se le vayan a ocurrir ideas recíprocas, añado que mientras estemos condenados a sobrevivir seremos malditos y que ningún ser vivo bajo el cielo puede escapar a ese destino. Contemplando toda aquella belleza se me viene algo a la mente:

—¿Conoces la letra de «Imagine» de John Lennon? Debió escribirla en un momento así... y en un lugar como éste... pero a diferencia de la canción, ¡por todo eso que tú y yo estamos viendo sí vale la pena matar o morir! ¿verdad, Pablo?

—Así es. Y por todo este cielo también... y tengo que cuidarlo porque creo que a partir de ahora ya no voy a poder salir mucho de aquí...

Las últimas palabras me parten el alma. Para que él no se dé cuenta, le digo que con todos esos pasaportes que tiene debería irse ya de Colombia y vivir afuera como un rey con una nueva identidad.

—¿Para qué, mi amor? Aquí hablo mi propio idioma, aquí mando y aquí puedo comprar a casi todo el mundo. Tengo el negocio más rentable del planeta y vivo en el Paraíso Terrenal. Y aquí, encima de toda mi tierra y debajo de todo mi cielo, estás tú conmigo. ¿Dónde más voy yo a lograr que la mujer más bella del país me ame como me amas tú y me diga las cosas que tú me dices? ¿Dónde, dime, dónde, si cuando me muera lo único que voy a poder llevarme de la Tierra al Infierno es la visión de toda esta perfección, contigo en el epicentro de trescientos sesenta grados multiplicados por un trillón de trillones?

Sólo soy un ser humano, y la verdad es que la visión de una ternura de esas dimensiones cura instantáneamente al corazón más magullado. En aquel día de mayo todo es transparente, el aire es diáfano y la piel no miente. Mirando aquel cielo extasiada, se me ocurre algo:

—¿Sabes cómo voy a llamar la novela que algún día escribiré con tu historia, cuando tú y yo ya estemos viejos y de vuelta de todo? ¡*El cielo de los malditos*!

—¡Uy, nooo! ¡Qué nombre más horrible, Virginia! ¡Suena como una tragedia griega! No me hagas trampa, que estamos trabajando en mi biografía.

—¿Pero no te das cuenta de que cualquier periodista podría escribir tu biografía si se aplicara? Tu historia, Pablo, es otra cosa: es la historia de todas las formas del poder que manejan este país con el dedo chiquito. Creo que yo podría escribirla, porque conozco las historias de tu gremio y *la petite histoire* de las familias presidenciales... y las del resto.

—Por qué no me cuentas todas esas cosas en los próximos días?

—¿Qué me darías a cambio?

Se queda pensando un rato y luego, con un suspiro y una caricia en la mejilla, me dice:

—Serías testigo de cosas que nadie más va a saber, porque... si yo llego a morir antes que tú... quizás podrías contar muchas verdades. Mira alrededor. Como eres tan despistada y nunca sabes dónde estás, creo que puedo confesarte que todo esto sí es mío. Más allá del horizonte también, y por eso no tengo flancos débiles. Ahora mira hacia arriba: ¿qué ves?

—El cielo...y los pájaros... ¡y una nube allí, mira! El enorme pedazo de cielo que Dios te prestó para que protegiera todo lo que está debajo y para que te cuidara a ti...

—No, mi amor. Tú eres una poeta, yo soy un realista: ¡todo eso que estamos viendo arriba de nosotros se llama espacio aéreo del gobierno colombiano! Si no tumbo la extradición, ése va a ser mi problema. Por eso creo que tengo que ir pensando en conseguirme urgentemente un misil...

—¿Un misil? ¡Pero estás sonando como Genghis Khan, Pablo! Prométeme que no vas a hablar de esas cosas con nadie más, ¡porque van a creer que perdiste la cabeza! Bueno... en el caso de que lo consiguieras, porque con tu dinero se puede comprar todo y con tu pista de aterrizaje puedes traerlo a casa, creo que no te serviría de mucho, mi amor. Que yo sepa, un misil no puede recargarse... Ahora bien: asumamos que con uno, ¡o con diez, pues!, te bajaste todos los aviones de la Fuerza Aérea que vinieron a violar tu espacio aéreo, ¿qué vas a hacer con los de los gringos que nos invaden al otro día, te disparan cien misiles y no dejan un átomo del Paraíso?

Calla por un momento. Luego, casi como pensando en voz alta, comenta muy serio:

—Sí… uno tendría que darle ¡de una! a un blanco que valiera la pena…

—Deja ya de pensar en tanta locura. ¡Te sale más fácil y más barato pagarle al cuarenta por ciento de colombianos pobrísimos para que voten por «Pablo Presidente» y tumben la extradición! ¿Y de qué voy a ser testigo, y cuándo?

—Sí…tienes razón… olvídalo. Y las sorpresas no se adelantan, mi vida.

Ya dejamos de ser uno y volvimos a ser dos; como Adán y Eva, sentimos frío y nos cubrimos. Él se queda absorto, contemplando aquel espacio aéreo con las manos entrelazadas bajo la nuca. Yo me quedo absorta, contemplando aquel cielo de malditos con la cabeza recostada sobre su pecho. Él sueña con su misil, yo con mi novela; él trabaja en su partida de ajedrez, yo armo y rearmo mi rompecabezas. Ahora nuestros cuerpos forman una *T* y me digo que somos inmensamente felices, que toda esa perfección será también la visión del Paraíso que yo me lleve al cielo cuando muera. Pero… ¿cómo podría haber un Cielo para mí, si él no va a estar allí conmigo?

En los siguientes meses, Pablo y yo nos vemos una o dos veces por semana. Cada cuarenta y ocho horas me cambian de lugar y aprendo a ser aún más obsesiva con la seguridad que él. Escribo sin parar y como no veo televisión ni escucho radio ni leo diarios, ignoro que ha asesinado al juez que le había abierto proceso por la muerte de Rodrigo Lara Bonilla, Tulio Manuel Castro Gil. Una vez que él lee mis manuscritos, y hace observaciones y precisiones, los quemamos. Poco a poco le voy enseñando todo lo que aprendí sobre los tres grandes poderes que existen en Colombia y *el modus operandi* de las familias más ricas del país, e intento hacerle ver que, con las cantidades de dinero y tierra que él posee, debe ir comenzando a pensar con criterios más «dinásticos»:

—Cuando uno los conoce, sabe que algunos de ellos son tan mezquinos y tan crueles que a su lado tú eres un ser humano decente, Pablo; así como lo oyes y te suplico que no te ofendas. Si no hubiera sido por esa guerrilla sanguinaria y falta de grandeza, las familias presidenciales y los grupos económicos habrían aplastado a este pobre pueblo hace rato. Por más que la detestemos, es lo único que los asusta y que los frena. Todos ellos, absolutamente todos, cargan con crímenes y muertos: los suyos, los de sus padres durante la Violencia, los de abuelos terratenientes, los de bisabuelos esclavistas o los de tatarabuelos inquisidores o encomenderos. Maneja bien tus cartas, amor, que aunque ya hayas vivido mucho eres todavía un niño y estás a tiempo de corregir casi todos tus errores, porque eres más rico, más astuto y más valiente que todos ellos juntos. Piensa que te queda medio siglo de vida por delante para hacerle a este pobre país el amor y no la guerra. No cometas más errores costosos, Pablo, y úsame para lo que yo sirvo, ¡que tú y yo somos mucho más que dos tetas y dos cojones!

Como una esponja, él me escucha y aprende, analiza y cuestiona, compara y memoriza, digiere y procesa, selecciona y descarta, clasifica y archiva. Escribiendo para mí, corrigiendo para él, voy guardando en el corazón las memorias y los diálogos de aquellos días, los últimos felices que él y yo pasaremos juntos antes de que nuestro universo de trescientos sesenta grados estalle primero en dos pedazos de ciento ochenta, después en mil y, finalmente, en un millón de átomos que ya jamás podrán reencontrarse o siquiera reconocerse porque la vida es cruel e impredecible y «el Señor trabaja de las maneras más misteriosas».

—Mañana viene Santofimio —me anuncia Pablo una noche—. Sobra decir que va a pedirme toneladas de plata para las elecciones presidenciales del año entrante, y quiero rogarte que estés presente en la reunión y hagas un esfuerzo sobrehumano para disimular toda esa antipatía que le tienes. Él le dice a todo el mundo que no me ve desde el 83 y quiero que quede constancia de que miente. ¿Por qué? Todavía no sé, Virginia, pero te necesito ahí. Te ruego que no lo comentes con nadie; sólo escucha, observa y calla.

—Tú sabes que callarme a mí es imposible, Pablo. ¡Y vas tener que darme un Óscar!

Al día siguiente nos encontramos en una de las enormes casas que Pablo y Gustavo arriendan y cambian permanentemente. Es de noche y, como siempre, estamos solos porque los guardaespaldas se retiran cuando llega gente importante. Mientras Pablo habla por teléfono, por la puerta que está a mi izquierda veo llegar a Santofimio con la camiseta roja que casi siempre luce en las manifestaciones políticas. Cuando me ve hace además de retroceder, pero inmediatamente se da cuenta de que es demasiado tarde. Entra en la pequeña oficina y me saluda de beso. Pablo nos ruega que lo esperemos en la sala porque está terminando de resolver un asunto de negocios; alguien trae dos *whiskies* y desaparece.

Santofimio pregunta cuándo llegué y respondo que hace muchos días. Parece sorprenderse, e indaga sobre las razones de mi ausencia de la televisión. Le cuento que yo, como él, también he pagado un precio muy alto por mi relación con Pablo. Gustavo se une a nosotros y sé que, llegado el momento, su misión será la de rescatarme para que Pablo y «el Doctor» puedan quedarse hablando de finanzas. Faltan escasos diez meses para las elecciones presidenciales de 1986 en la que se da como virtual ganador al candidato oficial del liberalismo, Virgilio Barco, un ingeniero de MIT de familia rica y tradicional, casado con norteamericana. Los otros dos candidatos son Álvaro Gómez, del Partido Conservador —hombre brillante y detestado por la izquierda, no tanto por culpa de él como de su padre y la Violencia— y Luis Carlos Galán, del Nuevo Liberalismo, la disidencia del partido mayoritario sobre el cual reinan los ex presidentes López y Turbay. Tras escuchar pacientemente los pronósticos de Pablo y «el Santo» sobre la votación de los municipios aledaños a Medellín, y antes de retirarme para dejarlos disertando sobre la cosa que más les gusta a ambos, decido llevar la conversación hacia la que más detestan:

—Arturo Abella me comentó hace poco que, según una de sus «fuentes de alta fidelidad», Luis Carlos Galán estaría considerando cederle el paso a Barco para que no lo acusen de dividir el partido por segunda vez. Galán podría, incluso, unirse al oficialismo para ayudarle a obtener un triunfo arrollador frente a los conservadores, y en 1990, ya con la gratitud y el respaldo de los ex Presidentes liberales, no tendría rival para la presidencia.

—¡Pues esa fuente de Abella está perfectamente loca! ¡El Partido Liberal jamás va a perdonar a Galán! —exclaman Escobar y Santofimio casi al unísono—. ¿Acaso no has visto que en todas las encuestas va de tercero, a años luz de Álvaro Gómez? ¡Galán está acabado, y Virgilio Barco no necesita sus cuatro votos para nada!

—Sí, sí, ya sé; pero la política es el reino de Ripley. Galán está acabado ahora, porque se enfrentó solo a toda la «maquinaria» del Partido Liberal. Pero en el 89, ya con ella detrás, ustedes van a tener que ir pensando qué van a hacer, porque Ernesto Samper está todavía muy verde *biche* para ser presidente en el 90; apenas tiene treinta y cuatro años…

—¡Yo antes financio a Galán que a ese *tetra hijueputa*! —exclama Pablo.

—Pues Galán te extradita al otro día de la posesión —comenta Santofimio molesto—. ¡Si lo eliminas, en cambio, pones al país de rodillas! Y tú tienes que hacerle ver eso, Virginia…

—No, Alberto. Si ustedes eliminan a Galán, al otro día los extraditan a ambos. Ni siquiera lo piensen, ¡que ya con Rodrigo Lara tuvimos! Y lo que estoy tratando de hacerles ver es que para el 90 ustedes van a tener que ir pensando en otro candidato.

—Galán ya se acabó y para el 90 faltan todavía cinco años, mi amor —me dice Pablo con visible impaciencia—. Al que hay que empezar a manejar ya es a Barco, y a eso ha venido el doctor…

—Ven, Virginia, que quiero mostrarte los últimos diamantes que me llegaron —propone su primo. Me despido de Santofimio y quedo de verme con Pablo al día siguiente. Mientras Gustavo va sacando los enormes estuches de la caja fuerte, me dice:

—¡Toda esa política me tiene hasta la coronilla, Virginia, y además yo soy conservador! Lo que a mí me gusta es el negocio, los autos de carreras, las motocicletas y mis brillantes. Mira estas bellezas… ¿qué opinas?

Le digo que yo también detesto a todos esos políticos pero, desgraciadamente, de ellos depende la extradición; y con extradición vigente, la única de todos nosotros que va a quedar ahí soy yo.

—Dios quiera que Barco sea más razonable que Betancur, porque si le da a Galán el ministerio de Justicia, ¡no quiero ni pensar en la guerra que se va armar!

Y me pongo a admirar aquellos cientos de anillos que refulgen en una interminable sucesión de bandejas de terciopelo negro de treinta por cuarenta centímetros. Es evidente que Gustavo prefiere los diamantes a las neveras con fajos de efectivo y a las canecas bajo tierra. Nunca he ambicionado joyas ni pinturas valiosísimas, pero mientras contemplo todo aquello no dejo de preguntarme con una cierta tristeza por qué, si la leyenda dice que «los diamantes son para siempre», ese otro hombre con tres mil millones de dólares que está ahí afuera, y que dice amarme, desearme y necesitarme tanto, nunca me ha dicho que escoja uno. Solamente uno.

Aquel palacio en llamas

Pablo Escobar es dueño de la mente más moderna que yo haya conocido. Un auténtico experto en geopolítica caribeña, ha construido en menos de una década la industria más rentable de todos los tiempos y ahora la controla con puño de hierro como si fuese una auténtica corporación multinacional. Combina un excepcional talento para visualizar el futuro con una especie de sabiduría antigua que le permite resolver en cuestión de segundos todas las cosas prácticas o urgentes de la vida y tener siempre a mano soluciones fulminantes para cada problema, del tipo que para otro ser humano serían no sólo inconcebibles sino casi imposibles de poner en práctica.

Pablo sólo siente verdadera pasión por una cosa: el ejercicio del poder en beneficio de sus intereses. Todo en su vida cumple dicho propósito y eso, obviamente, me incluye a mí. Como lo amo y lo fustigo en las mismas proporciones —y como jamás me le entrego completamente— soy para él un desafío permanente y, por ello, ensaya conmigo a nivel individual esa misma seducción que a nivel colectivo ha comenzado a poner en práctica con un país que él ve, trata y pretende utilizar como si fuese sólo una extensión de la Hacienda Nápoles. Soy no sólo la única mujer de su misma edad que él tendrá en toda su existencia sino también la única librepensadora y educada y, por razones de mi oficio, seré para él siempre su amante detrás de una cámara. Cuando necesita medir la posible reacción de otros a su discurso político, me utiliza fríamente como interlocutor —mezcla de abogado defensor, fiscal, testigo, juez y público—, consciente de que, mientras él seduce a la mujer-trofeo, la mujer-cámara lo está

227

analizando, cuestionando, catalogando y casi seguramente comparando con otros de su misma talla.

Escobar es uno de los hombres más despiadados que haya producido en toda su historia una nación donde los hombres con frecuencia se amamantan del odio, la envidia y la venganza; pero, a medida que el tiempo pasa y el amor va transformándose, he comenzado a verlo como un niño grande que carga con una cruz cada vez más pesada, hecha de las responsabilidades imaginarias y delirantes de aquellos cuya ambición conduce a la obsesión por controlar y dominar absolutamente todo, sus circunstancias, su entorno, su destino e incluso a todos los seres humanos que puedan formar parte de su pasado, su presente o su futuro.

Mi amante es no sólo uno de los hombres mejor informados del país, sino que, como buen hijo de maestra, es en el fondo un moralista y ante quienes quiere hacerse amar o respetar exhibe un riguroso código ético. Cada semana alguien me pide cita para ofrecerle, por conducto mío, las propiedades más fabulosas a los precios más irrisorios; con una sonrisa y una caricia, Pablo indefectiblemente responde «No.» Claro ejemplo de sus razones es su respuesta al intermediario del ministro Carlos Arturo Marulanda:

—Te manda a ofrecer sus 12 000 hectáreas en el sur del Cesar por sólo doce millones de dólares. Bellacruz no linda exactamente con Nápoles pero, con unas compras adicionales de poco valor aquí y aquí —le digo señalándoselas en los planos que me han dejado— puedes juntarlas más adelante y construir en el centro del país un corredor gigantesco que te saca hacia la Costa y a Venezuela. En poco tiempo esto va a tener un valor varias veces superior, porque todos sabemos que, con la demanda de tu gremio, los precios de la tierra y la finca raíz en Colombia se van a poner por las nubes.

—Marulanda es el cuñado de Enrique Sarasola. Dile al emisario que yo sé que Bellacruz es la hacienda más grande del país después de unas que tiene el Mexicano en los Llanos, donde la tierra no vale nada, pero que no le doy ni un millón de dólares por ella porque yo no soy un desalmado como el padre del ministro. ¡Y claro que va a valer el doble, mi amor! Pero primero tiene que buscarse a otro tipo sin escrúpulos, como él y su hermano, para que saque de ahí a los descendientes de toda esa pobre gente a quien su padre expulsó de sus parcelas a sangre y fuego aprovechándose del caos de La Violencia.

Me explica que en Bellacruz se está gestando un polvorín que tarde o temprano terminará en una masacre. El padre del ministro, Alberto Marulanda Grillo, compró las primeras 6 000 hectáreas en los años cuarenta y fue doblando el tamaño del latifundio con la ayuda de *chulavitas*, policías que incendiaban ranchos, violaban, torturaban y asesinaban por encargo de quien contratara sus servicios. La hermana de Carlos Arturo Marulanda está casada con Enrique Sarasola, vinculado a la sociedad española Ateinsa de Alberto Cortina, Alberto Alcocer y José Entrecanales. Sarasola, amigo cercano de Felipe González, ganó $19.6 millones de dólares de comisión y gestionó la adjudicación del llamado «Contrato de ingeniería del siglo», el Metro de Medellín, al Consorcio Hispano-Alemán Metromed y a sus socios, entre ellos Ateinsa. Diego Londoño White, gerente del proyecto del Metro, gran amigo de Pablo y dueño, con su hermano Santiago, de las mansiones que él y Gustavo utilizan como oficinas, fue el encargado de negociar el contrato y tramitar las jugosas comisiones. Según un testigo de la rapiña y la voracidad del grupo encabezado por Sarasola, la adjudicación del Metro —en la que recibirían honorarios extravagantes desde unos abogados colombianos de apellido Puyo Vasco hasta el espía alemán Werner Mauss—, «más que una licitación por un contrato de ingeniería civil, parecía una película de gángsters», concepto que otro social-demócrata como Pablo Escobar parece compartir plenamente.

El polvorín en la hacienda del cuñado de Enrique Sarasola estallaría en 1996, siendo Carlos Alberto Marulanda embajador ante la Unión Europea durante el gobierno de Ernesto Samper Pizano. Por acción de escuadrones como los de aquellos *chulavitas* utilizados por su padre medio siglo atrás, casi cuatro centenares de familias campesinas serían obligadas a huir de Bellacruz tras el incendio de sus casas y la tortura y asesinato de sus líderes en presencia del Ejército. Marulanda, acusado de conformación de grupos paramilitares y violaciones de los derechos humanos, sería arrestado en España en 2001 y extraditado a Colombia en 2002. Dos semanas después sería liberado sobre la base de que los delitos habían sido cometidos por los grupos paramilitares que operaban en el Cesar y no por el millonario amigo del presidente. Para Amnistía Internacional, lo ocurrido en la hacienda Bellacruz constituye uno de los episodios de impunidad más aberrantes en la historia reciente de Colombia. Diego Londoño White, como su hermano Santiago, sería posteriormente asesinado; y casi todos los demás beneficiarios de la rapiña del Metro y de los crímenes de Bellacruz, o sus descendientes, disfrutan hoy de los más dorados exilios en Madrid y París.

—Creo que llegó la hora de presentarte a los amigos que me hicieron el contacto con los Sandinistas —me dice Pablo al despedirnos unos días después, antes de mi regreso a Bogotá—. Estamos preparando algo muy importante y quiero que me digas qué opinas de ellos. Si las cosas resultan según lo planeado, vamos a poder vivir en paz. Por seguridad, esta vez ni siquiera puedo llamarte: en unos diez o quince días, ni antes ni después, un piloto lo hará, para invitarte a almorzar al restaurante tal. Ésa es la clave, y tú decides a qué hora quieres viajar dentro de los dos días siguientes.

En Bogotá me encuentro con una carta del canal de televisión de Miami. Desean realizar una segunda prueba y discutir un posible contrato. El sueldo es de cinco mil dólares mensuales y todos los días debo estar en el estudio a las 5:00 a.m. para maquillarme antes de presentar varias emisiones. Pocos días después Armando de Armas me llama para decirme que esa oferta es la mejor oportunidad de reiniciar mi carrera por todo lo alto, y me insiste en que no vaya a perderla. Respondo que en Colombia yo ya ganaba esa misma cantidad en 1980 en el Noticiero *24 Horas* por una sola presentación diaria a las 7:00 p.m. Lo que no puedo confesarle —ni a él ni a nadie— es mi temor de que, en el momento en que alguien envíe a un diario de Miami mis fotos con Escobar, mi contrato con el canal norteamericano pueda ser cancelado en medio de un escándalo mayúsculo. De regreso en Medellín le enseño a Pablo la carta con la oferta, y quedo horrorizada al comprobar que continúa interceptando mi teléfono:

—¿Cinco presentaciones diarias por cinco mil dólares mensuales? ¡Pero qué se estarán creyendo esos cubanos! —Y, mientras comienza a quemarla, añade—: Vamos a hacer una cosa, mi amor: voy a darte ochenta mil dólares mientras consigues trabajo con una programadora que sí aprecie lo que tú vales, o con un canal de un país a donde yo pueda estar viajando con frecuencia. Pero no te voy a mandar toda la plata completa de una vez, porque te me escapas para Miami con algún millonario venezolano, y no te vuelvo a ver nunca. Aunque tú y yo no podamos estar juntos todas las semanas, ahora que has vuelto te necesito más que nunca y quiero que vivas conmigo una serie de procesos claves que se vienen en este país en los próximos meses.

Lo que Armando de Armas dijo es, entonces, cierto: ¡Escobar lo sacó corriendo! Lo que sí descarto completamente, por absurda, es la idea de que haya intentado secuestrarlo. Como es evidente que Pablo ya descubrió quién estaba detrás de la oferta del canal cubano, decido no hacer más preguntas. Prefiero contarle sobre el interés del periodista italiano en su historia para una posible película de los productores Cecchi Gori. Ante la perspectiva de que su vida pueda ser llevada al cine, no cabe en sí de orgullo; pero aunque está radiante de felicidad, Pablo Escobar es, ante todo, un hombre de negocios:

—¿Te das cuenta de que sí hay otras opciones de trabajo, muchísimo más importantes y rentables, para alguien como tú? Dile a ese tal Valerio Riva que si quiere reunirse conmigo por conducto tuyo debe pagarte cien mil dólares por la sinopsis y como adelanto sobre el guión de la película; y que si él no escribe el guión conjuntamente contigo, no hay trato. Si se niega a pagar es porque los multimillonarios productores italianos no están detrás del proyecto y el tipo sólo quiere utilizarte para ganarse un dineral con una historia que todo el mundo quiere conocer; y más con lo que va a pasar a partir de ahora, porque ya no van a poder extraditarme. Tú y yo vamos a ser libres de viajar juntos a casi todas partes menos a Estados Unidos, claro. Y, en todo caso, tú puedes seguir yendo allá cada vez que quieras descansar de mí... por unos días.

Exactamente dos semanas después, a mediados de agosto de

1985, estoy de vuelta en Medellín. Al final de la tarde dos muchachos me recogen en un auto discreto y durante todo el trayecto de
carretera no cesan de mirar por el espejo retrovisor para asegurarse
de que no me hayan seguido y alguien, gracias a la perseverancia,
pueda dar con el paradero de Pablo. No pregunto a dónde nos dirigimos y me voy quedando dormida. Despierto al escuchar las voces
de los hombres avisando por radio a su jefe que ya estamos a punto de llegar. Cuando nos aproximamos al portón de Nápoles, un
auto blanco pequeño con tres hombres sale como una bala y se pierde frente a nosotros en medio de las sombras y en el silencio de la
noche. Los muchachos me dicen que es el vehículo de Álvaro Fayad,
comandante máximo del M-19. Me sorprendo muchísimo —porque yo estaba convencida de que el grupo guerrillero y el MAS se
odiaban a muerte— y me doy vuelta para intentar verlo; el hombre
que va en la parte trasera del auto también se da vuelta para verme
y, por unos instantes, nuestras miradas se cruzan. Entramos a la propiedad a gran velocidad y nos detenemos frente a la casa principal.
Al fondo del corredor, bajo una luz amarillenta, alcanzo a ver a dos
o tres hombres que se retiran de inmediato acompañados de los que
han llegado conmigo. Como se ocultan cuando ven salir a Pablo, no
alcanzo a distinguirlos y deduzco que sus invitados son no sólo de
total confianza, sino que exigen discreción en los temas que se van a
tratar, prudente distancia de los subalternos y medidas de seguridad
excepcionales.

Pablo, experto en comunicaciones, es siempre informado en segundos, por radio o *walkie talkies,* de cuanto ocurre a su alrededor.
Inmediatamente sale a recibirme, abre la portezuela del auto y me
toma entre sus brazos; luego me retira con ambos brazos y me contempla orgulloso como yo si fuera algún Renoir de su propiedad. Su
entusiasmo con algo que evidentemente ha estado planeando sugiere
que no ve la hora de presentarme a su invitado que, ahora sé, es sólo
uno. Me pide que adivine quién es y yo le pregunto si es el príncipe de la familia real saudita que le transporta enormes cantidades de
dinero en su avión diplomático, o algún revolucionario centroame-
ricano, o un general mexicano de tres soles, o alguno de los grandes

capos aztecas o cariocas, o tal vez un enviado de Stroessner, el eterno dictador paraguayo. Cuando me explica de quién se trata, casi no puedo dar crédito a mis oídos:

—Quería que conocieras a dos de los fundadores y jefes máximos del M-19. Son grandes amigos míos desde hace rato pero no podía decírtelo hasta estar completamente seguro de ti. Tras el secuestro de Martha Nieves Ochoa, acordamos con ellos un pacto de no agresión. Álvaro Fayad acaba de irse, porque me pareció que le preocupaba encontrarse contigo; pero Iván Marino Ospina, el más «duro» de los comandantes, está adentro. Él no reaccionó al oír tu nombre porque lleva años en la selva y no ve televisión. Dependiendo de cómo vayan saliendo las cosas, vemos si le explicamos quién eres o si te dejamos de incógnito. Luego —con el tonillo de torero que utiliza conmigo cuando está feliz— me pasa un brazo por los hombros y añade:

—Un poquito de anonimato a estas alturas de la vida no te va a hacer daño. ¿Verdad, amor?

—¿Y qué edad tiene nuestro prócer del siglo xix, Pablo? —pregunto.

Riendo, él responde que unos cuarenta y tres, y yo le digo que los únicos hombres colombianos de esa edad que no saben quién soy yo son los de las etnias de las profundidades de la selva que aún no se han enterado de la invención del español ni del *brassière*.

—¡Éste es un *tropero* del Valle del Cauca que no tiene miedo ni de mí y que no se anda con *intelectualismos* ni con *pendejadas*! Prométeme que vas a seguirme el juego y que, por una vez en la vida, vas a hablar de temas nacionales, autóctonos. ¡Júrame, por lo que más quieras, que no vas a hablarle pestes de Pol Pot ni de la Revolución Cultural!

—¿Estás insinuando, Pablo, que no puedo preguntarle al comandante supremo del grupo guerrillero estrella de este país por el *modus operandi* de los Montoneros y Sendero Luminoso, el IRA y la ETA, las Brigadas Rojas y Baader Meinhof, las Panteras Negras y los Tigres Tamiles, Hamas y Fatah? —le digo tomándolo del pelo—. ¿A qué me trajiste? ¿A hablar del 9 de abril, de los Sandinistas y de Belisario?

Por la toma del Cuartel Moncada sí se le puede preguntar, ¿o no? La Habana queda allí no más, entre Cartagena y Miami…

—Deja que hable de Simón Bolívar y de lo que él quiera, porque de Fidel Castro no te va a hablar, te advierto… Este hombre es el tipo que yo estaba necesitando para acabar con todos mis problemas…No lo hagamos esperar más. ¡Y, por amor de Dios, no pongas cara de estrella, que ya con ese vestido tenemos! Tú bien sencilla y encantadora, como si fueras sólo una niña linda y discreta, ¿okey?… Por cierto, debo advertirte que mi amigo está muy drogado… pero tú y yo ya estamos de vuelta de… las debilidades de los demás. ¿O no, mi amor?

Imagino que el Comandante amazónico debe lucir como un sargento del Ejército en traje camuflado, que me va a mirar como a un intruso en una reunión de hombres muy machos, y que va a hacer lo humanamente posible para que me retire con el fin de quedarse hablando *de platas* con Pablo. Iván Marino Ospina es un hombre de estatura mediana, rasgos gruesos, cabello ralo y bigote, y a su lado Escobar parece Adonis. Yo luzco un traje de seda corto con zapatos de tacón alto, y cuando nos presenta Pablo no cabe en sí de orgullo. Inmediatamente, me doy cuenta de que aquel legendario jefe guerrillero en verdad no le tiene miedo a Pablo ni a nadie, porque desde que me pone los ojos encima no despega de mi rostro, ni de mi cuerpo, ni de mis piernas una mirada inflamada que hasta el sol de hoy no recuerdo haber visto en otro hombre.

El dirigente del M-19 viste ropas de civil y me cuenta que viene de estar varios meses en Libia. Nadie viaja a Libia desde Sudamérica «a conocer», como dicen los turistas de la clase media colombiana: va a hacer negocios de petróleo o negocios de armas, y el M-19 no es precisamente la Standard Oil Company. Como sé de la fascinación de Pablo por los dictadores, comento que Muammar Gaddafi tomó la decisión de destronar al rey Idris I de Libia cuando lo vio perder en una sola noche cinco millones de dólares —cifras de finales de los 70— en el casino de Montecarlo. Pregunto a Ospina si lo conoce, y él afirma no haberlo visto porque el M-19 va a Libia únicamente a entrenarse en combate. Cuando intento averiguar si el Eme tiene buenas relaciones con la Liga Árabe, los dos hombres se cruzan miradas y Pablo propone que no hablemos más del lejano desierto africano, sino de lo dura que es la vida en la selva colombiana.

Iván Marino me cuenta que ha pasado muchos años en los Llanos Orientales de Colombia. Los ríos llaneros, de proporciones colosales en la estación lluviosa, incluyen a los doscientos principales afluentes del Orinoco, cuya cuenca cubre un millón de kilómetros cuadrados de planicies y junglas venezolanas, brasileras y colombianas. Mirándome fijamente y midiendo mi reacción a cada palabra suya, comienza a hablarme de los *temblones*. Me explica que, por culpa de ellos, quienes luchan contra la oligarquía en Bogotá y el imperialismo en Washington, deben ir completamente protegidos al vadear aquellas corrientes, sobre todo de la cintura para abajo, así las botas y las ropas empapadas se conviertan en motivos adicionales de llagas y de sufrimientos. Pablo y yo escuchamos con horror las historias de aquellos animales como tirabuzones espinosos, que desgarran la carne de la víctima al ser retirados con una especie de fórceps tras una lucha titánica entre el selvático médico del dueño del «territorio» y el *temblón* que pretende disputárselo. Y caigo en la trampa de preguntar si es por la boca o por la nariz o por las orejas como se le meten a uno esos benditos animales.

—Mucho más abajo. ¡Se meten por todos los orificios del cuerpo, sobre todo los que quedan *bieeen* abajo! ¡Y para las compañeras el problema es doble! —dice Ospina devorándome con los ojos como si quisiera darme una demostración que me deje convencida.

Como Gloria Gaitán me ha acusado siempre de exhibir dosis anormales de candor para una mujer de mi edad y lucidez, haciendo gala de él le pregunto al comandante supremo del M-19 con los ojos abiertos de par en par:

—Y a usted, Iván Marino, ¿cuántos *temblones* han tenido que sacarle en todos estos años de lucha revolucionaria?

Mirando a la pared de enfrente con una cierta tristeza, como si súbitamente hubiera recordado algún oscuro y doloroso capítulo que creía haber olvidado, contesta que «algunos, algunos». Pablo me fulmina con la mirada, y yo me levanto para ir al tocador y no someter a su amigo a más preguntas sobre el tema seleccionado por él para venderme el ideario de la revolución.

Al regresar, me detengo tras la puerta entreabierta porque escucho al jefe guerrillero exigiéndole algo a Escobar en los términos más perentorios:

—No, hermano, no y no. Yo la quiero como ésta. No quiero ninguna otra, y punto. Igualita a ésta, que no le falte nada. ¿Usted de dónde la sacó, tan *completica*? ¡Uuyyy, hermano, cómo cruza y descruza esas piernas… y cómo huele… y cómo se mueve! ¿Así es en la cama? ¡Qué muñeca tan divina! ¡Así es el *hembrononón* que yo siempre había soñado! No… pensándolo bien… ¡quiero dos como ella! Sí, dos en jacuzzi, ¡y me las descuenta del millón si quiere!

—¿Del millón?… Pues déjeme pensarlo, hermano… porque eso sí como que me está sonando… Pero tenemos dos problemas: uno es queee… Virginia es la presentadora de televisión más famosa de Colombia… ella dice que «eso es como ser una estrella de cine en un país sin industria cinematográfica»… Mírela aquí, en todas estas revistas, si no me cree. Y dos, que como sabe de todo y conversa de todo… ella es mi tesoro. ¡Qué no daría yo por tenerla en duplicado!

—¿Pero por qué no me había advertido, hermano? Bueno, bueno, bueno… ¡perdone pues, hombre!… Pensándolo mejor, entonces… ¿dos bien parecidas a Sophia Loren sí puede levantarme, o no? No importa que sean mudas… ¡y entre más brutas, mejor! —exclama Ospina riendo a carcajadas.

—¡Claaaro, hombre! ¡De ésas sí puedo conseguirle todas las que quiera: una Sophia Loren morena, otra rubia y hasta una pelirroja si cabe en el jacuzzi! —exclama Pablo con inmenso alivio—. Y no se preocupe, que a usted nadie va a descontarle nada, hermano.

Me siento tentada de dejar a aquellos dos hombres solos e irme a dormir, pero decido entrar. Al empujar la puerta, me encuentro con los ojos del criminal más buscado del mundo que miran con terror al guerrillero más buscado de Colombia, como implorándole que se calle. Pablo hace un gesto cariñoso para que me siente a su lado, pero lo ignoro y me coloco junto a la mesa donde ambos han dejado sus ametralladoras. Como veo que Ospina se ha quedado mirando mi portada de *Al Día* —en la que estoy arrodillada y parezco desnuda pero en realidad llevo un pequeñísimo *bikini* de color carne— le pregunto si quiere que se la autografíe para que la lleve de recuerdo:

—¡Ni de riesgos! —exclama Pablo, recogiendo las revistas y guardándolas en un cajón con llave—. ¿Qué tal que las llegue a encontrar el Ejército en algún allanamiento y después me la interroguen para dar con el paradero de este bandido? ¡Y de paso con el mío!

Le pregunto a Iván Marino por qué ingresó a la lucha revolucionaria. Mirando ahora hacia aquel lugar del espacio donde todos guardamos las memorias dolorosas de la infancia, empieza a contarme cómo, tras el asesinato de Jorge Eliécer Gaitán en 1948, en su natal Tuluá los «pájaros» conservadores del Valle del Cauca asesinaron a tres de sus tíos, uno de ellos con machete delante de sus once hijos. Tras una pausa, y con profunda tristeza, yo también comienzo a contarle cómo fue que mi familia perdió todas sus tierras en Cartago —muy cerca de Tuluá— por culpa de aquellos «pájaros»: durante los primeros años de la Violencia, mi abuelo —un ministro liberal casado con una terrateniente conservadora— llegaba cada semana a sus haciendas y encontraba muerto al mayordomo, con las orejas, la lengua y los genitales cortados y en el vientre de su joven esposa, empalada o abierta en canal; si ésta estaba embarazada —y las jóvenes campesinas siempre lo están— no era raro encontrar el feto en la boca del marido muerto o en las otras cavidades desgarradas del cuerpo de aquella pobre mujer.

—Usted y yo sabemos que la única forma de depravación que todos aquellos «pájaros» conservadores no practicaron con las mujeres campesinas fue el canibalismo. Los hombres de mi familia nunca empuñaron las armas, no sé si por cobardes o por católicos, y prefirieron vender sus tierras por peniques a la multimillonaria familia azucarera de los Caicedo, que financiaba a aquellos monstruos y eran dizque sus amigos y vecinos.

—Pero, ¡cómo va a comparar su situación con la nuestra! —exclama Ospina—. En su familia de oligarcas, «los pájaros» mataban a los servidores en ausencia del patrón. En la mía, de campesinos, ¡despedazaban a la gente delante de sus hijos!

Le expreso mi espanto por todos aquellos horrores, mi compasión por todo aquel sufrimiento y mi profundo respeto por los orígenes de la lucha armada en Colombia, y le comento cuán extraño es el que tres historias tan disímiles como las nuestras estén reunidas allí esta noche en la hacienda más valiosa del país: la del jefe de la guerrilla, la del jefe del narcotráfico, y la de una mujer sin un metro de tierra pero emparentada con la mitad de la oligarquía del país y amiga de la otra mitad. Le hago ver que la vida da muchas vueltas y que Pablo, su amigo, es ahora un terrateniente varias veces mayor de lo que fueron mi bisabuelo y sus hermanos juntos y, también, que las dimensiones de las propiedades de uno de sus socios superan con creces a las de Pepe Sierra, el hacendado más rico en toda la historia de Colombia y amigo de mis antepasados. Como él y Pablo guardan silencio, pregunto a Iván Marino por qué rompió el M-19 en junio el cese al fuego acordado con el gobierno de Betancur. Me explica que, una vez desmovilizados, sus miembros y los de otros grupos insurgente cobijados por la amnistía comenzaron a ser asesinados por fuerzas oscuras de extrema derecha. Le pregunto si se está refiriendo al MAS.

—No, no, no. Gracias a este hombre —dice señalando a Pablo— ni nosotros nos metemos con ellos, ni ellos se meten ya con nosotros. Él y yo tenemos un enemigo común, que es el gobierno… y usted sabe que «el enemigo de mi enemigo es mi amigo»… El ministro de Defensa —el general Miguel Vega Uribe— y el jefe del Estado mayor Conjunto, Rafael Samudio Molina, han jurado acabar con la izquierda. Si en el gobierno de Turbay nos encarcelaban y nos torturaban, en el de Betancur no va quedar ni uno sólo de nosotros vivo. A Colombia la siguen manejando los «pájaros» de Laureano y su hijo Álvaro Gómez, sólo que ahora son militares que creen que estos países sólo se arreglan con el modelo de Pinochet: exterminando a la izquierda desarmada como si fueran cucarachas.

—Sí, entre mi núcleo social casi nadie oculta su admiración por el modelo chileno, pero Álvaro Gómez no es Laureano, comandante… Por cierto, y aunque a usted le cueste trabajo creerlo, en 1981 yo renuncié al puesto mejor pagado de la televisión por negarme, día tras día, a referirme a ustedes como «una banda de fascinerosos» en el noticiero *24 Horas*, dirigido por Mauricio Gómez, el hijo de Álvaro y nieto de Laureano.

Ospina parece sorprenderse de que alguien como yo pueda asumir una posición política tan costosa y le explico que, como ahora pertenezco a los que no tienen nada, tampoco tengo nada que perder. Pablo nos interrumpe para decirle:

—Virginia ya había sido despedida de otro noticiero por apoyar la creación del sindicato de técnicos… y acaba de declinar la oferta de un canal de Miami porque yo la convencí de que se quedara aquí en Colombia, a pesar de que todos los enemigos nuestros la dejaron sin trabajo. Ahí donde la ve, hermano, esta mujer es más valiente que nosotros dos juntos. Por eso ella es tan especial; y por eso quería que ustedes dos se conocieran.

Se levanta y viene hacia mí. El jefe guerrillero se pone de pie para despedirse y me parece que ahora me mira con nuevos ojos; está bastante drogado y le recuerda a su anfitrión que no olvide el favor prometido. Escobar le sugiere que se vaya a cenar, y quedan de verse después de la medianoche. Antes de decirle adiós, le deseo muchos éxitos en su lucha por los derechos de los más débiles:

—Cuídese mucho y cuente conmigo cuando necesite un micrófono…. si es que vuelven a darme uno… algún día.

—¿Cómo te pareció mi amigo? —me pregunta Pablo cuando quedamos a solas.

Le digo que Iván Marino me pareció un hombre valiente, audaz y convencido de su causa, pero que, efectivamente, parece no tenerle miedo a nada.

—Quienes no tienen miedo de absolutamente nada tienen una personalidad suicida… y creo que le falta grandeza, Pablo. Yo no puedo imaginar a Lenin pidiéndole dos prostitutas a Armand Hammer delante de una periodista, ni a Mao Tse Tung, ni a Fidel Castro, ni a Ho Chi Minh —que hablaba una docena de idiomas— drogados. Y, ahora sí: ¿para qué es ese millón?

—Para recuperar mis expedientes y meterles candela. Y sin expedientes, no hay forma de que me extraditen —me confiesa con una sonrisa triunfante.

—¡Pero no por eso vas a recuperar la inocencia, Pablo! ¡La justicia y los gringos pueden reconstruirlos! ¿Iván Marino te metió eso en la cabeza?

—Tú sabes que a mí nadie me mete nada en la cabeza. Ésa es la única forma; no hay otra. Van a tardar años en reconstruirlos... y ¿crees que algún voluntario se va a presentar a testificar contra nosotros? ¿De dónde van a sacarlo: de Suicidas Anónimos?

Me explica que todos los procesos suyos y de sus socios ya están en el Palacio de Justicia y que de nada han servido las advertencias que le han hecho llegar a la Corte Suprema: en cuestión de semanas, la Sala Constitucional iniciará su estudio con el fin de atender los requerimientos de la justicia norteamericana para las extradiciones de todos ellos.

—Y ¿por sacar un fajo de papeles de un solo sitio vas a pagarles un millón de dólares?

—No es ningún fajo, mi amorcito: son como 6 000 expedientes. Digamos que son... unas cuantas cajitas.

—Yo pensaba que tu pasado eran unos cuantos directorios telefónicos, ¡no bultos de directorios, por Dios!

—No me subestimes tanto, mi amor... Estás en brazos del criminal más grande del mundo, y quería que supieras que en unos meses voy a ser un hombre sin pasado judicial. No con pasado, como tú...

Ríe y, antes de que pueda contestarle, me silencia con un beso.

☙

Él se está colocando sus *sneakers* y me dice que va a hacerle el favor a su amigo antes de que lo enloquezca.

—Pablo, es cierto que el M-19 acostumbra dar golpes espectaculares, pero ese Palacio de Justicia no es la embajada dominicana... Esa toma fue exitosa porque la residencia está ubicada en una calle tranquila, con vías de acceso y de salida amplias. Pero el Palacio de Justicia da sobre la Plaza de Bolívar, que es gigantesca y destapada. Las dos únicas vías de salida son estrechas y viven embotelladas, y el Batallón Guardia Presidencial está a la vuelta. ¿Qué tal que se les salga un tiro y maten a alguna pobre secretaria madre de tres niños o a uno de esos policías que están a la entrada? Ese edificio está expuesto a todo, mi amor. Entrar al palacio debe ser facilísimo. Robarse los papeles, un poco más complicado. ¡Pero salir de ahí va a ser imposible! Yo no sé cómo van a hacer… y, bueno… la verdad es que tampoco quiero saberlo…

Él se sienta en el borde de la cama y toma mi rostro entre sus manos. Durante un rato que parece una eternidad, lo recorre con sus dedos como tratando de memorizarlo. Me mira fijamente, hurgando en mis ojos para comprobar que tras mi evidente desaprobación del golpe no vaya a ocultarse el riesgo de alguna futura indiscreción, y me advierte:

—Nunca, nunca debes hablar con nadie sobre lo ocurrido aquí esta noche, ¿entendido? Jamás has conocido a Ospina ni visto salir a Fayad. Y si te preguntan por mí, no has vuelto a verme. No olvides ni por un instante que a la gente la interrogan hasta la muerte para obtener información sobre el paradero de estos tipos…y al que no sabe nada es al que peor le va… ¡porque el que sabe «canta» todo en los primeros diez minutos! Mi amigo es un estratega hábil y su valor en el combate es conocido por todos. No te preocupes más, que va a ser un golpe rápido y limpio. Ellos son muy profesionales en estas cosas, y hasta ahora nunca han fallado. Yo sé escoger a mi gente, y por eso también te escogí a ti… ¡como entre diez millones de mujeres! —dice besándome en la frente.

—Qué montón… ¿Y para qué querías que conociera a Iván Marino, Pablo? —le pregunto.

—Porque es un líder muy importante y sólo alguien como él puede hacerme ese favor. Y tú tienes que tener otra visión de la realidad, distinta de esa alta sociedad superficial y falsa en la que vives… Y también hay otras cosas… pero no puedo compartirlas con nadie. Puedo hablarte de las mías, para que entiendas por qué no puedo llamarte ni verte con la frecuencia que quisiera, pero no puedo hacer lo mismo con las de mis asociados. Ahora trata de descansar, que en un par de horas vienen por ti para llevarte al hotel antes de que amanezca. Ya verás que en unas semanas estaremos celebrando el éxito de la operación con tu champaña *rosé*.

Me envuelve en un abrazo reconfortante y me besa varias veces en el cabello, como hacen los hombres con las mujeres que no quieren perder cuando saben que ellas están tristes. Me acaricia ambas mejillas en silencio y se pone de pie.

—Te llamo en unos días. ¡Y, por amor de Dios, mantén la Beretta en el bolsillo, no en la caja fuerte, que yo tengo muchos enemigos, mi amor.

Nunca sabemos si volveremos a vernos, pero siempre he tenido cuidado de no mencionarlo porque sería como poner en tela de juicio su absoluta convicción de que en materia de supervivencia él también está por encima de los demás mortales. Cuando abre la puerta, se da la vuelta por un instante para soplarme un último beso, y alcanzo a decirle:

—Pablo, el M-19 siempre nos ha traído mala suerte, a ti y a mí. Creo que ustedes van a cometer una locura...

Y una vez más lo veo partir, cargando en el silencio de las sombras esa cruz que sólo yo conozco. Escucho su silbido y, minutos después, lo veo alejarse desde mi ventana entre un pequeño grupo de hombres. Me pregunto si habrá alguien más que conozca las dimensiones del terror a la extradición que este hombre, tan rico y poderoso, pero tan impotente ante el poder legítimo, arrastra en el alma. Sé que nadie más podría sentir compasión por él y sé, también, que a nadie en el mundo podría yo confesar los temores que me embargan. Quedo allí sola, pensando en las causas de aquellos dos amigos, el que lucha por los más pobres y el que lucha por los más ricos, y en los dolores enquistados o los terrores inconfesables que los hombres y los valientes cargan en sus corazones de carne, plomo, piedra y oro. Quedo triste y preocupada, preguntándome si es Pablo quien manipula a Iván Marino con su dinero, o si es el jefe guerrillero quien manipula al multimillonario con su capacidad única para prestarle el servicio del que, posiblemente, va a depender el resto de su vida. Y el de la mía con él…

El 29 de agosto de 1985, unos diez días después de esa noche, la última que pasaré en la Hacienda Nápoles, abro el periódico y leo que Iván Marino Ospina ha muerto en Cali en combate con el Ejército. Por una parte, siento un dolor sincero por la pérdida de aquel luchador; por otra, un profundo alivio porque imagino que sin su espíritu temerario aquel absurdo plan ha sido cancelado o por lo menos pospuesto. Como Pablo, yo adoro a Simón Bolívar, que murió en Colombia con el corazón destrozado por la ingratitud de los pueblos que liberó, y elevo una plegaria al Libertador por el alma del comandante guerrillero cuya vida se cruzó con la mía durante aquellas breves horas. Me pregunto cuánto tiempo llevaría el Ejército siguiendo a Iván Marino y, con un escalofrío, caigo en cuenta de que el muerto podría haber sido Pablo. Pienso en lo que él estará sintiendo ante la pérdida de su amigo, y sé que a partir de ese instante reforzará hasta el límite las medidas de seguridad y que seguramente no podremos vernos en semanas.

A mediados de septiembre me sorprende con una serenata con mis tangos favoritos, entre ellos «Ninguna» y «Rondando tu esquina». Pienso que aquella canción, que siempre he adorado, ahora sólo me recuerda cuán vigilada estoy. Al día siguiente Pablo llama para decir que me extraña todo el tiempo y pedirme que trabaje seriamente en la sinopsis del filme porque, si los italianos no lo producen, él está en capacidad de hacerlo. A principios de octubre me anuncia que, ante la eventualidad de que la Corte apruebe su extradición, deberá irse por un tiempo; me da a entender que el plan del Palacio de Justicia ha sido abortado y me explica que no puede llevarme con él para no colocarme en posición de riesgo. Con la ilusión de vernos tan pronto como sea seguro, se despide con una serenata de mariachis y las románticas promesas de «Si nos dejan» y «Luna de octubre».

«Corazón que has sabido sufrir y has sabido querer desafiando el dolor…

»Si me voy, nunca pienses, jamás, que es con el único fin de estar lejos de ti.

»Viviré con la eterna pasión que sentí desde el día en que te vi,

»Desde el día en que soñé que serías para mí.»

En las semanas siguientes trato de olvidar los eventos de esa cálida noche de agosto, pero el recuerdo de la temeridad de Iván Marino y el tono triunfalista de Pablo aletean de tanto en tanto en mi memoria como una mariposa de alas negras. Una y otra vez, los periodistas escuchamos rumores sobre amenazas de los Extraditables y del M-19 a los magistrados de la Corte Suprema de Justicia, pero nadie les presta atención porque casi todos quienes trabajamos en los medios estamos acostumbrados a oír de amenazas, y convencidos de que, en Colombia, «perro que ladra rara vez muerde».

გ

Es 6 de noviembre de 1985, y me encuentro con una compañera de trabajo en el *lobby* del hotel Hilton para la transmisión radial del Reinado Nacional de la Belleza, evento que año tras año reúne en Cartagena a la mayoría de las periodistas colombianas, centenares de personalidades y todo el que sea alguien en el mundo de la industria cosmética y de la moda. Las reinas hacen su arribo con la comitiva de su departamento —nombre que se da en Colombia a los estados—, la cual incluye siempre a las esposas del gobernador y del alcalde de la capital regional. El día anterior a la «Noche de Coronación» —que tiene lugar en el Centro de Convenciones y es seguida de un suntuoso baile de corbata negra en el Club Cartagena— hacen su arribo el gobernador, sus familiares y los dignatarios de cada departamento, junto con muchos directores de medios de todo el país que quieren entrevistar a tanto personaje de la política y aprovechar para admirar a tanta mujer bonita. Para esta época la penetración del narcotráfico en los reinados es *vox populi* y todo el mundo sabe que, sin el apoyo del capo departamental, la gobernación no podría soñar con sufragar los gastos de la comitiva de la reina, integrada por cien o doscientas personas entre familiares y amigos íntimos, dos docenas de señoras de la alta sociedad, las ex reinas con sus maridos y toda la burocracia regional. Tampoco es raro que la propia *Miss* esté de novia del capo —o del hijo del capo— y que la relación de los comandantes de la policía y la Brigada del Ejército con el rey local de la coca o la marihuana sea mucho más íntima, estable, duradera y rentable que la que sostiene el exitoso empresario con la soberana de turno.

Quien tenga dudas de que la mujer-objeto existe sólo tiene que asistir a un Reinado Nacional de la Belleza en Cartagena: los trajes y adornos de cabeza son similares a los de las mulatas de las *escolas de samba* en el carnaval de Río de Janeiro, sólo que las primeras van bailando y cantando semidesnudas y felices, mientras que las pobres reinas arrastran capas emplumadas y relampagueantes colas de sirenas de cincuenta kilos de peso bajo temperaturas de cuarenta grados centígrados y sobre tacones de doce centímetros de altura. Los desfiles en carrozas y embarcaciones temáticas, que duran toda una semana, dejan agotado hasta al más resistente de los oficiales de la Marina que escoltan a las chicas.

Son las once de la mañana, faltan cinco días para la elección y coronación, y el enorme *lobby* bulle de excitación con la presencia de periodistas radiales, fotógrafos, cantantes, actores, diseñadores de moda, ex Señoritas Colombia cada vez más bellas, ahora del brazo de sus orgullosos maridos, y los presidentes de las firmas patrocinadoras del concurso. Los jurados, personalidades de otros países, son los únicos que se ocultan de todo el mundo para que después nadie pueda decir que fueron manipulados por la comitiva o comprados por el futuro suegro de la *Miss*. Las reinas se encuentran en sus habitaciones, preparándose para el primer desfile en traje de baño, y los corredores de los pisos reservados para ellas están infestados de hombres feos uniformados de verde y hombres bellos uniformados de blanco que observan con absoluto desprecio a toda aquella población *gay* de maquilladores y peluqueros quienes, a su vez, miran con odio feroz a los primeros mientras suspiran con absoluta adoración por los segundos.

A las 11:40 a.m. estalla un clamor y todas las entrevistas y transmisiones radiales se interrumpen. ¡El M-19 se ha tomado el Palacio de Justicia y parece que tiene de rehenes a los magistrados de la Corte Suprema! Mi colega y yo volamos a mi suite y nos sentamos juntas frente al televisor. En un primer momento descarto que lo que estamos viendo tenga algo que ver con Pablo, porque estoy convencida de que él está fuera del país. Lo último que se le ocurriría a mi amiga es que yo sea amante de Pablo Escobar, o que una de las cabezas más visibles del MAS pueda haber financiado una toma guerrillera. Y lo último que se me pasaría a mí por la cabeza es que mi compañera sea la novia de uno de los dirigentes del M-19.

La Plaza de Bolívar es una extensión enorme, con la estatua de Simón Bolívar en el centro mirando hacia la Catedral Primada, que está al oriente. Frente a ésta se encuentra la alcaldía, flanqueada por el Senado que mira al norte y el Palacio de Justicia que mira al sur. Y detrás del Senado está el Palacio Presidencial —la Casa de Nariño— custodiado por el Batallón Guardia Presidencial.

Dos días antes, la vigilancia del Palacio de Justicia, sede de la Corte Suprema y del Consejo de Estado, ha sido entregada a una empresa privada y, justamente ese día, la Sala Constitucional de la Corte habría iniciado el estudio de los procesos de extradición de Pablo Escobar Gaviria y Gonzalo Rodríguez Gacha, entre otros. La toma ha sido ejecutada por el «Comando Iván Marino Ospina» del M-19, a cargo de la «Operación Antonio Nariño por los Derechos del Hombre». Al mando de los comandantes Luis Otero y Andrés Almarales, treinta y cinco insurgentes han irrumpido en el Palacio, siete de ellos tranquilamente por la puerta principal como cualquier ciudadano y veintidós violentamente en dos pequeños camiones por la puerta del sótano que se encuentra a un costado del edificio, sobre una de las estrechas y congestionadas vías del Centro de Bogotá. El comando guerrillero ya ha asesinado a dos vigilantes y al administrador del Palacio y ahora, tras tomar como rehenes a más de trescientas personas entre magistrados, empleados y visitantes, exige la transmisión radial de una proclama para denunciar los atropellos cometidos contra aquellos que se acogieron a la amnistía y la inoperancia de la justicia en Colombia, que conlleva a la extradición de colombianos para ser juzgados en otros países. Se propone exigir, asimismo, que los diarios publiquen su programa, que el gobierno entregue a la oposición espacios radiales diarios y que la Corte Suprema atienda su derecho de petición consagrado en la Constitución para obligar a comparecer al presidente de la República o a su apoderado con el fin de someterlo a juicio por traición a los acuerdos de paz con los grupos desarmados: el M-19, el EPL y el Quintín Lame.

A las doce del día el edificio se encuentra completamente rodeado por el Ejército, a quien «el Presidente Poeta» ha ordenado recuperar el Palacio de Justicia al precio que sea. A las dos de la tarde los tanques de guerra ya han entrado por el sótano, los helicópteros del GOES, Grupo Operativo Antiextorsión y Secuestro, han descargado efectivos en la terraza del edificio y un tanque Cascabel ha derrumbado las puertas del palacio que dan sobre la plaza para hacer su ingreso seguido de otros dos cargados con hombres del Batallón Guardia Presidencial y de la Escuela de Artillería. Belisario Betancur, reunido con los ex presidentes, los candidatos presidenciales, congresistas y el presidente del Senado, se niega a escuchar a los magistrados o a los guerrilleros. Las ofertas de naciones extranjeras para mediar entre el gobierno y el grupo armado ni siquiera llegan a oídos de un presidente que no perdona al M-19 por el rompimiento del Proceso de Paz base de su campaña presidencial, ni su respaldo a los Extraditables plasmado en la proclama de Iván Marino Ospina a comienzos de aquel año y censurada por los demás comandantes del M-19:

—¡Por cada extraditado colombiano tenemos que matar a un ciudadano norteamericano!

Los tanques comienzan a disparar y las emisoras radiales a transmitir la voz del magistrado Reyes Echandía, presidente de la Corte Suprema de Justicia —y también de la Sala Penal que aprobó la extradición de colombianos hacia Estados Unidos unos años atrás— suplicando al presidente de la República que detenga el fuego porque van a terminar matando a todo el mundo, pero sus llamada son atendidas por el director de la policía. Las históricas palabras del joven coronel Alfonso Plazas de la Escuela de Artillería a un periodista allí presente, definen el momento:

—¡Aquí defendiendo la Democracia, maestro!

Y en América Latina, cuando un jefe de Estado da a los militares carta blanca para que defiendan la Democracia, éstos saben exacta-

247

mente lo que tienen que hacer. Y lo que pueden hacer: desquitarse a sus anchas de todo aquel odio visceral acumulado durante lustros o décadas de lucha contrainsurgente, dejando de lado —¡por fin!— todas aquellas restricciones que pretendían imponerles las leyes diseñadas por los hombres civilizados para la protección de los ciudadanos inermes. Y con mayor razón cuando en el Palacio de Justicia colombiano —al lado de todos esos expedientes como directorios telefónicos que contienen el pasado judicial de Escobar y de sus socios— reposan otras cuantas cajitas con 1 800 procesos contra el Ejército y los organismos de seguridad del Estado por violaciones de los derechos humanos. El voraz incendio que, de forma inexplicable, se desata en el Palacio a las seis de la tarde acaba de una vez por todas con el problema de una docena de extraditables pero, sobre todo, con los de varios miles de militares.

Temperaturas infernales obligan ahora a los guerrilleros y a sus rehenes a replegarse hacia los baños y el cuarto piso y Andrés Almarales ordena la salida de las mujeres y los heridos. Al final de la tarde, los teléfonos por los que se comunicaban el magistrado Reyes y el comandante Otero con el Palacio presidencial enmudecen. Cuando Betancur se decide a dialogar con el Presidente de la Corte, le es imposible: técnicamente, los militares le han dado un golpe de Estado. Los eventos del Reinado Nacional de la Belleza no se cancelan ni se posponen, con el argumento de que el espíritu alegre y fuerte del pueblo colombiano no va a quebrarse por una tragedia, ni los cartageneros van a dejarse aguar la fiesta por algo que está ocurriendo «allá en Bogotá».

Los combates continúan durante toda la noche y, cuando el representante del presidente de la República y el director de la Cruz Roja llegan en las primeras horas del día siguiente para negociar con los guerrilleros, los militares no les permiten entrar al palacio y los ubican en la histórica Casa del Florero junto a doscientos rehenes liberados por Almarales o rescatados por los uniformados, entre los cuales se encuentra el consejero de Estado Jaime Betancur Cuartas, hermano del presidente de la República. Cada persona es rigurosamente registrada e interrogada por el director del B-2, inteligencia militar, Coronel Edilberto Sánchez Rubiano, con ayuda de oficiales de artillería y del F2 de la policía. Varios de éstos confunden a inocentes con guerrilleros, y docenas de funcionarios judiciales, incluyendo magistrados y consejeros, se salvan de la detención sólo gracias a las súplicas de sus compañeros de trabajo. Todo aquel que despierta la menor sospecha es introducido en un camión militar con destino a la Escuela de Caballería de Usaquén, en el norte de Bogotá, y sólo dos estudiantes de Derecho, abandonados en una carretera distante tras ser torturados, son posteriormente liberados.

A las dos de la mañana, el mundo entero observa por televisión con ojos incrédulos el momento en que un tanque Cascabel, a cañonazo limpio, abre un enorme boquete en la pared del cuarto piso donde se encuentran refugiados los últimos grupos de guerrilleros y rehenes. Luego, a través de él, francotiradores de la policía ubicados en los techos de los edificios circundantes disparan indiscriminadamente hacia el interior del palacio por orden de su Director, el general Víctor Delgado Mallarino, mientras el Ejército arroja granadas y los helicópteros sobrevuelan el lugar. A pesar de que sus municiones se están agotando, los guerrilleros se niegan a entregarse a una comisión humanitaria para un posterior juicio rodeado de garantías y, a medida que la lluvia de artillería va acabando con su resistencia, el fuego va terminando de consumir lo que queda del palacio. La orden de los militares ha sido la de no dejar con vida a nadie de aquel último grupo de sesenta personas y todos, incluidos los magistrados testigos de los atropellos y la carnicería, mueren. Entre estos últimos se encuentran el Presidente de la Corte Suprema y los cuatro que deberían pronunciarse sobre las extradiciones, incluidos a Manuel Gaona Cruz, defensor de los derechos humanos. El Ministerio de Defensa ordena desnudar y lavar todos los cuerpos sin excepción, eliminando así valiosa evidencia, y se prohíbe el ingreso de Medicina Legal para practicar el levantamiento de los cadáveres.

Mientras todo esto ocurre, y por orden de la ministra de Comunicaciones, Noemí Sanín Posada —prima hermana de María Lía Posada, la esposa de Jorge Ochoa—, los canales de televisión colombianos transmiten sólo programas de futbol y noticias del reinado. Casi veintisiete horas después de iniciada la toma se escucha una última explosión y en el interior del edificio todo queda en silencio. A las 2:30 p.m. el general Arias Cabrales da el parte de victoria al ministro de Defensa, y el General Vega Uribe informa al presidente que la toma ha sido conjurada y el Palacio de Justicia recuperado.

—¿Cuál palacio? ¿Un montón de hierros retorcidos con cien cadáveres incinerados adentro? —nos preguntamos todos atónitos.

A las ocho de la noche, Belisario Betancur se dirige al país:

«Para bien o para mal, la responsabilidad la ha asumido el presidente de la República».

—¿Cuál responsabilidad? ¿La masacre del Poder Judicial con un bombardeo inclemente del Ejército y la policía? —me digo escuchando a aquel comandante supremo de las Fuerzas Armadas en el que el pueblo colombiano, eternamente engolosinado con la ilusión de una paz que no existe, creyó ver en 1982 a un futuro estadista.

De todo aquel holocausto han quedado tres grandes ganadores: los militares, los Extraditables y los dos partidos tradicionales. Porque, como futuro proyecto político, el M-19 y todos los demás grupos insurgentes han quedado enterrados entre las cenizas del Poder Judicial. Han muerto once magistrados, cuarenta y tres civiles, treinta y tres guerrilleros y once miembros de las Fuerzas Armadas y el DAS. Las cámaras de los noticieros han registrado el momento en que una docena de empleados de la cafetería, su administrador y dos guerrilleras eran sacados del Palacio de Justicia por el Ejército. Al día siguiente, cuando las familias pidan información sobre el paradero de los detenidos, les responderán que se encuentran provisionalmente recluidos en guarniciones militares. Nadie dará razón de cuáles ni dónde, y nunca más se volverá a saber de ellos.

El 12 de noviembre regreso de aquel fatídico reinado, el último que cubriré en mi vida profesional. Al día siguiente, el 13 de noviembre de ese *annus horribilis*, ocurre en Colombia la más grande tragedia de todos los tiempos y la atención de los medios del mundo se olvida de las cien víctimas del Palacio de Justicia en Bogotá para volcarse sobre los 25 000 muertos de Armero, en la rica región arrocera y cafetera del Tolima. Pensando en la increíble suerte de todos aquellos carniceros a sueldo del Estado, me digo que sobre mi pobre Patria y sobre todos nosotros ha caído una maldición; y me pregunto si aquel que yo creía el más valiente de los hombres ha pasado a convertirse sólo en el más cobarde de los monstruos. Cambio mi número de teléfono y, con el alma encogida por el espanto, tomo la decisión de no volver a ver a Pablo Escobar nunca más en mi vida. De la noche a la mañana, he dejado de amarlo.

Tarzán *vs.* Pancho Villa

Omayra Sánchez, de trece años, agoniza frente a las cámaras de televisión del mundo entero. Sólo su cabeza y sus brazos sobresalen del barro endurecido dentro del cual una columna de concreto aprisiona sus piernas. El paisaje de desolación que rodea a la adolescente, kilómetros y kilómetros de fango en los que sólo sobresalen la copa de un árbol o los restos de una vaca ahogada, pareciera extenderse hasta el infinito. Para sacar de allí a Omayra y llevarla hasta un hospital donde puedan amputarle las piernas se necesitarían días. Mientras la gangrena gaseosa va invadiendo su cuerpo, la niña transmite un mensaje de esperanza a millones de compatriotas y a quienes, conmovidos por su sufrimiento y su valentía ante la muerte, la observan impotentes desde todos los rincones del planeta. Los colombianos sabemos que es imposible salvarla y no podemos hacer otra cosa que asistir a su agonía y rezar para que su dolor termine pronto. Sesenta horas después aquel ángel nos deja para siempre y vuela al cielo, donde ya la esperan las almas de las otras 25 000 víctimas y las cien, inocentes o culpables, de los muertos diez días antes en la toma del Palacio de Justicia.

La niña Omayra es apenas uno entre los 21 000 heridos y damnificados que han sobrevivido al drama ocurrido en el Tolima. En cuestión de minutos, la erupción del cráter Arenas del Nevado del Ruiz ha hinchado de lava y roca volcánica al pacífico Río Lagunilla que, cerca de la medianoche, ha descendido sobre Armero convertido en una tromba de kilómetros de anchura. El torrente de fango y escombros literalmente ha borrado del mapa a la próspera población de noventa años. Todas las tragedias que ocurren en Colombia son anunciadas, y ésta tampoco ha sido la excepción: desde hacía varios meses los vulcanólogos habían advertido sobre las enormes fumarolas del cráter, pero la proverbial indiferencia del Estado decidió ignorarlas porque ¿cómo podría el gobierno evacuar a 50 000 personas, y dónde podría alojarlas durante días o semanas?

Las dos catástrofes seguidas dejan al país sumido en luto y en la más honda sensación de impotencia. Pero la de Armero se convierte en una verdadera bendición para los militares que —ya cansados de violar, asfixiar, desollar, arrancar las uñas, lavar en ácido sulfúrico, incinerar, enterrar o arrojar a botaderos de basura a los detenidos del Palacio de Justicia— para recuperar a cualquier costo su imagen de servidores en épocas de calamidad pública ponen a disposición de las dos docenas de miles de personas que han quedado inválidas, heridas o sin techo a todos sus hombres, recursos, aviones y helicópteros. De la noche a la mañana, han dejado de ser los villanos y han pasado a convertirse en salvadores.

Todo aquel espanto con historias sin fin de sufrimientos insoportables y pérdidas irreparables pasa mañana, tarde y noche por televisión; todo aquel torrente de lágrimas y aquel dolor colectivo se juntan con los míos y, ante la aceptación final del egoísmo, la ceguera y la irresponsabilidad del hombre que yo amaba, quedo sintiéndome culpable de estar viva y deseando ya sólo estar en paz con los muertos.

◌◌

Unos dos meses después, mi amiga Alice de Rasmussen me invita a pasar unos días en su casa en las Islas del Rosario, el pequeño archipiélago situado a 55 kilómetros de Cartagena de Indias. El Parque Nacional es una colección de islotes coralinos propiedad de la Nación pero, sobre ellos, docenas de familias tradicionales y pudientes de Cartagena, Bogotá y Medellín han construido todo tipo de casas y mansiones, técnicamente denominadas «mejoras». En Colombia, país de Ripley, las prácticas comunes terminan por volverse legales, lo cual quiere decir que si bien las islas pertenecen al Estado, su superficie es de quien se haya apropiado de ellas con el fin de mejorarlas mediante construcciones suntuarias. ¿Y a quién le importa que la parte sumergida de una islita, en la zona colombiana del turismo de lujo, sea de otro? Para 1986 ya no queda ninguna baldía, cada lote vale una pequeña fortuna y el precio de la casa más humilde no baja del cuarto de millón de dólares.

Rafael Vieira Op Den Bosch es hijo de uno de los colonos blancos del Parque Islas del Rosario y una madre caribeña-holandesa. Tiene treinta y cuatro años y, aunque no tiene zoológico, es un ecólogo respetado por los turistas, por sus vecinos y por el propio director de aquella reserva sobre cuyos dominios él y su familia han construido el rentable negocio del Acuario de las Islas. Rafa, como lo llama todo el mundo, no es rico, pero vende ochocientos almuerzos diarios. No es bajito, feíto y gordito, sino altísimo, bello y atlético. No tiene *speed-boats,* sino una enorme y vieja lancha de pesca. No colecciona jirafas y elefantes, sino barracudas y delfines, y lo único que tiene en común con Pablo Escobar es a Pancho Villa: mientras Pablo mata gente —y en sus fotos con sombrero y traje de charro luce como la reencarnación del bandido mexicano—, Rafa sólo tiene secuestrado a «Pancho Villa», un feroz tiburón limón, y, sin sombrero y en su eterno y minúsculo traje de baño, luce como una copia al carbón de Kris Kristofferson.

Hace meses que estoy triste y terriblemente sola y no me cuesta trabajo enamorarme a primera vista de alguien tan bello como Rafael Vieira. Y como él dizque también se enamora *ipso facto* de mi sonrisa y de mi busto, y me bautiza «Pussycat», yo me quedo a vivir con él desde el primer día, y con sus peces, sus crustáceos, sus delfines, sus escualos y su causa: la preservación de la vida marina en un país y en un Parque Nacional donde una de las más antiguas tradiciones es la pesca con dinamita para ganar tiempo y utilidades, porque lo que importa es el ron y el hoy y no los hijos ni el mañana.

En San Martín de Pajarales, la pequeñísima isla de los Vieira, no hay playas ni palmeras y el agua dulce es un lujo. En ella viven también docena y media de trabajadores afrocolombianos descendientes de los pobladores originales de las islas y la madre de Rafael, porque su padre y su madrastra residen en Miami y los hermanos en Bogotá. Hay una docena de casitas y en la nuestra la puerta siempre está abierta. Rafa trabaja todo el día en la ampliación de su acuario y yo nado, buceo y aprendo los nombres de todas las especies animales del mar Caribe en latín, inglés y español. En el mejor espíritu de Cousteau, me convierto en una auténtica experta en la etología de los crustáceos y, en el mejor espíritu de Darwin, en las razones por la cuales los tiburones tienen trescientos millones de años de evolución y un diseño perfecto, mientras los humanos tenemos sólo cinco y todo tipo de defectos, como mi miopía. Comprendo que es porque los hombres descendemos de unos simios que tardaron millones de años en aprender a caminar en dos patas y mucho más en volverse cazadores, y no de las especies marinas, más inquisitivas, libres y aventureras.

Rafa me enseña a pescar, a bucear con tanques y a perder el miedo a las mantarrayas que a veces juegan con nosotros, y a las curiosas barracudas que nadan alrededor de los humanos para estudiar a la especie más depredadora y la única torturadora del planeta. Me convence de que en el mar los animales no atacan a menos que uno los pise o sean mal arponeados, pero me niego a aprender a hacerlo correctamente porque no me gusta matar ni hacer daño a ninguna criatura y prefiero cuidarlas a todas. Con cada día que pasa desciendo a profundidades mayores sin ayuda de *snorkel* y mi capacidad pulmonar se va ensanchando. Como nado seis o siete horas diarias y a distancias cada vez mayores, empiezo a convertirme en una atleta y a lucir varios años más joven. Al final de la jornada, Rafa y yo tomamos siempre un *drink* para contemplar la puesta del sol sobre un horizonte incandescente desde un pequeño muelle que él ha construido con sus propias manos —como casi todo en la isla—, y hablamos de temas ambientales, sus viajes por África, los animales y la evolución. A él tampoco le gustan los libros, pero sí las historias, y en las noches yo le leo las de Hemingway. Mi vida es ahora increíblemente elemental, y somos tan felices que hablamos de la posibilidad de casarnos más adelante e incluso tener niños.

Cada seis semanas paso unos días en Bogotá, que ahora me parece una ciudad inhóspita y extraña donde se debe andar siempre con las defensas de la *fémina sapiens* —uñas de bruja largas y pintadas, maquillaje, peinado, traje sastre con blusa de seda, medias largas y zapatos de tacón *stiletto*— y vivir en función de un montón de gente cosmopolita y maliciosa que siempre está hablando de infidelidades y conspiraciones y que me mira con profunda compasión y un tantito de envidia porque dejé mi carrera, mis viajes y mi vida social para irme a vivir «a una islita microscópica por amor a un *beach boy,* con fama de lindo, pero sin dinero». Doy una vuelta a mi apartamento, pago las cuentas y regreso rápidamente a mi vida marinera y a los brazos amorosos de Rafa. Revisando el correo una mañana, en una de aquellas visitas de mediados de 1986, abro un sobre de manila que parece contener una revista.

Nada, nada en el mundo, podría haberme preparado para lo que contiene: las fotos de dieciséis cadáveres despedazados me devuelven a la realidad de la Colombia continental; el texto del anónimo, al hombre que dejé de ver y de amar hace ya meses y cuyo recuerdo ha dejado de ser el sabor agridulce de una fruta prohibida para pasar a convertirse en una sucesión de memorias, cada vez más borrosas, de incertidumbres y agonías tan costosas como inútiles. Es evidente que alguien ha estado hablando de nuestra reunión con el M-19 a un miembro de los organismos de seguridad o de inteligencia militar, y uno posiblemente involucrado en las más aterradoras torturas. Alguien, que acusa a Pablo y a Gonzalo de crímenes aún más atroces de todos los que yo hubiera podido imaginar, jura hacerme pagar por ellos con cada gota de mi sangre y cada milímetro de la piel de mi cuerpo. Tras llorar durante un par de horas, rezando a las almas de aquellas víctimas para que me iluminen sobre lo que debo hacer, tomo la decisión de telefonear a dos personas: a una conocida mía, para decirle que he cambiado de idea respecto del diamante de setenta y dos quilates del cual me había hablado y que sí deseo enseñárselo al coleccionista (el propietario está pidiendo un millón de dólares por él y me ofrece cien mil de comisión por su venta); y a mi amiga Susanita, vendedora de finca raíz, para pedirle que ponga mi apartamento a la venta. Luego, en vez de viajar a Cartagena, tomo el primer vuelo a Medellín.

Gustavo Gaviria me recibe de inmediato, con el mismo afecto distante aunque sincero de siempre. Mientras hablamos de su negocio, de mis contratos cancelados y de la situación del país, noto en el fondo de su mirada lo que parece ser el comienzo de una profunda desilusión existencial. Tras unos minutos de charla, le enseño el diamante que, según me han dicho, perteneció a una casa real europea. Tomando una lupa de joyero que le permite detectar hasta el carbón más insignificante en la piedra aparentemente más perfecta, comienza a analizar aquel cristalino huevo de codorniz que le he traído:

—Realmente, es una de las rocas más grandes que he visto en mi vida… cubre toda una falange… sí, debió de ser de una corona… por el precio se sabe que es robado… pero no es muy claro… amarillento, ni blanco, ni canario… no está caro… pero el color no me gusta… y tiene carbones…

—¡Por Dios, Gustavo! Tú y yo sabemos que si fuera *D-Flawless* o *canary* valdría cuatro o cinco veces más…

Alguien golpea a la puerta y, sin esperar a que Gustavo lo autorice, entra y la cierra tras de sí.

—¡Pero miren a quién tenemos aquí! ¡Nada menos que a la Sirenita en persona! ¡Vaya bronceado! ¿Y a qué debemos el honor?

—Vino a mostrarme esto, Pablo —le dice Gustavo enseñándole el diamante. —A Virginia le han cancelado hasta los contratos publicitarios y necesita el dinero de la comisión.

Él toma aquella joya refulgente entre el pulgar y el índice y la estudia con el brazo extendido, a distancia, como lo haría con un dedo del cadáver en descomposición de su peor enemigo. Su rostro revela tal asco que, por un instante, creo que va a arrojar el millón de dólares por la ventana. Luego, como si hubiera tenido que sobreponerse al deseo de hacerlo, mira a su socio y exclama:

—Pues ésta es la sede de un negocio de estupefacientes —¡no Harry Winston!— y con ella nosotros no hacemos negocios. ¡Si necesita dinero que se entienda conmigo! Y no olvide, hermano, que nos están esperando para la reunión.

Con un profundo suspiro, Gaviria me dice que él no compra diamantes de semejante tamaño porque en una emergencia son imposibles de canjear o de vender por su valor original. Pregunto cómo podría alguien con mil millones de dólares en efectivo tener problemas de liquidez de un millón y él, con un encogimiento de hombros y una sonrisa resignada, contesta que los ricos también lloran. Se despide con un beso en la mejilla, y cuando quedamos solos le entrego a su primo el sobre con las fotos y el anónimo.

—Creo que debes ver esto que me llegó en el correo y que pensaba dejarte con Gustavo. Parece que por algo que tú o el Mexicano encargaron, alguien quiere hacerme a mí lo mismo que les hicieron a estas personas. ¿Quién más sabía de nuestra reunión con Iván Marino, Pablo? ¿Y quién está detrás de la muerte de Álvaro Fayad en marzo?

Él abre el sobre y arroja su contenido sobre la mesa. Queda mudo, atónito, estupefacto, y se sienta. No se pone lívido, porque a él nada podría hacerlo empalidecer y porque Pablo Escobar jamás ha temblado ante las cosas que a un ser humano le harían perder el conocimiento. Con las pinzas de joyero de Gustavo va tomando cada una de las dieciséis fotos y las estudia en silencio; luego lee en voz alta algunos de los apartes del texto que las acompaña y, finalmente, me dice:

—Creo que tú y yo vamos a tener que hablar. Y muy largo… ¿Estás casada?

Le respondo que no, pero que Rafael me espera esa noche en Cartagena. Me pide que entonces vaya a devolver ese diamante, le haga creer a mi amiga que voy a viajar y lo espere en su apartamento hasta que pueda desocuparse, porque lo que necesita decirme es de vida o muerte.

—Llama ya a tu novio, o lo que sea, y le dices que el avión te dejó y llegarás mañana. Y tranquilízate, que nadie va a hacerte daño y yo tampoco tengo la menor intención de tocarte un pelo. Me quedo con estas fotos para pedir a unos amigos míos que cotejen las huellas digitales y saber quién fue el depravado que las tomó, el esquizofrénico que te las mandó y ¡el suicida hijo de puta que me está acusando de pagar por esta carnicería!

—¡No, no, Pablo! Esas fotos tienen ya cientos de huellas mías y vas a empeorar las cosas! ¡No se las vayas a mostrar a nadie ni a intentar averiguar cómo las sacaron, te lo suplico! ¡Yo vivo en una islita con un hombre que es como un ángel y no tengo la culpa de los crímenes que todos ustedes cometen! —le digo, estallando en llanto e intentando recuperarlas.

Se pone de pie y me pasa un brazo por los hombros. Cuando logra tranquilizarme, guarda las fotos en el sobre y me promete que las quemará una vez que las haya estudiado con detenimiento para ver si los rostros corresponden a los desaparecidos del Palacio de Justicia; es decir, lo que queda de ellos tras la acción del ácido sulfúrico. Insiste en que debo quedarme esa noche en Medellín y, cuando acepto a regañadientes, se despide y sale a toda prisa. Siguiendo sus instrucciones, llamo a Rafael para decirle que llegaré al día siguiente porque cancelaron el vuelo por mal tiempo; jamás podría hablarle del terror que siento y muchísimo menos de mis razones para compartirlo con Pablo. Cuando llego al apartamento y coloco mi maleta sobre la cama para desempacar algunas cosas, observo entre las gruesas lanas de la alfombra algo que brilla: es una pulserita de oro diminuta, y me la pruebo. Mi muñeca es casi tan fina como la de una niña pero, para que pudiera cerrarme, esta joya de valor insignificante tendría que ser una pulgada más larga.

Al ver entrar a Pablo unas horas después me doy cuenta de que en ese año ha envejecido cinco. Apenas tiene treinta y seis, pero su andar parece más lento y menos seguro. Observo que ha aumentado de peso y que sus sienes comienzan a encanecer; pienso que las mías también, pero las mujeres podemos ocultarlo más fácilmente. Luce más tranquilo que en la tarde pero se ve cansado y triste, como si necesitara un buen abrazo. Todo su rostro es un signo de interrogación; todo el mío, una enorme acusación. Al ver nuestros reflejos separados en el espejo que tantas veces nos vio juntos, comenta que me veo diez años más joven que él y que parezco una estatua de oro, y yo le doy las gracias cortésmente por un cumplido que un año atrás le hubiera devuelto con cien besos. Quiere saber por qué cambié el número de mi teléfono sin avisarle y, con media docena de frases breves y cortantes, le explico mis razones. Tras uno de sus silencios cabizbajos, él suspira, alza la vista y dice que me entiende. Luego me mira con algo parecido a la nostalgia por todos los sueños que salieron huyendo, sonríe tristemente y añade que, realmente, está muy contento de verme y de poder volver a hablar conmigo aunque sólo sea por unas horas. Pregunta si me importaría que se recostara en la cama y, cuando le digo que no, se arroja pesadamente sobre ella, coloca las manos cruzadas bajo la nuca y comienza a relatarme historias de la vida real y de tiempos tan recientes como el 6 de noviembre del año anterior:

—La secretaria del magistrado Carlos Medellín fue llevada al hospital Simón Bolívar con quemaduras de tercer grado. Cuando los uniformados llegaron por ella y el director de Quemados intentó oponerse, amenazaron con acusarlo de colaborar con esa guerrillera y llevarlo detenido a un cuartel para interrogarlo; la inocente señora fue desollada durante horas en la Escuela de Caballería del Ejército y murió mientras aquellos animales literalmente le arrancaban la piel a jirones. A una mujer que dio a luz en un camión del ejército le robaron el bebé y, tras el parto, la torturaron allí mismo hasta matarla. El cadáver despedazado de otra embarazada fue arrojado al basurero de Mondoñedo. A Pilar Guarín, una joven que ese día estaba haciendo un reemplazo en la cafetería, la violaron durante cuatro días en guarniciones militares. A ella y a varios de los hombres los metieron en tinas de ácido sulfúrico, y a otros los enterraron en el cementerio de la Escuela de Caballería, donde están centenares de los miles de desaparecidos del gobierno de Turbay. ¿Y sabes por qué hicieron todo eso? Para intentar obtener información sobre siete millones de dólares que yo supuestamente le había dado al M-19 con el fin de repartírselos entre los militares y los organismos de seguridad. Las torturas no eran para averiguar quién había financiado la toma —ellos ya lo sabían— sino para dar con el paradero de Álvaro Fayad y de todo ese dinero, incluyendo el que ya se le había entregado a Iván Marino Ospina.

—¿Cuánto le diste realmente al M-19, Pablo?

—Le dí un millón en efectivo a Iván Marino y les prometí otro millón en armas y apoyo económico más adelante. Gracias a la pista de Nápoles pudimos traer unos explosivos, pero las armas y municiones no alcanzaron a llegar a tiempo, y ésa fue la tragedia: la toma tuvo que adelantarse porque ese día la corte iba a iniciar el estudio de nuestras extradiciones y la evidencia contra nosotros era abrumadora. El M-19 sólo quería lanzar una proclama y exigir explicaciones al presidente, pero todo les salió al revés. Los militares prendieron fuego al palacio y asesinaron a los magistrados para que no quedaran testigos de nada de lo ocurrido allá adentro. A Gonzalo le contaron todo y él me lo contó a mí. Ante ti puedo reconocer que con ese millón y pico de dólares hice el mejor negocio de mi vida; pero por muy cercano que sea él al B-2, y por mucho que odie a la izquierda, ¡ni el Mexicano ni yo pagamos al ejército para que asesinara a seis comandantes del M-19! Ésa es la peor canallada que he escuchado en toda mi vida, porque Fayad y Ospina eran no sólo mis amigos, sino la conexión de todos nosotros con Noriega, los sandinistas y Cuba. No tengo por qué mentirte, Virginia, porque me conoces muy bien y a ti te consta que así fue. Y ahora puedo confesarte que esa noche yo quería que los comandantes máximos del M-19 te conocieran porque sabía que iban a exigir espacios radiales al gobierno y pensaba que podrías trabajar en ellos.

Le pregunto quién más estaba enterado de sus reuniones con Ospina y Fayad, y me responde que sólo sus hombres de más confianza. Pregunto cuántos de ellos sabían de mi presencia en la de mediados de agosto de 1985; parece sorprenderse, y contesta que, como siempre, sólo los dos que me habían llevado y regresado al hotel. Le digo que hay un traidor entre su gente: casi seguramente le contó a alguna de sus novias de paso sobre nuestra reunión y ella llamó a los organismos de seguridad para acusarme y, así, desaparecerme del mapa u obligarme a salir del país. Ahora, alguien con la mentalidad más retorcida de la Tierra quiere venderme la idea de que él y el Mexicano pagaron al Ejército para que asesinara tanto a magistrados como a guerrilleros, con el fin de no tener que cumplirle al M-19 con el saldo prometido si la toma resultaba un éxito. Él comenta que, de haber sido así, el ejército y los organismos de inteligencia lo hubieran ordeñado por el resto de sus días y le hubieran resultado muchísimo más costosos que el M-19.

—Pablo: no me interesa saber quién habló de nuestro encuentro con Ospina, pero debes empezar a cuidarte de tus propios hombres y de esas zorras caras que compras todo el tiempo; tú tienes un ejército que te protege, mientras que yo estoy a merced de tus enemigos. Soy una de las mujeres más famosas de este país y, cuando me despedacen o me desaparezcan, los detalles de nuestra relación van a salir a la luz pública, van acusarte de mi muerte y todas tus reinitas, modelos y prostitutas van a salir a perderse.

Le arrojo la pulserita de oro y le digo que es muy grande para ser de su hija Manuela.

—¡Esto es de una niñita! ¡Te estás volviendo un adicto a la marihuana y no sólo te estás convirtiendo en víctima de tu propio invento, sino que vas camino de volverte un depravado! ¿Qué es lo que pretendes encontrar en todas esas vírgenes? Tu único ideal femenino, la repetición y la repetidera de la que alguna vez fue la mujer de tus sueños, la de trece años de quien te enamoraste?

—¡Yo no permito que nadie me hable así! ¿Pero, quién diablos te estás creyendo? —exclama, poniéndose de pie y arrojándose sobre mí como una fiera. Y mientras me sacude como a una muñeca de trapo yo, sin poder controlarme, le grito:

—¡Me estoy creyendo tu única amiga de verdad, Pablo! ¡La única mujer que nunca te exigió nada, ni te pidió que la mantuvieras, ni se le pasó por la cabeza que dejaras a tu esposa, ni quiso sacarte hijos! ¡La única mujer representativa que te ha amado y te amará mientras vivas! ¡La única que perdió todo lo que había trabajado en su vida por amor a ti, y la única a quien el séptimo hombre más rico del mundo dejó con las manos vacías y sin forma de ganarse el sustento! ¿No te da vergüenza? Y cuando yo creía que lo que nosotros tuvimos había quedado en el pasado, y que podía ser feliz con un hombre bueno, ¡me llega semejante regalo de un torturador profesional! ¡Te traje las fotos para que vieras lo que le hicieron a todas esas mujeres inocentes por culpa de tu tal causa, para hablarte de cosas de las que nadie más se atrevería a hacerlo, porque soy la única persona que no te tiene miedo y la única en tu vida que tiene conciencia! Sabes que la tortura me aterra, Pablo. ¡Mátame de una vez por todas, antes de que caiga en manos de todos esos depravados! ¡Hazlo tú mismo, que has «apretado» a doscientas personas y eres un experto de talla mundial en técnicas de asfixia! ¡Pero esta vez hazlo rápido, te lo imploro!

—¡No, no, no! No me pidas algo tan horrible, que tú eres un ángel y yo sólo mato a bandidos, y ¡eso era lo último que me faltaba por escuchar en estos meses! —dice tratando ahora de calmarme, de callarme, de tomarme entre los brazos mientras yo no ceso de darle puñetazos. Cuando me canso y, derrotada, sollozo con la cabeza en su hombro, él me besa en el pelo y pregunta si todavía lo quiero un poquito. Le digo que hace rato dejé de amarlo, pero lo querré hasta el día en que me muera porque es el único hombre que fue bueno conmigo… y con los pobres más pobres. En el largo silencio que sigue sólo se escucha mi llanto; luego, como si hablara para sus adentros mientras yo recupero la calma entre sus brazos, comienza a decir con enorme ternura:

—Tal vez sí es mejor que vivas por un tiempo en las islas, mi amor… Me siento más tranquilo que si estuvieras sola en Bogotá… Dios sabe cómo hace sus cosas…pero vas a aburrirte pronto, porque tú necesitas muchas alas… y a un hombre de verdad… Eres mucha mujer para un niño de esos…Tú… ¡de Jane con el Tarzán del acuario! ¡Quién lo hubiera imaginado!

Comento que, después del Tarzán del zoológico, cualquier cosa en mi vida es posible. Reímos con una cierta resignación, y él se sienta a mi lado y me seca las lágrimas. Tras pensar durante un rato, me dice de pronto:

—Voy a proponerte un trato: como ahora tienes tanto tiempo libre, ¿por qué no incluyes en el guión de la película toda la verdad de lo ocurrido en el Palacio de Justicia? Si los italianos no te dan los cien mil dólares, yo te los doy. Y como anticipo.

Respondo que el periodista italiano ya dijo que los productores no pagaban esa suma, y añado:

—Además, tendría que irme del país y despedirme de mi vida con Rafael. En todo caso, debes entender que a estas alturas yo no podría escribir una versión apologética de lo ocurrido…. ni de tus motivaciones existenciales, Pablo.

Me mira ofendido y, con una profunda tristeza en la voz, me pregunta si ahora yo también lo veo como sólo un delincuente, sólo un bandido lleno de plata.

—Si lo que yo más amé en la vida fuera sólo un criminal exitoso, ¿que sería yo, entonces? Sé que lo del Palacio se les salió a ustedes, al M-19 y a Belisario de las manos; pero sé también que con esa masacre vas a tumbar la extradición. No esperes que te felicite, Pablo, porque todo lo que está ocurriendo como consecuencia de tu negocio y de tus actos me espanta. Yo ya sólo puedo decirte que, ahora que pusiste al país de rodillas, no tiene sentido que sigas asesinando gente. No te jactes de esa victoria delante de nadie y, por el resto de tus días, niega cualquier participación en esa toma, a ver si por fin descansas de ese infierno en el que vives y nos dejas vivir al resto en paz. Yo guardaré el secreto, si es que así puede llamarse, pero tú tendrás que cargar en tu conciencia con todo lo que me has contado. Por su parte, cada uno de esos carniceros tendrá que dar cuentas a Dios tarde o temprano; y, según los irlandeses, está históricamente probado que la maldición «The crimes of the father...» no falla: la deuda por los crímenes que el padre no pagó en vida pasa a su descendencia.

Quizás para no pensar en sus hijos, Pablo cambia de tema y decide hablarme del dolor que sintió tras la pérdida de Iván Marino Ospina. Me cuenta que el ejército lo mató en Cali, en una casa de propiedad de Gilberto Rodríguez, y que el encarcelado jefe del cartel de Cali lloró su muerte.

—¿Tu amigo y socio en la toma murió en una casa de Gilberto? Después de oír del duelo del fundador del MAS, y de los jefes máximos de ambos carteles, por el comandante de un grupo guerrillero, ¡lo único que me queda faltando por ver en este país es a Julio Mario Santo Domingo y a Carlos Ardila Lülle abrazados y llorando por Tirofijo, que murió tras la ingesta de una caneca de *refajo*! (Bebida mezcla de 50 por ciento de cerveza Bavaria y 50 por ciento de gaseosa Postobón.)

Él me pregunta por qué cancelaron también mis contratos publicitarios y yo le explico que según el periodista Fabio Castillo de *El Espectador*, «Pablo Escobar me regaló la fábrica de Medias Di Lido y un estudio de televisión para que yo no tuviera que salir de casa a grabar mis programas». La familia Kaplan se sintió insultada y dio por terminados mis contratos. Con el argumento de que una celebridad de los medios les resultaba muy costosa, me reemplazaron por una modelo; nadie volvió a comprar los productos y la marca se fue al piso. Añado que casi todos los periodistas del país saben que en mi apartamento no podría caber un estudio de televisión, pero ni uno sólo de ellos ha salido en defensa de la verdad y, aunque todas mis colegas saben que jamás he sido golpeada y que tengo una piel perfecta, las mujeres que llevan años intrigando para sacarme de la televisión, sobre todo la prima de Santofimio y su hija, la nuera del ex Presidente Alfonso López, repiten ante todo el que quiera escucharlas que, tras sufrir un montón de terribles desfiguraciones faciales seguidas de igual número de cirugías plásticas, me he retirado de los medios para convertirme sólo en una mantenida de Pablo Escobar.

—Esas dos parecen las hermanastras de la Cenicienta… y *El Espectador* y Fabio Castillo orquestaron todas esas canalladas para dejarte sin trabajo. Ya me contaron que hay un consenso entre los directores de los medios para hacerte ahora lo que no se hubieran atrevido a hacer cuando estabas conmigo. Y el coronel de la policía que llevó a la DEA hasta los laboratorios del Yarí fue el mismo que le entregó a ese periodista miserable un montón de informaciones para un libro lleno de mentiras. Pero yo me encargo de todos ellos, mi amor: «Siéntate en la puerta de tu casa a ver desfilar el cadáver de tu enemigo», porque los tuyos son, antes que nada, los míos.

Me levanto de la silla y me siento en la cama, cerca de sus pies. Le digo que mis proverbios chinos son «Golpe que no te rompe la espalda te la endereza» y «Lo que pasa es lo mejor». Le digo que si tumba la extradición debe prometerme que ya sólo va a pensar en construir el medio siglo de vida que le queda por delante y a dejar esa bendita obsesión suya por lo que dicen los medios. Le insisto en que ni él ni yo somos jueces, ni verdugos, ni dioses y le doy cien argumentos para probarle que, lejos de todas esas gentes perversas, soy ahora casi tan perfectamente feliz que no extraño ni la fama, ni la vida social, ni mi carrera ante las cámaras.

Él me escucha en silencio, escrutando mis ojos, mis labios, cada milímetro de mi expresión con la mirada de *connoisseur* que reserva para los demás y raras veces utiliza conmigo. Luego, con esa autoridad que le da la certeza de conocerme como nadie, responde que me estoy engañando a mí misma, que escapé hacia esa isla para no pensar en todo el daño que me hicieron y que me refugié en los brazos de Rafael para intentar olvidarlo a él. Acaricia mi mejilla pensativo y añade que es extraño que yo tenga el alma tan limpia y que en esos años a su lado no se me hubiera tiznado de la suya, que está más negra que el carbón. Súbitamente se pone de pie como un resorte, me besa en la frente, me agradece que hubiera ido hasta Medellín para llevarle las pruebas de algo tan grave y, antes de despedirse, me obliga a prometerle que le daré mi número de teléfono cada vez que lo cambie, que estaré ahí siempre que me necesite, como lo estará él para mí, en uno privado y muy seguro, y que no me iré de su vida completamente.

—Te lo prometo, pero sólo hasta el día en que vuelva a casarme. Debes entender que, a partir de ese momento, tú y yo ya no podremos volver a hablar más.

Me voy de Medellín un poco más tranquila que cuando llegué, y convencida de que, si cae la extradición, Pablo podrá comenzar a reconstruir su vida sobre el legado de aquel espíritu generoso y esa visión privilegiada de los que yo me había enamorado casi cuatro años atrás. Durante el vuelo a Cartagena rezo a las almas de las mujeres torturadas para que comprendan mi silencio, porque no sé ante quién podría yo denunciar todos esos crímenes de lesa humanidad cometidos por asesinos y ladrones a sueldo del Estado. Sé que, de hablar sobre los horrores confirmados por Pablo, los medios cómplices de los poderosos exigirían que se me arrojara en una cárcel por participación sabrá Dios en qué, para el disfrute de un país donde los cobardes acostumbran a cebarse en las mujeres porque no tienen el valor de enfrentarse a los hombres como Escobar.

Para intentar lavar de mi memoria aquellas imágenes de suplicios espeluznantes y agonías aterradoras para los que ni siquiera Pablo en el día de la Beretta hubiera podido prepararme, me sumerjo en las aguas marinas y me entreno para nadar hasta la isla grande que tenemos enfrente, ésa sí en estado natural gracias a una fundación de la familia Echavarría que la ha comprado para evitar su colonización.

Son seis millas náuticas de ida y seis de regreso a San Martín de Pajarales, todo lo cual implica seis horas de nado si el mar está tranquilo.
No le comento a Rafa sobre mis planes, porque no soy una buena
nadadora de *crawl;* y decido que, para convertirme en una, en mi
próximo viaje a Bogotá me haré operar los ojos y podré prescindir de
los lentes de contacto.

La primera vez que logro mi meta, gracias a las aletas, la máscara
y el *snorkel* —que permiten impulsarse sin mayor esfuerzo y nadar
sin tener que sacar la cara del agua para respirar—, me felicito, radiante de orgullo y agitando los brazos en alto. He salido de casa a las
7:00 a.m., porque en las islas la actividad comienza poco después del
amanecer, y he llegado a las 10:00 a.m. En mi recorrido solitario no
he visto tiburones ni animales grandes y concluyo que es por culpa
de la pesca con dinamita y de los motores de las embarcaciones tu-
rísticas, que destruyen el arrecife coralino y son el único peligro real
en el pequeño archipiélago. Tras descansar unos minutos en aquella
playa desierta que sólo se llena de turistas los domingos, emprendo
el regreso, ya mucho más confiada, y llego a San Martín a la 1:00
p.m., a tiempo para el almuerzo. Cuando Rafa me pregunta por qué
estoy tan contenta, no le cuento la verdad porque sé que le daría un
ataque. Prefiero decirle que voy a dejar de nadar tanto para comenzar
a escribir en el cobertizo abandonado de un islote que queda a pocos metros de nosotros; y le explico que, en mi doble condición de
persona vetada en los medios y futuro ciego, siempre he soñado con
que mis colegas de la asociación puedan grabar libros cuando estén
sin trabajo, para que los ciegos puedan escucharlos en esas voces ma-
ravillosas. Comenta que a la gente que le da pereza leer también le
gustarían muchísimo, pero que él quisiera oír mis historias narradas
por mí.

—¿Y de qué vas a escribir, Pussycat?

Le digo que historias de mafiosos, como El Padrino, y de cazadores y pescadores, como las de Hemingway.

—¡Wao! ¡La del tiburón y las de animales son fantásticas! ¡Pero
no se te vaya a ocurrir escribir sobre esos mafiosos degenerados que
están acabando con este país! Uno reconoce a un narcotraficante

de esos desde que lo ve venir, aunque sólo tenga puesto un traje de baño: esa actitud de «sobradito» en la vida… esa forma de caminar… de mirar a las mujeres… de comer… de hablar… ¡todo! ¡Son asquerosos, inmundos! Serían capaces de mandarte matar, ¡y yo me quedaría sin mi Pussytalinda!

El domingo siguiente, cuando desciendo las escalerillas de cuerdas del segundo piso, donde están nuestro dormitorio y la terraza, para averiguar de quién es el enorme yate que se encuentra estacionado frente a la casa, me encuentro a boca de jarro con Fabito Ochoa —el hermano de Jorge, el socio de Pablo— y su mujer, quienes observan encantados el pequeño acuario del comedor mientras Rafa le habla a sus niños de los caballitos de mar preñados, que son los machos, y «el Monstrico», mi mascota de especie no identificada. Asumo que con la familia real del narcotráfico en Antioquia Rafa ha hecho una excepción, porque la verdadera profesión de los Ochoa es el amor por los animales y la crianza de los más hermosos ejemplares equinos y taurinos, y su otra actividad es sólo… un *hobby* muy rentable.

Casi todo el que pasa por las islas visita el acuario. Los pocos que no conocen a Rafa Vieira me conocen a mí, lo cual quiere decir que nuestra vida social es mucho más activa de lo que pudiera pensarse. Cierto domingo, mientras almorzamos con Ornella Muti y Pasqualino De Santis —que están filmando en Cartagena *Crónica de una muerte anunciada* de García Márquez, el director de arte se queda mirándome. Comenta que soy, *«veramente, una donna cinematografica»* y que no puede creer que me haya retirado de las cámaras. Sé que muchos otros se preguntan sobre mi ausencia de la pantalla y los micrófonos, y sé también que sólo Pablo y yo conocemos las verdaderas razones. En todo caso, las palabras de aquella leyenda del cine italiano me dejan feliz por varios días, y más cuando logro repetir la hazaña de las doce millas náuticas a la semana siguiente.

Rafa y yo asistimos con frecuencia a fiestas en las islas vecinas, sobre todo las de Germán Leongómez, cuya hermana está casada con el almirante Pizarro. El hijo de éstos, Carlos Pizarro Leongómez, ha pasado a convertirse en el nuevo jefe del M-19 tras las muertes de Iván Marino Ospina y Álvaro Fayad; Pizarro es popularmente conocido como «el comandante Papito» por ser el único jefe guerrillero de la historia que en las fotos luce como el Che Guevara y no como un prófugo de la cárcel Modelo de Bogotá. Y, por aquellas cosas de la vida, su rico tío Germán, a quien yo había conocido como aspirante de la mano de la muchísimo más rica viuda de Rasmussen, se convertirá poco después en el novio de la única congresista colombiana que podría aspirar a una carrera política en Francia: Ingrid Betancur.

Un par de meses después regreso a Bogotá porque, para saber si pueden operarme de los ojos, debo retirarme los lentes de contacto durante dos semanas. Decido pasar esos días en mi apartamento de la capital y no en la isla, donde podría sufrir accidentes como un resbalón y terminar entre las aletas de Pancho Villa Tercero. A pesar de que sólo veinte personas conocen ahora mi teléfono, y todos saben que vivo en Cartagena, encuentro centenares de llamadas en mi contestador, desde las infaltables de David Metcalfe y Armando de Armas, hasta las docenas de quienes cuelgan sin identificarse o lo hacen tras amenazar con violaciones y suplicios. A los pocos días de mi llegada llama Pablo:

—¡Por fin volviste! ¿Ya te cansaste de vivir con Tarzán?

—No, no me he cansado de vivir con Rafael. Vine a ver si pueden operarme de los ojos antes de que me quede ciega. Y tú, ¿ya te cansaste de lo que has hecho siempre?

—No, no, mi amorcito: ¡cada día gozo más haciendo maldades! Pero, ¿qué haces todo el día en esa isla, fuera de nadar y broncearte? ¿Has trabajado en mi guión o en la novela?

—La novela no me sale… cada vez que termino un capítulo, me horrorizo pensando en que alguien pueda leer eso y lo rompo. Creo que tú eres la única persona en el mundo a quien no me daba vergüenza mostrarle lo que escribía…

—¡Pero me encanta oír eso! ¡Ése sí que es un honor, mi vida! Voy a hablarte desde un teléfono distinto cada tres minutos, ¿okey? Cambio.

En media docena de llamadas sucesivas, Pablo me dice que quiere ofrecerme el mejor negocio del mundo: una oportunidad única que sólo podemos discutir juntos y en la más absoluta reserva, y sobre la cual no puede adelantarme nada. Afirma que, para quedar tranquilo, quiere asegurar mi futuro de una vez por todas, porque le produjo enorme tristeza escucharme decir que mi carrera se había ido por el caño por culpa de él. Le agradezco la oferta y respondo que realmente no tengo interés en ser rica. Al día siguiente vuelve a telefonear para insistir en que quiere resarcirme de las pérdidas, y de una vez por todas; me pide que imagine qué va a ser de mí si, por algún motivo, me separo el día de mañana de Rafael y nadie vuelve a darme trabajo y, ¡Dios no lo quiera!, los médicos no pueden salvarme la vista.

—¿Te das cuenta de que si hubieras aceptado esa oferta del canal de Miami no tendrías toda esa felicidad en la que vives ahora? ¡Imagínate si le sumas lo que yo voy a ofrecerte, para que puedas sacarte el clavo de lo que te han hecho y asegurar tu futuro! Es ahora o nunca, mi amor, porque para la semana entrante... ¡yo podría estar muerto! Prométeme que antes de regresar a Cartagena vas a pasar por acá. No me hagas sufrir, que es por tu bien... y el de tus hijos... porque me dijiste que querías tener niños... ¿o no?

—No sé... ¡Vas a montar un canal de televisión, y quieres que yo trabaje en él! ¿Es eso, verdad?

—¡No, no, no! ¡Es algo muchísimo mejor que eso! Pero no te puedo adelantar nada.

—Está bien. Voy a ir, pero si no es algo que valga la pena no vuelvo a dirigirte la palabra mientras viva y renuncio a ser tu biógrafa. Que esos periodistas bestias escriban tu historia y digan que no eres sino un psicópata con jirafas.

—¡Así se habla, mi amor! Escribe que tú, mejor que nadie, sabes que soy un psicópata desalmado. ¡Para que me respeten y me tengan todavía más miedo!

☙

Los médicos me informan que no pueden operarme, pero que mi condición no es grave. Pienso que es una lata tener que seguir usando lentes de contacto y no veo la hora de volver a abrazar a Rafa, que me llama a diario para decirme que me extraña. De regreso a Cartagena paro unas horas en Medellín para cumplir con lo prometido a Pablo, quien ha enviado a una persona de total confianza para coordinar los detalles de nuestra reunión. Ya en el apartamento, él llama para decirme que está retrasado y me ruega que lo espere un par de horas; cuando las dos se convierten en cuatro, sé que me está obligando a pernoctar en Medellín. Al llegar, se excusa argumentando que cada vez que va a verse conmigo debe esperar hasta estar completamente seguro de que no haya «moros en la costa». Me informa que a raíz de aquel material que me hicieron llegar anónimamente tuvo que volver a interceptar mi otro teléfono, el que todo el mundo conoce, pero no podía decírmelo sino hasta que nos viéramos personalmente; se justifica argumentando que, en la eventualidad de un secuestro, la identificación de todas esas voces que me amenazan podría conducir a mi ubicación y rescate, pero yo me pregunto hasta cuándo va a seguir Pablo Escobar ejerciendo tantas sutiles formas de control sobre mí. Decido que, a menos de que el negocio que quiere proponerme sea algo que realmente valga la pena, y yo pueda compaginar con mi nueva vida, llegado el momento le diré que estoy comprometida con Rafa y que no podremos vernos más.

Él pregunta si quiero «yerba», porque va a darse varios «pitazos». Me sorprende, porque nunca había fumado delante mío, y le respondo que aceptaría encantada si la marihuana me produjera algún efecto interesante, pero me da sueño y quedo profundamente dormida hasta el día siguiente. Pregunta que cómo lo sé y le digo que mi marido argentino fumaba con frecuencia y yo la había probado un par de veces, sin mucho éxito.

—¿Ese ché tan viejo? ¡Vaya sorpresa!

Le cuento que «el Clan Stivel», quizás el grupo de actores más importantes y brillantes de Argentina, se psicoanalizaba colectivamente en los años setenta con LSD bajo la supervisión de un psiquiatra más loco que todos ellos juntos, y que ésa es la única droga que me gustaría probar para abrir las puertas de la percepción que describe Aldous Huxley en su obra del mismo nombre. Le hablo de mi admiración por el filósofo británico, discípulo de Krishnamurti, y de sus estudios sobre el *peyotl* y la mezcalina, y comento que en su lecho de muerte Huxley pidió a su esposa que le inyectara LSD para traspasar el umbral del otro mundo con la total ausencia de dolor y la claridad absoluta que él había alcanzado a vislumbrar otras veces y en la que el tiempo, el espacio y la materia desaparecían. Le pregunto si él podría conseguirme ácido lisérgico, para probarlo una vez y guardar un poquito para el día de mi muerte.

—¿Estás, acaso, sugiriendo que me convierta en importador de drogas alucinógenas? ¡Pero qué propuesta más escandalosa, Almalimpia! ¡Estoy en estado de *shock*!

A partir de aquel día, Pablo me llamaría así cada vez que quisiera tomarme del pelo, o burlarse de la que él bautizó como «mi cuádruple moral en materia de drogas»: un odio visceral por la cocaína, el *crack* y la heroína, un profundo desdén por su adorada *cannabis*, mi interés en los rituales con *peyotl* y *yajé* de las tribus mesoamericanas y amazónicas, y mi secreta fascinación por la idea de un algo que, en el momento de cruzar el mitológico río Styx camino del Hades, pudiera ayudarme a sustituir el dolor o el pavor por esa absoluta comprensión que trasciende a todas las experiencias de la razón, descrita por Huxley junto con la sensación de flotar en un éter leve y diáfano, más allá de todos los placeres y los deleites más sublimes.

Pablo me pregunta si en las Islas se consume mucha droga, y yo le cuento que todo el mundo, menos Rafa, fuma y mete por toneladas. Insiste en saber si ahora amo a Vieira como antes lo amé a él y, para no contestar lo que quiere oír, le explico que hay tantas formas de amor como las hay de inteligencia; y que prueba de ello es que cosas tan exquisitas como los caracoles han sido diseñados y construidos por criaturas elementales con base en el Número Dorado, 1:618033, el mismo utilizado en las grandes obras del Renacimiento y patrón recurrente tanto en los más exitosos ejemplos de la arquitectura como en las más impresionantes visiones de la naturaleza, incluyendo muchos rostros humanos. Añado que siempre he sentido fascinación por la idea de que mentes tan diversas como las de Dios, los genios y los moluscos puedan, racional o instintivamente, aplicar la misma proporción a composiciones rectangulares para obtener formas geométricas admirables.

Desde la cama donde se ha recostado, Pablo me escucha en silencio y sumido en la que parece ser una idílica sensación de paz; y, desde aquel mismo lugar donde alguna vez él me vendara para acariciarme con un revólver, yo observo fríamente al rey de las drogas bajo el efecto del alucinógeno producido por otros. De pronto él se levanta y viene hacia mí como en cámara lenta y, tomando mi cara entre sus manos, suavemente, como si fuera a besarla y no quisiera asustarme, la estudia con detenimiento y comenta que tal vez sean las proporciones del Número Divino las que le inspiran la fascinación que siempre ha sentido por ella. Incómoda, contesto que nunca se me hubiera ocurrido y, tratando de soltarme, pregunto de qué era que quería hablarme. Él acaricia mis mejillas y dice que le gustaría saber si a otros hombres riquísimos yo les hablaba de maldiciones irlandesas y de geometría. Sorprendida, le digo que no, porque de ellos sólo aprendía. Mirándome muy fijamente, y sin soltarme, pregunta si siento algún afecto por aquellos magnates. Como hemos hablado de los grandes grupos económicos, pero no de otros hombres, respondo que ninguno, e insisto en que me diga de una vez por todas para qué me hizo venir a Medellín. Pregunta si me gustaría sacarles mucha plata a esos viejos avaros y, cuando río y comento que la sola fantasía produce orgasmos mentales a cualquiera, él exclama en tono triunfal que de eso, precisamente, era que quería hablarme:

—Voy a secuestrar a los hombres más ricos del país, y voy a necesitar de tu ayuda. Te ofrezco el veinte por ciento… el veinte por ciento de cientos de millones de dólares, mi vida…

¡Entonces, Armando de Armas no estaba mintiendo!

Pablo llegó a mis brazos siendo todavía un niño y, como a su misma edad yo ya era una mujer, me acostumbré a cuidarlo. Él todavía no conoce a aquellos hombres como los conozco yo e, incrédula, le digo:

—Y ¿para qué necesitas secuestrar a esos pobres tipos de doscientos y trescientos y quinientos millones de dólares, si tú tienes tres mil o más? ¡Eres más rico que todos ellos juntos, y si te vuelves secuestrador tus enemigos van a decir que no sólo te volviste loco sino pobre, y te van a comer vivo! Eso que fumaste no es *Samarian Gold* sino *Hawaiian Platinum*, Pablo. Por Dios Santo: ¡¿qué tan rico quieres ser?!

—No me he dado sino tres «pitazos», y si me sigues hablando así no te vuelvo a proponer buenos negocios. Verás: necesito liquidez, porque las leyes contra el lavado de activos nos han vuelto la vida un infierno y casi todo el dinero del negocio se está quedando afuera. La plata ya no se puede traer en electrodomésticos como antes, y Botero no puede pintar un cuadro diario ni De Beers sacar más diamantes por semana, y los Ferraris ya no caben en los garajes. La extradición va a caer, es cierto, pero en el momento en que los gringos nos abran procesos en Estados Unidos van a ponerle precio a nuestras cabezas, sobre todo a la mía. Eso quiere decir que, para la guerra que se viene, necesito millones de dólares aquí en Colombia, y no miles de millones afuera. Y no hay nada más caro que una guerra. Mis amigos del M-19 me enseñaron todo lo que necesitaba saber sobre secuestros, y contigo tengo a la experta en los grandes magnates y una de las pocas personas de mi total confianza. Siempre he pensado que eres un prodigio y que en mi mundo tendrías un éxito fenomenal si no te pusieras con tantos escrúpulos. ¿Quieres oír el plan, o vas a ponerte de Almalimpia?

Pablo no parece haberse dado cuenta de que ahora él, también, es uno de los magnates pasados. Con mi mejor sonrisa pregunto qué tipo de sociedad propone que hagamos y él, entusiasmado, cae en la trampa:

—Mi primer objetivo son los dos embotelladores: Santo Domingo es varias veces más rico que Ardila, y yo lo secuestraría en Nueva York, donde anda sin guardaespaldas, o en uno de sus viajes. Te vieron bajándote de un avión con él y tu amigo inglés… hace como un año, ¿recuerdas? Carlos Ardila tiene la ventaja de que no se me pude escapar, porque está reducido a una silla de ruedas. Luis Carlos Sarmiento te pasa al teléfono y te da cita… y perdóname por oír tus conversaciones, mi vida… En cuanto a ese judío de los aceites y jabones que es íntimo de Belisario, tu vecino Carlos Haime, para hacerle seguimiento necesito que me dejes utilizar tu apartamento mientras estás en Cartagena.

A medida que me va dando detalles de cómo se propone secuestrar a los cuatro hombres más ricos de Colombia, empiezo a ver que Pablo tiene un plan perfectamente orquestado para mí. Le explico que los Santo Domingo, Sarmiento Angulo, Ardila y Gutt tienen ejércitos de cien a ciento cincuenta personas, tan bravos como los suyos, entrenados en Estados Unidos e Israel para una sola cosa: evitar a toda costa que la guerrilla vaya a secuestrar a cualquiera de los miembros de sus familias y sacarles un solo centavo.

—Ese terror es uno de sus temas favoritos de conversación, sobre todo después del secuestro de Juan y Jorge Born en Argentina, y los de Camila Sarmiento, Gloria Lara y Adriana Sarmiento aquí en Colombia. Hasta ahora los super ricos no se han decidido a odiarte porque, aunque jamás lo reconocerían en público, en secreto aplauden la fundación del MAS. Si secuestras a uno solo de ellos, todos van a olvidar cualquier rencilla y van a unirse contra ti. ¡Y tú no te sueñas lo que es la guardia pretoriana de Carlos Ardila ni la calidad de enemigo vitalicio que es Julio Mario Santo Domingo! Frente a un montón de gente mató a una víbora enjaulada con sólo tres escupitajos. ¡Para acabar contigo sólo necesitaría cuatro o cinco, Pablo!

—Waaaoo… ¡pobre animalito!… ¿Pero acaso no los odias? ¡Nunca te dieron nada, y ahora te mandaron vetar para que te murieras de hambre!

—Sí, pero una cosa es que los deteste por una u otra razón y otra que quiera hacerles daño. En cuanto a Luis Carlos Sarmiento, deberías pensar más bien en reunirte con él: es el hombre que más sabe de banca en América Latina y podrían diseñar alguna fórmula para el problemita de tus «millones excedentes». Pusiste tu ejército a su disposición cuando secuestraron a su hija y para ti es mejor negocio tenerlo de tu lado que de enemigo: ¿Acaso no te das cuenta de que es mejor negocio legalizar mil millones de dólares que sacarle cincuenta? Y como oyes mis conversaciones, ya sabes que no tuvo inconveniente en atender a Gilberto Rodríguez.

Un relámpago cruza por sus ojos.

—¡Pues, a diferencia de ese presidiario, a mí no me gustan los bancos ni las tarjetas de crédito sino el olor de los fajos de billetes! ¡Y yo odio los impuestos casi tanto como Santo Domingo; por eso es que él, las FARC y yo somos los más ricos del país! Olvidemos a tus ex novios, porque me está pareciendo que quieres protegerlos… Bajemos al siguiente nivel: tú conoces a los Echavarría, a los azucareros del Valle del Cauca, a los floricultores de la Sabana de Bogotá y toda esa gente riquísima que antes era amiga tuya. Todas sus mujeres te voltearon la espalda a raíz de lo nuestro… y yo sólo quiero servirte en bandeja la oportunidad de sacarte los clavos, mi vida: uno por uno, ¡todos completos!… Y está esa otra minita de oro: la colonia judía…

Le hago ver que, en un momento en que tiene encima al gobierno de Estados Unidos, al Estado colombiano y a la prensa, no puede echarse encima a los ricos de ningún nivel pero, por encima de ellos, a todos esos grupos guerrilleros que, mal que bien, no se meten con él desde el secuestro de Martha Nieves Ochoa:

—¡Tú eres Pablo Escobar, el magnate más rico de América Latina, el fundador de Muerte a Secuestradores, no Tirofijo! ¡Y el secuestro es el negocio de las FARC! ¿Cómo te sentirías si a Tirofijo le diera por convertirse en el nuevo Zar de la Coca?

—¡Lo «quebraría» al otro día! ¡No lo dudes ni por un instante, mi amorcito! Pero tienes que aceptar que el secuestro es tan rentable que las FARC están más ricas que yo. Y yo no soy un magnate, ¿entendido? Soy el mayor criminal de América Latina, y pienso, hablo y actúo como tal. ¡No me confundas con esos explotadores miserables, que yo nací con otros valores!

Le hago ver que nadie, por valiente y temible y rico que sea, puede enfrentarse simultáneamente con los gringos afuera y con todo el mundo adentro, porque sería un suicidio. Y cuando se me agotan todas las razones de la lógica, le digo, simplemente, que su muerte me rompería el corazón, que lo amé más que a todos mis ex novios juntos, y que me metería un tiro el día en que entre todos ellos acabaran con él.

Me contempla en silencio y acaricia mi rostro con la misma ternura de otras épocas. De pronto, me abraza y exclama feliz:

—¡Pues te estaba probando, Almalimpia! Ahora sé que, aunque dejaras de quererme completamente e, incluso, me detestaras, tú jamás conspirarías con nadie para entregarme a los gringos por ningún dinero del mundo el día en que le pongan precio a mi cabeza!

Me retira con ambos brazos y, con sus manos fijas en mis hombros, añade:

—En todo caso, quiero recordarte que… hay una sola forma de probar la lealtad de una persona: contándole algo que nadie, nadie más en el mundo, sabe, sin importar que sea verdad o mentira. Si el secreto regresa a los oídos de uno, un mes después, un año después, veinte años después, fue por que esa persona nos traicionó. No olvides nunca esta lección, que yo también te quiero mucho.

Sólo atino a responder que, si algún día yo le contara sobre nuestra conversación a una sola persona, no sólo me internarían en un sanatorio sino que todas mis amistades, mi familia y hasta el servicio doméstico saldrían huyendo en estampida y tendría que vivir por el resto de mis días no en la islita de Rafa, sino en una isla desierta. Antes de despedirnos, le digo:

—Tú eres muy creativo, Pablo, y sé que encontrarás una forma de traerte el dinero sin echarte encima a los ricos y a la guerrilla a un tiempo. Por amor de Dios: «Ve en paz y no peques más», ¡que con ese prontuario incinerado tenemos!

—Yo siempre sé lo que va a pasar… y tú no vas a vivir el resto de tu vida con Tarzán, ni a tener hijos con él. Yo no puedo ofrecerte nada, Virginia, pero antes de tres meses estarás aquí conmigo. Y aunque tú no lo quieras, vas a tener que ver mi rostro y oír mi nombre cada día de tu vida…

En el avión a Cartagena me digo que no es cierto que él me estuviera probando: aunque parece haber desistido de la idea de secuestrar a las cabezas de los grupos económicos más grandes del país, sé que tarde o temprano Escobar se convertirá en secuestrador, y en uno increíblemente eficaz. Fui yo quien alguna vez le enseñó que «los amados de los dioses mueren jóvenes» como Alejandro de Macedonia. Y aunque no podría jurarlo, creo que Pablo se ha propuesto jugarse la vida, o a la ruleta rusa o de manera cuidadosamente planeada, por algo que va mucho más allá de su lucha contra la extradición y muchísimo más allá del control de un imperio. Pero, sobre todo, mucho más allá de su tiempo.

¡Qué pronto te olvidaste de París!

Llevo dos horas atravesando un banco de aguamalas que parece tener cientos de miles, posiblemente millones, de animales. Si fueran de la especie «luna» estaría muerta, pero a Dios gracias son de la inofensiva, la de puntitos marrón. Hay una que otra *moon jellyfish* pero pueden esquivarse y, además, hoy me estoy estrenando la *lycra* que traje de Miami para evitar el problema cotidiano de sus picaduras, y también mi reloj con brújula, indispensable en el mar. He salido de casa a las 9:00 a.m. y, aunque ya son las 12:00 p.m., todavía no logro llegar a la meta, que en otras oportunidades había alcanzado en un tiempo promedio de tres horas.

—Debe ser que no estoy en forma por no haber podido pegar el ojo en toda la noche… No debí salir de casa tan tarde… ¡Qué cantidad de parientes de Rafa que llegaron para pasar la Navidad en la isla!… Y estoy cansada de esos turistas que se meten en la casa a fisgonear… siempre quieren fotos y, cuando digo que no, me dicen que soy una engreída. Como si yo no supiera para qué quieren todos esos hombres las fotos conmigo en bikini… Ni siquiera mis ex novios tienen fotos conmigo en traje de baño… ¿Pero, cuántos millones de aguamalas hay en el mar Caribe, por Dios?… Bueno, ya casi llego… y hoy es domingo y puedo pedirle a algún bote de turistas que me lleve de vuelta… Pero no estoy cansada, y eso sería una claudicación… Debo tener cuidado de que no me vayan a volver picadillo con los motores…

La playa desierta de otras veces está hoy llena de gente, del tipo que llegan en lanchas por docenas y terminan almorzando en el

Acuario. Me despojo de la *lycra* y tomo el sol durante un rato mientras decido qué voy a hacer. El capitán de una de las embarcaciones me reconoce y pregunta si quiero que me lleve a San Martín; le digo que no, porque voy a regresar nadando. Comenta que nunca había oído de nadie que realizara semejante proeza y me aconseja que parta lo más pronto posible porque después de las 3:00 p.m. me va a costar más trabajo por la subida de la marea. Tras unos veinte minutos, me siento lo suficientemente descansada como para emprender el trayecto y decido que, en caso de sentir fatiga, ya cerca de San Martín puedo pedir a algún bote que me recoja.

—Pero… esto es como un milagro… ¡no queda ni una sola aguamala!… ¿A dónde se habrán ido todas? Parece que las hubieran barrido con una aspiradora. ¡Qué suerte tengo! Ahora sí no voy a tener obstáculos para estar de vuelta en menos de tres horas…

Un rato después saco la cabeza del agua y veo que San Martín parece estar más lejos que de costumbre. Volteo a mirar hacia atrás y observo que la isla grande también parece encontrarse a una distancia muchísimo mayor y, en todo caso, no tiene sentido regresarme porque ya las lanchas de turistas han partido. No entiendo qué está pasando y me pregunto si será que por culpa del insomnio estoy viendo espejismos. Decido nadar con todas mis fuerzas, sacando la cabeza cada cinco minutos, pero las dos islas se alejan cada vez más. Súbitamente, me doy cuenta de que no estoy en una línea recta entre dos destinos sino en el vértice de una V: una poderosa corriente, la misma que se llevó a millones de aguamalas en veinte minutos, me está arrastrando hacia mar abierto. No hay una sola embarcación a la vista porque es hora de almuerzo y ni un solo bote de pescadores porque es domingo.

Son ya las tres de la tarde, hay brisa y olas de dos metros, y calculo que ahora necesitaría unas cinco horas para llegar hasta San Martín. Como la noche en el trópico comienza a caer hacia las seis y media de la tarde, en unas tres horas se encenderán las primeras luces y quizás más tarde podré nadar hacia ellas. Sé que nadie se ahoga con *snorkel* y aletas, porque estas últimas permiten flotar y nadar sin cansarse. Pero en el mar abierto siempre hay tiburones y, a menos que encuentre un yate que se haya salido del curso normal, en altamar posiblemente me queden unas setenta y dos horas de vida. Decido prepararme para morir de sed pero, extrañamente, no siento miedo. Me repito que los amados de los dioses mueren jóvenes y me pregunto para qué me salvaría Pablo la vida.

—Otra vez Pablo… ¿Cuándo será que va a dejar de matar a todo el que le hace daño? ¡Ahora asesinó al coronel que condujo a la DEA hasta Tranquilandia y al director del diario que lo persigue desde hace cuatro años! Es como una herida que no cicatriza: cada vez que abro un periódico, ahí está otra vez él… con esa cara de malo. ¡Cómo serán las nuevas amenazas en mi contestador automático!… Tal vez Dios desea que yo muera en el mar y no a manos de los carniceros… Sí, acabar con tanto sufrimiento va a ser un alivio…Quiero mucho a Rafa, pero en estos países uno no se casa con un hombre sino con una familia… Las familias son espantosas… y el papá es un viejo horrible… Creo que voy a descansar, porque es inútil luchar contra esta corriente y necesitaré todas mis fuerzas para nadar detrás de un barco, si es que aparece alguno…

A las 4:00 p.m. ambas islas son apenas dos puntitos en la distancia. A lo lejos diviso, ¡por fin!, un hermoso yate que se desplaza muy lentamente sobre el mar. Parece venir en dirección de donde yo estoy y me digo que soy increíblemente afortunada; pero media hora después pasa de largo y alcanzo a ver a una pareja de enamorados abrazándose y besándose en la proa y a un piloto isleño que va silbando en la popa. Comienzo a nadar rápidamente tras el barco pero nadie me ve, y sé que fue un error comprar una *lycra* negra para verme más flaca, en vez de la naranja o la amarilla como Rafa me aconsejó. Durante las siguientes dos horas grito hasta quedar casi sin voz, pero por el ruido de los motores nadie me escucha. Sé perfectamente que, de acercarme más, la estela de las hélices podría arrancarme la máscara y, sin el tubo para respirar y sin lentes de contacto, estaría aún más perdida. Hacia las seis de la tarde, cuando estoy a punto de perder el conocimiento por el agotamiento tras centenares de saltos entre olas de dos metros y medio, me parece que el piloto hace contacto visual conmigo. Él apaga los motores y yo uso las fuerzas que me quedan para dar un último brinco. Grita a la pareja que al parecer hay un delfín siguiéndolos y ellos se acercan a la popa para verlo. Cuando vuelvo a saltar, y pido auxilio con la poca voz que me queda, no pueden creer que lo que están viendo en mitad del océano sea una mujer. Me suben al yate y les digo que vivo en San Martín de Pajarales, que no sé nadar *crawl* pero llevo nueve horas en el mar y más de cinco en altamar, y que me arrastró una corriente. Ellos me miran incrédulos y yo me desplomo sobre una banqueta forrada de plástico blanco, preguntándome para qué diablos será que, con ésta, Dios me ha salvado de morir en el último instante ya catorce veces en la vida.

Al llegar a San Martín Rafa me lleva a empujones hacia la ducha y me golpea el rostro una y otra vez dizque para devolverme el conocimiento. Luego llama a su padre y al vecino Germán Leongómez, el tío del guerrillero Pizarro del M-19. Aquellos tres hombres me someten a un consejo de guerra y deciden que debo irme en el primer avión. Una y otra vez les explico que me arrastró una corriente y le imploro a Rafa que me permita descansar hasta el día siguiente, pero su padre le grita que no me crea y le ordena expulsarme de la isla inmediatamente —sin permitirme siquiera empacar mis cosas—, mientras Leongómez repite y repite que yo estaba intentando suicidarme y que soy un riesgo para sus amigos.

Al timón de su vieja lancha y de espaldas a mí, Rafael conduce hacia Cartagena en completo silencio. Mientras observo aquel mar gris plomo me digo que el hombre con quien he vivido estos diez meses resultó ser sólo un «hijo de papi» a quien otros cobardes le ordenan lo que tiene que hacer con su mujer. Pienso que Pablo tenía razón, que Rafa no es un hombre sino un niño de treinta y cinco años, y que a su edad Escobar ya había construido un imperio y donado centenares de casas para miles de personas. Cuando Rafa intenta darme un beso de despedida, volteo el rostro y me alejo rápidamente en dirección del avión. Llego a Bogotá a las diez de la noche, tiritando de frío en mi traje de verano y sin que los Vieira o su vecino Leongómez me hubieran permitido tomar siquiera un sorbo de agua. Duermo durante diez horas seguidas y, cuando me subo en la báscula del baño a la mañana siguiente, observo que perdí seis kilos —casi doce por ciento de mi peso corporal— en sólo un día.

Nunca más volveré a pasarle al teléfono a Rafael Vieira. Cuando intento averiguar por los nombres del piloto y la pareja que me rescataron en altamar para darles las gracias e invitarlos a cenar, nadie me sabe dar razón de ellos. Unos meses después, alguien me dirá que «eran unos mafiosos, y que los mataron», a lo que yo contestaré que «mafiosos son también quienes construyen mansiones y negocios sobre tierras robadas a la Nación».

A pocos días de mi regreso caigo enferma de una afección respiratoria y visito al conocido otorrinolaringólogo Fernando García Espinosa:

—Pero, ¿se cayó usted en alguna cloaca, Virginia? ¡Porque tiene tres tipos de estreptococos que sólo se encuentran en las heces humanas! Hay uno que con el tiempo podría afectarle gravemente el corazón, y voy a tener que someterla a años de tratamientos y vacunas.

Todos aquellos «gamalotes» —islotes amarillos de ocho a doce metros de diámetro que a diario encontraba yo flotando en el mar y esquivaba con asco, por estar hechos de plantas en descomposición combinadas con detritus— en realidad arrojaban millones de microbios a la redonda. Pero, a principios de 1987, la infección era apenas el comienzo de toda aquella odisea seguida de un rescate milagroso en altamar. Había pasado la noche anterior llorando porque sabía que, para impedir a toda costa que regresara a la televisión, los medios de las familias presidenciales me harían pagar por la muerte del director del diario asesinado, y que al no ser Pablo ya mi amante y, en consecuencia, tampoco mi protector, existía la posibilidad de que los organismos de seguridad del Estado me hicieran ahora lo que no se habían atrevido a hacerme mientras estuve con él.

A los pocos días de mi regreso a Bogotá, Felipe López Caballero llama para invitarme a cenar. El editor de la revista *Semana* tiene tres obsesiones en la vida: Julio Mario Santo Domingo, Pablo Escobar y Armando de Armas; y, aunque soy la única persona que conoce a los tres, siempre me he negado rotundamente a hablarle de ellos. Felipe es un hombre alto, bello y de facciones sefarditas, como su hermano Alfonso, quien siempre está de embajador en alguna de las grandes capitales del mundo. Aunque afable y aparentemente tímido, Felipe es un hombre de hielo que nunca ha podido entender por qué él, tan poderoso, elegante y «presidencial», no puede inspirarme el amor que siento por ese peón feo y bajito —y criminal *Summa Cum Laude*— llamado Pablo Escobar.

La invitación a salir por primera vez me sorprende, porque si bien López ha tenido siempre un matrimonio «abierto», nunca se arriesgaría a ser visto en un restaurante con quien durante años ha sido objeto de los odios más viscerales de su esposa y de su suegra, la hija no reconocida del tío de Santofimio. Mientras cenamos en «La Biblioteca» del hotel Charleston, me cuenta que los últimos y escandalosos sucesos, de los que todo Bogotá habla, sí le rebosaron la copa y que ha decidido divorciarse; está viviendo provisionalmente donde su hermano Alfonso, y me invita a conocer el apartamento. Frente a una larguísima mesa de madera con dos enormes candelabros de plata, Felipe me pregunta si me casaría con él. Es una pregunta que he escuchado docenas de veces y, aunque siempre la he agradecido, hace rato dejó de impresionarme.

—*Semana* no se cansa de decir que yo soy la amante de Pablo Escobar. Como tú siempre has sido de matrimonio «abierto», ¿quieres, acaso, compartirme con él?

López me pide que no le ponga atención a todas esas tonterías, porque él no puede controlar lo que cada uno de sus periodistas escribe sobre mí.

—Entonces sólo puedo decirte que, si estando casado con la mujer más fea de Colombia parecías el Rey de los Alces, ¿qué tal que estuvieras casado con la más bonita? Yo no le pongo cuernos a mis esposos ni a mis novios, Felipe, y mucho menos en presencia del público. Y además, creo que ya conozco al único hombre con quien volvería a casarme.

Me pregunta quién es y le digo que un intelectual europeo, once años mayor que yo y de familia noble; su mayor encanto reside en que todavía ignora que algún día se convertirá en la única elección inteligente de toda mi vida.

CR

La decisión de impedir a toda costa que alguien vaya a contratarme no conoce ahora de parámetros regidos ni por la ética periodística ni por la lógica: de Caracol Radio —dirigida por Yamid Amat, el periodista de cabecera de Alfonso López— hacia abajo, todas las emisoras de Colombia trinan que me arrojé al mar para suicidarme porque padezco de sida. Otros juran que ya morí y fui enterrada en la clandestinidad por mi avergonzada familia. Una actriz y locutora entrenada para imitar mi voz llama a los consultorios de conocidos médicos para decir, llorando, que padezco de las enfermedades más vergonzosas y contagiosas y éstos, sin ningún escrúpulo, repiten a diestra y siniestra en todos los cócteles que tengo sífilis y me están tratando.

Mientras la radio exige a gritos que, si estoy viva, comparezca de una vez por todas ante los micrófonos y las cámaras, yo almuerzo tranquilamente en Chanel y en Salinas con la esposa del gerente de la IBM, dueña de una cadena de tiendas de video, quien me propone que para olvidar lo ocurrido en las islas y no sufrir con todo lo que están diciendo nos vayamos juntas para el Festival del Video en Los Ángeles. Beatriz Ángel es muy amiga de Felipe López y me cuenta que él también asistirá, para negociar la distribución de su película *El niño y el Papa*. López ha aprovechado la visita de Juan Pablo II a Colombia para hacer un largometraje con fondos de Focine, que dirige su íntima amiga María Emma Mejía. Y un préstamo de ochocientos mil dólares de 1986 a término indefinido —más dos horas de actuación gratuita del propio Santo Padre— se han conjugado para lo que promete ser un arrollador éxito de taquilla en la católica América Latina, sólo superado por producciones de la talla de *La niña de la mochila azul*.

Cuando me dirijo a tomar el avión —corriendo, porque estoy retrasada—, media docena de fotógrafos y periodistas me persiguen por los corredores del aeropuerto. La revista que dirige Diana Turbay, hija del ex presidente Turbay, los ha enviado. El titular de la siguiente edición, conmigo en portada luciendo gafas oscuras y abrigo de visón, será:

—«¡Virginia Vallejo huye del país!»

El contenido del artículo sugerirá no que huyo de los *paparazzi,* sino de la justicia.

Beatriz y yo llegamos al Beverly Wilshire. Felipe López, quien se hospeda en un hotel económico, llama para rogarme que le permita ingresar al evento central como mi esposo, para no tener que pagar los cincuenta dólares de la entrada. No me queda más remedio que aceptar, porque ¿cómo no voy a contribuir a economizarle semejante fortuna a un productor de cine en mitad de Hollywood? Al rato de estar allí conversando, López me dice:

—Hace media hora que John Voight no te quita los ojos de encima, porque eres la niña más linda de la fiesta. Ahora que soy por fin un hombre libre, ¿realmente no quieres ser mi novia?

Miro hacia John Voight y, riendo, le digo a Felipe López que, según la revista *Semana,* el temible y tenebroso capo Pablo Escobar Gaviria no está dispuesto a compartirme con el hijo del ex presidente que lo convirtió en mito.

༺༻

Al regresar a Bogotá, y mientras desempaco las maletas, suena el teléfono:

—¿Pero qué es todo eso que te están haciendo, mi amor? ¿Por qué están diciendo que tienes sida, que eres un prófugo, que tienes sífilis? ¿Es cierto que intentaste suicidarte? ¿Así te están atormentando? Vamos a hacer una cosa: no vas a contestarme nada de eso por teléfono y mañana mando un avión por ti para que me cuentes qué fue lo que te hicieron esos Vieira y qué hay detrás de lo que te está haciendo toda esa jauría. ¡Voy a mandar a matar a todos esos carniceros y matasanos, y a castrar a todos esos asesinos del micrófono! ¡Y a Tarzán y al papá!

¿Qué mujer en mi situación no quedaría bailando de felicidad con la noticia, y más con la serenata de mariachis de esa noche, con «Amor del Alma» y «Paloma Querida», prueba incuestionable de que su San Jorge la protegerá siempre del dragón? Cuando a la noche siguiente él da dos vueltas conmigo en el aire mientras dice que lo único que cuenta es que he regresado a sus brazos, yo me siento la mujer más protegida de todo el universo. Ya nada ni nadie podrá hacerme daño, y por unos días dejan de importarme las amenazas y los anónimos, las hermanastras y los carniceros, los magnates y las víboras, la extradición y los muertos y que todo el resto de la Humanidad me quiera o me deteste. Nada, nada más me importa que estar de nuevo pegada a aquel rostro, a aquel corazón, a aquel torso y aquellos brazos de Pablo Escobar. Y mientras él jura que cuando me tiene así todas las demás mujeres desaparecen, que soy la primera y la única y la última, que sus horas conmigo son el único cielo verdadero que un bandido como él conocerá jamás, yo floto en el éter leve del que hablaba Huxley porque junto a aquel ser masculino desaparecen de mi vida el tiempo y el espacio, toda la sustancia de que está hecho el miedo y toda materia que pudiera contener al más mínimo trazo de sufrimiento. Con Pablo pierdo yo la razón y conmigo pierde él la cordura y, después, ya sólo quedan un hombre perseguido por la justicia y una mujer perseguida por los medios que se conocen y se cuidan y se necesitan, a pesar de todas las ausencias, por encima de los crímenes de él y los pecados de ella, más allá de todos los dolores de ambos.

—¡¿Conque los Vieira te obligaron a subir a un avión después de luchar contra una corriente en altamar y bajar seis kilos en una tarde?! ¡Pero son unos asesinos…y tú eres una heroína! Voy a volarle la lancha a ese hijito de papi, ¡en átomos! Hay un «etarra» experto en explosivos que quiere venirse desde España a trabajar conmigo. Me dicen que es un genio y voy a averiguar si es cierto.

—Pero, Pablo… la ETA no es… ¿como demasiado para mandarle a Tarzán? Tampoco es que San Martín de Pajarales sea… ¡el Kremlin o el Pentágono!

—No, son sólo unos cobardes… pero yo necesito que el tipo empiece a practicar desde ahora, porque se viene una guerra. Y para el Pentágono tengo otros planes: cueste lo que cueste, me voy a conseguir ese misil aunque tenga que ir hasta el fin del mundo por él.

Le pregunto de qué misil está hablando y me recuerda que de aquel que inicialmente tenía pensado para proteger el espacio aéreo de Nápoles. Como un misil sólo puede utilizarse una vez, ha cambiado de idea: se propone darle a un objetivo que valga la pena, y no a los aviones de la Fuerza Aérea ni al Palacio Presidencial colombiano. Éste y el Batallón Guardia Presidencial pueden neutralizarse con unos cuantos *bazucazos,* sin necesidad de gastarse un misil carísimo y complicadísimo de conseguir. Pero, si se le da al Pentágono en todo el centro del edificio, se anulan los sistemas de defensa de Estados Unidos y sus comunicaciones con los de sus aliados. Por eso está intentando contactarse con Adnan Khashoggi, que es el vendedor de armas más rico del mundo y un tipo que tampoco se asusta con nada.

—¿El Pentágono?… Wao…waaao… Pero… ¿es que acaso tú no has visto las películas de la Pantera Rosa en las que hay un diamante de mil quilates protegido por un montón de rayos entrecruzados que sólo pueden verse con unos lentes especiales? ¡Cómo no te vas a acordar, si así son los del Pentágono! ¿O es que crees que los rusos no le hubieran mandado misiles a los gringos hace rato, si eso fuera tan fácil? ¡Son miles y miles de kilómetros de espacio aéreo protegidos por un impresionante tejido de rayos invisibles, sí señor, creo que se llaman láser! Y el de la Casa Blanca y el de Fort Knox deben ser igualitos. ¡Ay, mi amor! Estás empezando a parecerte a esos tipos malos de las películas de James Bond; ésos como Goldfinger, dispuestos a acabar con toda la Humanidad con tal de lograr sus fines. Tampoco es que la extradición sea para tanto…

Me mira enloquecido de la ira y creo que va a estrangularme.

—¡Eso es lo que tú te crees, Virginia! ¡La extradición es para eso, y para todo lo que me toque hacer! ¡Todo, todo, todo, y no vuelvas a decir una bestialidad de ésas porque te tiro por la ventana! ¡Y el Pentágono no está protegido por rayos visibles ni invisibles! Yo he estado echando cabeza para ir pensando cómo les mando ese misil… La gente está convencida de que los gringos son invulnerables e inteligentísimos, pero eso no es cierto. ¿Cómo crees que les meto millones de toneladas de coca, que ya se me bajó de US $50 000 el kilo a US $14 000 desde que te conozco? Acaso tú todavía no te has dado cuenta de que nosotros los colombianos somos muchísimo más vivos que ellos?

Me dice que Reagan está obsesionado con acabar con él y Nancy con su negocio —y por eso se inventó esa frasecita *«Just say no to drugs!»*— y que él no se deja ni de ellos ni de nadie. Yo le juro que vi una película en la que un misil ruso dirigido contra el Pentágono llegaba hasta el límite del espacio aéreo norteamericano y luego, *ipso facto*, se devolvía contra el terrorista que lo había enviado. Intento hacerle ver que, si su misil rebota del espacio aéreo americano y se regresa contra Medellín, van a quedar medio millón de muertos, como en Hiroshima o Nagasaki.

—¡Ay, Dios, qué susto! ¡Creo que vas empezar la Tercera Guerra Mundial, Pablo!

Él responde que las películas de Hollywood son hechas por un montón de judíos republicanos que ven el mundo desde la perspectiva de Reagan, y que le está pareciendo que me estoy volviendo una gallina, como el resto de las mujeres:

—Yo creía que eras mi alma gemela y que sólo tú me entendías, pero me resultaste no sólo Almalimpia sino una moralista. ¡Y además imperialista! Así no se puede… Pero… un momento… un momentico… ¿Hiroshima, dijiste?… ¿Nagasaki?… Ay, Almalimpia… ¡pero si eres un prodigio, un genio! ¡¿De qué cielo bajaste tú, amor de mi vida?! Y yo que pensaba que iba a tener que poner una basecita en alguna *Banana Republic*… ¡cuando la fórmula es tan sencilla!

Y como si acabara de resolver la conjetura Taniyama-Shimura y el último teorema de Fermat, baila dando vueltas conmigo en el aire y cantando feliz:

—¡Por el día en que llegaste a mi vida, paloma querida, me puse a brindar!

Yo le digo que un día de éstos le van a poner una camisa de fuerza y lo van internar, y luego le ruego que deje de pensar ya en tanta barbaridad porque a veces me asusta:

—Tú y yo conversábamos siempre de política y de historia pero desde que me fui a las islas sólo hablas de explosiones y secuestros y bombardeos. ¡Neutralizar al Pentágono! ¿Pero crees que eres el ministro de Defensa de la URSS? La vida tiene cosas bellas, Pablo: piensa en Manuela y en Juan Pablo… Usa esa cabeza y ese corazón que tú tienes para construir algo, en vez de soñar con destruirlo todo, que yo también quiero descansar ya de tanta amenaza y tanta canallada...

Se queda pensativo durante un rato, y luego me dice:

—Sí... debes descansar de tanta amenaza por un tiempo. Viaja todo lo que quieras desde que siempre vuelvas conmigo... Pero a Europa no, porque está llena de tentaciones y te me quedas allá... A Estados Unidos, que está más cerca, ¿okey? Aunque tú y yo no podamos vernos todos los meses, me vuelvo loco cada vez que te me desapareces. A tu regreso voy a tener listo lo de Tarzán, para que sepan que contigo tampoco pueden seguirse metiendo... ¡Ya me cansé de que te atormenten, pobrecita!

CR

Me voy feliz para Miami y a mi regreso Pablo me pide que vaya a Medellín. Me cuenta que le ha hecho seguimiento, seguimiento, a cada uno de los miembros de la familia Vieira y ya tiene todo listo para volarle la lancha a Rafa.

—¡Voy a poner la bomba en la marina donde Tarzán guarda el bote cuando va a Cartagena! Es mucho más fácil que en altamar, donde la Armada podría agarrar después a mis muchachos.

Horrorizada, exclamo que en el Club de Pesca van a salir volando en pedazos docenas de humildes trabajadores y turistas, además de un centenar de yates. Responde que ésa es, precisamente, la idea:

—Te he dicho que lo que más me gusta es hacer maldades, de manera que no te me vayas a poner de Almalimpia. Con eso sentamos también un precedente con todos esos enfermos mentales que llevan años atormentándote por el teléfono. Matamos varios pájaros de un tiro y ni los Carniceros, ni las Víboras, ni las Hermanastras volverán a meterse contigo. En la vida uno tiene que hacerse respetar. ¡Punto!

En la siguiente hora le ruego en todas las formas que no vaya a poner esa bomba, que piense en todas esas personas inocentes y en los yates de los Ochoa y el de la pareja que me salvó la vida, pero no quiere dar su brazo a torcer. Se da varios *pitazos* de marihuana y, a medida que se va tranquilizando, comienzo a darme cuenta de que la bomba cumple un cuádruple propósito: no sólo castigar a los Vieira, sino a Rafa Vieira; y no sólo enviar un mensaje de advertencia a los carniceros o a los periodistas, sino, por encima de todos ellos, a cualquier hombre que pudiera separarme de él. Desde los días de las rocas de coca para Aníbal y de mi divorcio express, Pablo ha sacado corriendo a dos rivales multimillonarios, ha pretendido secuestrar a mis ex novios, y ha utilizado cualquier pretexto para vengarse de quien él decide culpar de nuestras separaciones tras ausencias tan largas que parecen despedidas y odiar a quienes forman parte de mi pasado. Ahora me pregunta si puede poner su cabeza en mi regazo y le digo que claro; le acaricio la frente y él, mirando hacia el vacío y hablando como para sí, continúa:

—Ya me rebosó la copa que te humillen y te persigan por mi culpa. Lo que quieren es sacarte de mi vida para siempre… y tú eres mi única amiga del alma… la única mujer que nunca me ha pedido nada… la única con la que se puede hablar de cosas de las que uno no habla con la mamá ni la esposa, sino con otros hombres… Yo ya no puedo confiar sino en tres personas: «Osito», Gonzalo y Gustavo. Y nadie es feliz con el hermano, mi amor, el Mexicano vive en Bogotá y mi socio está muy cambiado. Además, los tres son iguales a mí y yo necesito alguien que me quiera, pero me confronte… que tenga otra escala de valores, pero me entienda y no me juzgue. Me has salvado de cometer muchos errores y no puedo permitir que te me vuelvas a ir… como después del palacio, cuando te necesitaba y no te encontraba por ninguna parte… Tú, que siempre te me estabas yendo con alguien más rico que yo… ¡con el dueño de dos delfines y un tiburón! ¿Qué tal?

Le hago ver que, justamente, Pancho Villa Tercero no justifica un atentado conjunto de la ETA y Pancho Villa Segundo. Finalmente logro convencerlo de que olvide esa bomba y la reemplace, más bien, por un par de llamadas de ésas que él sabe hacer. A regañadientes promete que así será, pero sólo porque lo de la explosión en la marina podría devolverse contra mí. Recordando un acontecimiento reciente, le pregunto:

—Pablo: ¿nunca se te ha pasado por la mente matar a otro hombre a puñetazo limpio?

Extrañado, me pregunta qué quiero decir y yo le cuento que, en una cena en casa de una conocida empresaria teatral argentina, «el *Happy*» Lora me pidió el teléfono y yo le di el número de la portería del edificio para que, si llamaba, los porteros y mi chofer quedaran impresionadísimos. Con absoluta fruición, añado:

—Ése sí es un combate que todo el país pagaría por ver: ¡*Kid* Pablo Escobar vs. el retador *Happy* Lora! Creo que, en una pelea a doce asaltos, las apuestas en favor del campeón mundial sí serían como de... unos... ¿cien a cero?

—¡Nooo, mi vida, ni te sueñes! ¡Serían de cien a cero en favor del *Kid* Escobar! Porque... ¿para que crees que se inventó la *chumbimba corrida?*

Reímos, y hablamos de otros personajes de la vida nacional. Me confiesa que, por intermedio de Gabriel García Márquez, se propone contactar a Fidel Castro: la única forma expedita de meter drogas en Florida es a través de Cuba y está dispuesto a ser más generoso con Fidel de lo que jamás fue con Noriega u Ortega.

—¡Pablo, pretender que un Nobel de Literatura te ayude a hacer negocios de drogas con Castro es como pedirle al pintor Fernando Botero que le proponga negocios de burdeles a Gorbachov! Bájate ya de esa nube, mi amor, que ni García Márquez ni Castro te van a poner atención y van a reírse de ti. Mete tu mercancía por el Polo Norte o por Siberia, pero olvídate de Cuba: Fidel tiene a Guantánamo adentro y, después de todo lo que está pasando con los *Contras*, por haberse puesto esos Sandinistas a trabajar contigo, ¡él no va a arriesgarse a una invasión ni a que el mundo entero lo acuse de ser «un tirano narcotraficante»!

—Los gringos financiaron a los Contras con dinero proveniente de mercancía decomisada, ¿sabías? ¡Y no coca, sino *crack*! Ésa sí es una droga adictiva que acaba con la gente... Yo he tratado de bloquearla, pero no he podido. Si eso no es doble moral, ¿entonces qué es? ¿Por qué Nancy Reagan no le dirá a Oliver North: *«Just say no, Ollie!»*?

¡Con tal de matar comunistas, ese tipo pactó con «la Piña», con trafi-
cantes convictos, hasta con el diablo!

Yo le insisto en que lo de Castro es un suicidio y le aconsejo
que deje ya de meterle tanta política a su negocio. Encogiéndose de
hombros, me responde tranquilamente:

—¿Y quién ha dicho que la única opción es el presidente de un
gobierno? De los generales mexicanos yo ya aprendí que los militares
no se ponen con tantos escrúpulos. Y si un presidente no le camina a
uno, los generales que están debajo de él sí. En los países pobres todo
militar tiene un precio, y para eso es la fama de rico, mi amor. Todos,
todos, matan por trabajar conmigo… Y Cuba no es Suiza, ¿o sí? Es
simple cuestión de lógica: si no es Fidel ni Raúl Castro, es el que esté
debajo de Fidel y Raúl Castro. Punto.

Intento hacerle ver que si Castro se entera de que alguien en
Cuba está trabajando con Pablo Escobar, es capaz de mandarlo fusilar:

—¡Y ese día los gringos no van a mandar Contras para Colombia,
sino contra ti! Zapatero a tus zapatos, Pablo, que tú no eres secuestrador ni comunista, sino narcotraficante. No cometas errores políticos,
que tú eres dueño de un imperio y eso es lo que te tiene que importar;
si no la liquidez se te va a ir en guerras y vas terminar más pobre que
cuando empezaste. Estás llenando de plata a esos dictadores y generales
caribeños, mientras acabas con todo el que se te pone por delante en
tu propio país. Y, si pretendes pasar a la historia como un idealista, estás
haciendo todo al revés porque «la caridad comienza por casa».

—¿Y quién te dijo que yo quería pasar a la historia como un
idealista, mi amorcito? ¡Tú todavía no te sueñas los planes que tengo!

❧

Gustavo Gaviria me ha rogado que pase por su oficina para hablar
conmigo de un asunto muy privado. Cuando llego, cierra la puerta
y me confiesa que soy la única persona a quien podría confiarle un
secreto que lo atormenta. Me imagino que va hablarme de los crímenes —o *les liaisons dangereuses*— de su socio, porque sé que están
afectando seriamente la rentabilidad del negocio.

—Estoy cansado, Virginia… Pablo y el Mexicano viven ya prácticamente en la clandestinidad, Jorge Ochoa está en la cárcel y a Carlos Lehder acaban de extraditarlo. La responsabilidad de la organización prácticamente recae sobre mis hombros, y a veces me pregunto si todo esto vale la pena… A Dios gracias, cada vez que tú vuelves Pablo entra en razón por un tiempo, pero luego ustedes se separan otra vez y él queda sin nadie que le pegue riendazos, fumando yerba en ese mundo de sicarios y niñas… rodeado de una familia que lo mira como si fuera un Dios omnipotente… ¿Y sabes una cosa? Me he dado cuenta de que en la vida lo único que vale la pena cuando uno ya tiene asegurado el futuro de los hijos y los nietos —pero no puede viajar al exterior a gastarse la plata— no es acumular diamantes sino ser feliz con una mujer bella que lo quiera a uno como tú quieres a Pablo. Eso es lo único que lo frena a uno… tú sabes lo que quiero decir…

Le pregunto de quién está enamorado y me confiesa que de una actriz de televisión que yo debo conocer. Jura que la necesita para adorarla, para casarse con ella si lo acepta, para serle fiel por el resto de la vida. Repite que es la criatura más bella de la Creación, que sufre horriblemente pensando en que pueda rechazarlo y que por el amor de ella se retiraría del negocio para convertirse en un hombre de bien. Y me ofrece lo que yo quiera si la convenzo de que viaje a Medellín para presentarlos porque, por seguridad, él no puede moverse de su territorio.

—Gustavo: ni siquiera quiero saber su nombre, porque no le deseo a ninguna otra mujer lo que yo he sufrido en todos estos años. Sobre todo a ninguna que trabaje en los medios. Nunca he sido celestina y tú eres un hombre muy bien casado. No me pidas eso, por amor de Dios, que con las últimas propuestas de Pablo tengo. Con el dolor del alma por el cariño que te tengo, ni te puedo hacer ese favor a ti ni le voy a hacer ese daño a ella.

Me pregunta qué es lo yo que más desearía, mi sueño más inalcanzable. Respondo que mi vida se ha convertido en un infierno de amenazas y que yo también voy a confiarle un secreto: quisiera irme del país para estudiar en la escuela de traducción simultánea de

Ginebra, en Suiza. De tener que quedarme, mi meta sería fundar una empresa propia de cosméticos, pero Pablo está empeñado en que yo me convierta en testigo, y guionista o cronista, de una larga cadena de procesos que cada día me asustan más.

—Si tú me presentas a Ana Bolena Meza, Virginia, yo te prometo que nunca te vas a arrepentir. Y te juro que te saco del país para que puedas empezar una nueva vida, lejos de todo esto. Tú no te mereces lo que te están haciendo por culpa de nosotros… y lo que se viene es peor que todo lo que has visto… pero no puedo decirte más. Prométeme que vas a intentarlo, para salir de una vez por todas de esta incertidumbre que no me deja dormir. Tú sabes que yo no soy promiscuo como Pablo: soy hombre de una sola mujer, muero de amor por esa niña y sólo quiero hacerla feliz. ¡Ayúdame, que tú tienes un gran corazón y no te imaginas cómo estoy sufriendo!

Me conmueve tanto, y lo siento tan sincero, que le prometo pensarlo.

Y me voy para San Francisco a contemplar las milenarias *sequoias* gigantes de los Muir Woods y a ver de nuevo a Sausalito y aquella parte del paraíso en la Tierra que alguna vez fue de un General Vallejo antepasado mío que no me dejó ni un metro de tierra californiana. A mi regreso del Lejano Oeste y al ir a abordar el avión en Miami, dos agentes federales me detienen. Preguntan si llevo dinero en efectivo y, cuando exhiben sus placas, observo que la mano del más joven está temblando. Concluyo que Pablo le inspira terror hasta al FBI. Cuando abro las maletas para desempacar, observo que todo mi equipaje está revuelto y que parece haber sido minuciosamente revisado en busca de dinero; como jamás cargo con más de mil dólares a la salida de ningún país, concluyo que esas son cosas que pasan cuando uno viaja mucho y dice en las aduanas que está *retired* porque ya se cansó de trabajar.

Un tiempo atrás, la novia de Joaquín Builes me había llamado para decirme, al borde de las lágrimas, que Hugo Valencia le estaba debiendo más de dos millones de dólares en joyas y que no se los quería pagar. Me rogaba que hablara con él porque ya no le pasaba al teléfono, mientras que a mí el Niño me quería y respetaba muchísimo. Yo había llamado a Hugo y le había explicado que mi amiga estaba en graves problemas con sus proveedores y que apelaba a su generosidad y a su caballerosidad para que le abonara algo a la suma que le adeudaba. No hablaba con el Niño desde hacía dos años y su reacción me había dejado horrorizada:

—¡No puedo creer que usted me haya llamado para cobrarme cuentas de terceros! ¿Por qué no llama más bien a sus amantes, vieja desgraciada? ¿A ese esquizofrénico de Pablo Escobar o a ese presidiario de Gilberto Rodríguez? ¿Cómo se atreve a hablarme así?

—Si quieres que la gente no te hable así, Niño, paga tus cuentas como hacen los ricos decentes. Y sabes, perfectamente, que yo nunca he sido amante de Gilberto.

—¿Ah, nooo? ¡Pues la mujer de él tiene a un marica que va de emisora en emisora pagándoles a periodistas para que lo repitan! ¿Acaso no se había enterado? ¡O usted se volvió sorda o ya no vive en Colombia!

Tras gritar durante varios minutos cosas que ni siquiera nuestros peores enemigos se hubieran atrevido a decir de Pablo y de mí, Hugo había colgado el teléfono enardecido. Dos días después la joyera había llamado, radiante de dicha, para agradecerme porque el Niño acababa de pagarle un millón de dólares de un plumazo. Tras contarle sobre los insultos que había tenido que soportar por hacerle a ella un favor, me había respondido que alguien como yo no debía prestarle atención a esas cosas porque Huguito era sólo un niño que pasaba por una mala racha.

Con motivo de un viaje a Cali para un lanzamiento publicitario, decido visitar a Clara. De entrada, observo que está muy cambiada. Tras escuchar mi historia sobre lo ocurrido en las islas, ella va hasta su habitación, regresa con un estuche de Cartier, lo abre y me enseña un collar y unos aretes de esmeraldas y diamantes dignos de Elizabeth Taylor. Luego, con una mezcla de rabia y dolor, me dice en tono acusatorio:

—¿Sabías que tu tal Pablito cortó en pedazos a Hugo Valencia? ¡Sí, al Niño, que era nuestro amigo y nos compraba millones de dólares en joyas para sus novias! Ahora, Virgie, mira bien el tamaño de estas esmeraldas y adivina quién se las encargó a Beatriz: pues…¡fue Pablo! ¿Y adivina para quién? Pues… ¡para una reinita cualquiera! ¡Sí, con este aderezo de doscientos cincuenta mil dólares Pablo compró por un fin de semana a una putica con corona de lata! ¡Y a ti, la estrella de televisión más elegante y cotizada de este país, una belleza de sociedad que no salía sino con nobles y multimillonarios, no sólo no te dio nada sino que te dejó sin trabajo, en boca de todo el mundo y amenazada de muerte! ¡Mira lo que ese amante o ex amante tuyo con cara de chofer le regala a una zorra inmemorable por pasar unas cuantas noches con él! ¿Qué te ha dado ese asesino miserable en cinco años? ¿Qué te dejó ese carnicero a ti, que eras como una reina en un pedestal? Míralo bien: un cuarto de millón de dólares para una sirvienta ignorante que jamás podrá lucirlo ni ante una cámara ni en un baile en Montecarlo, y que en una necesidad ¡lo venderá por cinco mil dólares! ¡Míralo, Virgie, para que nunca se te olvide que lo que le gusta a Pablo Escobar son las putas caras de su misma clase social!

Nunca he pedido joyas a nadie ni esperado que me las regalen. Aquellas con las que aparecía en televisión eran de fantasía, de Chanel, Valentino o Saint Laurent; las que lucía en las portadas de revistas, sólo préstamos de Beatriz. Siempre había pensado que, comparado con los magnates avaros, Pablo era el más generoso de los hombres, el único espléndido, el único multimillonario a quien le había importado hacerme y verme feliz. Pero la visión de aquellas esmeraldas dignas de una emperatriz y la descripción de su destinataria, sumadas a lo ocurrido con el Niño y a las duras palabras de quien durante años fuera mi mejor amiga, me despiertan de la ensoñación en la que he vivido y me devuelven a la realidad. Me trago las lágrimas, me digo que hoy sí se me rebosó la copa, y decido que llegó la hora de seguir el consejo de Gloria Gaitán y buscar financiación para mi propia empresa de cosméticos. Pido cita al dueño de la mitad de los laboratorios del país, que acaba de regresar al país tras una prolongada estadía en España. Y él me manda a decir que me recibe de inmediato.

Jamás había estado en el interior de una cárcel, pero ésta es todo lo contrario de lo que yo había imaginado: parece un colegio de bachillerato, con gente feliz subiendo y bajando por las escaleras; casi no hay guardianes —sino abogadas sonrientes y bien vestidas— y se escucha música salsa por todas partes. En la cárcel de Cali, El Preso Número Uno es casi tan poderoso como el Papa en el Vaticano, lo cual quiere decir que nadie pregunta por mi nombre, ni me coloca sellos en la mano, ni me abre el bolso, ni me requisa. Uno de sus empleados me conduce directamente hasta la oficina del Director y se retira.

—¡Llegó la Virgen de las Mercedes a saludar a los ex Extraditables! —exclamo como Scarlett O'Hara cuando va a visitar al encarcelado Rhett Butler luciendo aquel traje hecho con los cortinajes de terciopelo de la casa de Tara en *Lo que el viento se llevó*.

—Uuyy, mi reina, ¡pero qué es esta visión bajada del cielo! —exclama Gilberto Rodríguez, dándome un cariñoso abrazo.

—Si la opinión pública llega a enterarse de que te tienen aquí, ¡medio país va a hacer cola para entrar! ¡Este hotel está estupendo! ¿Crees que me reciban por seis meses el día en que logre amasar una fortuna ilícita de las dimensiones de la tuya?

Ríe con una cierta tristeza y dice que no he cambiado en nada. Nos sentamos frente a frente en una larga mesa y nos ponemos a conversar. Me cuenta que, aunque es una suerte poder estar de regreso en su tierra, y su territorio, los años de cárcel en Europa fueron terribles, pensando a toda hora en que los españoles pudieran entregarlos a los gringos. Tras muchas gestiones entre los gobiernos de Belisario Betancur y Felipe González, él y Jorge Ochoa consiguieron que les abrieran procesos en Colombia por delitos menores para que la justicia nacional pudiera reclamarlos antes que la americana. Eso los salvó de ser enviados a Estados Unidos.

—Aquí me traen la comida de la casa o del restaurante que yo quiera, pero en España la cosa era distinta. Uno ya está muy mal acostumbrado, mi reina, y no te sueñas lo que es tener que comer espaguetis sin sal todos los días… y el ruido de esas rejas que caen mañana, tarde y noche con un estallido infernal que no deja dormir… Pero lo más duro es pensar todo el tiempo en que la mujer de uno le está poniendo los cuernos…

—¿Pero con quién te va a poner cuernos la Fiera? ¡Estoy segura de que ésa es una fiera fiel!

—No, no, mi amor, yo no hablo de ella… Hablo de que tú y yo teníamos… París. ¿Te acuerdas… o fue que ya se te olvidó? —pregunta con una cierta tristeza.

Jamás podría contarle sobre lo que me hizo Pablo tras enterarse de «París». Aquel episodio terrible es uno de nuestros secretos más íntimos y, en todo caso, se lo hice pagar con sangre, la deuda está saldada y el dolor casi completamente olvidado. Además, me he jurado no hablar jamás del tema con nadie. Miro a Gilberto con afecto, comento que en esos tres años sólo recibí una carta suya y le pregunto cuándo va a salir. Responde que en un par de meses y que le gustaría volverme a ver. Luego se queda observando mi cabello, lo elogia y sugiere que lance un champú con mi nombre. Agradezco el cumplido y le comento que quisiera sacar, más bien, una línea de maquillaje y productos para el cuidado de la piel, pero que no tengo capital. Me promete que cuando salga en libertad conversaremos sobre eso y yo, para cambiar de tema, le pregunto por qué mataron a Hugo Valencia, quien debía mucho dinero a una joyera conocida mía y varios automóviles a mis amigos de Raad.

—Huguito no pagaba las cuentas y se hizo de unos enemigos muy bravos en Medellín. A Dios gracias, aquí en el Valle no pasan esas cosas tan espantosas… Pero no hablemos de ellas, que yo ya no sé nada de ese negocio porque estoy retirado. ¡De veras! ¿No me crees?

Le digo que le creo… que está en un retiro forzoso… y provisional. Me doy cuenta de que ya no ríe con facilidad y que parece haber perdido mucha de aquella maliciosa simpatía que lo caracterizaba, pero pienso que los hombres con aire de derrota temporal tienen, frente a aquellos que parecen invulnerables, un encanto especial para casi todas las mujeres. Le insisto en que debería considerarse el más afortunado del mundo y él repite que los años de cárcel lo marcaron profundamente y que ya nada será igual, porque el estigma de un delincuente muy conocido pasa a los hijos. Le digo que es el precio de heredar mil «estigmatizados» millones de dólares y que sus hijos deberían sentirse muy agradecidos de los sacrificios que ha hecho por ellos. Con profunda nostalgia, me explica que ya nunca podrá salir de

Colombia, por el riesgo de que en otro país lo detengan por solicitud del gobierno americano y lo extraditen hacia Estados Unidos, lo cual quiere decir que ni con todo su dinero podrá volver a ver París. Conversamos de sus estudios y lecturas en la cárcel, de *El corazón de las tinieblas* de Joseph Conrad y de Stefan Zweig, su autor favorito, y de que le hubiera gustado ser un director de orquesta. Sé que es cierto y, al despedirnos un par de horas después, me promete que al día siguiente de salir irá a visitarme. Cuando regreso a casa de Clara, paso junto al estuche de terciopelo que contiene unos diamantes y esmeraldas helados —que igual podrían valer centavos o millones—, me digo que «el Señor trabaja de las maneras más misteriosas» y, como Dinah Washington, canto feliz:

«*What a difference a day makes, twenty-four little hours*»…

೦ᔕ

Armando de Armas me propone que dirija *Hombre de mundo* pero declino, porque sé que no trata bien a las directoras de sus otras revistas y que conmigo sería despiadado. Y como todo el mundo a mi alrededor parece tener un imperio de algo, empiezo a trabajar en el diseño del mío: me estudio todas las biografías de Helena Rubinstein, Elizabeth Arden y Estée Lauder, y decido que es hora de crear una marca latinoamericana con productos de belleza prácticos, colores a tono con la piel y facciones de las mujeres latinas y precios económicos, porque los altos costos de los cosméticos se deben únicamente a la publicidad y los empaques. Le pido a Hernán Díaz que me haga nuevas fotos y compruebo que, a los treinta y siete años, mi rostro y mi figura parecen estar mejor que nunca. Sé que con una mínima inversión por parte de Gilberto, y con sus enormes cadenas de distribución, podría crear un negocio realmente exitoso, porque ¿si puedo convencer a las mujeres de que compren todo lo que anuncio, qué tal esas cremas que borran las cortadas con navajas y esas vitaminas que curan la sífilis y el sida? Compro todo tipo de productos para estudiarlos en detalle y decidir cuáles son los susceptibles de imitarse o mejorarse y pienso que, tarde o temprano, también lanzaré productos para hombres. Creo que estoy lista para empezar y cuento los días para que mi potencial socio quede en libertad, pero decido no hablarle todavía de mis planes hasta no estar segura de que comparte mi entusiasmo. Unas semanas después volvemos a conversar:

—Ya estoy a punto de salir, pero en este negocio los problemas no terminan, reinita. Ahora ese señor de Medellín amigo tuyo nos está amenazando con una guerra, porque mis socios y yo no le queremos hacer un favor... no te puedo decir cuál, porque son cosas de hombres. Y tú también debes tener cuidado, porque se está enloqueciendo... y es capaz de mandarte a matar.

Le digo que es una idea descabellada porque, aunque Pablo y yo ya no somos novios, me considera su mejor amiga y me quiere muchísimo. Le propongo que me permita intentar limar asperezas porque, ahora que Luis Carlos Galán adhirió al oficialismo liberal y va ser el próximo presidente, él y Pablo necesitan pensar en crear un frente unido y pacífico contra la extradición.

—Y yo no quiero verlos a ustedes matándose ni extraditados, que ya todos hemos sufrido suficiente... Paren esto, que me rompen el corazón. ¿Déjame intentar un armisticio, sí?

Me dice que es muy escéptico, porque los ánimos están ya muy caldeados, pero no tiene inconveniente en que yo le transmita a Pablo su voluntad de entendimiento.

Lo que yo ignoro en este momento es el tipo de favor que Escobar le está exigiendo a los Rodríguez. Gilberto y Miguel tienen dos socios principales: «Chepe» Santacruz y «Pacho» Herrera, uno de los pocos *narcos* que prefiere los efebos a las reinas. Pablo está exigiendo que le entreguen a Pacho —archienemigo suyo— en pago por un favor hecho a principios de año a Chepe: cortarle en pedazos a Hugo Valencia. Es el tipo de cosas que no se hacen en Cali, pero sí en Medellín.

Varios días después me encuentro en el salón de belleza con Ana Bolena Meza. La respuesta que aquella dulce niña me da es una lección de dignidad que no olvidaré jamás. Ella y yo no cruzamos sino unas cuantas frases corteses, pero sus enormes ojos azules me dicen más que todo lo que puedan expresar sus palabras. En el fondo del corazón siento un profundo alivio por el fracaso de mi gestión, que se mezcla con un inconfesable y extraño sentimiento de júbilo: todavía quedan en el mundo seres que no tienen precio.

ꗞ

Gilberto Rodríguez me ha dicho que tiene una enorme ilusión de verme; ayer salió de la cárcel y hoy ya está en Bogotá. Son las cinco de la tarde y me encuentro en el salón, revisando que todo esté perfecto: la champaña, la música, las flores, la vista, la obra de Zweig que él todavía no se ha leído. Escucho abrirse la puerta del ascensor y me sorprendo al escuchar risas. Cuando hacen su ingreso dos hombres impecablemente vestidos de azul marino y radiantes de felicidad, no puedo dar crédito a mis ojos: Gilberto Rodríguez viene a exhibirme a Alberto Santofimio, y el candidato de Pablo Escobar viene a exhibirse con Gilberto. Me informan que sólo pueden demorarse una hora porque van para donde el ex presidente Alfonso López Michelsen, quien los espera en su residencia con Ernesto Samper Pizano para celebrar el regreso a la libertad de Gilberto.

He pasado toda mi vida ante una cámara, he sobrevivido a años de insultos en público y creo que logro disimular todo lo que siento por Santofimio. Cuando ambos se despiden, sé que los Rodríguez van a acabar con Pablo; pero sé que, antes, Escobar acabará con media humanidad. Si en todo el mundo quedaran sólo él y Gilberto, creo que escogería a Pablo: es despiadado, pero con él uno sabe a qué atenerse. Como yo, Escobar es de una sola pieza. En cinco años lo habré telefoneado quizás media docena de veces, y jamás para decirle que lo extraño o que quiero verlo, pero hoy decido seguir un dictado del corazón y hacerlo por primera y última vez: debemos reunirnos con carácter urgente para hablar sobre Cali, y voy a viajar en un avión comercial. No le digo, ni a él ni a Gustavo, que voy a despedirme de ambos. Y que esta vez será para siempre.

En el lustro pasado me he ido convirtiendo en espectador impotente de los designios de todos estos hombres. Mañana haré hasta lo imposible para intentar disuadir a Pablo de la guerra, porque los procesos que se están gestando en su mente me espantan. Acabo de darme cuenta de que estoy asistiendo al comienzo del fin de dos formidables recién llegados al mundo de los poderosos y que, cuando él y Gilberto se acaben entre ellos y el poder establecido haya acabado de rematarlos, nada habrá cambiado en aquel país y quedarán sólo las inteligencias mezquinas de siempre reinando por otra centuria con los bolsillos llenos del dinero de ambos. Mañana veré por última vez al único hombre que me ha hecho completamente feliz, el que me ha tratado siempre como a un igual y jamás me ha subestimado, el único en el mundo que me ha hecho sentir mimada y protegida. Me miro al espejo y me digo que en unas horas diré adiós para siempre a todo aquello que él y yo compartimos. Me miro al espejo llorando y, por un instante, detrás de la imagen en él reflejada creo ver pasar corriendo a *El grito* de Munch.

Un diamante y una despedida

La extradición ha caído hace unos meses por vicios de forma y Pablo ha regresado a trabajar en su oficina. Cuando llego, me informan que él y Gustavo se encuentran en reuniones y me ruegan esperarlos unos minutos mientras se desocupan. Pienso que es la primera vez que voy a hacer antesala y me digo que, a Dios gracias, será también la última. Mientras aguardo, uno de sus choferes o sicarios —nombre que ahora se da en Colombia a los asesinos de la mafia— mira mis piernas de forma lasciva y comenta a su compañero, en voz lo suficientemente alta como para que yo pueda escuchar cada palabra, que mi sucesora, definitivamente, no tiene mi «clase». Desde que hice la campaña publicitaria para Medias Di Lido, muchos hombres dejaron de mirar mi rostro y ahora no despegan los ojos de mis piernas, porque las gentes elementales siempre creen más en lo que les muestran los medios que en lo que sus ojos están viendo.

Observo a todos esos muchachos de mirada torva y lenguaje obsceno que no ocultan su desprecio por la sociedad y por las mujeres, y pienso que va a ser un alivio despedirme para siempre de esta élite de un bajo mundo cada vez más tenebroso, cada vez más poderoso. Anoche decidí que, por primera vez desde que lo conozco, voy a pedirle dinero a Pablo. A lo largo de estos cinco años, y con ocasión de mis docenas de viajes al exterior, él siempre me ha hecho llegar sumas considerables para mis gastos, que siempre he recibido como manifestaciones de su amor y generosidad. Pero, desde que pagó las deudas de mi programadora a cambio de la pauta publicitaria en enero de 1983, no se me ha ocurrido pedirle nada porque siempre

303

he contado con recursos suficientes provenientes de mi trabajo. Jamás he tenido ambición de acumular propiedades o riquezas, he sido durante quince años una de las profesionales mejor cotizadas de la televisión colombiana y nunca hubiera creído que a mi edad uno pudiera quedarse sin trabajo. Todo esto quiere decir, simplemente, que mis ahorros alcanzan para vivir sólo unos doce meses.

Ayer tenía la ilusión de poder hablar largamente con Gilberto después de sus tres años de cárcel, pero la visita con Santofimio ha sido todo un campanazo de alerta y mi instinto me dice que no debo hacerme muchas ilusiones sobre el negocio de cosméticos con él. Por eso he decidido que va a ser mejor pedirle ayuda a Pablo para irme a estudiar idiomas a Europa y trabajar en lo que yo siempre había soñado de niña hasta que, primero el matrimonio y, luego la televisión, se atravesaron en mi camino. Pero, antes de nada, me propongo hacer todo lo que esté a mi alcance para intentar detener lo que parece ser una guerra inminente entre los carteles de Medellín y Cali, es decir, entre sus dos jefes máximos: Pablo Escobar y Gilberto Rodríguez.

La puerta de la oficina de Pablo se abre y sale él acompañado de una mujer. Tiene unos veintisiete años, lleva un suéter rojo de lana nacional, una cadenita de oro con una gran medalla de la Virgen sobre el pecho y una falda negra. Aunque es bastante atractiva, tiene una buena figura y luce un gran peinado, jamás podría ser modelo ni reina de belleza. Tiene aspecto de vendedora de cosméticos en una tienda elegante o empleada en un almacén de decoración. Él me la presenta como su novia, y yo lo felicito por tener a su lado a una chica tan linda. Ella me mira dulcemente y sin atisbo alguno de envidia por mi costoso traje rojo de Thierry Mugler, que me hace cuerpo de sirena y atrae todas las miradas cuando entro a un restaurante en Bogotá. Lo he escogido entre más de ciento cincuenta trajes de diseñador de Milán, París y Roma, porque en alguna parte leí que el recuerdo que conservamos de una persona es el de la última vez que la vimos. Y por mucho que quiera todavía a Pablo, he decidido que hoy le diré adiós para siempre, no sólo porque ya dejamos de amarnos sino porque nuestra amistad se ha ido convirtiendo en fuente inagotable de problemas, sufrimientos y peligros para alguien tan visible pero tan desprotegida como yo. Me despido de la muchacha con una sonrisa y unas frases cordiales, y le digo a él:

—Voy a pedirle a tu novia que nos excuse por unos momentos, porque vine desde Bogotá sólo para traerte un mensaje de Gilberto Rodríguez. Y creo que es necesario que te lo transmita de inmediato.

Y me dirijo hacia su oficina sin esperar a que él me invite a seguir. Ellos se cruzan unas breves palabras y él entra tras de mí, cierra la puerta y se sienta frente a su escritorio. Veo que está descompuesto por la ira. La tarde anterior había dicho yo «Cali» y, en castigo, no ha vacilado en exhibirme ante una vendedora de almacén. Y ante una mujer que no puede tener demasiada importancia —ni para él ni para mí— la celebridad que lo sacrificó todo por amor no ha vacilado en responder con el nombre de su peor enemigo. Pablo me mira, y en una fracción de segundo esos ojos de *grizzly* me lo dicen todo: todo lo que me espera por el resto de mi vida. El resto de mi vida sin él. Sin él y sin nada. Nada.

—Te advierto que sólo tengo unos minutos, porque mi novia me está esperando. ¿Qué es lo que querías decirme?

—Que Gilberto y Samper te van a masacrar, Pablo. Pero en unos minutos no puedo explicarte cómo, porque acabar contigo tampoco es que sea tan fácil. Y a mí me respetas, o me devuelvo en el próximo avión.

Él mira al piso, y tras pensar durante algunos segundos, alza la vista y me dice:

—Está bien. Te mando a recoger al hotel mañana a las 9:30 a.m. y nos encontramos a las diez. Y no pongas esa cara, que ahora madrugo. ¡Sí, a las nueve! Tengo el día copado de citas y me he vuelto una persona muy puntual. Gustavo te está esperando. Hasta mañana, Virginia.

Su curiosidad me lo ha dicho todo: un hombre que ha pagado doscientos cincuenta mil dólares en esmeraldas por un fin de semana con una de tantas reinitas, pero que ante la sola mención de Cali exhibe a esta mujer como su novia, está perdiendo el sentido de las proporciones y es, por lo tanto, altamente vulnerable. Juntos, los cuatro grandes capos del cartel de Cali tienen más poder y más recursos que él; y está solo, porque los socios no comparten su odio visceral por ellos y sobre todo por Gilberto Rodríguez. Con la cabeza fría, Escobar es una calculadora humana; con la cabeza caliente pierde toda su cordura y obedece sólo a pasiones desatadas. Siempre he sabido que tiene el alma de fuego de los guerreros y que su rival la tiene de hielo, como todos los banqueros. Conozco como nadie las fortalezas y debilidades de Pablo Escobar y sé que, si bien cuenta con el arrojo, el orgullo y la obstinación de los excepcionalmente valientes, padece también de la impaciencia, la arrogancia y la terquedad de aquellos suicidas potenciales que un buen día deciden atacar a todos sus enemigos no sólo a un mismo tiempo, sino antes de tiempo. Siento una profunda compasión —por él y por nosotros dos— y la más honda y dolorosa nostalgia por todo lo que este ser formidable y único, que aún no ha cumplido treinta y ocho años y que yo creía predestinado para las más grandes cosas, pudo haber sido y ya jamás será.

◯ℛ

Un hombre fuerte nunca es más hombre que cuando deja escapar una lágrima. Alguna furtiva, por la pérdida irreparable de un hijo, un padre, un amigo del alma. O por una mujer imposible. Entre estas otras cuatro paredes, alguien muy parecido a Escobar, pero diametralmente opuesto a todos esos subalternos que están afuera, no puede ocultar su dolor al saber que el único ser en el mundo por el que daría su vida y lo dejaría todo es una mujer que alguien como él jamás podrá tener. Gustavo Gaviria me ruega que le diga toda la verdad, por dura que sea, y yo agradezco la confianza que este hombre que yo creía hecho de acero, hielo y plomo deposita en mí. Le confieso que —ante la sola mención de su nombre y parentesco con Pablo Escobar— Ana Bolena Meza salió corriendo tras decirme escandalizada:

—Virginia: tú eras la diva de este país y ese narcotraficante acabó con tu carrera y tu buen nombre. Yo soy sólo una actriz que se gana honestamente la vida. Dile al tal Gaviria que ni por todo el oro del mundo me sometería a lo que esos miserables dejaron que te hicieran ni a lo que la prensa está haciendo contigo. Que las mujeres como yo sólo sentimos desprecio por ellos. ¡Que antes de permitir que un narcotraficante de ésos se me acerque, prefiero la muerte!

Gustavo me pide que le repita cada palabra de lo dicho por la mujer imposible de quien está locamente enamorado. Cuando se niega a entender por qué esa bella niña de enormes ojos claros lo desprecia tanto, le recuerdo lo que escriben y vociferan de mí los diarios y las emisoras radiales: historias de amantes narcotraficantes que me dan horribles palizas para quitarme yates y mansiones, mujeres que me mandan a cortar con cuchillas para quitarme automóviles y joyas, autoridades que me allanan para quitarme drogas y armas, médicos que me tratan para quitarme la sífilis y el sida. Añado que, con tal de impedir mi regreso a la pantalla y al micrófono, los medios parecen estar exigiendo que se me quite —a navajazos, a golpes, a patadas— cualquier asomo de dignidad, talento, elegancia o belleza y se me niegue todo derecho a la integridad, el trabajo o la honra.

Sin poderme ya contener ni detener, y a sabiendas de que tarde o temprano las compartirá con su mejor amigo, comienzo a contarle a Gustavo todas aquellas cosas que jamás podría decirle a Pablo. No sólo le hablo del precio que pagué por haber apoyado a su gremio ingrato en su posición nacionalista contra la extradición, sino de muchas otras: de cómo cualquier pobre diablo puede dormir con una mujer que realmente lo quiera mientras que, en el fondo de sus corazones, todos ellos, tan archimillonarios, saben que son indignos de ser amados y que toda una vida estarán condenados a tener que pagar a las bonitas sólo por una ilusión de amor. Añado que la Biblia dice «No arrojéis perlas a los cerdos», y que los hombres como Pablo no merecen otro amor que el de esas prostitutas caras que tanto le gustan. Y termino diciéndole que mi error fue no haber fijado mi precio desde un comienzo, cuando su socio me rogaba que le pidiera todo lo que quisiera y yo le respondía que no quería nada, porque las mujeres representativas y educadas como princesas no amaban a un hombre especial porque fuera rico o pobre ni para que les regalaran cosas, sino para hacerlo feliz y protegerlo del mundo exterior.

Gustavo me ha escuchado en silencio, mirando por la ventana. Con voz triste, reconoce que yo, obviamente, fui educada para ser la

esposa de un hombre prominente y no la amante de un bandido. Añade que todos ellos también están casados con mujeres que los quieren
y los cuidan, al margen de que sean ricos o pobres. Y yo respondo que
todas esas mujeres soportan las públicas humillaciones sólo porque las
cubren con diamantes y pieles y que, de no ser por éstos, casi todas
los dejarían. Le describo el aderezo de un cuarto de millón de dólares
—que no pudo haber sido encargado para esa chica que lucía una
medalla de oro sobre el pecho— y le pido que me ayude a convencer
a su primo de que me dé solamente cien mil dólares mientras vendo
mi apartamento, para poder dejar atrás ese país hostil y perdido en la
anécdota y trabajar en Europa en lo que siempre he querido: el dominio verbal y escrito de media docena de idiomas y el conocimiento
básico de las lenguas nórdicas que se parecen al alemán.

Gaviria me explica que ellos van a necesitar muchísima liquidez
para la guerra que se avecina y me advierte que debo prepararme
para que su socio diga NO a una suma que, unos años atrás y siendo
para mí, seguramente hubiera girado sin pensarlo dos veces. Añade
que Pablo tampoco va a aceptar de buena gana que yo me le vaya del
todo, porque él necesita saber que su amiga del alma estará siempre
ahí para un montón de cosas que no podría discutir con ninguna
otra mujer ni con las de su familia.

Gustavo es un hombre pequeño y menudo que todo el tiempo se
está retirando un mechón de cabellos lacios de la frente y que, como
su primo, tampoco mira mucho a los ojos. Tras un breve silencio y
un profundo suspiro, se dirige hacia la caja fuerte, saca sus bandejas
de diamantes y las coloca sobre una *coffee table* frente al sofá donde
nos encontramos conversando. Abre los estuches con centenares de
anillos de brillantes cuyo tamaño oscila entre uno y dos quilates y
me dice que quiere regalarme uno para que me lo lleve de recuerdo,
porque él sí agradece lo que hice por ellos.

Muy conmovida, le digo que no y que no, y que gracias. Pero
luego, ante la visión refulgente de toda aquella mil millonésima fracción de su riqueza, decido cambiar de idea: tomo un kleenex para
secarme las lágrimas y exclamo que quiero el más grande de todos.
No sólo porque me lo merezco, sino porque ¡ya era hora de que

algún bendito magnate me regalara una joya! Él ríe encantado, comenta que se siente honrado de ser el primero e insiste en que escoja el más puro, uno de menos de un quilate. Respondo que le dejo toda esa pureza a Santa María Goretti, que los carbones no los ve sino él con su lupa, y que yo quiero el más gordo y el que tenga menos defectos. Me estoy probando uno ovalado —poco común, porque la mayoría de los diamantes son redondos (talla brillante) o cuadrados (talla esmeralda)—, con el anillo en una mano y el kleenex en la otra, cuando se abre la puerta:

—Pero… ¡¿qué haces tú aquí?! ¡Creía que te habías ido hacía rato! ¿Y qué es esta escena? ¿El compromiso matrimonial de la estrella?… Se nos casa, acaso, con… ¿Don Gilberto?

Gustavo me mira con la boca y los ojos abiertos de par en par y yo no puedo hacer otra cosa que echarme a reír y decirle que a su socio deberían ponerle una camisa de fuerza. Energúmeno, Pablo exclama:

—¡A ella no se le dan diamantes! ¡Ella es distinta! ¡A ella no le interesan los diamantes!

—¿Cómo que distinta? ¿Acaso tiene bigote, como usted? —responde Gustavo. —¡Y yo todavía no conozco a la primera mujer que odie los brillantes! ¿Tanto los desprecias, Virginia?

—¡Los adoro, y durante cinco años engañé a tu primo aquí presente para que no fuera a pensar que lo amaba por su sucio dinero! Pero él parece creer que llevo años engañándolo con un presidiario y he tenido que venir, como una Helena de Troya, ¡a parar esta guerra antes de que se capen entre ambos y la Humanidad femenina quede sumida en el duelo!

—¿Se da cuenta de que ella está con Cali, hermano? —grita Pablo iracundo, dirigiéndose a Gustavo mientras yo, embelesada, contemplo mi primer solitario y me dispongo a defenderlo con mi vida. —¡Pues los brillantes son para las reinas que están con nosotros!

—No diga estupideces, hombre, que ¡si Virginia estuviera con Cali no estaría aquí! —le dice Gustavo en tono de reproche. —Todos quieren matarla de hambre y yo voy a regalarle algo que le quede, algo que ella pueda vender el día de mañana en una necesidad. No tengo que pedirle permiso ni a usted ni a nadie y, además, un diamante protege. Y la única reina de verdad que usted ha tenido en toda su vida es esta mujer: antes de conocerlo a usted, ¡ya millones de hombres suspiraban por ella!

—¡Pues que se dedique a escribir, en vez de posar para tanta revista y tanto fotógrafo! —responde Pablo, mirando mi anillo como si se dispusiera a cortarme el dedo para arrojarlo al sanitario. —¡Sí, libros, en vez de hablar tanto! ¡Historias para contar es lo que tiene!

—¡Uy, qué horror! Prométeme, Virginia, que si vas a escribir, nunca, nunca dirás nada de nosotros… ¡ni del negocio, por amor de Dios! —me ruega Gustavo alarmado.

Yo le juro que así será, y él le explica a su socio el motivo del regalo:

—No vamos a volver a verla nunca, Pablo. Virginia vino a despedirse de nosotros para siempre.

—¿Nunca? —pregunta su primo desconcertado. Luego, con la expresión y el tono que seguramente utiliza para interrogar a todo pobre acusado de robarle cien kilos de coca—: ¿Como así que para siempre?… ¿Es eso cierto, Virginia?… ¿Te casas o qué? ¿Por qué no me habías contado nada a mí?

Continúo ignorándolo y le prometo a Gustavo que siempre que me encuentre en peligro de muerte, como ahora, frotaré su diamante como si fuese la lámpara de Aladino, jamás lo venderé y me enterrarán con él.

Pablo comenta que él creía que yo era distinta de todas las demás mujeres y yo, alzando los brazos feliz, exclamo que estaba equivocado y que resulté igualita al resto: ¡acabo de descubrir que a mí también me fascinan los diamantes! Gustavo ríe y su primo cierra la puerta, no sin antes decir con una mezcla de disgusto y resignación:

—¡Estoy desilusionado de ti, Almalimpia!… Bueno… tú y yo nos vemos mañana.

El lugar de nuestro último encuentro es una casita campesina de paredes blancas y con geranios en macetas, a unos treinta minutos del Intercontinental de Medellín. Dos de sus hombres me han recogido en el hotel y minutos después llega él conduciendo un pequeño auto, seguido de otro con dos guardaespaldas que se retiran de inmediato.

Una mujer barre el piso de la sala-comedor y me observa con curiosidad. Por experiencia propia, sé que la gente obligada a madrugar a las 9:00 a.m. siempre está de mal humor. Pablo no se toma el trabajo de pedirle a la aseadora que se retire y, de entrada, me hace saber que viene en pie de guerra:

—No puedo dedicarte más de veinte minutos, Virginia. Sé que vienes a interceder por tu amante y ya me contaron que, además, vas a pedirme dinero. No cuentes con un solo centavo mío y tampoco con lo primero, ¡porque voy a volverlo papilla!

La mujer para oreja mientras yo le digo a su patrón que la única vida por la que he venido a interceder es la suya. Y que alguien que lleva tres años en cárceles de Cádiz y Cali no podría ser amante de una persona que vive en las Islas del Rosario o en Bogotá. Añado que, efectivamente, tampoco vine a que alguien como él me diera clases de guitarra, sino a pedirle que me saque del país antes de que sus enemigos me despedacen. Mirándome las uñas mientras contemplo mi diamante, añado con la mayor tranquilidad:

—Creo que los Rodríguez y Ernesto Samper van a acabar contigo. Si quieres saber cómo, te cuento todos los detalles delante de la señora.

Pablo le pide a la aseadora que se retire y vuelva más tarde. La mujer me lanza una furiosa mirada de desaprobación y se esfuma. Él se sienta frente a mí en un pequeño sofá de dos puestos, hecho de bambú y forrado en *chintz* de flores marrón, y yo comienzo a contarle todo sobre la visita de Gilberto con Santofimio:

—Se demoraron menos de una hora porque iban para donde Alfonso López a celebrar la libertad de Gilberto con el ex presidente y con Ernesto Samper. Lucían elegantísimos y ¡yo no podía dar crédito ni a mis ojos ni a mis oídos! Si te vas a ir a una guerra con Cali, Pablo, no puedes seguir confiando en Santofimio: recuerda que su primo está casado con la hija de Gilberto y que su socio en la Chrysler, Germán Montoya, es ahora el hombre detrás del trono en el gobierno de Virgilio Barco.

Le pido que no olvide el «Divide y reinarás» de Maquiavelo, y le suplico que no se vaya a meter en una guerra que parece haber sido diseñada por la DEA para acabar con los dos máximos capos, que va a dejar centenares de muertos, que va a terminar trayendo de vuelta la extradición y que va a minar seriamente las fortunas de ambos.

—Será la de él. ¡Acabar con la mía va a ser mucho más difícil!

En mi tono de voz más persuasivo le recuerdo que si estuviera tan rico o, más bien, tan «líquido», no me habría propuesto que le ayudara a secuestrar magnates; añado que, a Dios gracias, el secreto quedó entre nosotros. Él me mira enfurecido y, sin inmutarme, yo continúo:

—Los Rodríguez no tienen que sostener a un ejército de mil hombres, Pablo, ni a todas sus familias. Esa cuenta me está dando como seis mil personas…

—¡Pero cómo has aprendido, Virginia! ¡Estoy impresionado! ¿Y de su ejército qué? ¡Cientos de congresistas y periodistas más caros que todos mis muchachos juntos! Creo que, en materia de costos, estamos parejos. ¡Y yo invierto en el cariño de la gente, que es la plata mejor gastada del mundo! ¿O crees que un senador de ésos va a dar la vida por uno?

Una y otra vez le repito que en su territorio los Rodríguez están protegidos por el gobernador, la policía, el Ejército y miles de taxistas informantes. Y que el M-19 tampoco se mete con ellos porque Gilberto, además de amigo de Iván Marino Ospina, ha sido muy cercano durante toda su vida a la familia del comandante Antonio Navarro, de quien siempre ha dicho que «le gusta mucho la plata». Le advierto que su enemigo es amigo personal de varios presidentes y que, entre la plata de Rodríguez y el plomo de Escobar, los afectos no van a vacilar en escoger. Le hago ver que está dividiendo a un gremio que comenzó unido en torno de él y que ahora se está atomizando en docenas de cartelitos sanguinarios, sin ápice de grandeza y dispuestos a todo con tal de emularlos.

—Un montón de vivos están pescando en río revuelto esperando que ustedes dos se maten y les dejen el territorio libre. Pero si tú y Gilberto juntan fuerzas, los costos se les reducen a la mitad, la fuerza se duplica y ambos ganan la batalla final contra la extradición, porque si Galán es el próximo presidente, al otro día de posesionarse, la implanta. Gilberto tiene relaciones con casi toda la gente poderosa de este país y tú inspiras otra clase de respeto, del tipo que nadie en su sano juicio osaría cuestionar. Dejen ya de usar esos millones para matarse entre ustedes y dejen vivir en paz al resto de los colombianos, que este país perdona todo. Tú siempre has sabido para qué sirve la gente, Pablo: úsame para parar esta guerra. Anda, extiende esa mano y dale un ejemplo de grandeza. Y al día siguiente yo me voy de Colombia para que ninguno de los dos vuelva a verme nunca.

—Pues él tiene que dar el primer paso. Él sabe por qué y tú no tienes por qué saberlo. Son cosas de hombres, que no tienen nada que ver contigo.

Intento hacerle ver que lo que importa no es por qué empezó el conflicto, sino para qué le sirve una alianza con Cali.

—Pues si ese señor te parece tan rico, y tan importante, y tan poderoso, ¿por qué no le pides a él el dinero para irte?

Nunca en toda mi vida me había sentido más insultada. Reacciono como una pantera y respondo que no sólo sería incapaz de pedir dinero a nadie distinto de él, sino que con Gilberto Rodríguez no he tenido una relación sentimental. Añado que mi carrera se acabó porque Pablo Escobar fue mi amante a lo largo y ancho de cinco años y no por un *affaire* de cinco minutos del que sólo saben tres personas, precedido y seguido, eso sí, de docenas de conversaciones que me sirvieron para saber cuan baratos pueden ser los presidentes, los gobernadores y la mitad del Congreso. Como veo que no vamos a llegar a ninguna parte, le recuerdo que él es un hombre muy ocupado y que llevamos casi una hora discutiendo.

Pregunta a qué hora parte mi avión. Contesto que a las cinco de la tarde y que debo salir del hotel a las tres. Se levanta del sofá y, con las manos apoyadas sobre la baranda del balconcillo que está a mi derecha, mira hacia la distancia.

—Y ¿para qué quieres irte... para siempre?

Le explico que deseo estudiar traducción simultánea en Ginebra. Un excelente intérprete gana mil dólares diarios y sólo necesito un préstamo de cien mil, porque vendería mi apartamento o lo dejaría arrendado con muebles a algún diplomático. Añado que, además, un traductor en cinco o seis idiomas siempre va a resultarle de enorme utilidad, porque a mí siempre podrá confiarme ese tipo de grabaciones o documentos legales que él no querría dejar en manos de extraños.

—¡Pues con mi plata no te vas! Traductores hay millones, y tú no vas a terminar casada con algún banquero gordiflón dando cenas en Suiza mientras yo me rompo aquí el alma. Ya no me importa si me quieres o me odias, Virginia, pero te quedas aquí y te vives los procesos que se vienen, para que más adelante escribas sobre ellos. Punto.

Intento hacerle ver que, el día en que lo haga, los corruptos y sus enemigos van a cortarme en pedazos; y que su egoísmo me está condenando a morir de hambre en un país que ya no puede ofrecerme nada distinto del terror cotidiano. Le pregunto dónde quedó enterrada su grandeza. Me mira ofendido y responde que en el mismo lugar donde quedó enterrada mi carrera. Luego, como queriéndose justificar, suspira profundamente y dice:

—¿Es que acaso crees que tú o yo podemos escoger nuestro destino? ¡No, mi amorcito! ¡Uno sólo escoge la mitad. La otra mitad ya viene con uno!

Me levanto de la silla y me asomo al balcón desde donde puede verse un paisaje bucólico cuya belleza, en otras circunstancias, seguramente hubiera admirado. Le digo que alguien que va a cumplir treinta y ocho años con varios miles de millones de dólares no tiene el menor derecho de describirse como una víctima del destino, y que yo debería haber sabido que algún día toda esa vena de crueldad suya podría voltearse también contra mí.

—Pues mi decisión obedece a razones que no puedo explicarte, pero algún día entenderás. Resulta que tú… me conoces y entiendes como nadie, y yo también te conozco mejor que nadie. Sé que aunque hayas dejado de amarme, incluso de respetarme, siempre me juzgarás con parámetros nobles y jamás traicionarás mi memoria. Mi verdadera historia no la van a poder escribir los periodistas, ni los políticos, ni mi familia, ni mis muchachos, porque ninguno de ellos ha pasado —ni va a pasar— cientos de noches conmigo hablando del tipo de cosas que tú y yo compartíamos. Te escogí por tu integridad y generosidad, y creo que sólo tú estás en capacidad de transmitir exactamente lo que pienso y lo que siento… por qué me fui convirtiendo en lo que soy y en lo que un día seré… y, por eso, necesito saber que —aunque ya no estés conmigo sino con otro, y aunque ya no quieras verme, ni oírme, ni hablarme— ahí afuera, en alguna parte, observando con esa lucidez única la locura que se viene, estás tú.

Ante semejante confesión no sé qué responder. Sólo atino a decir que ambos somos expertos en subirle el ego al otro cuando está hecho trizas. Que todo eso no son sino excusas para no darme un centavo. Que él tiene una esposa, y todas las mujeres que desee, y no me necesita para nada. Que sigo sin entender por qué, si en verdad fui tan importante para él, no puede acabar con mi sufrimiento de un plumazo, como hizo con las deudas de mi empresa cinco años atrás. Cuando responde que muy pronto va a empezar una guerra, río incrédula y le confieso que mis buenas amigas me mostraron un aderezo de un cuarto de millón de dólares para una mujer que él casi seguramente ya olvidó. Se viene hacia mí, toma mi barbilla entre el pulgar y el índice y, con toda la ironía de que es capaz, me dice en un tono de voz que no sé si es de reproche o de amenaza:

—Y al día siguiente te fuiste a verlo a él a la cárcel. ¿O no, mi vida?

Me suelta rápidamente y cambia de tema. Pregunta cómo me pareció su nueva novia. Le digo que me alegro de que una mujer tan dulce y bonita lo cuide y lo quiera. Pero también le advierto sobre un hecho probado que él ya vivió con sangre, sudor y lágrimas:

—No olvides que en este país las mujeres de clase media baja, cuando se saben amadas de alguien como tú, sólo parecen tener una cosa en mente: ¡un hijo, un hijo, un hijo, como si la Humanidad se fuera a acabar sin ellas! Recuerda que ante la ley colombiana, cada hijo tuyo, legítimo o ilegítimo, vale mil millones de dólares. Sé que los segundos te horrorizan casi tanto como a mí y creo que fue por eso que tú y yo duramos tanto tiempo juntos: jamás se me hubiera pasado por la cabeza poseerte, Pablo, ni enriquecerme contigo.

Se queda pensativo durante un largo rato y sé que ha recordado a Wendy. Cuando volteo a mirarlo observo que luce profundamente triste, como si de pronto se hubiera quedado sólo en el mundo y no tuviera a dónde ir. Viene hacia mí, me pasa un brazo por los hombros, me acerca a él y, mirando hacia algún remoto lugar perdido en la distancia, empieza a hablarme con una nostalgia que yo todavía no le conocía:

—No fue por eso, sino porque tú me dabas la clase de amor que realmente me importaba. Eras mi amor inteligente… con esa cabeza y ese corazón en los que cabía todo el universo… Con esa voz, con esa piel… Me hacías tan increíblemente feliz que creo que vas a ser la última mujer que yo haya amado con locura… Estoy perfectamente consciente de que nunca más habrá otra como tú. Jamás podré reemplazarte, Virginia, mientras que tú te casarás con un hombre superior…

Sus palabras me conmueven hasta la última fibra del alma y le digo que, viniendo del hombre que más he amado, son un homenaje que siempre guardaré como un tesoro en la parte más privada de mi corazón. Pero he olvidado que Pablo Escobar siempre se cobra sus manifestaciones de valor con canecas de agua helada: acto seguido, y con la mayor tranquilidad, me hace saber que es precisamente por eso que ha decidido dejarme con las manos completamente vacías.

—Así, cuando escribas sobre mí, nadie podrá decir que estás haciendo una apología porque yo te compré el alma o el corazón. Porque ambos sabemos que siempre dirán que compré tu belleza con mi dinero…

No puedo dar crédito a lo que estoy escuchando. Le digo que después de sus anteriores frases de reconocimiento, memorables y sublimes, después de toda su generosidad para conmigo —la de las palabras, la del tiempo, la del dinero—, todo eso no es otra cosa que una venganza elemental originada en unos celos absurdos. Sin mirarme, y ahora con la voz cargada de tristezas, me responde que él jamás ha sido celoso y que algún día yo agradeceré su decisión porque él siempre ha sabido todo lo que va a pasar. Estoy completamente deshecha y, como deseo quedarme a solas para poder llorar a mis anchas, sólo atino a decirle que llevamos ya dos horas hablando y él tiene a mucha gente esperándolo.

Con el cuerpo inclinado y las manos apoyadas sobre la balaustrada del balcón, él observa en silencio toda aquella lejanía como si estuviera contemplando su destino. Haciendo caso omiso del paso de las horas, comienza entonces a contarme que va en un camino de no retorno hacia una guerra total contra el Estado en la que posiblemente termine muerto. Pero antes de morir se propone acabar con los de Cali y con todo el que se le ponga por delante y, a partir de ahora, las cosas no van a ser con plomo sino con dinamita, así tengan que pagar justos por pecadores. De pie junto a él, mirando también hacia el vacío, yo lo escucho espantada con el rostro bañado en lágrimas, preguntándome por qué este hombre tan increíblemente rico carga con ese odio enorme en el corazón, con esa necesidad de castigarnos a todos, esa ferocidad, tanta desesperación; por qué jamás descansa, y si toda esa rabia contenida y a punto de estallar como un volcán no es en el fondo otra cosa que impotencia para cambiar a una sociedad manejada por otros casi tan despiadados e inescrupulosos como él. De pronto, se voltea hacia mí:

—¡Y ya deja de llorar como una Magdalena, que tú no vas a ser mi viuda!

—¿Acaso crees que podría llorar por alguien como tú? ¡Lloro por mí, y por la fortuna que vas dejarle a tu viuda, que no va a saber qué hacer con ella! ¿Para qué quieres tanta plata si es para vivir así? ¡Y lloro por el país de ambos!… ¿Dinamita contra este pobre pueblo por tu causa egoísta? ¡Pero qué maldad la tuya, Pablo! En vez de reforzar la seguridad, y punto. ¿Crees, acaso, que algún pelotón de valientes soldados va a atreverse a venir a buscarte?

Responde que sí. Que pelotones y más pelotones van a venir por él tarde o temprano, y que para todos ellos es que necesita dinamita y mísiles. Yo comento que si alguien lo oyera lo internarían, no en una cárcel sino en un sanatorio, y que a Dios gracias hasta ahora me ha tenido a mí para contarme tanta chifladura que se le pasa por la cabeza. Y añado que estoy terriblemente preocupada por él, porque cada día se me está pareciendo más a Juan Vicente Gómez, el tirano venezolano multimillonario de principios de siglo:

—En su lecho de muerte, su madre le hizo jurar que perdonaría a todos sus enemigos y dejaría de torturar y asesinar a los opositores. Cuando la anciana exhaló su último suspiro, el presidente vitalicio salió del cuarto y les contó a sus esbirros sobre aquella petición: «Claro que se lo pude jurar por Dios, porque la pobre viejecita no sabía nada de política: ¡el último de mis enemigos lleva veinte años bajo tierra!» La diferencia entre tú y él, Pablo, es que Gómez duró casi ochenta años, mientras que tú, al paso que vas, no vas a durar ni cinco.

—¡Y tú estás sonando como una de esas esposas viejas que no hacen sino dar cantaleta!

Tranquilamente, respondo que esas esposas viejas siempre tienen la razón en todo porque los maridos viejos son brutos y tercos. Y le recuerdo que Josefina era diez años mayor que Napoleón, mientras que él y yo somos igual de «ancianos» pero yo me veo diez años más joven porque tengo sesenta y dos centímetros de cintura mientras que él luce mayor porque está cogiendo cuerpo de Santofimio por comer tantos fríjoles. Y finalizo diciéndole que ya llevamos tres horas hablando y que Gilberto Rodríguez me advirtió que un día de éstos él me iba a mandar a matar. ¡Sí, hasta a mí! Como cualquier Juan Vicente Gómez, ¡por estar dizque con la oposición y dar cantaleta!

—¿A ti, mi amor? ¡Pero es todavía más miserable de lo que yo creía! Sólo le pido a Dios que el día en que yo lo acabe no estés tú con él, ¡porque si te llego a ver en una morgue al lado suyo voy a querer pegarme un tiro! —Tras una pausa, pregunta:

—¿Te ha prometido algo? Dime la verdad, Virginia.

Respondo que la producción y distribución de un champú con mi nombre, y exclama:

—¡¿Un champú?! Pero, claaaro, ¡sólo un marica se fija en tu pelo! ¡Con laboratorios propios, y esa cara y esa cabeza tuyas, yo construiría un imperio! El tipo es un cobarde, mi amor. Le tiene más terror a esa bruja con la que está casado del que me tiene a mí. Y vas a comprobarlo antes de lo que tú crees…

Le ruego que, entonces, no me obligue a pedirle nada a su enemigo, la única persona que me contrata y que ofrece financiarme, posiblemente con una suma miserable. Le recuerdo que tengo terror de la pobreza y que prácticamente ya no me quedan familia, ni amigos, ni nadie en el mundo. Una y otra vez le imploro que tampoco me someta a tener que soportar la visión de todo ese espanto que me ha estado describiendo:

—¿Por qué no me evitas tanto sufrimiento, Pablo, y me mandas más bien a matar de uno de esos sicarios que obedecen todas tus órdenes como si fueras Dios? Ambos sabemos que ganas no te han faltado. ¿Por qué no lo haces ya, mi amor, antes de que alguien se te adelante?

Parece que esta última súplica tocara, por fin, alguna fibra de ese corazón de plomo porque, al escucharla, sonríe con ternura y viene hacia el extremo del balcón donde ahora me encuentro. Colocándose tras de mí, me envuelve en sus brazos y me susurra al oído:

—Pero ¡nadie mata a su biógrafo, amor!...Y yo no podría soportar la visión de un cadáver tan lindo... ¡y con sesenta y dos de cintura! ¿Acaso crees que estoy hecho de piedra? ¿Qué tal que quisiera revivirlo y no pudiera? —Y besándome en el pelo, añade—: ¡Ésa sí que sería una tragedia peor que la de Romeo y Julieta! No, mejor que ¡la de Otelo y Desdémona!... Sí, los de Yago, ¡Yago Santofimio!

Al enterarme de que averiguó quién era Iago, no puedo contener la risa. Aliviado, él comenta con un suspiro que en estos años realmente nos enseñamos muchas cosas y que crecimos mucho juntos. Yo le digo que él y yo éramos como dos arbolitos de bambú, pero no le cuento lo que estoy pensando: que ésta será la última vez que sentiré sus brazos alrededor de mi cuerpo, la última vez que reiremos juntos, la última vez que él me verá llorar... Sé que, pase lo que pase y haga él lo que haga, por el resto de mi vida extrañaré toda aquella alegría que Pablo y yo vivimos juntos. Y como siento ese dolor inexplicable de tener que dejarlo, ese terror de no poder olvidarlo, ese miedo de empezar a odiarlo, le insisto en que si me mandara a matar de un tiro yo no sentiría nada y él podría arrojar mis restos al remolino con unas flores silvestres. Añado que desde el cielo podría cuidarlo mejor que desde Bogotá e, incluso, hacerle relaciones públicas con todos sus «enviados» allá. Huele mi perfume, se queda en silencio durante un rato y me dice que nunca se había sentido tan insultado: él jamás, jamás podría dejarme sin una buena lápida! Una de lujo y robada, que dijera textualmente:

> Aquí yacen la deliciosa carne y los huesos exquisitos
> Que adornaron a Almalimpia, la Bella,
> Mientras fue el ángel guardián
> De Almanegra, la Bestia.

Yo celebro su talento único para componer versos y epitafios instantáneos, y su predisposición genética para todo lo relacionado con el negocio mortuorio. Y él me explica que es por la costumbre: a diario redacta docenas de amenazas de muerte para todos sus enemigos y se los manda por correo con su huella digital, para que nadie vaya a pretender disputarle la autoría intelectual. Comento que alguno de ellos va a terminar cortándome con una navaja, y se me ocurre preguntarle si podría quedarme con su Beretta… por lo menos durante un tiempo.

—Siempre te he dicho que no debes separarte de ella ni en la ducha, mi amor.

Siento un enorme alivio, y decido no pedirle mi llavero con el corazón de oro hasta el día en que él mande por su pistola. Me acaricia ambas mejillas, jura que mientras él viva nadie me tocará un pelo y me da un argumento más lapidario que todas las lozas de mármol juntas:

—¡Al que se atreva a tocarte esta carita, yo le corto ambas manitas con una motosierrita! Y hago luego lo mismo con las de sus horrorosas hijas, mamá, esposa, novia y hermanas. ¡Y las del papá y los hermanos también, para que quedes tranquila!

—¡Ése sí que va a ser un premio de consolación, Pablo!… «Almanegra, la Bestia»… ése va a ser el nombre perfecto para el protagonista de mi novela, un bandolero igualito a ti pero con la cara de Tirofijo…

—¡Ahí sí que te arrojaría viva al remolino, Virginia! En cambio, si le pones la cara de «el Comandante Papito» del M-19, vendes más libros, esos italianos lo llevan al cine y puedes mandarme un ejemplar dedicado: «A mi Hada-Padrino, que inspiró esta historia. Alias la Cenicienta».

Reímos juntos y él mira el reloj. Dice que, como ahora sí son las 2:00 p.m., va a llevarme hasta el hotel para que sus muchachos me recojan a las 3:00 p.m. Pero primero voy a maquillarme esa nariz roja, que parece una fresa de tanto llorar, porque los empleados de la recepción van a murmurar que él me cogió a puñetazos para quitarme el diamante.

Como ya no nos veremos más, ahora sí puedo preguntarle por qué fui la única mujer a quien él nunca regaló pieles ni joyas. Me toma en sus brazos, me besa en los labios y me dice al oído que para conservar la ilusión de que nunca tuvo que comprar a la más bella de todas; y la más valiente y leal, aunque, eso sí, algo infiel… Yo me empolvo la nariz con una sonrisita de satisfacción mientras él me contempla con expresión de orgullo. Comenta que ese maquillaje es realmente una maravilla, y que es una lástima que él no tenga laboratorios de cosméticos, como el marica de Cali, sino sólo laboratorios de coca. Añade que si yo me «pirateara» la fórmula y le pusiera mi nombre, me volvería todavía más rica que él. Riendo, yo pregunto cuándo él va pensar en algún negocio lícito y, con una sonora carcajada, me responde:

—¡Nunca, mi amor! ¡Jamás! ¡Toda la vida voy a ser el bandido más grande del mundo!

Antes de dejar la casita —y con un extraño brillo en la mirada— me anuncia una sorpresa que me tiene de regalo para que yo no me vaya triste: quiere que me pase un mes completo en Miami para que descanse de tanta amenaza.

—Carlos Aguilar, «el Mugre», está allá con otro de mis hombres de confianza y ellos se encargarán de recogerte en el aeropuerto y de llevarte también al regreso, ¡para que no te me vayas a escapar para Suiza! Pasa contenta y, cuando vuelvas, te llamo para hablar sobre algo que ellos van a mostrarte. Creo que te va a encantar y me gustaría saber qué piensas.

Partimos con él al volante, seguidos de otro auto en el que van sólo dos de sus hombres. Me sorprendo ante lo que parecen ser mínimas medidas de seguridad y me explica que ahora él inspira tanto respeto en Medellín que nadie se atrevería a tocarlo. Comento que en mi idioma «respeto» a veces se llama terror, y pregunto a quién va a asesinar esta vez en mi ausencia. Con un pellizco en la mejilla, responde que no le gusta que le hable así.

Le digo que según me han contado, esas historias sobre narcotraficantes que me quitan yates parecen haber salido de su oficina a raíz de lo de Vieira. Con un encogimiento de hombros, Pablo responde que él no puede controlar cada palabra que sus muchachos dicen. Y si la mujer del señor de Cali se diseñó esa fórmula para hacer quedar a su esposa como una sicópata, y a él como un imbécil, no es culpa suya que ahora cualquiera pueda llamar a una emisora y decir que «Tarzán» era un narcotraficante, su lancha vieja un yate y la emergencia en altamar un intento de suicidio.

—Y debes aceptar que —gracias a esa víbora— a partir de ahora los medios siempre van a tachar de narcotraficante a todo hombre que se te acerque.

—No, Pablo, ¡no seas tan optimista! Hace unos meses, Felipe López me preguntó si me casaría con él; y tú ya debes saberlo, porque interceptas mi teléfono. Es hijo del ex presidente más poderoso de Colombia, alto y bello, y un pichón del Ciudadano Kane. Y la revista *Semana* siempre te ha tratado sospechosamente bien, considerando que eras algo más que... un simple rival del dueño.

Ni siquiera volteo a mirarlo. Tras unos segundos, él pregunta qué contestó «la Cenicienta». Y yo le digo que textualmente:

—«Como tú eras de matrimonio abierto, Felipe, ¿quieres acaso compartirme con Pablo Escobar, a quien tú convertiste en mito? Porque mis maridos no son cabrones y, si estando casado con la mujer más fea de Colombia parecías el Rey de los Alces, ¿qué tal que estuvieras casado con la más bonita?»

Él ríe a carcajadas, y comenta que Felipe López sería capaz de cualquier cosa con tal de quedarse con todos sus secretos... y con los de los magnates avaros. Yo le digo que más bien con los de todas las generosas contribuciones de los dos carteles de la droga a su papá. Y le cuento que los López siguen rigurosamente los preceptos de Winston Churchill a Jorge VI: cierto día, el rey preguntó a su primer ministro por qué había metido al gabinete «a todos esos espantosos Laboristas». Churchill, que usaba el mismo lenguaje de Jorge VI porque era nieto del duque de Marlborough —y, en todo caso, estaban entre hombres—, respondió acompañando sus palabras con un elegante gesto de su mano y dos arcos de ciento ochenta grados, uno de ida y otro de vuelta:

—«*Sire*: ¡porque es preferible tenerlos adentro haciendo pipí p'afuera, que afuera haciendo pipí p'adentro!»

Seguimos riendo, y él comenta que lo que más va a extrañar son todas mis historias. Respondo que las suyas son todavía mejores, y por eso es que quiere conservarme en «el Gabinete». Dice que nunca olvidará que yo era la única mujer que abría las puertas de los ascensores de par en par, como si fuera Supermán, y no lloraba con el gas lacrimógeno pero sí a mares con todo lo demás y sin preocuparse del maquillaje. Añade que jamás ha conocido a nadie que tuviera veinte vidas y yo le digo que lo que nunca debe olvidar es que él no tiene sino una sola y que el día en que la pierda yo también voy a querer meterme un tiro. Vamos jugando nuestro ping-pong verbal de siempre, el último de miles, y de pronto nos detenemos ante una luz roja. Nunca antes lo habíamos hecho, porque de noche siempre conducía como un prófugo de la justicia y no al paso lento de esta tarde. Volteo a mirar a mi derecha y observo que la conductora del auto de al lado nos ha reconocido y no puede dar crédito a sus ojos. Ambos la saludamos y Pablo le sopla un gran beso. Ella sonríe encantada y yo le digo que, ahora que él va camino de convertirse en todo un símbolo sexual, deberá jurarme que hará más el amor y menos la guerra. Ríe, toma mi mano, la besa, me agradece por haberle regalado tanta felicidad, y con la última de sus miradas pícaras, me promete que a partir de ahora va a intentar comer menos fríjoles. Y yo digo:

—Esta noche, cuando la feliz mujer le cuente al esposo que tú le coqueteaste, él sólo dirá que le pida cita al siquiatra o al oculista. En tono burlón, y sin despegar los ojos del diario, él exclamará que ella es sólo una mitómana que debería ponerse a dieta. O que tú eres un adúltero y yo una pecadora. Por eso es que los maridos son tan aburridos…

Y como en todo lo que a él respecta ya no tengo nada que perder, aprovecho toda esa alegría para volver al motivo inicial de mi visita:

—Pablo: Luis Carlos Galán va ser el próximo presidente y al otro día va a reimplantar la extradición. Necesitas hacer ya una alianza pa-

cífica con Gilberto e ir diseñando una fórmula conjunta de paz con
el M-19, que son gente inteligente y amiga de ustedes dos.

—No, mi amorcito: ¡Galán nunca va a ser presidente!

—No te engañes más, que en el 90 lo van elegir. Pero todo el
mundo tiene un precio, y si hay alguien que lo sabe eres tú.

—Pues puede que lo elijan, ¡pero no se posesiona! Y es que, ¿acaso me estás sugiriendo que lo compre?

—No, no podrías. Creo que el precio de Galán podría ser una
fórmula de paz, si el Mexicano se olvidara ya de ese odio ciego por
los comunistas e intentara hacer un armisticio con la Unión Patriótica y las FARC, y tú dejaras esa guerra estúpida con los de Cali para
hacer bloque con Gilberto y «el Eme». Si matas a Galán, en cambio,
la historia va a convertirlo en otro Jorge Eliécer Gaitán y a ti en otro
Roa Sierra. Tú no eres eso, mi amor, y yo no quiero verte morir así
porque tú no te mereces ese destino. Tú tienes un liderazgo formidable, una estatura, una presencia nacional, manejo de medios. Mucha
gente te necesita, Pablo, miles de pobres. No puedes dejarlos abandonados a su suerte.

—Las cosas son mucho más complicadas de lo que tú crees: tengo encima a la Policía y al DAS, que está con los de Cali. El Mexicano y yo necesitamos al Ejército. ¡Y al lado de Inteligencia Militar
—el B-2, que es nuestro—, la policía y el Servicio Secreto son unas
monjitas! El Santo tiene también muchos contactos en los organismos de seguridad y en los altos mandos militares; sé perfectamente
que le presta servicios a ambos carteles —porque los políticos no son
leales a nadie— pero yo lo uso, como lo usan los Rodríguez. Aquí
van a pasar cosas terribles, Virginia, y no hay nada, nada que tú puedas hacer para cambiar el rumbo de los acontecimientos.

Intento hacerle ver que los dueños de las mentes perversas que
manejan ese país deben estarse frotando las manos. Con el DAS
—que es de ellos— y la plata de los Rodríguez, unos arribistas tan
políticamente ingenuos como él, calladitos la boca van a dejar que él
y Gonzalo se encarguen de sacar de la baraja a cuanto candidato a la
presidencia amenace su nepotismo, sus embajadas y las pautas publicitarias de sus medios.

—Ustedes dos van a ser sólo idiotas útiles de las familias presidenciales y de los grupos económicos. Cuando te maten, Gilberto se quedará con tu negocio y Alfonso López y Ernesto Samper se eternizarán en el poder. Yo también sé todo lo que va a pasar contigo.

Vuelve a decir que no le gusta que le hable así. Lo observo, y veo que luce cansado y súbitamente pareciera haber envejecido. Llevamos cuatro horas y media discutiendo, le he cantado todas las verdades que antes no me hubiera atrevido a decirle, le he mencionado una y otra vez a su rival y le estoy diciendo adiós para siempre. Comento que el problema con todos ellos es, precisamente, que no tienen quien les diga la verdad, porque detrás de todo hombre asquerosamente rico sólo hay una gran cómplice o una gran esclava. Voltea a mirarme y, sorprendido, pregunta qué quiere decir eso. Y como sé que mis palabras resonarán en sus oídos y quedarán grabadas en su memoria, se lo explico:

—Que tu mujer es una santa y la de tu enemigo es una víbora, y algo me dice que ellas serán la perdición de ustedes. No me preguntes por qué. Ya sólo puedo decirte que toda la vida te llevaré en el corazón. Ahora ve con Dios, mi amor.

Nos detenemos a unos metros de la puerta del hotel y nos decimos adiós para siempre.

Ambos sabemos que es la última vez que lo veré con vida.

Él coloca su mano detrás de mi cuello y me besa en la frente por última vez.

En completo silencio, él y yo acariciamos nuestros rostros por última vez.

Con ojos plenos sólo de ausencias infinitas, él y yo nos miramos por última vez.

Él me contempla por unos instantes, con esos ojos que parecieran contener todos los peligros y anunciar todas las tragedias.

Sus negros ojos tristes que parecieran arrastrar todos los cansancios, todas las condenas.

Y para que él siempre me recuerde como yo siempre fui, antes de bajar del auto hago un esfuerzo sobrehumano para tragarme las lágrimas y le regalo mi último beso fugaz, la última de mis sonrisas más radiantes, mi último par de palmaditas cariñosas y una mirada que ya sólo puede prometerle todas aquellas simples cosas que cantaba Billie Holiday con esa voz de ensueño en «I'll be Seeing You».

CR

Al llegar al aeropuerto sus dos hombres me señalan a un señor joven con aspecto de persona importante. Al verme, éste sonríe y viene inmediatamente hacia nosotros, y él y sus dos acompañantes se saludan efusivamente con los míos. Hacía ya varios años que no veía yo a aquel prometedor político de mirada inteligente y gafitas de estudioso, y me alegro de poder felicitarlo porque acaba de ser elegido senador. Conversamos durante algunos minutos, y cuando se despide con un afectuoso abrazo le dice a los muchachos de Pablo:

—Y ustedes dos, ¡me saludan al Patrón!

El hombre que se sienta mi lado en el avión resulta ser uno de los muchos conocidos de Aníbal Turbay. Son ventajas de viajar nuevamente en «colectivo» y no en *jet* privado.

—Te vi con los muchachos de Pablo Escobar y conversando con Álvaro Uribe Vélez. ¡Sin él, Pablo no sería archimillonario; y sin Pablo, Alvarito no sería senador! Uribe es primo de los Ochoa y pariente lejano de Escobar, ¿acaso no sabías? ¿Pero en qué mundo vives, Virginia? ¡Si aquí en Medellín todo eso es historia patria!

Y empieza a contarme la vida y milagros de todo el gremio: quién era Alberto Uribe Sierra, el padre de Alvarito, cuándo va a empezar la guerra, quién va a ganar y quién va a perder, cuántos kilos despacha el uno en Cali y cuántos el otro en Medellín, cuántos «se le cayeron» a Fulano y cuántos «coronó» Sutano. Y cómo fue que él se les escapó a los federales de una corte en Manhattan durante un receso entre dos juicios antes de que sonara el martillo en el segundo, el juez gritara *guilty!* y le dieran cadena perpetua. Tras una odisea cinematográfica llegó al país un año después, besó el suelo patrio y juró que nunca más volvería a salir de Colombia. Ahora vive con su mujer en una pequeña finca, ¡feliz, y eso que es el único ex narcotraficante de la historia y que no tiene un centavo!

Pienso que este hombre increíblemente simpático —que ríe a carcajadas con unos dientes como los de *Mack the Knife* y antaño vendiera «mercancía» a los mafiosos italianos de Nueva York— es, definitivamente, un tesoro mucho más grande que todos aquellos que otrora buscara Manolito de Arnaude. Y en los siguientes cinco años y medio, y casi hasta la muerte de Escobar, yo adoptaré a ese locuaz conversador como mi propia versión local de *«Deep Throat»*, el misterioso personaje de la vida real, la escrita y la pantalla en *Los hombres del presidente*.

Aquel día en que le dije adiós a Pablo para siempre fue también el de la última vez que hablé con el primer presidente reelecto de Colombia (2002-2006-2010). Nunca volvería a verlos —ni a él ni al Doptor Varito— y ya sólo volvería a hablar con Escobar por teléfono. Pero por esas extrañas cosas de la Divina Providencia, y gracias a «Garganta Profunda», en el siguiente lustro yo sabría todo, todo lo que estaba ocurriendo en la vida y el mundo de Pablo. El altibajo mundo, aterrador y fascinante, de «la Banda de los Primos».

Tercera Parte

LOS DÍAS DE LA AUSENCIA Y DEL SILENCIO

I have no mockings or arguments... I witness
and wait.

Walt Whitman, *Leaves of Grass*

La conexión cubana

Alguna vez le había enseñado yo a Pablo que las decisiones importantes en la vida de uno deberían tomarse con base en que cumplie-
ran con un mínimo de tres propósitos; de esta manera, si se fracasaba
en uno o en dos siempre quedaría el consuelo de que el riesgo había
valido la pena y de que se había obtenido algo, y no la decepción de
haber cometido un costosísimo error y no haber conseguido nada.

El viaje que él me ha regalado de despedida cumple por lo menos con media docena de propósitos: el primero es, obviamente, el de
cerrar nuestra relación con un broche de oro que asegure mi buena
disposición hacia él, pero uno tan pequeño que garantice mi perma-
nencia en Colombia. El segundo es alejar a su ex novia del eterno rival
que, al otro día de salir de la cárcel, anda ya del brazo de su presidente
y de su candidato. Pronto conocería no sólo las demás razones, sino la
capacidad de maquinación de aquella mente monstruosa.

Unas semanas después de su visita con Santofimio, Gilberto Rodríguez me llama desde Cali para preguntarme por la respuesta de
«ese señor amigo mío» a mi propuesta de ayudar a arreglar el problema entre ambos. Pablo me había hecho la misma pregunta unos
quince días antes y yo le había respondido que aún no había conver-
sado con «ese señor del Valle», pero si me llegaba a llamar no pensaba
decirle que él se proponía volverlo papilla y muchísimo menos con-
vertirnos a los dos en la tercera versión de Bonnie y Clyde en el piso
de la morgue. Al recordar la frase de Gloria Gaitán sobre nosotros,
Pablo me había pedido que se la saludara y habíamos quedado de
hablar a mi regreso.

Creo que Escobar sigue interceptando mi teléfono y por eso cuido cada una de mis palabras. Le digo a Gilberto que él, que siempre ha tenido fama de ser un caballero, debería extenderle la mano a «ese señor de la montaña», que está en la mejor disposición de arreglar el problema con ellos. Le cuento que él y yo nos despedimos para siempre; me sugirió que me fuera a descansar a Miami por un tiempo largo y voy a viajar en unos días para dejar definitivamente cerrado todo ese capítulo de mi vida.

Al otro lado de la línea se hace un silencio. Luego, incrédulo, Rodríguez exclama:

—¡Pues si tuviera voluntad de diálogo estaríamos reunidos en tu casa y no te estaría sacando del país! Yo no sé qué fue lo que le dijiste, mi reina, ¡porque ahora está más loco que antes! ¡Tanto, que he tenido que venirme para Cali y creo que ya ni siquiera voy a poder volver por Bogotá! A tu regreso quiero que vengas para que hablemos de lo nuestro, y quisiera invitar también a tu amiga Gloria Gaitán porque me muero por conocerla. Dile que yo siento veneración por su padre: ¡Jorge Eliécer Gaitán es lo que yo más quiero en la vida después de Dios y de mi mamá!

Respondo que ella casi seguramente aceptará, y que apenas vuelva iré a Cali para hablar del negocio y para que me explique de una vez por todas qué es lo que está pasando con el señor malhumorado, porque al despedirnos él sólo comentó que lo apreciaba mucho y que nos deseaba muchas felicidades en nuestro proyecto. Gilberto me dice que entonces, para que yo pase realmente contenta en mis vacaciones, una vez que llegue al hotel, uno de sus empleados en Florida me llevará veinte *«grand»* (US $20 000) para mis gastos.

Estoy sorprendida y dichosa, y pienso que constituye el mejor de los augurios. Esta vez, decido dejar la plata que Pablo me ha enviado en la caja fuerte con la Beretta, depositar la mitad del regalo de Gilberto en mi cuenta bancaria en pequeñas cantidades, y no gastarme sino la otra mitad. Y vuelo feliz a Miami, a olvidarme de Pablo Escobar y a comprar trajes sastre de ejecutiva.

Nunca antes me había reunido en el exterior con personas vinculadas al narcotráfico y siempre me había cruzado con los empleados de Pablo sólo un ocasional par de frases corteses. Carlos Aguilar es un hombre joven de buena presencia y no luce como un delincuente, a pesar de lo cual tiene el alias de «el Mugre»; como yo jamás podría decirle así a un ser humano, lo llamo «Águila». El otro es un muchacho alto, delgado, desgarbado, que jamás sonríe y de expresión adusta, cejas juntas y ojos claros que gritan «¡Peligro ambulante, gatillero de la mafia!», cuyo nombre no he podido recordar y cuyo rostro vi unos años después en un diario entre los centenares de muertos en la docena de guerras de la vida de Pablo.

Les pregunto cómo hacen ellos para entrar y salir de Estados Unidos sin que los detengan. Con una sonrisa condescendiente, me responden que para eso son los pasaportes (plural de pasaporte) y me cuentan que esta vez el Patrón los ha enviado para que trasladen ochocientos kilos de una bodega a otra, porque el lugar parece estar «caliente» y en cualquier momento podrían caer la DEA o «los Federicos» (los federales, el FBI).

—¿Ochocientos kilos? ¡Wao! —exclamo yo, admirada ante el valor de la mercancía y ante el valor de ellos. —¿Y cómo hacen para moverlos: de cien en cien?

—¡Pero no seas tan inocente, Virginia! ¿En qué mundo has vivido todo este tiempo? —dice Aguilar mirándome ahora fijamente y con profunda lástima. —¡Para Pablo Escobar ochocientos kilos son el pan de cada día! Nosotros movemos varias toneladas todas las semanas y yo soy el encargado de mandar la plata para Colombia: docenas de millones de dólares en efectivo, ¡docenas! Una que otra se pierde, pero casi todas llegan.

Sé perfectamente que, sin autorización del Patrón, los empleados del cartel jamás hablarían de las dimensiones del negocio con periodistas o *civilians* pero, sobre todo, con una mujer. Mi ex amante conoce mi corazón como nadie y sabe exactamente lo que yo voy a sentir al escuchar lo que sus subalternos me están confiando.

Creo que fue aquel día cuando finalmente dejé de querer a Pablo y empecé a odiar a Escobar. Por ser el séptimo hombre más rico del planeta y encargarle a su jefe de finanzas que me hiciera sentir la mujer más pobre y castigada de la Tierra. Por obligarme a pedir limosna a su enemigo, a quien se proponía sacar corriendo antes de que pudiera dármela. Por usarme de *punching bag* para desfogar todo su odio contra el cartel de Cali y por pretender hacerme sentir culpable de una guerra que sólo iba a dejar centenares de muertos.

Alguna vez le había contado yo a Pablo sobre Quirky Daisy Gamble, un personaje de la obra de Broadway *En un día claro se puede ver para siempre*. Daisy sabía cosas que nadie más en el mundo conocía, y podía hacer otras que para la gente normal serían sencillamente imposibles. Tras contarle la historia completa y reír durante un rato, habíamos concluido que —en días que no estuviesen demasiado nublados— sólo yo podía adivinar correctamente todo aquello que sólo él estaba en capacidad de concebir, planear y ejecutar.

Varios días después de mi llegada a Miami, Carlos Aguilar me anuncia:

—El jefe nos encargó que te lleváramos a pasear en avión para que pudieras ver los cayos de Florida. Te mandó decir que, desde el aire, en un día claro se alcanzan a divisar las costas de Cuba, que siempre estarán ahí. Vamos a escoger un día soleado de la próxima semana, y te avisamos…

El Mugre y su acompañante —quien, según me muestra, lleva un revólver oculto en cada media— me recogen en el hotel y me conducen hasta una escuela de aviación, como a una hora de distancia. Allí me presentan a tres muchachos que se están entrenando para entrar al servicio de Escobar. Son muy jóvenes —veintitrés a veinticinco años— y de pequeña estatura, delgados y morenos. Observo que tienen una mirada excepcionalmente dura para gente de su edad y que no hacen el menor esfuerzo por disimular la sorpresa que les produce mi llegada y la incomodidad que sienten ante mi presencia. He conocido a una docena de pilotos de la organización, e inmediatamente me doy cuenta de que estos jóvenes no podrían corresponder jamás al perfil de aviadores del narcotráfico, hombres civiles, ricos y con aspecto de exitosos profesionales de clase media alta, absolutamente seguros de sí mismos y siempre sonrientes. Estos, en cambio, lucen como pequeños hombres de acero de origen humilde y me digo que no pueden estarse entrenando para llevar cocaína a Cuba, aunque quizás sí para traerla desde allá. Pero para introducir sus toneladas de drogas desde el Caribe hacia la Florida Pablo siempre ha contado con los más experimentados pilotos americanos o colombianos, lo cual quiere decir que no necesita novatos... La mercancía tampoco se lleva a otras plazas por avión y, en todo caso, la distribución a todo el territorio americano, hasta donde yo siempre he sabido, es asunto de los clientes del cartel de Medellín, no de Escobar o de sus socios principales...

De pronto, la verdadera razón de mi viaje cae sobre mí como un asteroide y me pasa por encima como una aplanadora: lo que Pablo quiere decirme es que él se muere de la risa con todos mis consejos y advertencias, y que cualquier magnate ex novio mío es el rey de algo y cualquier Gilberto pude ser el futuro rey de la coca. Él, en cambio, se propone convertirse en mito antes de morir. Sí, él se está preparando para pasar a la historia no como un rey cualquiera, sino como el Rey del Terror. Quiere que yo lo sepa, y antes de que me vaya de su vida para siempre va a enseñarme de qué es capaz su mente monstruosa: va a exhibir ante su futuro biógrafo todo aquello que jamás le hubiera permitido conocer a su amante, ésa que le pegaba riendazos, la que le hubiera dado cantaleta, la que procesa la información de una manera que sólo él conoce y la dueña de esa cabeza que él aprendió a manipular a la perfección.

El Mugre me informa que estos muchachos son nicaragüenses y están recién llegados a Estados Unidos. Entraron por «el Hueco», es decir que cruzaron ilegalmente la frontera por México. Yo sé lo que esto quiere decir: que son Sandinistas, muy posiblemente soldados y casi seguramente comunistas fanáticos dispuestos a todo por la Revolución. Lo que Pablo quiere mostrarme es que, cuando la plata entra a raudales y se planean cuidadosamente, todas, todas las maldades se materializan. Él quiere que yo vea con mis propios ojos que estos jóvenes estudiantes de aviación de ceño fruncido y aspecto humilde se preparan para algo que un piloto americano o colombiano no estaría dispuesto a considerar ni por todo el oro del mundo.

Pablo también me está diciendo que para hacer negocios con Cuba él no tiene que contar con el visto bueno de Castro y que, cuando un dictador hace caso omiso de sus propuestas porque le tiene miedo a los americanos o a los contras, los generales que están debajo de él tienen un precio que alguien todopoderoso en materia de recursos líquidos, como él, está en capacidad de pagar un millón de veces.

Mi instinto me dice que no acepte la invitación a subir a uno de aquellos aviones para ver desde el aire lo que sólo nosotros dos podríamos ver para siempre en un día claro. Y cuando llegamos al *mall* donde quiero hacer unas compras y nos sentamos a almorzar, me alegro de haber tomado esa decisión: súbitamente, dos *flashes* fotográficos nos ciegan. Tratamos de ubicar su procedencia, pero es inútil. Por primera vez desde que conozco a Escobar, veo a sus hombres asustarse con algo. Ambos me ruegan que nos vayamos de allí inmediatamente y yo también decido que en estas dos semanas he tenido suficiente de Miami y que regresaré a Colombia al día siguiente.

Es el 11 de octubre de 1987. Al llegar al aeropuerto, dos agentes del FBI se aproximan y me dicen que necesitan hacerme unas preguntas. Pienso que en esta ocasión van a querer interrogarme sobre los muchachos o sobre los pilotos del día anterior pero, nuevamente, sólo quieren saber si llevo dinero en efectivo. Aliviada, les respondo que ese tipo de dinero viaja a Colombia en los mismos contenedores en los en que llegan las drogas y no en el bolsito de las periodistas de televisión con maestría y doctorado en temas de narcotráfico. Se lo digo con la tranquilidad absoluta que me da el saber que ahora el DAS me está reportando a las autoridades extranjeras cada vez que viajo fuera del país y la absoluta certeza de que fueron estos *special agents* quienes me tomaron las fotos del día anterior para averiguar con sus corresponsales colombianos quiénes eran mis acompañantes.

Al llegar al mostrador de la aerolínea me entero de que el Aeropuerto Internacional de Bogotá está cerrado: el abogado Jaime Pardo Leal, candidato de la Unión Patriótica a la presidencia de Colombia, ha sido asesinado tras haber sido interceptado en un retén militar cuando conducía su modesto auto por una carretera.

En el país que suministra vehículos blindados y escoltas a cualquier funcionario de tercer orden, el autito y el total abandono del DAS al candidato presidencial de la izquierda es una advertencia de lo que espera a quien no esté con los ex presidentes de los dos partidos tradicionales y con sus ungidos para sucederlos en el poder. Las familias presidenciales colombianas —que se reparten las embajadas y los grandes cargos públicos mientras a través de sus medios de comunicación ordeñan las pautas publicitarias del Estado— están dejando el trabajo sucio en manos del general Miguel Maza Márquez, director del Servicio Secreto y encargado de la protección de los candidatos. El director del DAS, a su vez, está dejando el trabajo sucio en manos de Inteligencia Militar del Ejército. Y el B-2 está dejando el trabajo sucio en manos de «el Mexicano» Gonzalo Rodríguez Gacha, el mismo que ya ha exterminado a centenares de activistas de la Unión Patriótica. Para la pequeña colección de monarquías vitalicias y hereditarias que controlan tanto a la opinión pública como los recursos de la nación, los grandes capos del narcotráfico están resultando el perfecto instrumento para eliminar a sus opositores sin mancharse las manos de sangre y para eternizarse en ese poder del que derivarán el sustento varias generaciones de su descendencia.

Sé que Escobar no está involucrado en la muerte de Pardo Leal, porque es un librepensador liberal que no asesina a nadie por razones ideológicas sino a quienes le roban o lo han perseguido durante años. Al despedirnos, me había dicho que no había nada, nada que yo pudiera hacer para cambiar el curso de la historia. Como sé que él jamás confesaría su impotencia ante nada ni una debilidad o una derrota ante nadie comprendo qué fue lo que realmente me quiso decir con esas palabras: que no habrá nada, nada que él, con toda su ferocidad y sus miles de millones de dólares, pueda hacer contra la suma del poder establecido, los organismos de seguridad al servicio de éste y la obsesión de su mejor amigo y socio por exterminar a todo el que huela a comunista.

Al otro día de mi regreso le escribo a Pablo. Lo hago en clave y firmo con uno de los varios apodos que él me tenía. Le recomiendo que no olvide el enorme poder que tiene Fidel en los Países No Alineados y todos los gobiernos *de facto* del mundo. Le advierto que el día en que Castro descubra lo que sus subalternos planean hacer, o están haciendo, va a mandarlos a fusilar a todos y a capitalizar el hecho en beneficio de su imagen. Le recuerdo que tarde o temprano él va a tener que huir de Colombia con toda su familia, que ningún país rico va a querer recibirlos, que en ese momento Castro les bloqueará la entrada a todas esas dictaduras tercermundistas que le han otorgado pasaporte y que si los dejan entrar muy seguramente será con la intención de vendérselo después a los gringos por una recompensa. Le digo que, si cree que puede enfrentarse solo a los capos de Cali, al Estado colombiano, a Fidel Castro y a los americanos a un mismo tiempo es porque ya perdió todo sentido de las proporciones, está en proceso de perder la cordura —lo único que uno jamás puede perder aunque le hayan quitado todo el resto— y va en una recta final hacia el suicidio. Y finalizo diciéndole que me cansé de la persecución de sus enemigos y de los organismos de inteligencia a un mismo tiempo, que no voy a arriesgarme a la cancelación de mi visa americana, que hemos dejado de ser amigos, que no pienso convertirme en observador-cómplice de su existencia y que trataré de olvidar todas aquellas razones por las que en un día ya muy lejano me enamoré de ese corazón de león para convertirme, a partir de ahora, sólo en el más duro observador-juez de sus procesos.

—Si llegas a abrir la boca estás muerta, amor de mi vida —susurra una noche a las tres de la mañana, y sé que ha estado fumando marihuana.

—Si hablara, nadie me creería y me internarían contigo, luego me evitaré ese suplicio. Sabes que si me matas, me haces el favor más grande de mi vida; y que si llegas a hacerme daño físico, iré a los medios y ninguna mujer se te volverá a acercar mientras vivas. Por ambas razones —y porque ya jamás podré esperar nada de ti— puedo darme el lujo de ser el único ser inerme que no te tenga miedo. Haz de cuenta que jamás me conociste. Olvídame, y no vuelvas a llamarme nunca. Adiós.

CR

En noviembre me reúno en Cali con Gilberto Rodríguez Orejuela. Cada vez que lo veo parece ser un hombre diferente. Si en la cárcel parecía triste y derrotado, y el día en que iba con Santofimio para donde Alfonso López se veía como el más feliz y triunfante de los multimillonarios de la Tierra, ahora luce terriblemente preocupado. Si hay alguien en el mundo que tampoco le tiene miedo a Escobar es él, tan rico o más que Pablo; pero Medellín ya les ha declarado la guerra y es sólo cuestión de días o semanas antes de que uno de los dos bandos haga el primer disparo. Delante de mí, Gilberto llama por teléfono al gerente general de sus laboratorios y le ordena:

—Quiero que sepa que yo quiero mucho a Virginia Vallejo, quien está aquí escuchando. Ella lo va a llamar y le pido que de ahora en adelante le colabore en todo lo que a ella se le ofrezca.

No dice nada más y sólo añade que, apenas resuelva unos problemas, volveremos a hablar. Él sabe que yo no tengo un centavo y yo sé perfectamente lo que eso significa: que todo va a depender de si hay o no guerra con Escobar y, por el momento, yo soy un motivo adicional de conflicto entre ambos. Y uno particularmente sensible, no porque Pablo esté todavía enamorado de mí sino porque él no va a permitir que todos sus secretos y vulnerabilidades —todo ese tesoro de información que yo cargo en mi memoria y en la piel del corazón— vayan a caer en poder de su peor enemigo. Me doy cuenta de que Pablo continúa interceptando mi teléfono y de que, de alguna manera, ya le hizo saber a Rodríguez que en esa materia él podría resultar mucho más territorial que todos sus hipopótamos juntos.

En diciembre Gilberto nos invita a Gloria Gaitán y a mí a Cali. Me parece que quedan encantados de haberse conocido y al día siguiente me veo a solas con él. Me confirma lo que Pablo me había dicho que ocurriría tarde o temprano y lo que yo ya presentía:

—Cada vez que la Fiera te ve en pantalla, le grita a mi hijo de once años: «¡Venga para que vea a su madrastra en televisión!» Tú eres el sueño de cualquier hombre rico y la fantasía de todo dueño de laboratorios de cosméticos, pero llegaste muy tarde a mi vida.

Comento que como, obviamente, está refiriéndose a mi edad, y no a otra cosa, estoy en mi mejor momento.

—¡No, no es nada de lo que estás creyendo! Lo que te quiero decir es que he estado casado dos veces con mujeres todavía más descastadas que yo, mientras que tú eres una princesa, Virginia. Pero anoche la Fiera intentó suicidarse y, cuando se recuperó, me dijo que si te volvía a ver a ti una sola vez más en la vida, así fuera para almorzar, me quitaría para siempre a ese niñito corredor de *karts* campeón que es lo que yo más adoro en el mundo, la única razón por la que sigo con ella y la de toda mi carrera delictiva. Entre mi hijo favorito y el negocio contigo, tuve que escoger.

Respondo que si me financia mi negocio de cosméticos con una suma decente, yo le juro que construiré un imperio, nadie más sabrá que somos socios y por el resto de su vida él podrá recurrir a esos fondos legítimos en cualquier emergencia, porque las nuevas leyes contra el enriquecimiento ilícito —la llamada extinción de dominio— van a comenzar a apretarlos sin compasión. Con expresión paternalista y una actitud condescendiente, me responde que él ya tiene centenares de compañías legítimas que pagan una auténtica fortuna en impuestos.

Después de despedirme de él para siempre, pienso que aquel hombre de aspecto taimado era muchísimo más peligroso que Pablo Escobar y Gonzalo Rodríguez juntos, y que Dios sabe cómo hace sus cosas. De vuelta en Bogotá, y mirándome al espejo, decido darme ánimos con la famosa frase de Scarlett O'Hara en *Lo que el viento se Llevó*:

—Bueno… ¡mañana será otro día! Y en 1988 veremos qué se hace. Que se maten entre ellos si quieren, porque no hay nada más que yo pueda hacer. Gilberto es humano y, cuando Pablo se atraviesa delante de alguien, hasta el más macho y el más rico salen a perderse. Todavía me quedan doce mil dólares en el banco y treinta mil en la caja fuerte. Soy flaca, tengo tanto coeficiente como trajes de diseñador, ¡y me voy para Careyes, que dizque es bonito!

Careyes, en el Pacífico mexicano, resulta ser uno de los paraísos de las gentes más ricas y elegantes de la Tierra. Angelita, la bella modelo, me ha invitado para no estar sola entre un montón de franceses e italianos, mientras su novio, un polista parisiense, supervisa la construcción de la cancha. No hablamos una sola palabra de Pablo, que cinco o seis años atrás suspiraba por ella, ni de mi vida en estos años. La primera noche me presentan a Jimmy Goldsmith, quien preside una mesa kilométrica llena de hijos, novios y novias de sus hijos, mujeres presentes y pasadas, nietos y amigos, todos bellos, bronceados y felices. Cuando el legendario magnate franco-inglés me estrecha la mano y sonríe, pienso que es quizás el hombre más atractivo que yo haya visto en la vida, que debe ser amigo de David Metcalfe y que con toda razón ha acuñado la frase:

«¡El hombre que se casa con la amante, deja el puesto vacante!»

Sir James acaba de vender todas las acciones de su compañía antes de la caída de la bolsa, ha quedado con una fortuna de seis mil millones de dólares y estuvo casado con la hija de Antenor Patiño. Mirando aquellas *palapas* de las descendientes del magnate boliviano del estaño, y escuchando a los mariachis más sublimes de la Tierra en el cumpleaños de su hija Alix, me pregunto por qué los magnates avaros no pueden vivir con un poquito de estilo, como diría Metcalfe. Y en que Pablo y Gilberto, que tienen la mitad o la tercera parte del dinero de este hombre y sólo dos terceras partes de su edad, en vez de estar felices en un sitio como éste, disfrutando de las cosas exquisitas y perfectas de la vida, como ese mar, ese clima, esos *infinity pools*, esa arquitectura única con enormes raíces envolventes sobre las columnas que sostienen los techos de paja de estas mansiones únicas, no están pensando en otra cosa que en matarse entre ellos:

—¿Por qué no vendrá el Mexicano a escuchar a estos mariachis, en vez de estar asesinando candidatos presidenciales? ¿Por qué Pablo prefiere a la reina del Putumayo en vez de estas niñas tan bellas? ¿Por qué Gilberto no ve el potencial de esta tierra que está regalada y va a valer una fortuna en unos años? ¡Ya todos estos ricos y nobles europeos que se las saben todas se dieron cuenta y se vinieron a colonizarla antes de que acabe!

Concluyo que educar el buen gusto y adquirir una cierta belleza para que la gente no se mofe del exceso de dinero rápido toma varias generaciones y que, al paso que van las cosas en materia de longevidad, a los magnates feos les va a tomar por lo menos medio milenio lograrlo.

De vuelta en Bogotá y después de cenar una noche con unas amigas, llego a casa hacia las once de la noche. Cinco minutos después, mi portero timbra y me avisa que William Arango me trae un recado muy urgente de su jefe. El sujeto es el secretario de Gilberto Rodríguez Orejuela y, aunque me extraña que venga tan tarde, le digo que suba. Pienso que su patrón está en Bogotá o que tal vez cambió de idea sobre el negocio o la guerra y no quiere decirme nada por teléfono. Y, tal como hago automáticamente cada vez que oprimo el botón para que suba el ascensor que desemboca directamente en el *foyer* de mi apartamento, coloco mi obra de arte favorita en el bolsillo de mi chaqueta.

El hombre está completamente borracho y al entrar al salón donde me encuentro se desploma en el sofá frente a la banqueta donde yo me siento. Mirando mis piernas con ojos vidriosos, me pide un whisky. Respondo que en mi casa el whisky es para mis amigos, no para sus choferes. Me dice que su jefe se burla de mí delante de todos sus amigos y empleados, que ese sicópata degenerado de Pablo Escobar también lo hace delante de sus socios y sicarios, y que Gilberto Rodríguez lo ha mandado para que él recoja los «sobrados» de los dos capos, porque ya era hora de que les tocara algo a los pobres. Con la mayor tranquilidad, le explico cuál es mi problema: ahí donde él está se han sentado en los últimos diecisiete años los seis hombres más ricos de Colombia y los cuatro más bellos, y un enano muerto de hambre y con cara de cerdo como él no califica para reemplazarlos. Exclama que entonces sí soy una prostituta, como dice doña Myriam, y por eso es que también me trae un regalito de ella. Impasible, respondo que si a esa mujer de la clase baja él le dice «Doña», a mí un chofer como él me tiene que decir «doña Virginia», y no «Virginia», porque pertenezco a la clase alta desde hace veinte generaciones y no soy Infanta de España ni estoy casada con un Don de la mafia.

Exclamando que me va dar mi merecido y ahora sí voy a saber lo que es bueno, el hombre intenta levantarse del sofá, que es bajísimo, mientras se mete la mano al bolsillo. Se tambalea por un instante y se apoya en la *coffee table* para no perder el equilibrio. Cuando media docena de velas que están en dos candelabros de plata caen haciendo ruido, el sujeto baja la vista. Y, cuando la levanta, tiene una Beretta 9 mm apuntándole a la frente a metro y medio de distancia. Con mi voz más controlada, le digo.

—Levante las dos manos, chofer inmundo, antes de que lo reviente y me manche el sofá.

—¡Pero alguien tan *jailosa* como usted, Virginia, qué va a ser capaz de matar a nadie, pobrecita! ¡Y esa pistolita qué va a tener salvoconducto del Ejército! —exclama, riendo a carcajadas con la misma sangre fría de quienes se saben respaldados por los grandes capos. — Le apuesto a que es de juguete y que, si es de verdad, ni siquiera está cargada. Y eso vamos a averiguarlo ya, para irme entonces a denunciarla al DAS ¡para que la metan a la cárcel por porte ilegal de armas y por ser la ex puta de Pablo Escobar!

Cuando se pone de pie, le quito el seguro a la Beretta, le digo que él no va a ninguna parte y le ordeno que se siente junto al teléfono. Obedece, porque también le explico que está en lo cierto: efectivamente, no tengo licencia para portar armas, la pistola no es mía, se le quedó al dueño cuando vino a verme esa tarde, y dos de sus secretarios-choferes ya vienen en camino por ella:

—Aquí en la cacha está marcada PEEG. Se pronuncia «¡Pig!», la palabra que grita el dueño cada vez que la usa. Como usted no debe saber inglés, le traduzco: ha oído hablar del Chopo, el Tomate, el Arete, la Quica, la Garra y el Mugre?

El hombre se pone lívido.

—¿Ve qué tan fácil fue adivinar el nombre del dueño? ¡Pero usted no resultó tan bruto como yo creía! Y como es tan inteligente, y yo tengo las manos tan ocupadas, le voy a pedir que se comporte como todo un secretario y me ayude marcando este número telefónico. Vamos a decirle a esos Niños Cantores de Viena que se apresuren, porque ya estoy de vuelta y habían quedado de venir entre once y doce por esto que se le quedó al sicópata degenerado de Pablo Emilio Escobar Gaviria mientras le hacía el amor a su puta —no su ex puta— en ese mismo sitio donde usted está sentado y que mañana voy a desinfectar. ¡Ande!, ¿qué está esperando?

Y le doy un teléfono en Bogotá que el Mexicano me había dado años atrás para una emergencia y que sé está desconectado.

—¡No, doña Virginia! ¡Usted no va a dejar que todos esos sicarios de don Pablo me maten! ¡Usted siempre ha sido una señora buena!

—Pero ¿cómo puede un genio como usted esperar que una prostituta por la que va a empezar una guerra entre un deshuesador de automóviles y un mensajero de droguería sea una perita en dulce, ah? Siga marcando el teléfono, que si está ocupado es porque el sicópata degenerado está hablando con la Piña Noriega... por suerte, ellos nunca hablan muy largo... Y ¡cómo se le ocurre que yo vaya a dejar que lo despedacen delante mío! ¡Uy, no, no, qué asco! Tampoco querría ver cómo todos esos Niños Cantores de Viena le hacen a sus hijas o hijos, a su mujer, a su madre y a sus hermanas lo mismo que usted vino a hacerme a mí. A Dios gracias, ya no demoran en llegar... ¡porque mañana tengo que madrugar a llevar al aeropuerto a ese loco malgeniado que dizque quiere mostrarme un avión nuevo!

—¡No, señora Virginia! ¡Usted no dejaría que esos sicarios, perdón, esos señores, tocaran a mi familia!

—Yo quisiera ayudarle, pero el dueño de la pistola tiene las llaves de este apartamento y, cuando los secretarios de él me vean apuntándole con ella al de Gilberto Rodríguez, no me van a creer que el jefe máximo del cartel de Cali mandó a un borracho asqueroso a fumar la pipa de la paz con el jefe máximo del cartel de Medellín, ¿o sí? Yo también le tengo un regalito para que escoja entre dos opciones: para usted, personalmente, ¿qué prefiere?: ¿Unas motosierras que acaban de llegarle de Alemania a ese carpintero sádico —¡y muere por estrenárselas!— o media docena de leonas que llevan una semana a dieta porque se estaban engordando con tanto sobrado que llegaba al zoológico de Nápoles? Ya no llamemos más, que debieron salir hace rato y no demoran en llegar...

Cuando me canso de describirle todo lo que van a hacerle a esa pobre mujer que tiene que dormir con un cerdo repugnante como él y parirle sus lechones, le digo que agradezca que soy el ángel guardián de su familia y que lo estoy echando de mi casa antes de que esos carniceros lleguen y la descuarticen delante de sus ojos. Con la Beretta apuntándole a la cabeza le ordeno que se meta al ascensor y, aunque en el último momento me provoca patearlo, me freno: podría perder el equilibrio y Pablo me enseñó que con un arma en la mano uno tiene que mantener la cabeza no fría, sino helada.

«El Señor trabaja de las maneras más misteriosas.» Cuando se va aquel depravado enviado por Gilberto Rodríguez para vengarse de Pablo Escobar —o por su mujer para vengarse de mí—, cierro con llave todas las puertas de mi apartamento y de mi habitación, beso mi Beretta y bendigo el día en que el hombre que se llevó mi corazón de oro me dejó su pistola para ese otro día en que sus enemigos vinieran por mí. Juro a Dios que ningún narcotraficante volverá a pisar jamás mi casa ni a tener mi teléfono; y los maldigo a todos, para que no tengan un solo día de felicidad en sus vidas, para que sus mujeres descastadas lloren lágrimas de sangre, para que pierdan sus fortunas, para que todos sus descendientes sean llamados los malditos. Y prometo a la Virgen que, en agradecimiento por su protección, a partir de ahora cooperaré con las autoridades antidrogas del extranjero cada vez que pueda serles de utilidad y me sentaré a la puerta de mi casa a ver desfilar los cadáveres de ellos y de sus hijos, y a ver a los sobrevivientes subir esposados a un avión de la DEA aunque tenga que esperarme un siglo.

Al otro día, llamo a la única amiga que jamás contaría a nadie lo que voy a confiarle. Solveig es sueca, elegante como una princesa de hielo, discreta y distinta de todas esas mujeres y periodistas a quienes Pablo siempre llamó «las Víboras». Ella y yo jamás nos hemos hecho confidencias, porque siempre me he tragado el dolor sola y en estos últimos años me he acostumbrado a no confiar en nadie. Hoy le hablo de lo ocurrido, no porque necesite desahogarme sino porque sé que ahora, más que antes, Escobar intercepta mi teléfono y graba mis conversaciones para saber si me estoy viendo con su enemigo. Sé también que, aunque ahora yo lo odie y él ya no me ame, Pablo siempre me querrá, y me oirá en el teléfono mientras mi atónita e incrédula amiga me pregunta por qué alguien como yo pudo haberse metido con gente de esa calaña, y por qué dejé entrar a un tipo de esos a mi casa, y yo le contesto que pensé que todavía podía parar una guerra que va a dejar cientos de muertos. Como los sirvientes y secretarios nunca actúan sin autorización del patrón, no le digo a Solveig el nombre de William Arango porque sé que Pablo lo despedazaría al otro día con una motosierra y no quiero cargar con ese muerto. El único propósito de mi confesión a Solveig es que Escobar abomine todavía más a quien siempre llamó «un cerdo arribista» y a su mujer enferma de maldad, que, con todas esas llamadas a los medios de comunicación acusando a Victoria de Escobar de cortar caras para robar regalos, fue quien realmente empezó toda aquella guerra entre los dos carteles.

Un tiempo después me llega en el correo un pedazo de página arrancado de un periódico: un peluquero de Cali fue muerto con cuarenta y seis puñaladas en el transcurso de una orgía de homosexuales; no diez, ni veinte, ni treinta. Como son mil veces más culpables las inteligencias que dan las órdenes que las bestias que las ejecutan, elevo una plegaria pidiendo compasión por su alma y le ofrezco a Dios todo mi dolor y humillación en boca de esas élites del bajo mundo —que ni genealógica ni moralmente se diferencian en nada de sus sicarios y sirvientes— para que me utilice como catalizador de procesos que acaben con ellos y con esas fortunas construidas sobre la vergüenza de mi país, la sangre de las víctimas y las lágrimas de nuestras mujeres.

Y el 13 de enero de 1988 estalla la guerra. Mientras Pablo se encuentra en Nápoles, una potente bomba sacude hasta los cimientos el edificio Mónaco —residencia de su esposa y sus dos hijos y ubicado en uno de los sectores residenciales más elegantes de Medellín— y todo el vecindario. Victoria, Juan Pablo y la pequeña Manuela, quienes dormían en las habitaciones del penthouse, se salvan milagrosamente de morir y salen ilesos, pero dos vigilantes pierden la vida. Garganta Profunda me dice que la venganza fue obra de Pacho Herrera, el cuarto hombre en la estructura máxima del cartel de Cali, a quien Pablo quería hacer lo mismo que él había hecho con el Niño por petición de Chepe Santacruz, tercero en jerarquía después de Gilberto y su hermano Miguel. Del edificio, ocupado en su totalidad por la familia y los guardaespaldas de Escobar, queda sólo la estructura de concreto; su valiosa colección de autos antiguos y la de obras de arte de su mujer sufren daños irreparables.

La guerra va dejando treinta muertos diarios y no es raro que en Cali y en Medellín comiencen a aparecer también los cadáveres de jóvenes modelos salvajemente torturadas, porque se extiende hasta los salones de belleza donde los carteles contratan informantes. Los enemigos de Pablo saben que ya no estoy con él pero creen soy muy cercana a sus afectos, lo cual me coloca en una posición doblemente vulnerable porque ya no cuento con su protección. Las amenazas son peores que nunca y de nada sirven los cambios de teléfono; cada vez menos personas tienen mi número y comienzo a aislarme de todo el mundo. El dinero que está en el banco se agota rápidamente, porque la prioridad es poder pagar las cuotas de mi apartamento mientras se vende alguno de mis cuadros —ninguno de los cuales tiene un valor superior a unos pocos miles de dólares— y en Colombia la venta de una obra de arte que no sea de la media docena de pintores nacionales famosos toma meses, si no años. Cuando ofrezco mis pocas alhajas a las joyerías de las que fui cliente desde los veinte años, me dicen que me dan diez por ciento de su valor, casi lo mismo que una casa de empeño. Decido que no venderé mi apartamento, que me ha costado casi veinte años de trabajo y sacrificios, porque tendría que dejar entrar a mi vida privada a docenas de curiosos y someterme a todo tipo de preguntas indiscretas.

Para mantenerme ocupada, comienzo a organizar los apuntes para la novela que publicaré algún día si un milagro me salva, lo cual no hace otra cosa que fijar en la memoria de manera indeleble la nostalgia por todo lo perdido desde que aquella maldición llamada Pablo Escobar se atravesó en mi camino, y a exacerbar toda esa vergüenza que fue su único legado. Después de la bomba y en menos de una semana, Pablo ya ha secuestrado a Andrés Pastrana, candidato a la Alcaldía de Bogotá e hijo del ex presidente Pastrana Borrero, y asesinado de manera inmisericorde al procurador Carlos Mauro Hoyos. Como se ha reimplantado la extradición, se propone colocar al Estado de rodillas y ahora paga cinco mil dólares por cada policía muerto. A medida que la guerra se va polarizando, ochocientos miembros de la institución van cayendo asesinados y, para probar que tiene munición a granel para el cartel de Cali y el Estado a un tiempo, los cadáveres de algunas de sus víctimas cargan ahora con más de cien tiros. Es evidente que los días de poca liquidez —desconocidos de la opinión pública— quedaron atrás, y que la conexión con Cuba le está dejando verdaderas fortunas.

Con el desfile del terror, las amenazas y los muertos me he ido hundiendo en una profunda tristeza: ya casi nada me interesa, raras veces salgo de casa y decido que apenas se acabe el dinero que tengo en la caja fuerte me meteré un tiro en el oído, donde Pablo me enseñó, porque tampoco soporto más el miedo a esa pobreza que veo aproximarse a pasos agigantados. Mi familia sólo siente desprecio por mí, sus insultos se suman a los que escucho cada vez que voy a un supermercado y sé que jamás podría contar con un pan de ninguno de mis tres ricos hermanos, que me culpan de las burlas que tienen que soportar en el Jockey Club y en los restaurantes.

He ido a despedirme de Dennis, un astrólogo norteamericano que pronto regresará a su natal Texas porque fue amenazado de secuestro, para preguntarle cuándo va a terminar el terrible sufrimiento por el que estoy atravesando. Mirando mi carta astral y unas tablas especiales que permiten saber dónde estarán los planetas en fechas futuras, me anuncia preocupado:

—El dolor apenas va a empezar... y va durar por mucho tiempo, querida.

—Sí, ¿pero cuantos meses?, dime.

—Años...años...Y deberás ser muy fuerte para soportar lo que viene; pero si vives mucho tiempo, recibirás una enorme herencia.

—¿Me estás diciendo que seré muy desdichada y luego enviudaré de un hombre riquísimo?

—Sólo sé que vas a amar a un hombre de una tierra lejana de quien siempre estarás separada... ¡Y no se te vaya a ocurrir cometer ningún crimen, porque vas a tener problemas legales con extranjeros, que van a durar años de años, pero al final la justicia se pondrá de tu lado!... ¡Ohhh! No sólo estás condenada a la soledad, sino que podrías perder la vista en tus últimos años. Sufrirás hasta que Júpiter salga de la casa de los enemigos ocultos, las prisiones y los sanatorios, ¡pero si eres fuerte en unos treinta años podrás decir que todo valió la pena! El destino está escrito en las estrellas... y no hay nada que podamos hacer para cambiarlo, *my dear.*

—¿Acaso eso que estás describiendo es un destino, Dennis? ¡Eso es una crucifixión! —le digo tragándome las lágrimas. —¿Y me dices que apenas va a empezar? ¿Estás seguro de que esas tablas no están invertidas? ¿El dolor no estará más bien terminando?

—No, no, no. Deberás pagar un karma porque naciste con Quirón en Sagitario y, como el mitológico centauro, querrás morir para escapar del dolor... ¡pero no podrás!

Esa noche le cuento a Gloria Gaitán por teléfono que estoy pensando en suicidarme para escapar del dolor de morir de hambre. Le digo que, para que sea rápido y definitivo, pienso meterme un tiro. Como ella es amiga de Fidel Castro, no le comento nada sobre escapar del dolor de tener que esperar treinta años en una cárcel gringa hasta que se pruebe mi inocencia y la del dictador cubano. O en un sanatorio junto a Pablo —un Sagitario— hasta que se pruebe mi cordura y en su lecho de muerte ese centauro me deje su fortuna por haberle dado cantaleta durante treinta años.

Unas dos semanas después acepto la invitación de una conocida mía para pasar un puente en su casa de campo. Como estoy convencida de que ya pronto me despediré del mundo, quiero ver la naturaleza y los animales por última vez. Al regresar a mi apartamento, donde todo se mantiene siempre en un orden perfecto, me doy cuenta de que un ladrón me visitó en mi ausencia. Mi escritorio está revuelto y han desaparecido las primeras setenta y ocho páginas de mi novela, pacientemente manuscritas una y otra vez —porque no tengo máquina de escribir y la computadora personal aún no está inventada—, junto con los casetes de las entrevistas que le hice a Pablo en los primeros tiempos, las tarjetas de sus orquídeas y las únicas dos cartas que me escribió. Con un presentimiento aterrador, corro hasta la habitación donde está la caja fuerte y la hallo abierta. Han desaparecido los treinta mil dólares —todo lo que me quedaba en la vida— y, con excepción de las dos llaves del apartamento, está vacía. Si bien los estuches de terciopelo con mis joyas completas están abiertos sobre el escritorio, el ladrón se ha quedado con mi llavero de oro y también se ha llevado el velerito, mi «yate» *Virgie Linda I*. Pero lo peor de todo, lo que nunca le perdonaré en la vida a ese ladrón de lápidas, es que me haya quitado mi Beretta. Sí, era suya, pero él sabía perfectamente que ya se había vuelto mía y que era la última esperanza que me quedaba.

El robo de todo mi dinero, de meses de trabajo de amanuense y de esa pistola que era mi más preciada compañía me sume ahora en la depresión más profunda. El hombre cruel que tanto amé ha perdido la cordura y me está condenando a agonizar durante meses. Mi madre se ha ido para Cali a cuidar a una hermana enferma y no ha dejado el teléfono porque la mía es una familia inexistente. No me atrevería a pedir dinero a nadie más, ni a hablarle de mi pobreza a amistades cada día más lejanas o a parientes que nacieron distantes. Ya ni siquiera tengo fuerzas para salir a vender nada y decido que no esperaré treinta años hasta que pague ningún karma y que me dejaré morir de hambre, como hizo Heratóstenes cuando supo que pronto perdería la última luz de sus ojos.

Como sé que desde algún lugar del cosmos los espíritus nobles de los inmortales pueden escuchar las voces suplicantes de los pobres mortales, ruego a aquel sabio de la antigua Grecia que me dé fuerzas para soportar los tres meses que me esperan si no ocurre un milagro. He leído que los peores días son los primeros y que luego se adquiere una lucidez única y ya casi no se sufre. Al principio no se siente nada; pero en el quinto y sexto día comienzan los dolores. Se van agudizando con cada hora que pasa, con la más extrema sensación de abandono y desesperación, con tal agonía en el corazón que uno —ya completamente desgarrado, como si todo lo que quedara de nosotros fueran sólo unos jirones de carne revueltos con llamas— llega a creer que no es la vida la que está abandonando nuestro cuerpo para siempre sino la poca cordura que aún nos quedaba la que está huyendo despavorida hacia el infierno. Y, para no perderla y consolarme, recurro a la única parte de mi ser que todavía parece quedar llena de algo:

—En este momento, hay casi mil millones de personas sintiendo la misma agonía que estoy sintiendo yo. Ya vi cómo vivían las gentes más ricas de la Tierra y ya vi cómo vivían los más pobres en aquel basurero. Ahora sé cómo muere uno de cada cinco niños que viene al mundo. Si ocurre algún milagro en mi vida, en treinta años podré poner todo el dolor que llevaba en el corazón en un librito sobre el Dios Padre y el Dios Hijo que llamaré «Evolution vs. Compassion». O algún día habrá filántropos de verdad y haré un programa de televisión sobre ellos que llamaré «On Giving».

Desde el Olimpo donde ahora reside, el compasivo Heratóstenes parece escucharme: once días después llama mi madre, quien ha regresado a Bogotá. Cuando le cuento que no he podido comprar mercado, ella me presta todo el poco dinero que tiene. Unas semanas después ocurre el milagro y se vende un cuadro. Entonces, decido que, para intentar recuperar los millones de dendritas perdidas durante once días de ayuno, debo estudiar urgentemente algo que sea un reto para el cerebro:

—Sí, voy a estudiar alemán para poder traducir a seis idiomas los «Escolios» del filósofo Nicolás Gómez Dávila, porque son un prodigio de sabiduría, métrica y síntesis: «El verdadero aristócrata ama a su pueblo en todas las épocas, no sólo en época electoral». ¿Será que, según el sabio colombiano de la derecha que odia los aparatos modernos, el Pablo Escobar que yo conocí tenía más de aristócrata que el Alfonso López de siempre?

Tres meses después, mi amiga Iris, prometida del ministro consejero de la embajada alemana en Bogotá, me da una noticia:

—Haz un beca disponible en el Institut für Journalismus de Berlín para un periodista que domine el inglés y tenga bases de alemán, que parece perfecta para alguien tan apasionado por los temas económicos como tú. ¿Por qué no la tomas, Virgie?

Y en agosto de 1988 —por esos designios de la Divina Providencia que, según Dennis, están escritos en las estrellas y esa mitad del destino que, según Pablo, ya viene con uno— me voy feliz para Berlín. No lo hago por ninguna razón, no. Voy feliz por un millón de razones, tantas como hay estrellas en el firmamento.

El rey del terror

—La gente de Berlín Oriental se consume de aburrimiento y de tristeza… ¡Ya no aguantan más y en cualquier momento van a tumbar ese muro! Me parece estar viendo esta grandiosa avenida unida en menos de un año —le comento a la persona que está junto a mí observando el Reichstag y la Puerta de Brandeburgo desde una torre de observación.

—¿Estás loca? ¡Va a estar ahí más tiempo que el Muro de Adriano y la Gran Muralla China!

Los vientos del destino me han llevado hasta Berlín Occidental en el último año de las dos Alemanias y el anterior al de la caída de la Cortina de Hierro. Como uno de esos poderosos tsunamis imposibles de ver desde la superficie, todo tipo de acontecimientos subterráneos se están sucediendo en el lugar que sólo quince meses después se convertirá en el epicentro del colapso del comunismo en Europa. Pero no es precisamente por razones políticas que ahora, cuando llego a un aeropuerto internacional, todas las alarmas rojas parecen encenderse. El DAS de Colombia sabe que el mayor narcotraficante del mundo prácticamente exporta sus toneladas de drogas en contenedores, transfiere el efectivo en congeladores industriales y todavía no tiene necesidad de utilizar a su ex novia como «mula», el rango más bajo dentro de la creciente y ahora multinacional industria diseñada por él y una decena de socios o rivales billonarios. Y me he dado cuenta de que el súbito interés del FBI y de la policía europea por mí parece estar coincidiendo con el hecho de que, últimamente, siempre que viajo desde Bogotá hacia otro país personas vinculadas a las *élites* del narcotráfico ocupan buena parte de la primera clase del avión.

También he observado que, cada vez que los becarios del gobierno alemán regresamos a Berlín de algún viaje a otras ciudades, en mi habitación de la pensión estudiantil los papeles y frascos con productos de tocador no están en el orden milimétrico en que los he dejado. Los funcionarios del Institut für Journalismus han comenzado a mirarme de manera inquisitiva y a preguntar cosas como por qué mi ropa es de ejecutiva y no de estudiante. Sé lo que están pensando y que las autoridades han estado indagando sobre mí. Sé que me han estado siguiendo y por qué. Y estoy absolutamente feliz.

Cierto día me armo de valor y decido llamar al consulado de Estados Unidos en Berlín —en 1988 la embajada está en Bonn— desde un teléfono público, para ofrecerles mi cooperación. Digo a quien contesta que creo tener información sobre un posible complot de Pablo Escobar con los cubanos y los Sandinistas. Al otro lado de la línea el operador del conmutador pregunta «*Pablo who?*», comenta que cientos de disidentes comunistas llaman todo el tiempo para decir que los rusos van a volar la Casa Blanca con una bomba atómica y cuelga. Al darme vuelta me encuentro con los ojos de un hombre que me había parecido ver unos días antes en el jardín zoológico, ubicado cerca de Europa Center —donde está el Instituto— y adonde voy con frecuencia para deleitarme pensando que, frente al de Berlín, el zoológico de la Hacienda Nápoles realmente luce como el Murito de Berlín frente a la Gran Muralla China.

Pocos días después un hombre me intercepta antes de subir a un avión. Se identifica como oficial antinarcóticos de la Bundes Kriminal Amt, BKA o Interpol Wiesbaden. Cuando me dice que quisieran hacerme unas preguntas, le pregunto si fueron ellos quienes me siguieron en el zoológico y el día de mi llamada al consulado americano, pero me asegura que no fue la BKA.

Me reúno con él y su superior y, de entrada, me informan que estoy en todo mi derecho de demandar por la intromisión en mi vida privada: han revisado mi habitación semanalmente, han interceptado mis llamadas telefónicas, han abierto hasta mi último sobre de correspondencia y han investigado a cada persona con quien me he visto. Yo les explico que, lejos de demandarlos, lo que deseo hacer es entregarles los nombres y jerarquías de todos, absolutamente todos los narcotraficantes y lavadores de dólares que yo haya conocido u oído nombrar en mi vida, porque siento un odio visceral por esos criminales que acabaron con mi buen nombre y el de mi país; pero primero van a decirme quién es la persona que me ha estado denunciando cada vez que viajo. Tras días de discusiones bizantinas, me dan el nombre: es Germán Cano del DAS.

Entonces sí comienzo a hablar. Lo primero que les informo es que en el avión en el que yo venía en la cola con mi pasaje de estudiante viajaba en primera clase uno de los miembros más visibles del cartel de Medellín con su socio, un lavador de dólares hijo de una de las familias judías más ricas de Colombia. Al llegar al aeropuerto de Frankfurt ambos siguieron derecho, «como Juan por su casa», mientras todos los policías venían a examinar mis maletas para ver si era cierto que la novia, o ex amante, del séptimo hombre más rico del mundo traía algún kilito de coca y se arriesgaba a diez años de cárcel por ganarse cinco mil dólares para un traje más de Valentino o de Chanel.

—Si Germán Cano todavía no sabe quiénes son los máximos capos de las drogas, y quiénes los grandes lavadores de dinero, es porque el Servicio Secreto colombiano los está protegiendo. Creo que Extranjería del DAS tiene gente en las aerolíneas que les pasa el dato de cuándo voy a viajar; ellos se lo pasan a los narcotraficantes amigos y, llegado el día, me convierten a mí en un señuelo para distraer a las autoridades extranjeras. Está ocurriendo todo el tiempo y yo no creo en coincidencias.

Añado que la policía antinarcóticos de mi país ha estado durante años a sueldo de la DEA y que no voy a pretender que ellos me digan si el DAS recibe o no beneficios de Interpol; pero les hago ver que es perfectamente plausible que con una mano estén recibiendo de sus colegas europeos y con la otra de los grandes *narcos*.

—Díganme cómo puedo ayudarles. Sólo pido que me den un pasaporte o documento de viaje, para que el DAS no sepa cuándo viajo fuera de Colombia ni cuándo regreso. Hago esto por principio y no tengo la menor intención de pedirle a su gobierno ni asilo, ni trabajo, ni un centavo. Mi único problema es que me juré que jamás volvería a ver a nadie de ese negocio y mi única fuente de nuevos datos es un ex narcotraficante. Pero parece ser el mejor informado del mundo.

Así, como consecuencia de lo que me hicieron los jefes de los dos máximos carteles y las denuncias del Servicio Secreto colombiano, comienza mi cooperación con las agencias antidrogas internacionales. Pienso que, si en vez de preocuparse tanto por revisar mis maletas para ver si yo llevaba diez mil o más dólares para un Pablo sin liquidez, el FBI hubiera sido así de eficiente en el seguimiento, seguimiento del Mugre y los aviadores Sandinistas, hubiera podido desbaratar en cuestión de pocas semanas la impresionante *Cuban Connection* del cartel de Medellín y su estructura financiera. Y si, en vez de hacérmelo a mí y a mis elegantes amistades europeas, Interpol hubiera hecho semejante seguimiento a los grandes narcotraficantes y lavadores que venían en el mismo avión conmigo, también habría podido cortar de raíz la *European Connection* del cartel de Cali que se disparó al año siguiente.

Para los policías en todas partes del mundo sus colegas serán siempre más valiosos que sus informantes. Por ello entrego a aquellos europeos amigos del DAS todos los nombres de los narcotraficantes y sus cómplices, pero decido no hablarles de política caribeña y esperar, más bien, a que se presente una oportunidad ideal para contactar directamente a los americanos. Mi cooperación no es necesaria: la conexión de Pablo con Cuba cae el 13 de junio de 1989 y para el 13 de julio Fidel Castro ya ha fusilado al general Arnaldo Ochoa —héroe de la Revolución y de la guerra de Angola—, y al coronel Tony de la Guardia. Recibo la noticia de la muerte del general con profundo dolor, porque Ochoa fue siempre un hombre de extraordinario valor que no merecía morir en un paredón acusado de traición a la Patria.

Una guerra es lo más costoso que existe. Se deben comprar armas por toneladas y toneladas de dinamita. Se debe pagar generosamente no sólo a los soldados sino a todo tipo de espías y delatores y, en el particular caso de Pablo, también a las autoridades en Medellín y Bogotá, a políticos y a periodistas amigos. Estos centenares —posiblemente miles— de personas equivalen a la nómina de una corporación y no hay toneladas de coca que resistan ese desangre cotidiano de recursos. Sé que para este momento Escobar tiene dos problemas en la vida: para el público es obviamente la extradición; pero para los bien informados —como Garganta Profunda y como yo— es el dinero. Tras la caída de la Conexión Cubana, Escobar se enfrenta a la urgencia de masivos recursos líquidos para una guerra que está polarizando a todos sus enemigos: el cartel de Cali, el DAS y la policía. Ya le han costado a centenares de hombres y, como jamás deja abandonada a la familia de quien dio la vida por él, cada sicario muerto se multiplica por varias bocas que alimentar. Pero lo más grave de todo es que la guerra ha provocado la estampida hacia el Valle del Cauca de muchos de sus anteriores socios, porque Pablo ha comenzado a cobrar impuestos a su gremio para la lucha contra la extradición. Quien no paga con efectivo, mercancía, vehículos, aviones o propiedades lo hace con la vida y, cansados ya de su extorsión y la crueldad de sus métodos, muchos capos, como aquel que venía en el mismo vuelo mío, se han pasado a las filas de Cali.

Sé que para obtener recursos Escobar recurrirá cada vez más al secuestro y que, para poner al Estado de rodillas, despedazará a Bogotá y utilizará cada vez más fríamente a la prensa. Por ese desprecio que siente hacia los medios de comunicación que lo habían fustigado sin compasión cuando estaba conmigo —y porque estaba conmigo—, ha bautizado a una de sus casas con el nombre de «Marionetas». Desde mi soledad, yo observo en silencio cómo aquellos colegas que me habían insultado con los peores epítetos por amar al Robin Hood Paisa se arrodillan ahora ante el Rey del Terror. Todos lo cortejan anhelantes, pero es él quien los necesita con desesperación. Y el megalomaniaco obsesionado con la fama, el extorsionista que conoce como ninguno del precio de los presidentes aprende a manipularlos para vender la imagen de que cada día se vuelve más aterrador y todopoderoso, precisamente porque a cada hora se torna más vulnerable y menos rico. Las marionetas de aquel titiritero de la historia convierten al Chopo, el Arete, el Tomate y la Garra en «el Ala Militar del cartel de Medellín» y al Mugre en «el Ala Financiera del cartel de Medellín», adjudicándole a Pablo ante la prensa extranjera casi condición de jefe de una organización nacionalista como la OLP, la ETA o el IRA; mientras éstas luchan, respectivamente, por el derecho a una patria palestina o por la causa separatista del País Vasco o de una parte de Irlanda, el Ala Militar y el Ala Financiera del cartel de Medellín sólo luchan por una causa individual: la de que no extraditen al Patrón.

Y mientras casi mil policías van cayendo muertos, esa justicia colombiana que tarda veinte años en llegar —ese eterno instrumento de los victimarios— se convierte también en víctima de su propia indiferencia con las demás: en 1989 los narcotraficantes asesinan a más de doscientos funcionarios de la justicia y ya ningún juez se atreve a fallar un proceso en contra de ellos.

En 1989 regreso a Europa con toda la información que he podido reunir para Interpol. Me parece que en asuntos de narcotráfico los alemanes prefieren entenderse con el FBI y con el DAS y dejarle la policía colombiana a la DEA, por la que no parecen sentir una particular admiración. Pero la verdad es que en agosto de aquel año no estoy pensando mucho en los eventos políticos o en las noticias de Colombia, porque mi padre está muriendo y me preocupa el sufrimiento de mi madre. Sólo tiempo después supe que el 16 de ese mes mi ex amante había mandado a asesinar al magistrado que le había abierto proceso por la muerte del director del diario, y que en la mañana del 18 también había hecho lo mismo con el comandante de la policía de Antioquia, Coronel Valdemar Franklin Quintero, por haberla purgado de oficiales al servicio de Pablo Escobar y haber detenido a la Tata y a Manuela durante varias horas para interrogarlas sobre su paradero. El 19 muere mi padre y esa noche le digo a mi madre que no viajaré a Colombia para asistir a su funeral, porque él nunca me quiso y para 1980 ya había dejado de hablarme.

Pero hay otra razón para no estar con ella, y es un terror que no puedo compartir con nadie. Porque la noche anterior a la mañana de la muerte de mi padre Pablo cometió un crimen que fue sólo uno entre miles de cifras en sus estadísticas, pero fue el más notable de todos: el 18 de agosto de 1989 dieciocho sicarios con carnets del B-2 del Ejército asesinaron al hombre que sería el presidente de Colombia en 1990-1994 con sesenta por ciento de los votos y quizás el único realmente intachable desde los ya lejanos días del único estadista colombiano de la segunda mitad del siglo XX. Un mes antes, el general Maza Márquez había reemplazado a sus escoltas de confianza con un grupo de hombres a órdenes de un tal Jacobo Torregrosa. Sé que de viajar para el funeral de mi padre, hombres adscritos al Servicio Secreto seguramente me estarán esperando en el aeropuerto para interrogarme sobre Escobar y las razones de mis frecuentes viajes a Alemania, y que terminaré en manos de una docena de animales en algún calabozo del DAS o en la Escuela de Caballería del Ejército. Sé también que los medios, sedientos de venganza, creerán cualquier cosa que el general Maza quiera decirles y que aplaudirán a rabiar toda la sevicia que el DAS o el B-2 quieran utilizar contra mí, como lo han hecho durante años con las legendarias palizas y desfiguraciones. Porque aquel candidato a la presidencia se llamaba Luis Carlos Galán, y para Pablo Escobar era el primero y el último, el peor y el mayor en una cada vez más extensa lista de enemigos acumulados a lo largo de una vida signada por el odio y destinada sólo a las más implacables formas de venganza.

Tres meses después del asesinato de Luis Carlos Galán, Pablo Escobar vuela un avión de Avianca con ciento siete personas en el que viajaría el galanista César Gaviria —ahora candidato oficial a la presidencia del Partido Liberal—, quien en el último momento había decidido no abordarlo. Por este crimen, el sicario la Quica sería posteriormente sentenciado a diez cadenas perpetuas en una corte de Nueva York; los investigadores concluirían que el explosivo utilizado fue el mismo Semtex de los terroristas del Medio Oriente y el detonador muy similar al utilizado por Muammar Gaddafi para volar en diciembre de 1988 el *jet* de Panam con 270 personas sobre la aldea escocesa de Lockerbie por el cual Libia recientemente tuvo que pagar una indemnización millonaria a cada una de las familias de las víctimas. Manolo el Etarra había enseñado a Pablo y a sus hombres a fabricar las más potentes bombas, y fue así como pude comprobar una vez más que el terrorismo internacional estaba tan interconectado como lo estaba el narcotráfico con los poderes de mi país y con casi todos los del área circundante.

En noviembre de 1989 cae el Muro de Berlín. Es el comienzo oficial del fin de la Era de la Cortina de Hierro y de los gobiernos comunistas en Europa Oriental. Ese diciembre el gobierno de George H.W. Bush invade a Panamá y el general Noriega es depuesto y conducido a los Estados Unidos para ser juzgado por narcotráfico, crimen organizado y lavado de activos. Carlos Lehder se convierte en el más valioso testigo del narcotráfico contra el ex dictador y su sentencia es reducida de casi tres cadenas perpetuas a cincuenta y cinco años.

En diciembre de ese mismo año un bus con ocho mil kilos de dinamita sacude y despedaza hasta los cimientos del edificio del DAS. Sólo se salva el general Maza, y únicamente porque su despacho se encontraba encerrado en concreto reforzado con acero. Quedan casi cien muertos y ochocientos heridos y, ante aquel espectáculo dantesco, yo ya no quedo llorando por los muertos sino por los vivos. Dos semanas después, en una emboscada del Ejército en la costa del Caribe, cae muerto Gonzalo Rodríguez Gacha. Mientras el país estalla en júbilo ante la vulnerabilidad del cartel de Medellín, en la población de Pacho, cercana a Bogotá y reino absoluto del Mexicano, miles de personas lloran la muerte de su benefactor. Sé que a partir de ahora el general Maza y el cartel de Cali serán un solo bloque de concreto y acero contra Pablo, quien se ha quedado sin el único amigo y aliado incondicional de su misma talla y con la extrema izquierda enemiga de Gonzalo sumada a los enemigos suyos de la extrema derecha que con el tiempo se convertirán en el más feroz catalizador de todos los odios inspirados por él.

Aquel rosario de guerras consecuencia de la primera se va polarizando con el paso de los días. Con Bernardo Jaramillo —el siguiente candidato presidencial de la Unión Patriótica— y con Carlos Pizarro Leongómez, del ahora desmovilizado M-19, son ya cuatro los aspirantes a la presidencia que han caído asesinados. Nadie se atreve a pedir explicaciones al encargado de velar por su seguridad: el inamovible director del DAS.

CR

Pero, además de mi beca y mi cooperación con Interpol, había otra razón para que yo pasara en Alemania buena parte de los cuatro años transcurridos entre mi despedida de Pablo en 1987 y mis siguientes contactos con él.

En julio de 1981 había sido yo el único periodista colombiano enviado a Londres para cubrir la boda de Carlos y Diana, príncipes de Gales. Tras realizar sola una transmisión maratónica de seis horas, regresaba feliz y orgullosa porque tanto la BBC como el Centro de Información de la Corona me habían ofrecido trabajo. Había declinado, porque la ilusión de la programadora propia con Margot superaba a la de cualquier película de Hollywood u oferta de algún prestigioso medio internacional. En el vuelo de Londres a París, donde debería hacer una larga escala para tomar el de regreso a Bogotá, una chica encantadora se había sentado junto a mí y nos habíamos venido conversando felices sobre la boda real. Al llegar a París ella me había presentado a su hermano, quien la esperaba en el Aeropuerto Charles de Gaulle para proseguir juntos hacia el sur de Francia. Mientras ella llevaba a su sobrinito a comprar un helado, él y yo nos habíamos quedado conversando. Me pareció que, como yo, aquel hijo de un noble alemán y una belleza lombarda tampoco estaba felizmente casado y, al despedirnos, ambos supimos que en un día no muy lejano volveríamos a vernos. Cuando en la noche de mi llegada a Bogotá David Stivel me había dicho que me dejaría para irse con su actriz, yo le había dicho tranquilamente:

—Hazlo esta misma noche, porque ayer conocí en París al único hombre con quien volvería a casarme. Es bello, diez años más joven que tú y cien veces más brillante. Sólo tienes que firmar el documento que mi abogado te entregará en un par de días y ojalá seas tan feliz como me propongo serlo yo en un futuro.

Una de las tres razones por las que yo me enamoré de Pablo fue el regalo de mi libertad: en un lunes de enero de 1983 me había dicho que ese viernes, tan pronto como yo quedara libre de mi ex esposo, debería cenar con él antes de que otro ogro se le atravesara en el camino. Y a partir de aquella anoche nos habíamos amado tanto con ese hombre de la misma tierra mía que ya raras veces pensaba en aquel otro de un país lejano. El hombre superior con quien según Pablo yo alguna vez me casaría —y el que según Dennis yo amaría— volvería a mi existencia para regalarme por un tiempo breve todas las formas de felicidad que yo creía reservadas sólo para los justos en el Paraíso. Y regresaría para cumplir el más extraño papel en la muerte de Pablo y uno aún más extraño en la vida mía.

Hace un par de años que él se ha divorciado y, cuando su hermana le cuenta que estoy en Alemania, viene a verme al día siguiente. Baviera es uno de mis paraísos terrenales y Münich uno de mis paraísos urbanos, casi la ciudad neoclásica perfecta del Rey Loco y su compositor de la Tetralogía del Nibelungo. Durante varias semanas recorremos La Vieja Pinacoteca, con sus tesoros de todos los tiempos y aquellos Rubens titánicos de *El Rapto de las Sabinas*, y La Nueva Pinacoteca con tantas otras joyas del tiempo de él y mío. Paseamos por la campiña bávara, una de las más bucólicas que Dios haya creado, y somos increíblemente felices. Un tiempo después me pide que me case con él y, tras pensarlo durante unos días, acepto. Él coloca en mi dedo un anillo de compromiso con un diamante de ocho quilates —el número del infinito— y fijamos la fecha del matrimonio para mayo del año siguiente. Su madre me dice que pronto iremos a París para encargar con seis meses de anticipación el traje de novia de Balmain Alta Costura que quiere regalarme y, por primera vez en mi vida, todo se acerca a la más divina perfección soñada por el más sibarita de los epicúreos o por mi adorado poeta sufí del siglo XIII.

Unas semanas después mi futura suegra me envía a su chofer porque quiere que yo firme unos documentos antes del matrimonio. Al llegar a su casa me pone por delante un contrato prematrimonial: en caso de divorcio o de la muerte de su hijo —uno de los herederos principales de su segundo y multimillonario marido— se me reconocerá un porcentaje de la fortuna de mi esposo tan ridículo que yo sólo puedo interpretarlo como el insulto que evidentemente es. Con voz helada me dice que si no lo firmamos desheredará a su hijo. Cuando le pido una explicación sobre las razones de su súbito cambio de actitud hacia mí, saca de su escritorio un sobre lleno de fotos mías con Pablo Escobar acompañadas de una carta anónima. Le pregunto si mi prometido está enterado de todo lo que está ocurriendo y, con la mayor ironía, ella responde que jamás podría atravesarse en la felicidad de su hijo pero que en la siguiente hora él estará informado de todas las razones para la decisión que ella y su marido han tomado. Le digo que mi novio ya sabe sobre esa relación y que ella está destruyendo todos nuestros sueños, porque yo jamás podría casarme con alguien que no vaya a ser mi socio y compañero en términos de completa igualdad en todas las circunstancias, buenas o duras, de la vida y porque sin mí a su lado su hijo nunca volverá a ser feliz.

De nada sirve la insistencia de mi prometido de que le dé unos días de plazo mientras intenta convencer a su madre de que cambie de parecer: le devuelvo su anillo y esa misma noche me regreso para Colombia con el corazón, una vez más, hecho pedazos.

☙

Al llegar me entero de la muerte violenta de dos conocidos míos, dos personas totalmente opuestas: Gustavo Gaviria Rivero y Diana Turbay Quintero.

La del primero me deja triste durante muchos días. No sólo por él, sino porque sin esa roca inamovible que era su primo, Pablo enloquecerá aún más y el país terminará pagando las consecuencias. Se ha quedado sin las fortalezas y apoyo de los capos fundadores de la industria y únicamente con su hermano Roberto y, aunque hombre de total confianza en materia contable, el Osito no tiene ese impresionante dominio del negocio que tenía Gustavo, esa obsesión por su control absoluto, esa cualidad despiadada imprescindible para manejar un imperio del crimen organizado y más uno en el que el otro socio se encuentra casi siempre ausente y exigiendo recursos y más recursos para una guerra contra todo un Estado con Fuerzas Armadas y agencias gubernamentales organizadas. Sé que, a pesar de la lealtad incondicional y todos los talentos de su hermano, sin su primo Gustavo el negocio de Pablo irá en picada y el de sus enemigos en ascenso. Y sé algo que él también ya sabe: el siguiente muerto será él, y a mayor su crueldad mayor será su mito.

Pablo siempre ha sabido que las mujeres sufren más y que las víctimas femeninas inspiran más compasión que las masculinas. Por eso ha escogido a Nidia Quintero, la ex esposa del presidente Julio César Turbay— como obligado vocero de su causa. Mientras que al durísimo gobierno de Turbay Ayala se le adjudican miles de desapariciones, las dimensiones de la tarea social que Nidia encabeza la han convertido en una de las personas más queridas de Colombia. Cuando su hija Diana Turbay se dirige a entrevistar para el noticiero que dirige al cura español Manuel Pérez, jefe del ELN (Ejército de Liberación Nacional), los hombres de Escobar la interceptan. Ahora la mujer más admirada de Colombia en tiempos recientes clama al nuevo presidente César Gaviria para que pare la guerra, escuche a los Extraditables y salve la vida de su hija. Gaviria no sacrifica el Estado de derecho al hombre que asesinó a sus predecesores en la dirección del galanismo y voló un avión en el que él viajaría, y el gobierno arremete con todo: en un intento por liberar a Diana, una policía ciega de odio contra los hombres de Escobar y desesperada por vengar la muerte de centenares de colegas, confunde a la víctima —quien lleva un sombrero— con uno de sus secuestradores. Diana muere en el tiroteo, y el país entero acusa a los uniformados de hacer los disparos primero y las preguntas después y al presidente por su falta de compasión ante las súplicas de la madre de la víctima, de la prensa, de la Iglesia y de todo un país cansado de ver desfilar por televisión día y noche sólo entierros de cientos de muertos humildes y funerales multitudinarios de muertos notables. Ya Escobar lo había anunciado:

—Lo único que se ha democratizado en este país es la muerte. Antes sólo los pobres morían violentamente. ¡A partir de ahora, también los poderosos morirán así!

Pero si hay un dolor que no olvidaré jamás es el de mi amiga periodista —novia de un dirigente del M-19 y cuyo nombre callaré por siempre— sollozando en mis brazos mientras me cuenta cómo fue violada por agentes del DAS que entraron de noche en su casa. Le advirtieron que si llegaba a denunciarlos, la torturarían hasta la muerte. Antes de irse, y mientras ella lloraba en un baño, colocaron armas sin salvoconducto en otra parte del apartamento. Minutos después llegó la policía con una orden de cateo y fue arrojada a la cárcel, acusada de porte ilegal y de colaboración con la guerrilla.

—Lo que te ha salvado a ti, Virginia, es el absoluto terror que inspira Pablo Escobar —me advierte ella—. Nunca, nunca, vayas a hablar mal de él porque lo que te protege a ti es que todo el mundo está convencido de que te le fuiste con el alemán pero él te hizo volver. Es preferible que crean eso y no que te vayan a despedazar entre un montón de animales y luego te «carguen» con armas o con drogas. Si a una belleza como tú le hicieran lo que a mí, todos los medios de comunicación aplaudirían durante días porque aquí la prensa está más enferma que el resto. Saben que conoces el precio de medio mundo y no ven la hora de que te descuarticen o te suicides para que te lleves sus secretos a la tumba. No entiendo a qué volviste… La poca gente que te quiere dice a espaldas tuyas que sólo pudiste haber regresado a este infierno por amor a Pablo Escobar. ¡No se te vaya a ocurrir desmentirlos! Cuando te pregunten por él, simplemente diles que tú no permites que te toquen ese tema.

Junto con Diana, Pablo secuestra a dos conocidos míos de toda la vida: Azucena Liévano y Juan Vitta, a dos camarógrafos y a un periodista alemán, quienes son posteriormente liberados. La muerte de Diana se convierte en su más efectivo y contundente argumento de presión contra el nuevo gobierno. Pero las cosas no se detienen ahí: para obligar ahora a las más altas esferas del galanismo a pronunciarse en favor del diálogo con él y de la aceptación de sus condiciones, Escobar secuestra a la cuñada de Luis Carlos Galán y a su asistente, y luego a Marina Montoya, hermana del secretario de la presidencia en el gobierno de Barco y socio de Gilberto Rodríguez en la Chrysler, a quien luego asesina a sangre fría en represalia por un intento de liberarlas. Y en septiembre secuestra a Francisco Santos, hijo de uno de los dos propietarios de *El Tiempo*, para obligar al principal diario del país a pronunciarse en favor de una Asamblea Constituyente que enmiende la Constitución y prohíba la extradición.

Es en este clima donde dejo al hombre de una tierra lejana y regreso a mi país. La hija de Nidia y prima de Aníbal muerta por culpa del hombre a quien él me había presentado. Mi amiga violada por enemigos de Pablo y del M-19. Mis colegas Raúl Echavarría y Jorge Enrique Pulido asesinados por el hombre que yo tanto había amado. Personas queridas como Juan y Azucena, secuestrados por mi Robin Hood paisa, junto con compañeros de colegio como Francisco Santos y mi pariente Andrés Pastrana. Todos ellos, personalidades de los medios de comunicación, le garantizan a Pablo vocería ante la opinión pública en un país emocionalmente agobiado y convencido de que él es todavía el séptimo hombre más rico del mundo; sólo quienes alguna vez fuimos parte su círculo íntimo sabemos que toda esta ola de secuestros obedece, precisamente, a su desesperación ante el agotamiento de las fuerzas y el desangre de los recursos líquidos. Ante las dificultades que le plantean los ejércitos de los cuatro principales magnates, Escobar desciende ahora al siguiente nivel de las grandes fortunas colombianas y secuestra a Rudy Kling, el yerno de Fernando Mazuera, uno de los hombres más ricos del país y gran amigo de mis tíos. Casi todas las nuevas víctimas de Pablo son ahora algo mío: un amigo o un hijo de amigos de mi familia, un colega o un pariente, un compañero de colegio o un conocido de toda la vida. Cuando un editor de *El Tiempo* llama en nombre del padre de Francisco Santos para rogarme que interceda por su hijo, y yo respondo que ni siquiera sabría cómo o dónde ubicar a Pablo, me da a entender que no me cree. Cada vez que entro a un restaurante leo el desprecio en los rostros de los comensales. Y como no tengo otro mecanismo de defensa, me vuelvo cada vez más distante y me refugio en esa elegancia que tanto había pulido en los últimos meses para estar a la altura de los exigentes cánones de mi futura suegra, lo cual sólo exacerba los odios porque la atribuyen a mi riqueza.

Mi ex prometido llama permanentemente para decirme que le preocupa ese clima de hostilidad e impunidad en el que vivo y yo le respondo que, tristemente, ese país es el único que tengo. Me promete que en unas semanas vendrá a visitarme porque no puede seguir separado de mí, pero le ruego que no lo haga porque ni voy a firmar ese contrato prematrimonial, ni a permitir que lo desheredan, ni a vivir con él sin estar casada, y le insisto en que, por el bien de ambos, debe tratar de olvidarme.

He vendido mi cuadro de Wiedemann y mi autito y con el dinero he logrado pagar mis gastos y salvar mi apartamento pero, nuevamente, mis recursos están a punto de agotarse.

Años atrás había trabajado con Caracol Radio, pero ahora su director, Yamid Amat, uno de los periodistas de cabecera de Pablo Escobar desde los días de su pública declaración de amor a Margaret Thatcher, reacciona escandalizado cuando le pido trabajo. Lo mismo ocurre con los directivos de RCN Radio y Televisión de Carlos Ardila, el magnate de las gaseosas. Finalmente, Caracol Televisión de Julio Mario Santo Domingo llama para decirme que tiene el trabajo perfecto para mí. Imagino que quieren hacerme una oferta como presentadora, porque la verdad es que hay muchísimas peticiones para que yo vuelva a la televisión y la noticia de mi regreso al país ha originado todo tipo de rumores y especulaciones; mi favorito es que, con los millones de Pablo, Ivo Pitanguy tuvo que rearmarme de pies a cabeza porque se me había dañado terriblemente la figura tras dar a luz a unos mellizos ¡que dejé abandonados en un hospicio en Londres! Y como mi ex socia Margot Ricci siempre ha dicho que la gente en Colombia no enciende el televisor para verme ni oírme sino para ver qué llevo puesto, me voy feliz para la entrevista con la presidente del canal vestida en Valentino. Sabedora de que una presentadora profesional con un guardarropa como el mío es un lujo para cualquier canal de un país en vía de desarrollo, cuando ella me pregunta:

—¿Y a ti quién te cose? —no titubeo al contestar con mi más radiante y segura sonrisa:

—¡Valentino en Roma y Chanel en París!

En mi infinita desinformación sobre los recientes acontecimientos locales, he olvidado que Canal Caracol no es Televisa de «el Tigre» Azcárraga ni O Globo de Roberto Marinho. Porque para aquella mujer, quien está allí pidiendo trabajo no es otra que la ex novia o todavía-novia del criminal más grande de todos los tiempos. Sí señor: ¡nada más y nada menos que el pirómano que le quemó la casa de campo al hombre a quien ella le debe el puesto: Augusto López, el presidente del Grupo Santo Domingo!

La ejecutiva me ofrece protagonizar una telenovela y, sorprendida, comento que no soy actriz. Con un encogimiento de hombros, ella responde que con veinte años de experiencia ante una cámara, ¿eso a quién diablos le importa? ¿Acaso no decliné ofertas de cine en Hollywood?

—Las telenovelas llegan a todos los estratos socioeconómicos. Las ven hasta los niños. Son un producto de exportación a docenas de países. ¡Ahora sí vas a ser famosa en todo el continente!

Firmo el contrato y pocos días después comienzan las llamadas de los medios solicitando entrevistas. En total, concedo treinta y dos para radio y televisión. «Aló», la principal revista de la casa editorial El Tiempo, insiste en que les dé una exclusiva para un medio impreso y, cuando declino una y otra vez porque mis declaraciones a la prensa escrita siempre han sido distorsionadas para poner en boca mía frases que jamás he dicho, la directora me promete que respetará mi derecho de aprobar cada palabra de mis respuestas antes de su publicación. Cuando acepto, lo primero que ella me pregunta es si voy a volverme a ver con Pablo y el nombre y localización de mi ex prometido. No voy a permitir que se mezcle al hombre que amo con un criminal que me ha causado tanto daño, y me reservo los datos del primero. Sobre Escobar, comento:

—Hace años que no lo veo. Pero… ¿por qué no le pregunta más bien a él por mí cuando le haga una entrevista? Si se la concede, porque entiendo que no ha vuelto a darlas…

Dos días después de la publicación de la entrevista suena mi teléfono. Ahora todos los medios tienen el número y yo misma contesto.

—¿Por qué dice usted esas cosas tan feas de mí?

—No le voy a preguntar cómo consiguió mi número, pero le diré: porque estoy hasta la coronilla de que me pregunten por usted.

Me dice que se está estrenando un nuevo teléfono —especialmente para mí— y por eso vamos a poder conversar tranquilamente antes de que se lo intervengan. Ya mandó a revisar los míos antes de llamar —para saber si estaban *chuzados*— ¡y ha comprobado que ambos están limpios!

—Quería darte la bienvenida, porque parece que le has hecho falta a varios millones de personas… no sólo a mí… ¿Cómo encontraste al país después de todo este tiempo?

—Creo que fue en la página 28 de *El Tiempo* que, a una columna y en cinco líneas, leí que el año pasado hubo en Colombia 42 000 homicidios. Como yo vengo de un país donde tres muertos son una masacre de primera página, para contestarle con un mínimo de rigor tendría que preguntarle primero: ¿cuántos de esos miles le debemos a usted, Honorable Padre de la Patria?

Con un hondo suspiro, él responde que ahora que viene la Asamblea Constituyente el país volverá a la normalidad porque todo el mundo está cansado de tanta guerra. Yo comento que muchos periodistas parecen coincidir en que «esos señores del Valle» ya tienen comprado a 60 por ciento del Congreso y le pregunto si es que él tiene esa misma proporción de los Constituyentes.

—Bueeno, amor… Tú y yo sabemos que ellos son de repartir *platicas* aquí y allá. Lo mío, en cambio, es con plata de verdad. Yo tengo a todos los duros del Magdalena Medio —los del plomo— que, con otro elevado porcentaje del que no puedo hablarte por teléfono, me garantizan el triunfo absoluto. ¡Vamos a cambiar la Constitución y ningún colombiano podrá ser extraditado!

Lo felicito por la proverbial eficiencia de su amigo Santofimio. Terriblemente molesto, Escobar exclama que no es su amigo sino su mandadero, que apenas pase la Constituyente no lo volverá a necesitar para nada y que antes perdona a Luis Carlos Galán —dondequiera que esté— que a Santofimio. Muy sorprendida, pregunto si eso quiere decir que se arrepiente de «aquello» y responde:

—¡Yo no me arrepiento de nada! Usted es muy inteligente y sabe perfectamente lo que eso quiere decir. Cambio de teléfonos.

Al cabo de unos minutos, suena el otro. Ya en un tono muy distinto, pregunta.

—Hablemos de ti. Ya supe todo lo de tu novio alemán. ¿Por qué no te casaste con él?

Respondo que eso no es asunto suyo. Él jura que me quiere muchísimo, dice que imagina lo triste que me debo estar sintiendo e insiste en que a él yo siempre he podido contarle todo. Sólo para que sepa del precio que continúo pagando por mi antigua relación con él, decido hablarle de la carta a su madre con las fotos nuestras y del contrato prematrimonial que me negué a firmar. Una y otra vez me ruega que le confiese de cuánto era el porcentaje y, ya cansada, se lo digo.

—¡¿Te ofrecían ese sueldo de vicepresidente por manejar varias casas?! Con razón dices tú que detrás de todo gran magnate siempre hay una gran cómplice o una gran esclava: ¡la vieja es la cómplice del marido y quería que tú fueras la esclava del hijo!… ¡Pero qué bruja!… ¿Cómo haces para que se te peguen esos tipos tan asquerosamente ricos todo el tiempo, ah?… ¿Por qué no me das el secreto, mi amor?

—Usted lo conoce de sobra. Y debe ser que entre mayor soy, me vuelvo más elegante… Creo que ochenta portadas de revistas también ayudan… Usted tiene igual número… pero por otras razones, claro.

—Sí, sí… ¡pero en esa de Aló te ves horrible!… No quería decírtelo, pero te ves… como vieja… Cambio de teléfono.

Me quedo pensando en lo que voy a decirle cuando vuelva a llamar, cosa que ocurre minutos después. Tras hablar generalidades sobre mi regreso al trabajo tras años de veto, comento que en pantalla me veo mejor que nunca —y definitivamente mejor que él— porque a los cuarenta y un años peso ciento diecisiete libras y parezco de treinta. Y le explico las razones por las que publicaron la foto tomada en un descuido y la única fea y realmente vulgar de toda mi vida:

—¿Cómo no iban hacerlo, si usted tiene secuestrado al dueño de la revista? Tuve que pedir trabajo a la gente a quien a usted le quema las casas y han jurado usarme como locomotora de una telenovela de pacotilla con galanes de tercera, antes de arrojarme a la calle para matarme de hambre dizque por orden de Santo Domingo, a quien usted le vuela los aviones con los yernos de mis amigas adentro.

—¿Pero, por qué me hablas así, mi amor, si yo te quiero tanto? Un sueño de mujer como tú no nació para trabajar como esclava para esos tiranos embotelladores... Tú mereces ser muy feliz... ¡y vas a ver que ese hombre que dejaste viene muy pronto por ti!... Tú puedes ser muuuy *adictiva*... ¡no voy a saberlo yo!

Contesto que, efectivamente, va a venir en unos días, pero he decidido que no voy a someterme por el resto de mi vida a la lupa de su madre. Tras un silencio, Pablo me dice que a mi edad debería ir pensando en convertirme, más bien, en una mujer de negocios. Se despide y me dice que después de la Asamblea Constituyente seguramente me volverá a llamar.

Mi novio llega a Bogotá cuatro días después. Nuevamente, me coloca en el dedo el anillo de compromiso e insiste en que, si nos casamos y lo hago muy feliz, en poco tiempo su madre seguramente cambiará de idea y anulará ese contrato. Yo le explico que ya no puedo romper mi compromiso con Caracol —so riesgo de pagar el triple de lo que voy a recibir por concepto de honorarios— y que una vez que tenga un video con material reciente me iré de Colombia para siempre y casi seguramente obtendré excelentes ofertas en Estados Unidos. Él me suplica que no vaya a hacer eso, y yo le digo que me está colocando en una terrible encrucijada. Como en unas horas debo partir hacia Honda, donde se graban los primeros capítulos de la telenovela, nos despedimos y quedamos de vernos al mes siguiente en un lugar del Caribe.

Al cóctel de lanzamiento en Bogotá han sido invitadas unas trescientas personas. Amparo Pérez, la jefa de prensa de Caracol, me recoge en su auto y en el camino me pregunta:

—Y de tu novio alemán ¡nunca se volvió saber nada! ¿No?

—Sí, sí se volvió a saber. Estuvo aquí hace dos semanas y me dejó esto. —Y le enseño mi diamante, cuatro veces más grande que el de Gustavo y *D-Flawless*.

—¡Uy, quítate eso tan ostentoso antes de que Mábel crea que te lo regaló Pablo y te despida por volver a las malas compañías!

—Él jamás podría darme un anillo de compromiso, Amparo, porque ya está casado. Y le daré vuelta al diamante porque, evidentemente, para la gente de este país Pablo Escobar es el único hombre en el mundo que tiene con qué comprar un brillante.

A la mañana siguiente mi prometido llama para preguntar cómo me fue en Honda y en el lanzamiento. Le describo las grabaciones vespertinas en medio de nubes de jején que nos devoran y el calor infernal que, con las lámparas, supera los cuarenta y cinco grados centígrados. Tras un breve silencio, y con inoculta tristeza en la voz, él me dice en alemán:

—No entiendo por qué firmaste semejante contrato… Y hay algo que debo decirte: en el camino de tu casa al aeropuerto nos siguieron… Sé que fue él. Creo que sigue enamorado de ti, Kid.

Y el mundo entero se me viene encima. ¿Pero cómo pude haber sido tan estúpida? ¿Por qué a estas alturas de la vida todavía no conozco yo a Pablo Escobar? ¡Debería haber sabido que, tras el robo de 1988 y tres años y medio de separación, no podía estar llamando a reiterarme sus afectos, sino a investigar si lo que ya había oído era cierto, si yo estaba resentida contra el hombre que acababa de dejar o contra su familia, y si le podía ser útil!

Antes de colgar espantada, sólo atino a decirle, también en alemán:

—No, no, no. Hace tiempo que él no está enamorado de mí. Es algo mucho peor. No me vuelvas a llamar nunca. Yo te llamaré mañana y lo entenderás todo.

Un par de días después, a la medianoche, Pablo llama:

—Ambos sabemos que tú dejas de querer a tus maridos o novios al otro día de dejarlos. ¿Verdad, mi vida?… No sé cómo lo logras, ¡pero siempre nos reemplazas en 48 horas! Lo que Caracol te está haciendo es *vox populi* y lo que yo quiero es asegurar tu futuro… Me preocupas… porque no te estás poniendo más joven, ¿o sí? Por eso te voy a mandar por escrito una propuesta muy seria. No olvides nunca que yo puedo hacer que los medios digan de ti lo que yo quiera: basta bombardearlos con llamadas durante una semana… y nunca volverás a trabajar. Adiós, amor.

La nota dice que ya tiene toda la información básica pero necesita mi cooperación. La propuesta consiste en el veinticinco por ciento de las «utilidades» y va acompañada de una sencilla lista: unas direcciones residenciales, unos teléfonos privados, unos datos financieros, unas cuentas bancarias, los nombres de los niños —si los hay— y la fecha de la próxima visita de mi ex novio a Colombia o de mi próximo viaje a Europa. En otra hoja con nombres y recortes de periódicos pegados sobre una hoja de papel amarillo viene el complemento:

¡Ultima Hora Caracol, Yamid Amat!

En un intento de secuestro fue muerto el señor Fulano de Tal, hijo de la señora Tal, esposa del señor Fulano de Tal, Presidente del Directorio de la Empresa Tal, establecida en el la Ciudad Tal. La ex presentadora de televisión Virginia Vallejo, acusada de posible participación en el crimen, se encuentra detenida en los calabozos del DAS donde está siendo interrogada.

Durante horas y horas me devano los sesos preguntándome cómo pudo haber obtenido los nombres. Recuerdo su voz ocho años atrás: «Si las planeas cuidadosamente, todas, todas las maldades se materializan», y concluyo que alguien de su organización posiblemente viajó en el mismo avión de mi novio y, ya en Alemania y tras unos días de «seguimiento, seguimiento», averiguó de quién se trataba. Otra posibilidad es que me hubiera hecho seguir en alguno de mis viajes… Me pregunto si sabría lo de Interpol, si el hombre del zoológico no habría sido un enviado suyo, si las fotos y la carta a mi futura suegra no serían sólo otra de sus venganzas… Todas las posibilidades se me pasan por la cabeza y me doy cuenta de que en el lugar donde mi prometido trabaja es relativamente fácil averiguar quién es él. Yo sólo sé que, cuando de conseguir dinero rápido y en cantidades importantes se trata, para Pablo «París bien vale una misa». Cuando vuelve a llamar, esta vez a la madrugada, me dice que tarde o temprano, y con mi ayuda o sin ella, conseguirá su objetivo:

—Ya vas viendo que con unas llamadas adicionales al DAS podrías pasar unos añitos en la cárcel hasta que se investigue si lo que mis testigos decían era o no cierto. ¿Y a quién crees que le van a creer?: ¿a Maza y a tus enemigos de la prensa… o a ti, pobrecita? ¡Qué no daría esa vieja nazi por recuperar a su hijito!… ¿Verdad, amor?

Quedo helada, mientras él me va explicando —con esas frases breves seguidas de silencios a las que estoy más que acostumbrada— que me necesita para agilizar cosas que de otra manera le tomarían meses, porque no tiene traductores de confianza en varios idiomas. Es cuestión de escoger, no entre ¡plata o plomo! —porque él sabe que la muerte no me asusta—, sino entre ¡plata o cárcel! En unos días me llamará y en los siguientes me dará una demostración de que habla en serio. Y cuelga.

Recibo una llamada de Stella Tocancipá, la periodista encargada de mi reseña en la revista *Semana*. Me informa que prefirió renunciar antes que decir de mí las canalladas que sus superiores pretendían obligarla a escribir. Un sujeto que no tiene ni el valor ni los escrúpulos de Stella escribe todo lo que le dictan y, tras mi despedida de Caracol, es premiado con el consulado en Miami.

Lo que publica *El Tiempo* es todavía peor: ahora soy la amante de otro narcotraficante —nadie conoce el nombre— y he pasado a convertirme sólo en una vil ladrona de todo tipo de artículos suntuarios y, por ello, he sido nuevamente golpeada, pateada y des-figurada de manera inmisericorde. Lo que Pablo Escobar me está mandando a decir es que —como ya ocurrió anteriormente con Rafael Vieira— por el resto de mi vida todo hombre con el que yo tenga una relación seria será descrito por periodistas que tomarán dictado de sus sicarios como «otro narcotraficante, sólo que anó-nimo»; y que en vez de pasar el resto de mi vida condenada a la soledad y el desempleo, debería empezar a pensar más bien como una mujer de negocios y dejarme ya de tantos escrúpulos. Como las autoridades que no están al servicio de los carteles de la droga lo están al de mis enemigos, me es imposible denunciar el chantaje al que Escobar me está sometiendo. La sordidez de todas aquellas his-torias es tal —y tal el acoso telefónico y las burlas que escucho cada vez que voy al supermercado— que desarrollo anorexia y durante varios días considero seriamente la posibilidad de suicidarme.

Entonces viene a mi mente Enrique Parejo González. Siendo embajador de Colombia ante Hungría en 1987, el ministro de Justicia galanista que firmara aquellas primeras extradiciones tras el asesinato de su predecesor, Rodrigo Lara, se ha convertido en el único sobreviviente de un atentado individual de Pablo Esco-bar: cinco tiros a quemarropa en el garaje de su casa en Budapest, tres de ellos en la cabeza. Este hombre valiente —hoy milagrosa y completamente recuperado— encarna como nadie el poder del narcotráfico de llegar hasta los sitios más alejados de Colombia cuando de materializar una venganza se trata. Porque en mi país sin memoria, la de Escobar no perdona.

Sé que Pablo tiene ya mucha información sobre la familia de mi prometido, pero mi instinto me dice que mientras él no venga a Colombia o yo no me vaya para Alemania no correrá peligro. Tras pensarlo durante toda la noche, mi conciencia me dicta la única opción que me queda: permaneceré sola y, como no tengo mate-rial reciente para exhibir ante una agencia de artistas internacional, aceptaré mi destino y viviré en mi país. Desde una cabina de Tele-com le pido a mi novio que nos reunamos con carácter urgente en Nueva York. En el día más triste de mi vida le devuelvo su anillo y le digo que, mientras ese monstruo viva, ya no podré volver a verlo ni deberá llamarme más, porque lo secuestrará o lo asesinará y me acusará de estar involucrada en sus crímenes. Pasarían más de seis años antes de que ambos fuéramos libres de nuestras respectivas circunstancias, pero para finales de 1997 él estaría ya muy enfermo y comenzaría para mí el último de los calvarios que fueron mi legado de Pablo Escobar.

Al regresar a Bogotá cambio mis teléfonos y no le doy los nuevos a nadie fuera de cuatro personas. Estoy tan aterrorizada con la posibilidad de mi propio secuestro que, cuando mis dos amigas cercanas a los grupos de extrema izquierda me preguntan por mi ex prometido, respondo que fue sólo una de tantas invenciones de los medios.

CR

La Asamblea Constituyente de 1991 tiene al país inmerso en un clima de esperanza y diálogo en el que participan los partidos tradicionales, los grupos armados, las minorías étnicas y religiosas y los estudiantes. Antonio Navarro del M-19 y Álvaro Gómez del Partido Conservador se estrechan la mano y, tras unos meses, se enmienda la Constitución, se elimina la extradición y las gentes buenas y malas de Colombia se preparan para iniciar la nueva era en un marco de entendimiento y de concordia.

Pero en un país donde el Estado de derecho siempre se está sacrificando en el altar de alguna paz —que, para que el grupo narcoterrorista del momento siempre consistirá en acogerse a algún tipo de amnistía para pasarse por la faja el Sistema Judicial y no ser extraditado— las cosas no son tan sencillas. A principios de los noventa nacen «los Pepes», los «Perseguidos por Pablo Escobar». Nuevamente, hasta el último bobo del último pueblo sabe que sus miembros son integrantes de los grupos paramilitares comandados por los hermanos Fidel y Carlos Castaño, el cartel de Cali, disidentes del cartel de Medellín, los organismos policiales y de inteligencia víctimas de Escobar y uno que otro asesor extranjero en el mejor estilo de los contras. Tras la nueva —y al parecer definitiva— caída de la extradición, y para protegerse de los Pepes que lo acosan de manera cada vez más inmisericorde, Escobar acuerda entregarse si se construye en Envigado una cárcel especial para él, en un terreno elevado de 30 000 metros escogido por él, sus muchachos sobrevivientes seleccionados por él, personal de vigilancia aprobado por él, visión de trescientos sesenta grados, espacio aéreo protegido y cerca electrificada y, claro está, todas las comodidades y diversiones básicas que la vida moderna ofrece, porque las clases pudientes de Colombia siempre disfrutarán de una figura jurídica que no existe sino en ese país, denominada «La Casa por Cárcel». Y el gobierno de Gaviria, con tal de descansar de él, le dice:

—¡Okey! Construya pues su cancha de futbol, su bar, su discoteca e invite a bailar a todo el que quiera, ¡pero dénos un respiro!

La entrega de Pablo se convierte en el acontecimiento del año. Obsesionado con su único flanco débil —ese que ambos conocemos tan bien— exige que ningún avión sobrevuele el espacio aéreo de Medellín durante el día escogido por él para dirigirse, en medio de una caravana de vehículos oficiales y de la prensa nacional e internacional, hacia su nuevo refugio, costeado por el gobierno colombiano.

El problema de los presidentes desesperados y las gentes buenas de Colombia es que todavía no conocen al dueño de «Marionetas». Todos creen en su cansancio y en sus buenas intenciones; pero desde la cárcel, bautizada como la Catedral, él continúa manejando su imperio del crimen con puño de hierro. En sus ratos libres invita a las grandes estrellas del futbol, como René Higuita, a jugar con él y sus muchachos y en las noches, antes de un merecido descanso, invita a docenas de chicas alegres a jugar con todos ellos. Como un rey, recibe a su familia, a sus políticos, a sus periodistas y a los capos de otras regiones del país que todavía no están afiliados a los Pepes. Todo el mundo comenta que «en Colombia el crimen sí paga» pero cualquier protesta es furiosamente acallada en aras de la paz, porque ¡por fin! Pablo está tranquilo.

Ya sólo la tercera cadena radial me ofrece trabajo, pero sobre la base de que consiga mi propia pauta publicitaria. Le pido cita a Luis

Carlos Sarmiento Angulo, ahora el hombre más rico del país, y le suplico que me salve la vida, porque entre quienes manejan los grandes medios parece haber un consenso para matarme de hambre. Aquel hombre noble le da a Todelar publicidad por unos diez mil dólares mensuales y la emisora me paga 40 por ciento acordado, lo que me permite vivir sin angustias por primera vez en varios años. Como no tengo oficina, nuevamente todo el mundo tiene mi teléfono. (Tras la muerte de Pablo, mi contrato será cancelado sin explicaciones y Todelar se quedará con 100 por ciento de la pauta.)

Cierto día, Garganta Profunda me cuenta que unos amigos suyos estuvieron visitando a Pablo en la Catedral. Alguno comentó que un conocido suyo me había visto hacía pocos días en un restaurante en Bogotá, que lucía bellísima y que moriría por poder salir conmigo. Al escucharlo, Pablo había exclamado:

—¿Acaso su amigo no se ha enterado de que Virginia intentó quedarse con el yate de unos colegas nuestros y se lo tuvieron que quitar por las malas? Y ese pobre amigo suyo da lástima: ¡está ciego y debería ponerse anteojos! ¿Quién va a querer a una vieja de ésas, habiendo tantas mujeres jóvenes? ¡Ella ya no es sino una cuarentona sola y pobrísima, obligada a trabajar en una emisora radial de pacotilla para no morirse de hambre porque ya nadie quiere contratarla para televisión!

—Mis amigos no podían dar crédito a lo que estaban escuchando —me dice Garganta Profunda, visiblemente molesto. —¡Comentaron que era la última canallada que le faltaba a ese miserable! —y sigue contándome: —Imagínate que uno de ellos es muy conocido de «Rambo» —Fidel Castaño, el jefe de las Autodefensas Unidas de Colombia— y hace unos días estábamos en la finca de él en Córdoba y, de pronto, llegó el tipo en una bicicleta. Estuvo un rato departiendo con nosotros y luego se fue, tal y como había llegado: ¡solo y pedaleando tranquilo! En este país todo el mundo se conoce... ¡con razón es que se matan entre todos! El tal Rambo parece hecho de acero: aunque vaya desarmado y en bicicleta, nadie en su sano juicio se atrevería a meterse con él. Ese el tipo que, tarde o temprano, va acabar con tu Pablito el Ingrato...

—Pues Dios bendiga a Pablito el Posesivo… ¿Será que puedes decirle a tu amigo que le describa a Rambo con lujo de detalles el odio que Escobar siente por mí, a ver si los Pepes dejan de atormentarme?… Pídele a tu amigo que le cuente a Castaño sobre unos hombres que llaman a la medianoche, me ponen en el teléfono una motosierra y susurran que la están afilando para «la prostituta del sicópata de Envigado». Tú no te imaginas el terror en el que vivo: cada noche, cuando salgo del trabajo a las ocho, y estoy esperando un taxi y veo llegar una de esas camionetas SUV con vidrios polarizados, ¡pienso que son los Pepes que llegaron por mí! Dile que le mando a suplicar que pare esas amenazas porque yo soy sólo otra perseguida por Pablo Escobar y su única víctima sobreviviente. ¿Y que cuándo me da una entrevista para la estación de pacotilla, a ver si me cuenta cómo es que va acabar con el Monstruo de la Catedral?

Al cabo de unos días las llamadas se reducen considerablemente. Parece que esta vez mi pobreza o ancianidad me han salvado y que, ahora que parezco estar bajo la protección del fundador de los Pepes, puedo por fin dormir tranquila hasta que aparezca el siguiente enemigo de Pablo. Porque, en materia de amenazas, ya no me quedan faltando sino el misil del Pentágono y la bomba atómica del Kremlin.

Las sierras eléctricas se han ido convirtiendo en el arma favorita de todos los bandos. En alguna parte leí que los alaridos de las víctimas en un lugar del Departamento de Antioquia o el de Córdoba —centro de operaciones de las AUC— se escuchaban de un extremo al otro del pueblo mientras paramilitares drogados violaban a las mujeres delante de sus pequeños de cinco, seis, siete, ocho y nueve años. Cuando Escobar se entera de que los Moncada y los Galeano, socios suyos, tienen ocultos cinco y veinte millones de dólares, respectivamente, los invita a la cárcel y allí empieza a cortarlos con aquella arma que no necesita salvoconducto porque se utiliza en la carpintería del penal. Tras obligarlos a informar sobre el paradero del botín, no sólo lo obtiene por conducto de sus hombres que quedaron afuera, sino que enseguida va por todos los socios y contadores de ambas organizaciones para obligarlos, bajo tortura, a traspasarle sus capitales restantes, incluyendo haciendas, ganaderías, aviones y helicópteros.

Y cuando la historia de que Escobar también ha construido calabozo y cementerio propios en las narices de sus guardianes llega al Palacio Presidencial, a César Gaviria se le rebosa la copa y el viceministro de Justicia, hijo de antiguos amigos míos, es enviado a verificar si algo tan espeluznante es cierto o son sólo invenciones del cartel de Cali y las familias Moncada y Galeano. Al ser advertido de la llegada de contingentes del Ejército para trasladarlo a otra prisión, Escobar cree que el gobierno se propone entregárselo a la DEA y, una vez que el joven funcionario ingresa al penal, lo toma como rehén. Tras una serie de hechos confusos sobre los cuales existen todo tipo de versiones, Pablo sale caminado entre los guardianes —que no mueven un dedo para impedírselo— y huye con sus hombres a través de unos túneles en los que venían trabajando desde hacía meses. Se inicia una maratónica transmisión en directo a través de todas las emisoras del país y, mientras el nuevo director del Noticiero Todelar —al servicio del cartel de Cali— no me permite tomar el micrófono en toda la tarde, Pablo le hace creer a Yamid Amat de Caracol que lleva tres horas oculto entre un enorme tubo en proximidades de la Catedral mientras, en realidad, se encuentra ya a kilómetros de distancia y protegido por la densidad de la selva.

Yo estoy feliz porque sé que, con la fuga, Pablo ha dictado su sentencia de muerte. De inmediato se crea el «Bloque de Búsqueda» de la policía, que es entrenado en Estados Unidos con la única misión de acabar con él de una vez por todas. Desde un primer momento, los Pepes les ofrecen toda su cooperación. Tras entrenamientos intensivos, los Navy Seals y el Grupo Delta también se unen entusiasmados al Bloque de Búsqueda y la DEA, el FBI y la CIA llegan con veteranos de Vietnam. Mercenarios alemanes, franceses y británicos los siguen —en pos de la recompensa de veinticinco millones de dólares—, y un total de ocho mil hombres son asignados en varios países para una guerra multinacional contra un solo individuo, uno a quien los americanos quieren vivo y los colombianos quieren muerto. Porque sólo la muerte garantiza su silencio.

En represalia por los interrogatorios y el descuartizamiento de unos cuantos mártires del bajo mundo en el nombre del Estado de derecho, Escobar coloca una bomba tras otra, prácticamente una a la semana, y sus sicarios, ahora convertidos en estrellas mediáticas, comienzan a aparecer en portadas de revistas y en primera página de todos los diarios. Como si Pablo fuese algún líder de la Resistencia, los medios publican todo lo que aquellos dicen y todo lo que él les dicta:

—¡El terrorismo es la bomba atómica de los pobres! ¡Aunque vaya contra mis principios, tengo que recurrir a ella!

Pablo Escobar siempre ha sabido hacerse el pobre cuando le conviene. En 1993 me salvo milagrosamente del peor de todos los atentados recientes, el del elegante Centro 93, pero quedo llorando ante el espectáculo de la cabecita de una niñita degollada en la parte alta de un poste de luz y el de centenares de muertos y heridos.

Para esa fecha ya he vendido mi apartamento porque no soportaba más las intercepciones de las líneas telefónicas y los insultos, y tomado uno en arriendo en el primer piso del elegante condominio Residencias El Nogal, donde viven una ex primera dama pariente de mi padre, tres hijos de ex presidentes y la sobrina de Santo Domingo. Todos sus guardaespaldas me garantizan una relativa protección, media docena de residentes comparte mi ADN y por fin puedo descansar del zumbido telefónico de las motosierras. Tras la venta del apartamento Garganta Profunda me pide un préstamo de dos mil quinientos dólares y, aunque a partir de ese día se esfuma, me digo resignada que la información obtenida en estos seis años valía todo el oro del mundo.

Lo último que mi fuente de datos me había contado era que Pablo se ocultaba en casas que iba comprando en barrios de clase media media de Medellín. Me había sorprendido porque, en la etapa más clandestina de nuestra relación, los hombres que me conducían hasta sus escondites siempre comentaban que él tenía quinientas casitas campesinas regadas por todo el Departamento de Antioquia. Por los amigos de Garganta Profunda sé que, secundados por el Bloque de Búsqueda, los Pepes están decididos a secuestrar a los familiares más cercanos de Pablo para canjearlos por efectivos de ambos que han caído en manos de él. Como está desesperado por sacar a su familia de Colombia, estoy convencida de que dejará la despedida para el momento en que ya no le quede nada más por hacer, porque —como seguramente no volverá a verlos— ese día se le romperá el corazón en mil pedazos. Si es que todavía le queda uno.

En cualquier país de América Latina los Escobar son un blanco fácil para sus enemigos, que podrían secuestrarlos o extorsionarlos por el resto de su vida. Estados Unidos no los recibirá jamás y los vuelos a Oriente o Australia desde Colombia son inexistentes. En 1993 —antes del Acuerdo Schengen de 2001— Alemania es el único país de Europa con vuelos directos desde Bogotá donde los colombianos pueden entrar sin visa ni muchos controles aduaneros. Sé que varios familiares de Pablo se encuentran ya en aquel país, y sé que tarde o temprano su mujer y sus hijos, su madre y hermanos también se dirigirán hacia Europa.

Ya no siento por ellos sino una profunda compasión; pero la que siento por sus muertos y por mí es todavía mayor porque, por obra de diez años de insultos y amenazas, me he visto obligada a cargar con el dolor de todas las víctimas de Escobar y con la rabia de sus enemigos. Y lo que finalmente rebosa mi copa es la muerte de Wendy. En un almuerzo donde Carlos Ordóñez, el gran gurú de la cocina colombiana, una famosa comediante me cuenta que estuvo casada con un tío de Wendy, quien fue asesinada por orden de Pablo durante un viaje que ella hizo desde Miami, donde residía, a Medellín. Él había adorado a Wendy y le había dejado una fortuna de dos millones de dólares de 1982, equivalente a unos cinco de hoy. Las dos éramos opuestas en todo y, aunque nunca la conocí, la historia del aborto con un veterinario me había producido escalofríos y siempre había sentido por ella una profunda compasión. Pienso que ésta —no difamarme en los medios o burlarse delante de sus colegas de la pobreza y soledad a las que él me condenó— era la última canallada que le faltaba por cometer a ese monstruo. Ya Gilberto me había dicho seis años atrás que algún día Pablo me mandaría a matar también a mí... Por todo ello, desde algún lejanísimo punto inmaterial, una fuerza inexplicable —quizás el espíritu de aquella otra pobre mujer que lo amó casi tanto como yo— me dice que llegó la hora de poner mi humilde granito de arena para que toda esa infamia acabe de una vez por todas.

ભ

Llevo seis años esperando mi momento y, tras pensarlo durante varios días, tomo una decisión: en un día de finales de noviembre de 1993 me dirijo a Telecom y, desde una cabina privada, hago una llamada a una institución europea establecida en Estrasburgo. Siempre he tenido el teléfono del hermano del hombre con quien yo hubiera podido ser feliz y que siempre ha sentido gran afecto por mí. Durante la siguiente media hora le explico por qué creo que en cualquier momento esas personas se dirigirán hacia Europa e intentarán entrar por Frankfurt. Utilizando todos los argumentos que se me pasan por la cabeza le suplico que le explique al alto Gobierno alemán por qué, al otro día de tenerlos en un país seguro, Pablo Escobar quedará en libertad de despedazar el mío a sus anchas. Aunque cientos de personas de distintas nacionalidades no lo han podido agarrar, todo parece indicar que el Bloque de Búsqueda y los americanos lo tienen cercado gracias al sistema de rastreo de llamadas más avanzado del mundo. Y, aunque Escobar es un experto en comunicaciones, es sólo cuestión de semanas o meses antes de que lo localicen y acaben con él. Tras unos minutos, mi amigo pregunta por qué tengo tanta pasión por el tema y por qué conozco yo el *modus operandi* de semejante terrorista.

A él no podría decirle que, nueve y diez años atrás, aquel criminal gastó más de dos millones de dólares en gasolina de avión para tenerme a su lado o en sus brazos durante más de dos mil horas. Tampoco podría explicarle que —ante una mujer que lo ama y entiende con la perspectiva inteligente de un corazón libre— un hombre deja translucir vulnerabilidades que nadie más conoce. Al ser humano que me escucha sólo puedo confesarle que conozco cada pliegue de la mente de aquel monstruo mejor que nadie en el mundo y también como nadie sus talones de Aquiles. Al otro lado de la línea alcanzo a sentir su sorpresa y luego el *shock*. Y prosigo:

—Va a enloquecer buscando quien reciba a su familia porque sus enemigos, los Pepes, han jurado exterminarlos a todos como cucarachas. Algunas personas de su organización ya huyeron hacia Alemania y, si ustedes dejan entrar a las únicas que realmente le importan en el mundo, detrás de ellas tarde o temprano se irá él y tras él se irán los Pepes. Escobar es ahora el mejor secuestrador del mundo y, en ese momento, ¡los días de Baader-Meinhof les parecerán a ustedes un juego de niños! Si no quieres creerme, pídele a tu hermano que te enseñe la carta que Pablo Escobar me mandó hace tres años.

Con un algo de reproche en la voz, él me dice:

—Vive ahora en Estados Unidos, Kid… Se cansó de esperarte y… se volvió a casar en marzo… Primero voy a hablar con él y luego con un amigo mío en Washington que se especializa en *counterterrorism*, para saber qué es lo que está pasando… es alguien que sabe mucho de esas cosas… No termino de entender por qué estás tan segura de que esa gente va para Alemania; pero voy a hacer unas averiguaciones y apenas sepa algo te llamaré.

No sólo en un día claro se puede ver para siempre. También en uno oscuro, y en uno negro, y en uno de los más tristes de toda mi vida. ¿Pero qué necesidad tenía yo de hacer esa llamada, Dios mío? ¿Para recibir semejante noticia, semejante castigo, semejante baldado de agua helada? Mientras camino hacia la emisora debajo de la lluvia, me voy pensando en que soy la mujer más sola de la Tierra y cuán terrible es no tener a nadie con quién poder uno desahogarse de tanto dolor. Esa noche me duermo llorando, pero a la mañana siguiente me despierta una llamada de mi ex prometido. Me dice que sabe cómo me estoy sintiendo con lo de su boda, y sólo atino a responder que sé cómo se siente él con lo del cerco policial al hombre que nos separó. En francés, me cuenta que su hermano ha comenzado a hacer una serie de averiguaciones en Washington: todo parece indicar que el *krimi* ese está realmente en la etapa final, y va a intentar convencer al Ministerio alemán de mantener una estrecha vigilancia sobre el aeropuerto a donde yo siempre llegaba. Le deseo muchas felicidades en su matrimonio y, cuando cuelgo, sé que lo único que Pablo me inspira es el más ferviente deseo de que alguien acabe muy pronto con él.

A la hora del almuerzo recibo una llamada de Estrasburgo y mi amigo me pide que hablemos desde la cabina de Telecom. Dice que por fin entendió que fue lo que pasó con su madre y conmigo, y me pregunta si creo que Escobar tomará represalias contra ciudadanos o empresas europeas. Respondo que ahora que su hermano está en Estados Unidos siento un profundo alivio, porque hubiera sido el primer objetivo de secuestro de Escobar en Alemania. Le explico que en otras épocas seguramente volaría la embajada, la Bayer, la Siemens y la Mercedes en Bogotá; pero siempre ha sido totalmente ignorante en cuestiones alemanas y, en sus presentes circunstancias, para planear atentados grandes en Bogotá necesitaría atender muchos frentes de comunicaciones y preparar una logística muy complicada. La desesperación por sacar a su familia del país, en cambio, lo va a llevar a concentrarse en esta única cosa, lo cual va a ser una auténtica bendición para quienes están rastreando sus llamadas.

—¡Ah! Adviértele a Berlín que seguramente viajarán en un domingo para no darle tiempo de reunirse a las agencias gubernamentales que podrían bloquearles la entrada. Volar en aerolínea comercial sería un suicidio, porque todo el mundo se enteraría... Por eso estoy segura de que van a intentar viajar en un avión privado, aunque en Colombia —fuera de los de unos magnates que jamás se los prestarían— no hay, que yo sepa, aviones que tengan esa autonomía de vuelo. Pero el cartel lleva quince años arrendando aviones y en Panamá debe haber docenas disponibles... Sólo puedo decirte que me corto una mano si no van para Europa. Y si ustedes los dejan entrar por Frankfurt, ¡en menos de un mes los Pepes le estarán poniendo bombas a la familia de Escobar, y Escobar les estará volando a ustedes la Catedral de Colonia! Éste es un tipo que lleva años soñando con volar el Pentágono, así como lo oyes. Diles que su único talón de Aquiles es la familia, la familia, la familia. ¡Él daría la vida por su familia!

El domingo 28 de noviembre estoy dormida cuando me despierta una llamada. Desde Nueva York, recibo la noticia más inesperada:

—Tenías toda la razón, Kid. Salieron rumbo a mi país, pero te equivocaste en una cosa: ¡cometieron el error de viajar en Lufthansa! Mi hermano ya habló al más alto nivel del gobierno y te manda decir que un ejército completo los está esperando y que no los van a dejar poner un pie ni allá ni en ningún otro país de Europa. Los van a devolver para Colombia... ¡Para que le hagan a su tal familia lo mismo que él hizo con las de todas sus víctimas!... Está confirmado, y no lo sabemos sino una docena de personas. Por tu seguridad, y por la nuestra, no puedes abrir la boca. Los expertos en Washington dicen que se va a enloquecer buscando quién los reciba, que lo tienen cercado y que no le dan un mes. ¡Ahora cruza los dedos por Bayer, Schwarzkopf y Mercedes!

El jueves en la noche, cuando regreso de mi trabajo, suena el teléfono:

—¡Bravo, Kid! *The wicked witch is dead!* («¡La Malvada Bruja ha Muerto!» es una de las canciones más famosas de *El mago de Oz*).

Luego, por primera vez en once años, todo en mi vida queda en silencio.

Pablo yace muerto desde las tres de la tarde.

Hoy hay fiesta en el infierno

A través de la ventanilla del pequeño avión del gobierno americano miro por última vez en la vida el suelo de mi patria y el cielo de mi país. Nueve horas de viaje parecerían una eternidad para otra persona, pero yo estoy acostumbrada a pasar días enteros sin hablar con nadie. En ese lapso, todas las razones por las que voy rumbo a Estados Unidos y nunca más podré volver, a menos que regrese para ser enterrada allí, van desfilando por mi memoria... Todos los acontecimientos de los últimos días se han conjugado para convertirme en testigo clave de la fiscalía en dos países y en procesos penales presentes o futuros de excepcional trascendencia: el asesinato de un candidato presidencial en Colombia, un juicio en Estados Unidos por más de dos mil cien millones de dólares, el holocausto del poder judicial en mi país, un multimillonario lavado de activos en treinta y ocho... Ahora voy rumbo a la nación que me ha salvado la vida porque, de no haber sido Pablo Escobar mi amante, no llevaría yo como único capital dos moneditas de veinticinco centavos de dólar en mi billetera y todos los nombres de sus grandes cómplices en mi memoria.

Cómo olvidar lo ocurrido tras ser devuelta su familia de Alemania... Esa voz de Pablo al día siguiente en las emisoras radiales, amenazando con convertir en «objetivo militar» a los ciudadanos, turistas y empresas alemanes... Esa voz que sólo quienes habíamos conocido todos los matices de la otra sabíamos que era la del hombre agotado, cercado, agobiado por el dolor, ya sin capacidad de aterrorizar a nadie; con su familia arrojada a pedradas del elegante barrio Santa Ana y ahora refugiada en el hotel Tequendama propiedad de una policía compasiva que cumplía con el deber de proteger a la esposa e hijos de su victimario mientras el país entero protestaba enfurecido.

Pacientemente, frente a mi micrófono en el día, y en silencio frente a mi televisor en la noche, yo esperaba el desenlace de los acontecimientos.

El jueves siguiente, cuatro días después del regreso y desesperado porque ya ningún país quiere recibir a los únicos seres que le importan en el mundo, Pablo habla con su hijo de dieciséis años durante veinte minutos, algo que en otras circunstancias jamás hubiera hecho. A pesar de que desde su fuga de La Catedral ha mantenido una obsesiva disciplina en materia de comunicaciones y ya rara vez utiliza sus teléfonos, comienza a realizar desesperadas llamadas para conseguir la forma de reubicar a su familia, a quienes los Pepes han jurado exterminar. En su eterna obsesión por la manipulación de los medios, Pablo le explica detalladamente a su hijo cómo contestar a las preguntas de la revista que a lo largo de los años lo ha honrado una y otra vez con su portada. Una eficiente oficial de policía que desde hace quince meses rastrea sus comunicaciones sin dar tregua, por el sistema de triangulación radiogonométrica, lo ubica, e inmediatamente pasa el dato al Bloque de Búsqueda. Minutos después los policías localizan la casa en un barrio de clase media de Medellín y alcanzan a divisar a Escobar a través de una ventana mientras continúa hablando por teléfono. Él y sus guardaespaldas también los ven y se inicia una balacera descontrolada que, como la de Bonnie y Clyde, se prolonga durante una hora. Pistola en mano, Escobar sale corriendo descalzo y a medio vestir, intentando saltar por el tejado hacia una casa vecina, pero todo es inútil: segundos después se desploma sobre el tejado con dos tiros en la cabeza y varios en el cuerpo; y ahora el hombre más buscado del mundo, el enemigo público número uno de la nación en toda su historia, el que durante diez años sometió el estado de derecho a todos los delirios de su megalomanía, es sólo un monstruo de ciento quince kilos que se desangra frente a dos docenas de enemigos que celebran el triunfo con los rifles en alto, delirantes de orgullo y enloquecidos por un júbilo nunca antes visto.

El paroxismo se contagia a treinta millones de colombianos y las estrofas del Himno Nacional con «Cesó la horrible noche» resuenan en todas las emisoras del país. Hasta el día de hoy sólo puedo recordar dos eventos parecidos al fenómeno colectivo que siguió: la caída de la dictadura del General Rojas Pinilla cuando yo tenía siete años, y un partido de futbol contra Argentina que Colombia ganó 5-0 y que dejó ochenta muertos. Escuchando y observando todo aquello desde mi soledad, y desde el silencio impuesto por el jubiloso Director del Noticiero Todelar cuota de Gilberto Rodríguez Orejuela, sólo puedo comparar las dimensiones de aquel estallido de júbilo con las del descrito por Pablo ocho años atrás, cuando en un mediodía bajo el cielo de Nápoles me había jurado llevarse con él al infierno en el instante de su muerte sólo la visión de nuestros dos cuerpos fundidos en el epicentro de trescientos sesenta grados multiplicados por un trillón de trillones.

Pero eso había sido mucho tiempo atrás porque, cuando se ha sufrido tanto, ocho años pueden ser toda una eternidad…Y aquel hombre que había llegado a mis brazos siendo todavía un niño, y se había ido de ellos hecho un hombre decidido a transformarse en monstruo para pasar a la historia convertido en mito, lo había conseguido: ahora el presidente de Estados Unidos, Bill Clinton, felicita al Bloque de Búsqueda y «la Humanidad entera», como diría el Himno Nacional, felicita a Colombia. Y, mientras las celebraciones en todo el país duran días y días y los Rodríguez Orejuela lloran en Cali con el triunfo, en Medellín docenas de plañideras, centenares de borrachos, miles de pobres se abalanzan sobre el féretro de Pablo como queriéndose llevar algo suyo, como hicieran en aquel basurero donde once años atrás yo me había enamorado de él cuando era un ser humano y lucía como tal, cuando no exhibía ante mí su riqueza sino todo el valor y el corazón que alguna vez tuvo. Ahora, al ver aquel cadáver con el rostro desfigurado por el egoísmo, la gordura, la maldad, con un bigote como el de Adolf Hitler —porque el Bloque de Búsqueda se ha llevado de recuerdo un extremo y la DEA el otro —su propia madre ha exclamado:

—¡Ese hombre no es mi hijo!

Y ante aquel espectáculo repugnante yo también me he dicho llorando:

—Ese monstruo tampoco fue mi amante.

Ahora mi teléfono ha dejado de sonar. Ya no me quedan amigos y los enemigos de Pablo por fin me han dejado descansar. Ninguno de mis colegas llama porque todos saben que colgaría sin decir palabra. «Siéntate a la puerta de tu casa a ver desfilar el cadáver de tu enemigo», me digo mirando por televisión aquella marea humana de veinticinco mil personas que asisten a su entierro:

—Ahí va mi victimario y el de todo mi país, envuelto en odios viscerales, recubierto de infamia, rodeado de toda esa escoria de la sociedad... Sí, esas son las familias de los sicarios y todos esos jóvenes que lo creían Dios porque arrodilló a un Estado débil y corrupto hasta el tuétano... porque fue riquísimo y audaz como ninguno... porque puso en jaque a los gringos... Sí, un doliente por cada una de sus víctimas, eso es todo.

Un rato después, tratando de hallar una explicación plausible, me digo incrédula:

—Pero... veinticinco mil... ¿no son como... mucha gente para alguien que hizo tanto mal?... ¿Qué tal que hubiera hecho el bien?... ¿No serán esas multitudes mezcla de sicarios y también de... miles de pobres agradecidos?... ¿Será que hace once años, cuando todo comenzó, yo no estaba tan equivocada?

Y me pongo a recordar cómo había sido Pablo cuando él era aún tan joven y yo era aún tan inocente... Cómo se había propuesto enamorarme en aquel basurero, no en las Seychelles ni en París... Cómo enviaba por mí su Pegaso todas las semanas para tenerme durante horas y horas en sus brazos... Cómo —porque el amor nos hace buenos— cada uno de nosotros inspiraba lo mejor del otro y él decía que yo iba a ser su Manuelita... Cómo me amó y mientras yo lo amé había soñado con ser un hombre grande...

Cómo fue que nuestros sueños se fueron haciendo trizas y quienes los destrozaron se fueron quedando muertos...

Porque, pasado el júbilo inicial, mi corazón se ha ido convirtiendo en una enorme cebolla roja, sólo una pobre cebolla en carne viva, alguna cebolla ensangrentada a la que cada sesenta minutos alguien arrancara sin anestesia una nueva capa hecha de nervios para luego envolverla sin compasión con metros de alambre de púas hasta la hora siguiente. Entonces, voy hasta la biblioteca y busco los *Veinte poemas de amor* de Neruda, lo único con algo suyo que Pablo no pudo quitarme el día en que se llevó el dinero, el manuscrito, las cartas, los casetes, el *Virgie Linda I* y la Beretta, porque estaba confundido con mis cientos de libros. Y leyendo otra vez a Neruda y a Silva, mi poeta bienamado y suicida, me dejo envolver por «las sombras de los cuerpos que se juntan con las sombras de las almas en las noches de negruras y de lágrimas», y recuerdo a Pablo como era en el último otoño cuando seis años atrás nos habíamos visto por última vez y mi voz aún buscaba el viento para tocar su oído.

Y recuerdo esa noche de uno de aquellos días cuando mi amante de treinta y tres años recibía casi cien millones de dólares mensuales, era amado por la belleza elegante más famosa de su país y, orgulloso a más no poder, salía de la casa de ella con todos sus mejores amigos camino de la del presidente más poderoso de Colombia, con el sueño secreto de convertirse él también, algún día, en presidente... Esa noche ominosa como la del Nocturno de Silva, la del videocasete con el futuro Ministro Lara, cuando Pablo por vez primera había adivinado, quizás visualizado con auténtico espanto la posibilidad de perder todo aquello que le había caído del cielo casi tan súbitamente como le había llegado a manos llenas y a los brazos... Esa noche imposible de olvidar en la que todos los felices presentes hicimos caso omiso de la «Canción desesperada» que cierra esa obra fatalista y cargada de ternuras que inspiró *Il Postino*... Ahora, cumplidas todas sus premoniciones, materializados todos sus terrores, me sumerjo en el dolor desgarrador y de profundidades oceánicas que describe como nada la ignominia de aquel destino suyo, condenado y maldito como el de Judas, y toda la tragedia de aquel destino nuestro hecha de la impotencia suya para cambiar nada y la impotencia mía para cambiarlo a él:

En ti se acumularon las guerras y los vuelos.
Oh sentina de escombros, qué dolor no exprimiste!
Ese fue mi destino y en él viajó mi anhelo,
y en él cayó mi anhelo, todo en ti fue naufragio.
Es la hora de partir. Oh abandonado!

Ahora él está dormido por toda la eternidad y en esa tierra yerta ahora yace solo…Y me pongo a recordar cómo, cuando él me creía dormida, me besaba suavemente para no despertarme…y luego volvía a hacerlo una y otra vez, para ver si estaba despierta… Cómo me decía que me cabía todo el universo en el corazón y yo respondía que sólo quería que me cupiera todo el de él… Ese enorme corazón de oro del hombre que, delante del mío, ante mis ojos espantados, sin que yo pudiese hacer nada para impedirlo, se fue tornando en ese enorme corazón de plomo del monstruo… Ese corazón de león que no pudo cambiar nada pero me enseñó a sentirlo todo y a llorar por lo que no se pudo cambiar para que, en un día claro y no muy lejano, toda esa ira y aquellos anhelos suyos pudiesen viajar junto a los dolores míos en mis libros y en mi historia.

Aquel librito viejo que estuve a punto de quemar cien veces, con sus dos firmas y un cuarteto triste y la tapa dañada por las lágrimas que aún me quedaban diez años y diez meses después de esa noche «de perfumes y murmullos y de músicas de alas», será el continente mudo de los sueños rotos de dos *star-crossed lovers* y quizás termine un día tras el grueso vidrio del museo donde reposan los restos de los amores náufragos y las pasiones condenadas. Con el tiempo será todo lo que me quede de Pablo, porque cinco años después en Buenos Aires dos raponeros me arrancarán en segundos su reloj de oro y diamantes que me había acompañado durante casi quince años. No lo he añorado un solo instante de un solo día, porque jamás extrañaré las joyas perdidas sino «los pájaros perdidos que vuelven desde el más allá a confundirse con un cielo que nunca más podré recuperar».

❦

El 11 de septiembre de 2001 otra terrorífica fantasía soñada por Pablo Escobar bajo aquel cielo de Nápoles se materializa cuando todos sus planes sobre el Pentágono se convierten en el acto terrorista más memorable y de mayores dimensiones en la historia de Occidente.

Y en noviembre de 2004, al ver yo en televisión a un extraditado esposado subiendo a un avión de la DEA rumbo a Estados Unidos, acusado del tráfico de 200 000 kilos de cocaína, sólo puedo decirme:

—Hoy hay fiesta en el infierno, Gilberto.

Como él y su hermano, yo también llegué a este cielo y a esta tierra en un avión de la DEA, pero por otras razones: en septiembre de 2006, sin ir a juicio y antes de que yo pueda testificar contra ellos, los hermanos Rodríguez Orejuela se declaran culpables de todos los cargos. Reciben una sentencia de treinta años y su confiscada fortuna de dos mil cien millones de dólares pasa a ser dividida por partes iguales entre los gobiernos de Colombia y Estados Unidos.

Hoy sólo puedo decir que el Señor trabaja de las maneras más misteriosas y que, a veces, nos condena a las más prolongadas y hondas formas del sufrimiento sólo porque nos ha escogido como catalizadores de los más extraños, tal vez incluso históricos, procesos.

❦

Del barro sacan una calavera: todo lo que queda de Pablo, su horrible calavera cubierta de infamia. Trece años después de su muerte, han exhumado el cadáver para una prueba de paternidad a la que su madre se oponía. Me pregunto quién será la de aquel hijo suyo, y ya sólo siento una profunda compasión por las mujeres que alguna vez lo amaron y ahora se disputan su fortuna porque ninguna quiere ya su nombre. Pienso en el dolor de las tres o cuatro que él amó —las que realmente lo hicimos soñar o sufrir, reír y rabiar— y en las tres que directa o indirectamente tuvimos que ver con su muerte. La esposa por la que él sacrificó su vida, ya con una nueva identidad y encarcelada durante un tiempo en Argentina, que renegó del apellido Escobar y de los nombres que él escogió para sus hijos —no de su fortuna— y al hacerlo lo dejó sin descendencia para la posteridad. La madre de aquel otro, mendigando durante años una prueba de paternidad. Wendy, asesinada por el mercenario cobarde que envidiaba a las amantes de Pablo y se vestía de mujer, y que a su muerte se colocó al servicio de Gilberto para llorar como una cuando lo extraditaron. Y yo, condenada a morir de hambre y soledad y arrojada a los lobos para que me despedazaran.

—¿Qué le dirías a Pablo si pudieras verlo durante cinco minutos? —me pregunta una dulce niña que vino al mundo en la Nochebuena de 1993, tres semanas después de su muerte.

Pensando en el dolor de quienes él amó con locura y que tanto lo amamos —asesinadas o arruinadas por Pablo, expuestas a las amenazas de sus peores enemigos, vilipendiadas por los periodistas más soeces, objeto de las burlas de su familia sin grandeza, difamadas por sicarios sin entrañas —respondo sin vacilar:

—Le preguntaría en quién ha reencarnado: si en una de aquellas aterrorizadas niñas de Darfur, despedazadas por veinte animales como él... O si en un ángel de la compasión como mi amiga *sister* Bernardette de las misioneras de la Caridad... O si en la siguiente, o definitiva, versión del Anticristo... Creo que, desde aquella eternidad insondable hecha de las noches heladas y la soledad sin fin de quienes no tienen redención posible, esa voz suya casi seguramente me diría: «Bueno, amor... ¡tú, mejor que nadie, sabes que nosotros los demonios alguna vez fuimos ángeles!» Luego, y antes de perderse para siempre en algún firmamento con el tono más profundo de la medianoche pero ya sin Luna y sin estrellas, aquella alma negra muy posiblemente añadiría: «¿Sabes que por fin entendí cómo funciona la ley de causa y efecto? ¡Tenías razón, Virginia! Tal vez... si allá abajo en la Tierra tú arrancaras un pétalo a un millón de lirios, desde aquí yo podría hacer titilar a un millón de estrellas…». Mi firmamento, *liebchen,* siempre está encendido —le digo sonriendo a esa criatura sabia que todo lo entiende.

☙

Han pasado ochenta y seis días desde mi llegada y estoy estrenando el pequeño *penthouse* con el que siempre había soñado. Treinta y cinco pisos más abajo puede verse el distrito financiero de Brickell y, alrededor, varias docenas de condominios de lujo entre avenidas enmarcadas por palmeras que parecen clonadas. Por fin puedo mirar a toda hora hacia aquel mar que siempre he necesitado como una segunda piel, a los veleros y yates que pasan camino del cruce del puente y a las gaviotas que danzan frente a mi balcón contra el fondo de un cielo perfecto de intenso azul cobalto. Soy profunda e inmensamente feliz y no puedo dar crédito al hecho de que, tras soportar veinte años de insultos y amenazas y ocho de miedo y de pobreza, pueda por fin disfrutar de tanta belleza, tanta libertad y tanta paz antes de que la luz se vaya para siempre de mis ojos.

Llegada la noche me asomo al balcón para contemplar la luna y las estrellas. Con ojos de niño fascinado miro pasar los aviones que llegan de todas partes cargados de turistas, negocios e ilusiones, y los helicópteros que van y vienen entre el aeropuerto y South Beach. Más allá, en Key Biscayne, alguien celebra su aniversario con un derroche de juegos pirotécnicos que desde este lado del agua yo recibo como otro inesperado regalo de Dios. A lo lejos se escuchan las sirenas de los barcos y, arriba y abajo, el murmullo de motores que se esfuma en la distancia es música vital que, con el olor del salitre y la brisa tibia, me envuelve en una rapsodia cuyas notas creía haber olvidado. Mil luces de bancos y condominios se han encendido sobre la urbe que centellea debajo y, con el corazón embargado de gratitud, observo el enorme pesebre que es este futuro Manhattan tropical. Parece que ahora mis restantes noches visibles lucirán como un día de Navidad.

El espectáculo es una fiesta para mis sentidos, y me pregunto si algún día yo también amaré con pasión o cantaré a esta tierra privilegiada donde he sido tan feliz y donde casi todos los sueños son posibles: la nación de la Estatua de la Libertad y del Gran Cañón del Colorado, la de Cahokia y California y Nueva York, la de las universidades donde un centenar de premios Nobel enseñan a pensar a los futuros, la de los inventores y los arquitectos y los ingenieros visionarios, la de los gigantes del cine y la música y el deporte, la de los viajes a la Luna y el Hubble y la Sonda Galileo, la de los filántropos titánicos y las mil etnias y sonidos con los sabores de todos los rincones de la Tierra, la de los perseguidos de la raza humana y los emprendedores que un día llegaron hasta aquí con los bolsillos vacíos y la construyeron a punta de ambición y sacrificios con una idea obstinada metida en la cabeza, un sueño de libertad entre ambas manos y una canción de fe en el corazón.

Yo soy sólo uno de tantos refugiados que en un día cualquiera, pero histórico en sus vidas, huyendo de los enemigos o del hambre pusieron pie en sus playas. Y desde el lugar a donde llegué en un día inolvidable de 2006 pude por fin contar la historia de un hombre y una mujer de dos mundos opuestos que alguna vez se amaron con el fondo de un país en guerra, porque desde aquel donde nací, y que en ese día de julio tuve que dejar para siempre, me hubiera sido imposible comenzar a narrarla, terminar de escribirla o siquiera soñar con publicarla.

Un mes después de mi llegada, Diego Pampín y Cristóbal Pera de Random House Mondadori, una de las casas editoriales más prestigiosas del mundo, acogen con entusiasmo mi idea de narrar mi íntima visión de la mente criminal más aterradora y compleja de tiempos recientes.

A partir de ahora quizás Pablo no estará en mis libros; pero Almanegra la Bestia viajará siempre en ellos, en mis nuevas historias de amor y de guerra en aquel país del millón de muertos y los tres millones de desplazados, habitado por las gentes más crueles o más dulces de la Tierra, a merced eterna de bandas armadas y unas cuantas dinastías que con su caterva de cómplices, áulicos y esbirros

395

se pasaban el poder y se repartían el botín de generación en generación, de esa clase política que un buen día descubrió el negocio de tender puentes dorados entre las bandas criminales y las bandas presidenciales y de unos medios de comunicación que ya pronto descubrirían otro aún más jugoso: el de encubridores furibundos de pasados imperfectos y acusadores aullantes de quien osara destaparlos. Ya decía Oscar Wilde de los victimarios de su tiempo:

What seems to us bitter trials are often blessings in disguise.

Lo que nos parecen amargas pruebas son con frecuencia bendiciones disfrazadas.

FIN

Amando a Pablo, odiando a Escobar, de Virginia Vallejo
se terminó de imprimir en noviembre del 2007 en
Litográfica Ingramex, S.A. de C.V.
Centeno 162-1, Col. Granjas Esmeralda,
México, D.F.